高等院校中药和药用植物类专业系列教材

药用植物生态学

林文雄 王庆亚 主编

中国林业出版社

内容简介

内容包括四大部分。第一部分包括两章,即第 1 章绪论和第 2 章药用植物生态学基本原理,分别阐述药用植物生态学的基本概念、发展历史、研究内容以及药用植物生态学的理论基础和基本原理。在此基础上,另辟三部分共 9 章,分别从个体生态学、种群生态学、群落生态学和生态系统生态学的角度阐述药用植物与环境相互作用的生态学关系及其调控机制。最后一章介绍了当前研究药用植物生态学的常用方法,旨在为开展药用植物生态学试验研究提供指导,学生可以根据情况有选择地学习。

本书强调理论联系实际,力求从分子、细胞、组织、个体、种群、群落、系统不同层次较为深入阐明药用植物分布与区划以及产量与品质形成的生态学过程与机制,从而形成本学科特有的理论体系。本书供高等院校中药学、药用植物资源开发利用等相关专业使用。

图书在版编目(CIP)数据

药用植物生态学/林文雄,王庆亚主编. —北京:中国林业出版社,2007.8
(2020.8 重印)
(高等院校中药和药用植物类专业系列教材)
ISBN 978-7-5038-4481-2

Ⅰ. 药… Ⅱ. ①林…②王… Ⅲ. 药用植物—植物生态学—高等学校—教材 Ⅳ. S567

中国版本图书馆 CIP 数据核字(2007)第 125341 号

中国林业出版社·教育分社

策划编辑:牛玉莲 杜建玲　　责任编辑:高红岩
电话:(010)83143554　　传真:(010)83143516

出版发行	中国林业出版社(100009 北京市西城区德内大街刘海胡同 7 号) E-mail:jiaocaipublic@163.com　电话:(010)83143500 http://lycb.forestry.gov.cn
经　销	新华书店
印　刷	三河市祥达印刷包装有限公司
版　次	2007 年 7 月第 1 版
印　次	2020 年 8 月第 5 次印刷
开　本	850mm×1168mm　1/16
印　张	20.5
字　数	436 千字
定　价	52.00 元

凡本书出现缺页、倒页、脱页等质量问题,请向出版社图书营销中心调换。

版权所有　侵权必究

高等院校中药和药用植物类专业教材
编写指导委员会

顾　问　肖培根（中国工程院院士，原中国医科院药用植物研究所所长）
　　　　任德权（原国家食品药品监督管理局副局长）
主　任　郭巧生（南京农业大学中药材科学系主任，中药材研究所所长）
副主任　林文雄（福建农林大学生命科学学院院长，教授）
　　　　梁宗锁（西北农林科技大学生命科学学院院长，教授）
　　　　张立钦（浙江林学院副院长，教授）
　　　　郭玉海（中国农业大学中药材研究中心主任，教授）
　　　　张重义（河南农业大学中药材研究所所长，教授）
　　　　秦民坚（中国药科大学中药学院中药资源室主任，教授）
委　员　王维胜（国家林业局野生动植物保护司）
　　　　周普国（国家农业部种植业管理司）
　　　　邹健强（国家科学技术部社会发展科技司）
　　　　郭清伍（国家食品药品监督管理局药品安全监督司）
　　　　（以下按姓氏笔画排序）
　　　　丁　平（广州中医药大学，教授）
　　　　弓晓杰（大连大学，教授）
　　　　王文全（北京中医药大学，教授）
　　　　王玉庆（山西农业大学，副教授）
　　　　王庆亚（南京农业大学，教授）
　　　　王建华（山东农业大学，教授）
　　　　王承南（中南林业科技大学，教授）
　　　　王凌辉（广西大学，副教授）
　　　　王喆之（陕西师范大学，教授）

邓乔华（广州白云山和记黄埔中药有限公司中药现代研究院，高级工程师）
史红专（南京农业大学，副教授）
叶正良（天津天士力研究院，副院长）
刘玉军（北京林业大学，教授）
刘晓龙（安徽中医药高等专科学校，教授）
孙海峰（黑龙江中医药大学，教授）
李　世（河北旅游职业学院，教授）
吴　卫（四川农业大学，副教授）
吴　鸿（华南农业大学，教授）
张明生（贵州大学，副教授）
杜　凡（西南林学院，教授）
赵　敏（东北林业大学，教授）
袁　珂（浙江林学院，教授）
郭昭麟（中国医药大学（台湾），副教授）
谈献和（南京中医药大学，教授）
高捍东（南京林业大学，教授）
萧凤回（云南农业大学，教授）
董诚明（河南中医学院，副教授）
魏道智（福建农林大学，教授）

秘　书　刘　丽（南京农业大学，讲师）

高等院校中药和药用植物类专业"十一五"规划教材

《药用植物生态学》编写人员

主　　编：林文雄　王庆亚
副 主 编：张重义　梁宗锁
编写人员：（按姓氏笔画排序）
　　　　　王文全（北京中医药大学）
　　　　　王庆亚（南京农业大学）
　　　　　孙小霞（福建农林大学）
　　　　　余树全（浙江林学院）
　　　　　吴杏春（福建农林大学）
　　　　　张重义（河南农业大学）
　　　　　林文雄（福建农林大学）
　　　　　林瑞余（福建农林大学）
　　　　　郝文芳（西北农林科技大学）
　　　　　梁宗锁（西北农林科技大学）
　　　　　温国胜（浙江林学院）
　　　　　熊淑萍（河南农业大学）
　　　　　魏道智（福建农林大学）

序

"药材好，药才好"。优质中药材是保证中药有效、安全和稳定的物质基础，是中药现代化一项非常重要的基础工作。但长期以来，我国中药材生产大都处于自然发展的状态，中药农业的研究基础十分薄弱，如药用植物遗传特性和良种选育、药用植物品质与产量形成机理及其调控、药用植物病虫害发生发展规律及其综合防治技术等方面的研究还相当落后，这些都严重影响了中药材质量，制约了中药材生产的发展。

国家在"九五""十五"期间，提出并实施的中药现代化研究和产业化开发科技行动计划，中药材规范化种植研究是中药现代化科技计划中一项非常重要的基础性工作，作为"重中之重"项目进行专项扶持，共支持了180多种药材规范化种植（养殖）研究。2002年4月17日国家食品药品监督管理局颁布实施的《中药材生产质量管理规范（试行）》进一步从法规上确立中药材生产的质量评价标准和评价体系，保证中药材优质、安全和质量可控。在2006年启动的国家"十一五"科技支撑项目中，又重点支持了具区域特色部分中药材的优良品种选育和规范化生产关键技术研究，目的在于通过对每种中药材的品种选育、栽培技术、施肥规律、病虫害防治、最佳采收期选择和质量标准等诸多关键技术开展深入研究，制定出各种中药材生产的标准操作规程和质量标准。中药材规范化种植可以大幅度提高中药材的产量，逐步减少对野生中药材的依赖，这既有利于资源保护和生态环境建设，又保持了中药产业的可持续发展。

中药材规范化生产是一项复杂的系统工程，涉及农学、中药学、植物学、生态学、环境科学、气象学、中药化学等学科。为了适应中药材规范化生产对这种新型复合型人才的需求，我国已有30多所农、林、中医药、药科高等院校开设了有关中药资源和药用植物栽培等相关专业。

行业的规范化需要专业人才培养的规范化，专业人才培养的规范化需要配套教材的科学性、系统性及新颖性。我国现有的药用植物类教材很不完整或内容过于陈旧，不能满足中药材规范化种植研究和教学的需要。为了满足各高校药用植物类专业对此类教材的迫切需求，2005年由中国林业出版社组织我国30多所高等院校和相关专业研究院所的80多位教授和专家编写了这套"高等院校中药和药用植物专业类系列教材"。

  本系列教材突出学科的综合性和内容的新颖性，参编人员集中了农学、林学、中药学、中医学等多学科的从事中药材规范化生产方面的一线专家、学者，收集整理了国内外中药材生产和科研的成就，特别是总结了我国"九五"、"十五"期间实施"中药现代化研究与产业化开发"计划以来的最新研究成果。因此，本系列教材的出版对于培养中药材规范化研究和生产相关专业人才将有很好的促进作用，同时对开展中药材规范化种植研究将具有很好的指导作用。此外，也为从事中药材生产管理、教学及科研的人员在推进中药农业规范化、产业化、现代化，以及促进中药国际化的工作中提供了一套比较全面的参考书。

高等院校中药和药用植物类专业系列教材编写指导委员会
2006年12月

前　言

为了认真贯彻落实教育部《关于进一步加强高等本科教学工作的若干意见》，适应高等教育改革，不断提高教学质量，促进学科发展，全面推进教材建设，编辑出版一批高水平、高质量、有特色的教材，中国林业出版社于2005年9月召集全国农林院校有关专家在南京召开"高等院校中药和药用植物类专业系列教材编写会议"，会上初步确定了由福建农林大学生命科学学院院长林文雄教授牵头，组织全国相关专家们编写《药用植物生态学》一书，并于2006年2月在西北农林科技大学召开本教材的启动会议。与会代表根据农林院校开设药用植物生态学的特点和要求，认真讨论并确定了教材编写大纲；同时，根据各自的工作特点和研究成果的积累，分配了编写任务。会后各编写人员根据大纲的要求及注意事项，按时完成编写工作，才能使这部教材得以及时出版，供全国高等院校中药学、药用植物资源开发利用等相关专业的本科生使用。

本书为中药学、药用植物资源开发利用等相关专业的专业基础课，内容包括四大部分。第一部分有2章，即第1章绪论，第2章药用植物生态学基本原理，分别阐述药用植物生态学的基本概念、发展历史、研究内容以及药用植物生态学的理论基础和基本原理，使学生对本书的整体概念、基本内容及所需知识有个初步的了解。在此基础上，另辟三部分共9章，分别从个体生态学、种群生态学、群落生态学和生态系统生态学的角度阐述药用植物与环境相互作用的生态学关系及其调控机制，为药用植物的规范化栽培、资源保护与可持续利用提供理论依据。最后1章介绍了当前研究药用植物生态学的常用方法，旨在为开展药用植物生态学试验研究提供指导。本书强调理论联系实际，力求从分子、细胞、组织、个体、种群、群落、系统不同层次较为深入地阐明药用植物分布与区划以及产量与品质形成的生态学过程与机制，从而形成本学科特有的理论体系，尽量克服以往书籍中容易把植物生态学与药用植物生态学混为一谈的不足。

本书编写分工是：第1章林文雄；第2章余树全、林文雄、林瑞余；第3章熊淑萍、林文雄；第4章林瑞余；第5、6章郝文芳、梁宗锁；第7章王庆亚；第8章王文全、林文雄；第9章张重义、孙小霞；第10章魏道智、吴杏春；第11章熊君、吴杏春、温国胜。

全书的主要编写人员在其相关领域具有较好的代表性，从而确保了各章内容的先进性和科学性，在各章分工的基础上，全书由林文雄负责审稿和统稿工作，力求整个内容体系上的协调与统一。在本书的准备与编写过程中得到了各参编人员及同事的大力支持和帮助，特别在审稿和统稿过程中，福建中医学院吴锦忠教授、河南农业大学张重义教授、西北农林科技大学梁宗锁教授、广东药学院曾令杰副教授提出了许多建议和意见，同时，福建农林大学农业生态研究所的彭春生、邱龙、李兆伟、骆娟、李振芳、陈婷等在材料收集、数据整理和校对等方面付出了辛勤的劳动，在此一并表示衷心的感谢！

  由于药用植物生态学是门新兴的学科，涉及内容广泛，而且发展快速，有些理论和技术目前尚不够成熟和充实，加之编写时间仓促，书中缺点和错误在所难免，恳请读者批评指正。

编 者

2007 年 6 月

目 录

序
前 言

第1章 绪 论 ··· (1)
  1.1 药用植物生态学的概念及特点 ·· (1)
    1.1.1 药用植物生态学的概念 ·· (1)
    1.1.2 药用植物生态学的特点 ·· (1)
    1.1.3 药用植物生态学的意义 ·· (2)
  1.2 药用植物生态学的发展 ·· (3)
    1.2.1 药用植物生态学的发展过程 ·· (3)
    1.2.2 药用植物生态学的发展趋势 ·· (6)
  1.3 药用植物生态学的研究任务及内容 ·· (7)
    1.3.1 药用植物生态学的研究任务 ·· (7)
    1.3.2 药用植物生态学的研究内容 ·· (8)
    1.3.3 药用植物生态学的学习方法 ·· (9)

第2章 植物生态学的基本原理 ·· (10)
  2.1 生态因子的作用规律 ··· (10)
    2.1.1 环境因子与生态因子的概念 ·· (10)
    2.1.2 最小因子定律 ··· (11)
    2.1.3 耐性定律 ··· (12)
    2.1.4 生态因子作用规律 ·· (13)
  2.2 植物对环境的适应 ·· (15)
    2.2.1 生态适应概念 ··· (15)
    2.2.2 趋同适应与生活型 ·· (16)
    2.2.3 趋异适应与生态型 ·· (17)
  2.3 生态位原理 ··· (18)
    2.3.1 生态位的概念 ··· (18)
    2.3.2 生态位原理 ·· (19)
  2.4 生态系统的基本原理 ··· (20)

2.4.1　生态系统的基本概念 …………………………………………………… (20)
　　2.4.2　生态系统的基本组成 …………………………………………………… (21)
　　2.4.3　生态系统的基本结构 …………………………………………………… (22)
　　2.4.4　生态系统的能量流动规律 ……………………………………………… (25)
　　2.4.5　生态系统的物质循环 …………………………………………………… (33)
2.5　生态系统的生态平衡原理 ………………………………………………………… (38)
　　2.5.1　生态系统的发育与演化 ………………………………………………… (38)
　　2.5.2　生态系统的稳定性 ……………………………………………………… (40)
2.6　生态系统的健康与管理 …………………………………………………………… (47)
　　2.6.1　生态系统健康 …………………………………………………………… (47)
　　2.6.2　生态系统健康的若干原理 ……………………………………………… (47)

第3章　药用植物与光因子的生态关系 ……………………………………………… (51)
3.1　太阳辐射及其变化规律 …………………………………………………………… (51)
　　3.1.1　光及其相关概念 ………………………………………………………… (51)
　　3.1.2　光的变化规律 …………………………………………………………… (52)
3.2　太阳辐射对药用植物的生态作用 ………………………………………………… (54)
　　3.2.1　光质对药用植物品质与产量的影响 …………………………………… (54)
　　3.2.2　光强对药用植物的品质与产量的影响 ………………………………… (57)
　　3.2.3　光照时间对药用植物产量与品质的影响 ……………………………… (60)
3.3　药用植物对光的生态适应 ………………………………………………………… (61)
　　3.3.1　形态适应 ………………………………………………………………… (61)
　　3.3.2　生理适应 ………………………………………………………………… (63)
　　3.3.3　药用植物对光的分子适应 ……………………………………………… (67)

第4章　药用植物与温度因子的生态关系 …………………………………………… (70)
4.1　温度及其变化规律 ………………………………………………………………… (70)
　　4.1.1　温度的概念 ……………………………………………………………… (70)
　　4.1.2　温度变化规律 …………………………………………………………… (71)
4.2　温度对药用植物的生态作用 ……………………………………………………… (74)
　　4.2.1　温度对药用植物分布的影响 …………………………………………… (74)
　　4.2.2　温度对药用植物生长和产量的影响 …………………………………… (77)
　　4.2.3　温度对药用植物质量的影响 …………………………………………… (81)
4.3　药用植物对温度的生态适应 ……………………………………………………… (82)
　　4.3.1　药用植物对温度的形态适应 …………………………………………… (83)
　　4.3.2　药用植物对温度的生理适应 …………………………………………… (83)
　　4.3.3　药用植物对温度的分子适应 …………………………………………… (84)
4.4　增强药用植物对极端温度适应的措施 …………………………………………… (86)

4.4.1　增强药用植物对低温适应的措施 …………………………… (86)
　　4.4.2　增强药用植物对高温适应的措施 …………………………… (87)

第5章　药用植物与水分因子的生态关系 ………………………………… (89)
5.1　水及其变化规律 ……………………………………………………… (89)
　　5.1.1　水分 ……………………………………………………………… (89)
　　5.1.2　水分的变化规律 ………………………………………………… (90)
5.2　水分对药用植物的生态作用 ………………………………………… (93)
　　5.2.1　水分对药用植物分布的影响 …………………………………… (93)
　　5.2.2　水分对药用植物产量的影响 …………………………………… (94)
　　5.2.3　水分对药用植物品质的影响 …………………………………… (98)
5.3　药用植物对水分的生态适应 ………………………………………… (99)
　　5.3.1　形态适应 ………………………………………………………… (99)
　　5.3.2　药用植物对水分的生理适应 ………………………………… (106)
　　5.3.3　药用植物对水分的分子适应 ………………………………… (108)

第6章　药用植物与土壤因子的生态关系 ………………………………… (112)
6.1　土壤及其变化规律 …………………………………………………… (112)
　　6.1.1　土壤 ……………………………………………………………… (112)
　　6.1.2　土壤的变化规律 ………………………………………………… (117)
6.2　土壤对药用植物的生态作用 ………………………………………… (118)
　　6.2.1　土壤对药用植物分布的影响 …………………………………… (118)
　　6.2.2　土壤对药用植物产量的影响 …………………………………… (119)
　　6.2.3　土壤对药用植物品质的影响 …………………………………… (128)
6.3　药用植物对土壤的生态适应 ………………………………………… (132)
　　6.3.1　形态适应 ………………………………………………………… (132)
　　6.3.2　生理适应 ………………………………………………………… (133)
　　6.3.3　分子适应 ………………………………………………………… (135)

第7章　药用植物的种群生态 ……………………………………………… (137)
7.1　药用植物种群及其基本特征 ………………………………………… (137)
　　7.1.1　药用植物种群的概念 …………………………………………… (137)
　　7.1.2　种群的数量特征 ………………………………………………… (138)
　　7.1.3　种群的结构特征 ………………………………………………… (155)
　　7.1.4　种群的遗传特征 ………………………………………………… (159)
7.2　药用植物种群的生态分化与物种形成 ……………………………… (163)
　　7.2.1　生态分化 ………………………………………………………… (163)
　　7.2.2　物种形成 ………………………………………………………… (167)

7.2.3 不同野生种、栽培种及其对药材品质的影响 …………………… （169）
7.2.4 过度利用与物种灭绝 …………………………………………… （170）
7.3 药用植物种群数量对产量与品质的影响 ……………………………… （172）
7.3.1 种群数量对产量的影响 ………………………………………… （172）
7.3.2 种群数量对品质的影响 ………………………………………… （175）

第 8 章 药用植物的群落生态 …………………………………………………… （180）
8.1 药用植物群落及其基本特征 …………………………………………… （180）
8.1.1 植物群落、药用植物群落的基本概念 ………………………… （180）
8.1.2 植物群落的结构特征 …………………………………………… （181）
8.1.3 群落的动态特征 ………………………………………………… （193）
8.2 药用植物群落分布的地带性 …………………………………………… （196）
8.2.1 水平地带性 ……………………………………………………… （200）
8.2.2 垂直地带性 ……………………………………………………… （201）
8.2.3 分布过渡带 ……………………………………………………… （203）
8.3 药用植物群落的种间关系 ……………………………………………… （203）
8.3.1 竞争 ……………………………………………………………… （204）
8.3.2 他感 ……………………………………………………………… （204）
8.3.3 共生 ……………………………………………………………… （205）
8.3.4 寄生 ……………………………………………………………… （207）
8.3.5 种间结合 ………………………………………………………… （208）
8.4 人工农林复合系统对药用植物产量与品质的影响 …………………… （208）
8.4.1 林（农）药复合系统及其特征 ………………………………… （209）
8.4.2 林（农）药复合系统的类型及其结构组成 …………………… （209）
8.4.3 林（农）药复合系统的生产力和药材质量 …………………… （211）
8.4.4 林（农）药复合系统的应用前景和生产模式 ………………… （214）

第 9 章 药用植物化学生态学与中药材质量 …………………………………… （220）
9.1 化学生态学的概念与发展 ……………………………………………… （220）
9.1.1 化学生态学的产生背景 ………………………………………… （220）
9.1.2 化学生态学与中药材质量研究 ………………………………… （221）
9.2 药用植物的化学成分与中药材质量 …………………………………… （223）
9.2.1 中药材质量的内涵 ……………………………………………… （223）
9.2.2 药用植物生态环境的控制是提高中药材质量的关键 ………… （225）
9.3 药用植物的次生代谢与生态环境的关系 ……………………………… （226）
9.3.1 次生代谢产物合成与积累的环境诱导作用 …………………… （226）
9.3.2 环境诱导次生代谢产物合成积累的作用机制 ………………… （227）
9.3.3 植物生长与次生代谢产物积累的关系 ………………………… （229）

9.4 药用植物的地道性与化学生态学特性 …………………………… (230)
    9.4.1 地道药材的形成因素 ………………………………………… (231)
    9.4.2 地道药材与非地道药材的相对性 …………………………… (233)
    9.4.3 地道药材的化学生态学特性 ………………………………… (234)
9.5 药用植物的化感作用与根际生物学 …………………………………… (238)
    9.5.1 药用植物化感作用 …………………………………………… (238)
    9.5.2 根际生物学 …………………………………………………… (240)
9.6 药用植物的引种驯化与野生抚育 ……………………………………… (242)
    9.6.1 药用植物引种驯化 …………………………………………… (242)
    9.6.2 药用植物的野生抚育 ………………………………………… (243)

第10章 药用植物资源的可持续利用 …………………………………… (246)
10.1 我国药用植物资源的利用概况 ……………………………………… (246)
    10.1.1 我国药用植物资源 ………………………………………… (246)
    10.1.2 我国药用植物资源利用概况 ……………………………… (251)
10.2 我国药用植物资源利用存在的问题 ………………………………… (256)
    10.2.1 药用植物野生资源过度消耗 ……………………………… (257)
    10.2.2 药用植物基因资源流失 …………………………………… (257)
    10.2.3 药用植物资源无序开发 …………………………………… (258)
    10.2.4 药用植物资源污染严重 …………………………………… (258)
10.3 我国药用植物资源的可持续利用 …………………………………… (262)
    10.3.1 药用植物资源可持续利用的措施 ………………………… (262)
    10.3.2 加强药用植物资源保护与利用研究的立法支撑 ………… (270)

第11章 药用植物生态学研究方法* ……………………………………… (274)
11.1 药用植物资源的生态学研究方法 …………………………………… (274)
    11.1.1 药用植物资源保护研究 …………………………………… (274)
    11.1.2 新药用植物资源的发掘与利用 …………………………… (280)
    11.1.3 药用植物种质资源研究 …………………………………… (282)
11.2 药用植物生理生态学研究方法 ……………………………………… (284)
    11.2.1 肥料营养生理的研究方法 ………………………………… (285)
    11.2.2 化学调控的研究方法 ……………………………………… (287)
    11.2.3 光合生理的研究方法 ……………………………………… (287)
    11.2.4 水分生理的研究方法 ……………………………………… (291)
11.3 药用植物化学生态学研究方法 ……………………………………… (291)
    11.3.1 中药材地道性的指纹图谱分析 …………………………… (292)
    11.3.2 药用植物化感作用的研究 ………………………………… (294)
    11.3.3 不同环境条件下中药材指标成分的定量分析 …………… (295)

11.4　药用植物分子生态学研究方法 …………………………………………（296）
　　11.4.1　应用差异蛋白质组学研究方法 ………………………………（297）
　　11.4.2　应用抑制消减杂交技术 ………………………………………（298）
　　11.4.3　应用代谢组学技术 ……………………………………………（299）

参考文献 ……………………………………………………………………（302）

第1章 绪 论

自古以来，中药为人类的医疗和保健做出不可磨灭的贡献。我国是世界上应用中药历史最悠久的国家。87%的中药来源于药用植物。环境对药用植物的形态结构、生理功能、化学成分、空间分布及其地道性的形成具有极其重要的生态作用。因此，在研究和应用中药的相关理论时，必须首先掌握药用植物生态学（medicinal plant ecology）的相关知识。

1.1 药用植物生态学的概念及特点

一切生物有机体都不能脱离环境而生存，作为生物界重要组成部分的药用植物也不例外。药用植物与环境间存在着极其复杂的生态关系。一方面，药用植物必须从环境中取得其生存和繁衍活动所需要的物质和能量；另一方面，药用植物与其他植物一样需要适应其生存的环境条件，从而在形态结构、生理功能等方面发生一系列与其生存环境相适应的变化，并产生和积累特定的化学成分，这是地道药材形成的重要化学生态学特性。

1.1.1 药用植物生态学的概念

药用植物生态学是植物生态学的一门分支学科，是运用生态学特别是植物生态学原理与方法，研究特殊生物群落——药用植物与环境之间相互关系的科学。它不仅研究药用植物生长发育与生态环境的关系，还要研究环境对药用植物质量与产量的影响，力求从基因、细胞、组织、个体、种群、群落和生态系统等不同层次上把握药用植物品质与产量形成的生态学规律，为合理开发与保护地道药材，科学管理药用植物产品的安全、有效、稳定、可控提供理论依据和技术支撑。可见，药用植物生态学与其他学科如生态学、植物生态学、作物生态学、药用植物学、药用植物栽培学等有着内在的必然联系，但也有其自身的特点。

1.1.2 药用植物生态学的特点

药用植物生态学与植物生态学关系最为密切，因为两者的研究对象和研究目的基本相同，均为研究植物与环境之间的关系；但两者之间还存在一些差别，反映了药用植物生态学的基本特点。由于其研究对象比较狭窄，主要包括野生、半野生和人工栽培的药用植物群落，因此，它既要反映植物生态学的一般规律，也要反映药用植物群落的特殊性。它不但重视植物与环境相互关系的一般规律，包括植物个体对环境的适应性，个体与群体的关系；植物群体的数量特征、动态特征和遗传特征；植物群落的种间关系、结构特征与周期性；生态系统中能流、物流和信息流均衡与调控等，而且更加重视研究特殊生境的形成及其对药用植物生长发育和品质形成的影响。对半野生和人工栽培药用植物而言，药用植物生态学又与作物生态学有密切的联系，如作物栽培学中的耕作环境对作物生长发育的影响及其作用规律仍适用于药用植物栽培的生态学过程，但药用植物类群要比农作物广泛得多，从低等植物到高等植物，仅我国目前就有植物药11146种。另外，在调控对象及内容上，药用植物生态学着重考虑植物体内有治疗疾病作用的内在物质。这些物质主要是植物的次生代谢物质，而农作物主要考虑的是植物的初生代谢产物。前者的产生和积累不仅受到遗传因素的调控，而且比初生代谢产物更易受到环境的影响。然而大多数人工栽培的药用植物还处于半野生状态，研究的基础远不及作物生态学。此外，由于药用植物对质量有更高的要求，客观上要求人们要认真吸收作物栽培的经验教训，在研究药用植物生态时，争取实现自然生态环境下的野生抚育或半人工种植方式，改变传统农业生产的模式，建立药用植物生产管理的标准化操作规程，以便提高药用植物的质量和产量，保证药用植物产品的安全、有效、质量稳定可控，并最终实现药用植物资源的保护与可持续利用。

1.1.3 药用植物生态学的意义

开设药用植物生态学不仅是学科发展的需要，也是产业发展的要求。环境条件不但影响药用植物生长发育及其品质与产量，而且还影响着地道药材的分布，如我国东北地区气候寒冷，主要分布有人参（*Panax ginseng*）、五味子（*Schisandra chinensis*）、细辛（*Asarum sieboldii*）；内蒙古气候干燥，分布有防风固砂的黄芪（*Astragalus membranaceus*）、甘草（*Glycyrrhiza uralensis*）等；河南的地黄（*Rehmannia glutinosa*）、山药（*Dioscorea opposita*）、牛膝（*Achyranthes bidentata*）和菊花（*Chrysanthemum morifolium*）质量为全国之魁，被称为"四大怀药"；我国四川、重庆不仅药用植物种类多，而且产量高，如重庆石柱的黄连（*Coptis chinensis*）、川贝母（*Fritillaria cirrhosa*）、川芎（*Ligusticum chuanxiong*）等。我国广东、广西、海南、台湾、云南南部属热带、亚热带地区，气候温暖，雨量充沛，有利于植物生长繁殖，如云南著名的药用植物有三七（*Panax notoginseng*）、木香（*Aucklandia lappa*）、马钱（*Strychnos nux-vomica*）等，广东有广藿香（*Pogostemon cablin*）、阳春砂（*Amomum villosum*）、槟榔（*Areca catechu*）等，浙江有浙贝母（*Fritillaria thunbergii*），安徽有芍药（*Paeonia lactiflora*），福建有泽泻（*Alisma orientalis*），江西有酸橙（*Citrus aurantium*），江苏有薄荷（*Mentha haplocalyx*）等。然而，由于全球环境

变化，严重影响着这些地道药材的生产和可持续发展。如我国西部地区的沙漠化，严重破坏野生甘草、麻黄(*Ephedra intermedia*)、肉苁蓉(*Cistanche deserticola*)的生境，影响其正常生长，导致这些珍稀药用植物贮藏量显著减少，甚至达到濒临灭绝的地步。东部地区的城市化也影响地道药用植物的生存与开发利用，一些地道药材如广藿香、地黄等野生药用植物资源日益减少，甚至灭绝，特别是乱砍森林，使林下植被严重破坏，危及林下药用植物的生长发育，如霍山石斛(*Dendrobium huoshanense*)。因此，目前保护野生珍稀药用植物资源，已成为摆在我们面前的重大课题。

近年来，随着"回归自然"世界潮流的日益高涨，西方发达国家医药市场逐渐开始接受中药，源于天然药物的新药也不断问世，这一趋势为中药的国际化发展提供了新的机遇。为此，如何运用现代科学技术揭开药用植物特殊功效的神秘面纱，促进中医药这个最具中华文化特点的学科和产业走向现代化、走向世界成为当代中国人的历史责任。由于作为中药资源重要组成部分的药用植物资源是中药产业的源头，因此，如何通过人工栽培来解决药用植物资源危机，则是保证"源头"处于良好状态的最佳途径。然而，由于对药用植物的生态学特性了解不够，人们在引种药用植物时，存在许多盲目性，甚至因此带来了严重的经济损失和生态问题。如云南引种阳春砂导致大面积病害发生，造成严重的经济损失和生态安全问题，就是典型的一例，而且即使引种成功也存在严重的连作障碍和复种连作障碍问题。据报道，人工栽培的药用植物中有60%存在连作障碍，如东北人参、河南地黄、云南三七、福建太子参(*Pseudostellaria heterophylla*)等连作障碍十分严重。因此，了解和掌握药用植物生态学的基本概念、相关理论和学科特点，既是产业发展的需要，也是培养人才的需要。

1.2 药用植物生态学的发展

1.2.1 药用植物生态学的发展过程

研究生物有机体与环境之间的相互关系的科学称为生态学(ecology)，其中植物生态学是发展最为完善的一个分支。生态学一词最早由德国动物学家 Emst Haeckel 于 1869 年提出并为之下定义。生态学经过一个多世纪的发展，尤其与其他学科相渗透后，现已形成庞大的学科体系，研究内容和范围相当广泛。生态学的有关原理如生物与环境的作用与反作用原理、生态金字塔原理、物质循环再生原理、生物生态位原理、生态平衡原理与环境资源生态经济学原理，在指导生产完成方面也取得了很大成就。根据研究对象的层次及水平的不同，生态学可分为分子生态学、个体生态学、种群生态学、群落生态学、生态系统生态学等。药用植物生态学虽然研究起步晚，但发展速度却是惊人的，其发展过程可以分为以下三个阶段。

1.2.1.1 朴素的本草描述研究阶段(16 世纪 ~ 20 世纪 40 年代)

在这一研究阶段，尽管人们还没有完整的植物生态学的理论和方法，但已有了朴素的生态观，人们已开始对药材质量的生态学本质问题有了粗浅的认识。但这种认识还停留在朴素的描述上，并带有很大的经验性。如我国最早的药学著作《神农本草经》云："土地所出，真伪新陈，并各有法"，并指出中药的药性及功能的物质基础是："或取其气，或取其味，或取其形，或取其质，或取其性情，或取其所生之时，或取其所产之地"，描述了产地的生态环境是中药材内在质量的物质基础。阴阳五行、天人合一的学说更是概括了生物与自然的有机统一，这与现代生态学的基本观点不谋而合。《神农本草经集注》明确指出："诸药所生，皆有境界……多出近道，气力性理，不及本帮"。到了唐代，人们更加重视药材品质与产地土壤与气候的关系，如唐朝礼部郎中孔志约为《唐本草》作序中云："动植形生，因地荣性，春秋节度，感气殊功，离其本土，则质同而效异"。

明代伟大的药学家李时珍发展了药材质量与生境关系的研究，他认为凡药有酸苦辛咸甘淡六味，又有寒热温凉四气，寒热温凉四气生于天，品质与产地、气候、土壤等生态因子密切相关，认为药材是各种生态因子相互制约的产物；在其药学巨著《本草纲目》中，大量列举了这种影响的实例，如"当归川产者刚而善攻，秦产者力柔而善补；黄芪出陇西者温补，出白水者冷补；黄连蜀道者粗大，味极浓苦，疗渴为最，江东者节如连珠，疗痢大善；五味子南产者色红，北产者黑，用滋补药必用北产者乃良"。李时珍还对影响药材质量的水土进行了全面论述，指出"性从地变，质与物迁……将行药势，独不择夫水哉？水性之不同如此，陆羽烹茶辨天下之水性美恶，烹药者反不知辨此，岂不戾哉？"除了水土，他还对气候因素作了论述，认为"（药材）生产有南北，节气有迟早，根苗异采收，制造异法度"。可见，很早以前，我国先人就有这种朴素的药用植物生态学思想和生产实践。

1.2.1.2　定性与定量相结合的研究描述阶段（20世纪50年代~90年代）

随着中药材生产的发展，大量药用植物野生种变为栽培种，同时引种地区逐渐扩大，使许多品种已经越出原产地的范围，分布在不同海拔、纬度地区。但在引种实践中，由于各地自然环境不同，出现了一些新的生态学问题，促进了药用植物生态学研究的深入与发展。这个阶段的研究成果主要有以下一些。

在药用植物栽培品种的地理分布和生态环境调查研究方面，取得了明显成功，减少了引种上的盲目性，出现了不少地道药材生产区域的扩大与外延现象，如原主产甘肃的当归，如今已扩大到陕西、云南、湖北、山西等高寒山区引种。还有的种类现已分布在全国大部分地区，如地黄，其现在分布区北至内蒙古呼和浩特，南至广东湛江、汕头，西至甘肃静宁，东至山东招远等。

在药用植物生态型与生境关系的研究方面也取得了进展。明确了长期栽培的药用植物品种，由于自然选择和人工培育，产生了各种适于不同纬度、不同海拔、不同季节、不同耕作制度的药用植物生态型，即由于气候的改变，土壤性质的变化，生物因素的影响等，引起植物生理代谢类型的改变。这种不断改进植物对环境的适应性，诱导了植物的变异，形成了新的植物生态型。因此，生态型的分化形成与其所处的环境变化及其选择压力有关。近年来，还深入开展了有效成分与温、光、水、气、热等生态因子关系的研究，深化了对药用植物品质形成的生理生化过程和分子生态学机理的认识，使药用植物的药用性状和生长特性得到更加充分的发挥，保证了栽培上的规范化管理和生产上的优质高效，为实现产品的安全、稳定、有效、可控奠定了坚实的基础。

在药用植物化学生态学的研究方面，明确了药用植物不同生态型的分化主要是受外界环境因子，包括人为因素的综合作用的结果，这类作用首先引起一系列生理、生化的变化。近年来，研究药用植物化学成分与其系统发育关系的工作逐渐增多，它不仅为药用植物分类学提供依据，而且为药用植物生态学研究开辟了新的途径。研究认为药用植物每一个种在恒定的外界条件下，具有制造一定成分物质的特性（即生理化学特征）。当生存的外界环境改变时，或药用植物迁移到另外的生长环境时，其化学成分也发生相应的变化，且环境条件区别愈大则生理化学特征的变化也愈大，从而出现了与原有的继承性相联系的新特征。许多研究证明，这些生理化学特征的变异，直接与气候、土壤、生物等因素的变化有关。一般适宜的温度和高湿土壤环境，有利于药用植物的无氮物质（糖、淀粉等碳水化合物和脂肪等）的合成，而不利于蛋白质、生物碱的形成；高温、低湿条件有利于生物碱、蛋白质等含氮物质的合成，而不利于碳水化合物和脂肪的形成。前人研究认为河南怀山药中性多糖的含量高于非地道产区，是怀山药地道药材的主要特征之一。同时发现地道药材微量元素含量高，认为不同地道药材受不同的地质背景控制，同一药材的地道产区和非地道产区亦受不同地质背景控制和影响，进而提出化学生态型概念。近年来研究表明，植物所处生态环境的生态因子会通过对调控体内生化反应酶的制约，产生不同的化学成分。由于化学成分的差异，进而影响到药理作用，如长期生长在潮湿或沼泽地区的缬草（*Valeriana officinalis*）可失去其疗效；黑龙江、内蒙古、吉林、辽宁、甘肃产的大叶柴胡（*Bupleurum longiradiatum*）和另一种南方大叶柴胡均有毒，不可作柴胡用；欧乌头（*Aconitum napellus*）在寒冷环境中可变为无毒。近年来研究还表明，药用植物在生长发育过程中，植物内生真菌也会对其产品的地道性产生明显的影响。

在药用植物的药理生态研究方面，日本学者研究结果发现，在53种热性药中，只在南部地区生长的有15种，只在北部地区生长的有5种，其余的多集中在中部地区生长；47种寒性药中，只在南部地区生长的有3种，2种只在北部地区生长，大部分集中在中部地区生长。值得注意的是，只在南部地区生长的18种药材中，有15种是热性药。从物候期来看，早春发芽、开花者，温性药较多，33种中温药有13种；5月以后发芽、开花者，则凉性药较多（40种中凉性药有33种）。国内在开展中药质量标准的研究中，曾对贵州产的3种竹叶柴胡（*Bupleurum marginatum*）（窄竹叶柴胡、空心柴胡和小柴胡）与正品北柴胡作了药理实验。3种竹叶柴胡的抑菌、抗炎、解热、镇静、镇痛等药理作用与北柴胡基本相同，其中窄竹叶柴胡的抗炎、解热、止咳等作用比北柴胡强。药理生态为药用植物生态学研究开辟了一个新的领域。

另外，在野生变家种的药用植物生态学研究中，也有一个新的进展，认为野生植物变为人工栽培，由于生态环境的改变，经长期人工培育的品种，就会脱离它在野生时代自然选择的那种生态型。有时为了保持和发展它的某些药理活性，常在野生生态基础上加上人工因素，使它逐渐成为由人工选择改造出来的新生态型。后者就其形态、实质来说，已经与野生品多少具有一些异质性差别。野生薄荷在形态上属湿生夏绿宿根草本植物，叶为广披针形，海绵组织发达，栅状组织不明显，茎为赤色，含薄荷油 0.17%；当施行人工培育后，其形态结构改变：叶厚尖卵形，叶的栅状组织明显，海绵组织减缩，茎枝浓绿色，下部木质化，成为一种旱生半木本植物。

1.2.1.3 宏观上的定量模型分析研究阶段(20 世纪 90 年代至今)

近年来，国内的学者运用生态学的理论和方法，结合其他学科的研究手段，使中药材质量研究进入定量水平。如近年来国内有学者提出利用现代生态学方法，建立中药材质量的土壤生态系统模型和气候生态系统模型。然后结合该药材的引种或家种实例的成分、药理、环境分析，以及各地区的药材地理分析资源进行研究，提出了 3 种土壤系统的数学模型：一种是利用所建立的系统分析方法，即运用系统科学的方法建立土壤模型，但由于土壤生态系统往往属非线性系统，尚无标准方法求解。另外，土壤的一些参数很难确定，土壤系统各分类之间以及与环境之间物质、能量的迁移转化速率，限于目前仪器分析水平，还不可能实现定量表达，限制了这种模型的建立。但对一些简单土壤系统，经过各种简化假定，运用系统分析建模，在目前仍然是可以实现的。另外一种是根据物理学、化学(主要是物理化学)的定律和原理，用理论演绎方法建立的模型。第三种方法是根据实验，用数量统计方法建立的土壤生态系统数学模型。对于气候生态系统模型的建立，有人还提出可借鉴美国阿拉巴马州大豆与花生种植区的天气模拟模型 ALWGEN 和北京天气模拟模型 BJWGEN，并结合气象卫星、遥感和电子计算机进行模拟，研究中药材生长的最佳气候模型。另外针对地道药材的生态学实质，近年来国内不少学者开展系统学研究，并取得重要研究进展，提出了地质背景对地道药材的制约作用，认为地质背景系统通过其外延的"岩石—土壤—药用植物"向量系统，完成了地质大循环与生物小循环的统一，从而制约着地道药材的分布、生长发育、产量和品质。他们运用模糊数学方法，与现代计算机技术相结合，建立了地道药材生态因素的数学模型，采用定量与定性分析相结合的方法刻画了地道药材的气候生态适应性，并提出了生产合理布局的设想。近年来，有些学者还运用现代物种生物学、群体生态学、区系地理学等原理和方法，定性定量地描述地道药材基源起源与演化规律及生态中心和分化中心区域，基源居群变异幅度和性质，阐述地道药材形成的生物学实质，并尝试建立一套动态且定量化的具有中药药性与资源生态特色的中药真伪优劣鉴别与地道药材品质评价体系和方法。

1.2.2　药用植物生态学的发展趋势

中药材是药用植物具有药用价值的部位，即收获器官的产地加工品，因此，药用植物在长期进化过程中形成的相当稳定的品系、种群的变异与对环境的适应是其内在质量形成的原因。其形成过程受多种因素，如区系地理起源、气候土壤、地质背景、其所在群落以及生态系统，甚至交通、经济、文化等人为因素的影响，并且这种影响并不是这些因素的简单加权，而是一种复杂的综合效应。因而，孤立地研究单个或几个因子对其影响，有极大的局限性，因而许多学者认为，应把研究的着眼点放在对其影响的诸因素的宏观把握上。生态学研究的最大特点是从宏观上把握事物的本质，强调因素的相关性，药材内在的质量正是多种因素共同作用的产物，因而在进行药材生产时，确定药材的适应区域极其重要。从药用植物的有效成分(次生代谢物)含量分析入手，进行药用植物生态学研究，揭示影响药用植物有效成分形成的主导因子及其与药材质量之间的量化关系，对确定药材适生区域具有重要的指导意义。

当前，对中药材质量的生态学本质研究工作日益增多，但其研究方法较单一，宏观的描述和定性分析较多，定量研究则很少。今后应充分利用植物生态学的新方法、新手段加以研究，以促进药用植物生态学的理论创新与完善。

必须强调的是，中药材质量的物质基础是其有效成分，因而其研究应有植物化学家的参与。但由于有效成分的复杂性，仅靠一两个化学指标难以得出完全正确的结论，加上相当一部分药材有效成分不明确，因而，许多学者认为，应借鉴生态学的方法论，从宏观上多指标、多组分地把握这种研究，建立相应的化学指标模型。当然，中药材质量的核心问题是疗效，研究要结合药理学临床研究，建立起与生态模型相适应的药理临床疗效模型。专家们建议这一方面的研究应由多学科合作，生态学同其他学科结合，这种研究才有可能产生新的学科增长点。

值得一提的是，目前在栽培的药用植物中，根、根茎类植物约占60%~70%，并存在一个突出的问题，即绝大多数根、根茎类药材忌"连作"，连作的结果是使药材的质量和产量大幅度下降。然而对连作障碍的机制和消减技术研究甚少，而植物化感作用正是植物发生连作障碍的重要因素之一，因此加强药用植物的化感连作障碍的根际生物学及其分子生态学机制研究，已成为最近关注的研究热点，特别是随着分子生物学研究的不断深入和技术手段的不断完善，研究不同生境，包括生境条件对药用植物代谢生理的影响及其调控的分子生态学机制也将是今后研究工作的重点。

1.3 药用植物生态学的研究任务及内容

1.3.1 药用植物生态学的研究任务

药用植物生态学依据植物生态学的理论和方法，研究药用植物的分布、产量、品质及药用植物病、虫、草害发生、发展与生态环境之间的关系。通过研究揭示药用植物与生态因子群之间的作用规律，为药用植物的种植区域化、管理规范化、生产集约化，提高药用植物的品质和产量，保证药用植物资源的可持续利用，促进我国中药材产业的健康发展提供科学依据。

1.3.2 药用植物生态学的研究内容

药用植物生态学研究的重点是药用植物在其生长发育过程中的各种生态学关系问题，主要有如下4个方面的内容。

1.3.2.1 药用植物的分布与生态因子的关系

药用植物的分布与温度、光照、湿度及土壤等环境密切相关。药用植物对环境中各个生态因子都有一定的适应范围（耐性范围），任何因子都会成为该植物的生长限制因子，使植物的生长受到障碍，以至生理活动不能有效进行。因此，深入了解药用植物在我国自然区域分布的一般生态学特性，探讨药用植物，特别是珍贵濒稀植物分布的地域性、地道产区及其生态条件，对保护、开发和利用药用植物资源，实现可持续发展具有重要的意义。

1.3.2.2 药用植物的产量与生态因子的关系

土壤是药用植物赖以生存的物质基础，土壤理化性质与植物生长密切相关，对药用植物的产量具有显著的作用。由于不同的药用植物具有不同的生理需要和生态学特征，其对土壤质地的要求也各不相同，土壤的物质结构影响药用植物根系的生长发育。如砂壤土有利于根、根茎类药材的生长。此外，土壤中某些元素的缺乏或不足也会影响药用植物的生长发育。因此，在栽培药用植物时，必须根据其生物学特性进行科学的水肥管理，保证药用植物正常生长，实现优质高产。药用植物与生态因子之间关系是错综复杂的，药用植物生态学就是要掌握它们之间的作用规律，为制定标准化操作规程（SOP）提供理论基础，以指导中药材生产，促进中药产业的发展。

1.3.2.3 药用植物产品的质量与生态因子的关系

中药材的质量主要取决于与药效相关的化学成分（有效成分）含量和化学组分及其比例（有效成分群的数量特征），化学成分含量及其化学组分的差异决定着药用植物质量的优劣。由于药用植物的有效成分大多是植物次生代谢产物，而植物的次生代谢产物是植物在长期进化中与环境（生物与非生物）相互作用的结果，它在提高植物自身保护和生存竞争能力、协调与环境关系方面充当着重要的角色，其产生和变化比初级代谢产物与环境有着更强的相关性和对应性。因此，药用植物生态学十分重视药用植物产品质量与生态因子之间的相关性研究。学习和掌握生态因子对药用植物生长发育的影响及作用规律有助于深入了解药用植物产量与品质形成的规律，正确调控影响药用植物内在质量的化学成分，实现药用植物产品质量的稳定可控。

1.3.2.4 药用植物病虫草害发生与生态因子的关系

现代药用植物生态学还十分重视药用植物病虫草害发生规律及其与生态因子的关系。药用植物病虫草害的发生、发展与流行取决于寄主药用植物、病原或害虫或杂草及环境三者之间的关系，学习药用植物生态学将有助于通过增强药用植物自身诱导抗性，减少农药投入，实现无公害中药材生产。

1.3.3　药用植物生态学的学习方法

已如上述，药用植物生态学研究对象是药用植物，其研究内容是生态关系，理论依据是生态学特别是植物生态学原理。由于药用植物生态学不仅重视种群数量增长，而且更加重视种群增长的化学生物学质量，因此，要学好药用植物生态学必须首先掌握药用植物学、生态学、植物生态学、植物生理生态学等相关学科的一般原理，才能正确理解和掌握药用植物生态学的特点、理论和方法，为科学研究和产业发展服务。

本章小结

药用植物生态学是运用生态学特别是植物生态学原理和方法研究药用植物与生态环境关系的一门新兴学科。它不仅重视植物与环境关系的一般生态学关系，而且更加重视考察特殊生境的形成及其对药用植物生长发育与中药材品质的影响。药用植物生态学的研究历史可粗略划分为3个阶段，即朴素的本草描述研究阶段、定性和定量相结合的研究描述阶段和宏观上的定量模型分析研究阶段。目前，药用植物栽培过程中的许多生态学问题的研究日益增多并不断深入，如药用植物质量生态学，药用植物化感作用，药用植物分子生态学将成为今后研究的热点。因此，依据植物生态学的理论和方法，研究药用植物的分布、产量、品质、病虫草害发生、发展与生态环境之间的关系，通过研究揭示其作用规律，为制定药用植物适宜生产区划，有效恢复中药材生产立地条件与土壤微生态环境修复，提高药用植物的产量和品质，保证药用植物资源的永续利用，促进我国中药材产业的健康发展是本学科研究的重要任务。为此，药用植物生态学把研究药用植物的分布与生态因子的关系，药用植物的产量与生态因子的关系，药用植物的品质与生态因子的关系和药用植物病虫草害的发生与生态因子的关系作为重要的研究内容。要学好药用植物生态学首先必须弄清药用植物生态学与其他相关学科的关系，要重视学科关联，理论联系实际才能学以致用。

思考题

1. 什么是药用植物生态学？谈谈它与其他相关学科的联系与区别。
2. 简述药用植物生态学的发展历史和各阶段的研究特点与发展动向。
3. 简要阐明药用植物生态学的研究任务及研究内容。

本章推荐阅读书目

药用植物与环境．郭继明．中国医药科技出版社，1997．

第2章 植物生态学的基本原理

药用植物和其他的植物一样,在其生长发育过程中,不断地与周围的环境进行着物质和能量的交换,环境条件对药用植物的产量质量有至关重要的影响。因此,掌握植物生态学的基本原理,对药用植物的规范化栽培,合理开发与保护地道药材,实现药用植物产品的安全、有效、稳定、可控具有重要意义。本章将简要地从生态因子的作用规律、植物对环境的适应、生态位原理、能量流动规律、物质循环再生原理、生态平衡原理等几个方面对植物生态学的基本原理进行阐述。

2.1 生态因子的作用规律

2.1.1 环境因子与生态因子的概念

2.1.1.1 环境与环境因子

环境(environment)是指某一特定生物个体或生物群体以外的空间,以及直接或间接影响该生物体或生物群体生存的一切事物的总和。构成环境的各种要素称为环境因子。

环境是针对某一特定主体或中心而言的,是一个相对的概念。离开了这个主体或中心也就无所谓环境。由于学科的不同,具体的环境的含义也不同,在环境科学中,一般以人类为主体,环境是指围绕着人群的空间以及其中可以直接或间接影响人类生活和发展的各种因素的总体。在现代生态学中,环境是指生物的栖息地,以及直接或间接影响生物生存和发展的各种因素的总体。环境既包括自然环境(未经破坏的天然环境),也包括人类作用于自然界后所发生变化了的环境(半自然环境),以及社会环境(如聚落环境、生产环境、交通环境及文化环境等)。

通常我们所说的环境是指地球环境(global environment),包括大气圈中的对流层、水圈、土壤圈、岩石圈和生物圈。也有人称为地理环境(geoenvironment)。对某个具体生物群落来讲,环境是指所在地段上影响该群落发生发展的全部无机因素(光、热、水、土壤、大气及地形等)和有机因素(动物、植物、微生物及人类)的总和。

2.1.1.2 生态因子

生态因子(ecological factor)是指在构成环境的众多因子中,对生物的生长、发育、生殖、行为和分布有直接或间接影响的各种环境因子的总称。在生态因子中,生物生存不可缺少的因子称为生物的生存因子(或生存条件、生活条件)。所有的生态因子综合作用构成生物的生态环境(ecological environment)。具体的生物个体或群体生活区域的生态环境与生物影响下的次生环境统称为生境(habitat)。环境因子、生态因子、生存因子既有联系,又有区别。

各种生态因子的性质、特性各不相同,对生物作用强度和作用方式等方面也各不相同,但各种生态因子之间是相互联系、相互影响和相互制约的,生态因子不同组合就构成了丰富多彩的生态环境条件,为生物创造了不同的生活环境类型。

根据生态因子的性质,通常将生态因子归纳为5大类:

①气候因子(climatic factors) 包括光照、温度、降水(湿度)、大气等因子。

②土壤因子(edaphic factors) 包括土壤的物理、化学和生物学性质等,如土壤的深度、质地、母质、容重(土壤密度)、孔隙度、pH值、有机质、营养元素等。

③地形因子(topographic factors) 指地形特征,如地形起伏、海拔、山脉、坡度、坡向、坡位等地貌特征。地形因子并不是植物生活所必须的,它是通过对水、热条件的再分配和对土壤的影响而对植物产生作用,因而被认为是一种间接起作用的因子。

④生物因子(biotic factors) 是指在植物、动物和微生物之间,同种或异种生物之间的相互联系,如结构、密度、竞争、捕食、共生、寄生等,这种作用和关系是十分复杂的。

⑤人为因子(anthropogenic factors) 指人类活动(直接的和间接的)对各种生物和生态因子的改变(有意的和无意的)所产生的生态效应,如耕作、施肥、浇灌、调整物种组成和结构配置、排放的污染物等。人类活动的影响力正在不断增大,所以人为因子作用变得越来越大。

2.1.2 最小因子定律

1840年德国化学家李比希(Baron Justus Liebig)在《有机化学及其在农业和生理学中的应用》一书中,分析了土壤表层与植物生长的关系,他认为植物生长环境中的水和二氧化碳数量较多,容易满足植物的需要,作物的产量往往取决于最小量矿质营养元素的供应状况;作物的增产与减产是与作物从土壤中所能获得的矿质营养的多少呈正相关的;每一种植物都需要一定种类和一定数量的营养物质,如果其中有一种营养物质完全缺乏,植物就不能生存;如果这种营养物质数量极微,植物的生长就会受到不良影响,这就是最小因子定律(law of minimum)。

李比希之后,不少学者对此定律进行了补充。郝尔里格尔的水分试验表明,当最小因子增加时，开始增产的效果很大，继续增加最小因子，其效果逐渐减少，甚至造成减产。这些研究工作表明，最小因子定律所揭示的原理只能在严格的"稳定状态"下，即物质、能量的输入和输出处于平衡状态下才适用。一旦某种环境因子改变，"稳定状态"被打破，限制因子也随之改变。同时，环境中各因子之间是相互作用的，因子之间具有互补作用。因此，适用最小因子定律要有动态的概念，即不同时间、不同条件，限制因子也不同。

李比希在提出最小因子定律的时候，考虑了营养物质对植物生存、生长和繁殖的影响，也考虑了营养物质因子最小的影响，但并没有想到还能应用于其他的生态因子。经过多年的研究，人们才发现这个法则对于温度和光等多种生态因子都是适用的。因此，生物在一定环境中生存，必须得到生存发展的多种生态因子，当某种生态因子不足或过量都会影响生物的生存和发展，这个因子就是限制因子。

限制因子是相对的，不是绝对的，即相对于该因子对生物的影响结果而言，当该因子的量过小，不能满足生物的需要量时，成为限制因子；当因子的量过大，难以同其他因子配合时，对生物的影响结果不良，也成为限制因子；而因子比较合适时，原来相对不缺乏的其他因子上升为限制因子。如图2-1所示，假设共同参与影响生物的各因子组成一个桶状结构，每一因子的作用相当于这个"桶"的一部分，缺一不可，而这个"桶"的容量却取决于其中的最小因子的作用，它对生物的不良影响结果，也会限制其他因子作用的发挥。

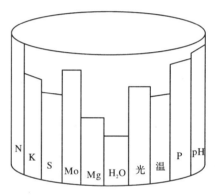

图 2-1　限制因子与"桶"的概念

限制因子往往是局部性和暂时性的，如果一种生物对某一生态因子的耐受范围很广，而且这种因子又非常稳定，那么这种因子就不大可能成为限制因子；相反，若某生物对某一生态因子的耐受范围很窄，而且这种因子又易于变化，该因子很可能成为一种限制因子。因此，限制因子并不等同于主要作用因子。例如，氧气在动物生存中起非常重要的作用，是主要生态因子。而对陆生动物来说，大气中氧气数量多、含量稳定而且很容易得到，一般不会成为限制因子。但氧气在水体中的含量是有限的，而且经常发生波动，因此常常成为水生生物的限制因子。

2.1.3　耐性定律

耐性定律（law of tolerance）也称谢尔福德耐性定律。1913年美国生态学家V. E. Shelford经大量调查后指出，生物对其生存环境的适应有一个生态学最小量和最大量的界限，生物只有处于这两个限度范围内之间生物才能生存，这个最小到最大的限度就是生物的耐性范围。生物对环境的适应存在耐性限度的法则称耐性定律。耐性定律说明，生物只有在其所要求的环境条件完全具备的情况下才能正常生长发育，任何一个因子数量上不足或过剩，均会影响生物的生长发育和生存。由此可见，任何接近或超过耐性限度的因子都可能是限制因子(图2-2)。

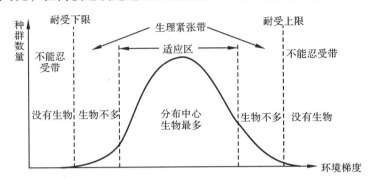

图 2-2　限制因子定律图示(仿李振基等，2000)

生物耐性是有差异的，同种生物对不同的生态因子的耐性限度不同。不同生物对同一生态因子的耐性限度也不相同。也就是说生物可能对一个生态因子有较广的耐受范围，而对另一个生态因子的耐性范围则很窄。同种生物在不同发育阶段对多种生态因子的耐性范围也是不同，繁殖期通常是一个临界点，对生态条件的要求最严格，耐性范围最窄；生长期的耐性范围宽于繁殖期；而生存的耐受范围更宽。

随着环境条件的变化，生物耐性也会发生变化。由于生态因子的相互作用，当一个生态因子处于不适应状态时，生物对另一个或一些因子的耐性能力会下降。同样，当一个或几个生态因子处于较适应状态时，会增加生物对某些其他不利因子的耐受能力。

自然界中的生物长期生活在不同生态环境下，对多个生态因子会形成有差异的耐性范围。生物耐性限度的改变往往遵循用进废退原则，因为在不利因素影响下会提高对基础代谢率的要求，为了降低对基础代谢率的要求，往往靠牺牲对其他次要因子的适应。按照这一规律，也可通过人为驯化的方法来改变生物的耐性范围。

2.1.4　生态因子作用规律

任何一种自然生态环境都包含着许多种生态因子，各种生态因子不是孤立存在的，对生物产生作用也不是孤立的，而是互相关联作为一个整体综合发挥作用。生态因子的综合作用主要包括生态因子间彼此联系、互相作用，生态因子的不可替代性，作用的主次关系和直接与间接作用关系，以及它们的作用地位在一定条件下的互相转化等内容。

2.1.4.1　生态因子的综合作用

生态环境是由多种生态因子组成的，生态环境中的生态因子总是综合地对植物产生作用，不存在孤立的某一个生态因子单独的作用。生态因子的组成和某一个因子数量或质量的变化,都会引起生态环境对植物的综合作用发生多种多样的变化。因此在进行生态因子分析时,不能只片面地注意到某一个生态因子而忽略其他因子。如对药用植物施 N、P、K 三种肥料的综合增产效果大于单施三种化肥增产效果之和,因此,不仅要注意某一种因素的作用,还要注意其交互作用,更要关注其水肥耦合的作用,才能制定科学的生产管理制度。Wollny 在光照强度、水分和肥料三因素的不同水平下获得了春黑麦的产量,结果表明最高产量的获得是三因子综合作用的结果,单因子的改变对产量的影响小于双因子和三因子同时改变产生的影响。

2.1.4.2 生态因子的交互作用

自然环境中的各生态因子并不是孤立存在的,而是相互联系、相互促进与制约的。一个因子的变化,都能不同程度地引起其他因子发生相应的变化。生态因子对生物的作用也不是单一的,而是多个相互联系的因子相互影响,交互、综合作用于生物。当生物受到一个以上生态因子作用时,其综合作用效果并不是各单因子作用效果的简单累加,而是往往明显大于或小于各单因子作用之和。这是由于各因子相互作用,其效应相互叠加、互相抵消或互不相干,这称为交互作用。例如,一个地区湿润程度,不只取决于降水量一个因素,而是诸多气象因素相互作用的综合效应。湿润程度既取决于水分收入(降水),又取决于水分支出(蒸发、蒸腾、径流和渗漏等)。可以认为,蒸散是太阳辐射、温度、大气相对湿度、风速以及地表覆盖等诸因素综合作用的结果。

2.1.4.3 生态因子的主导作用

在一定条件下起综合作用的诸多生态因子中,有一个或少数几个对生物起主要的、决定性作用的因子,称为主导因子,其他的因子则为次要因子。可从主导因子两方面的作用来确定主导因子:从因子本身来说,当所有的因子在质和量处于相对平衡时,其中某一个生态因子的较大改变能引起环境的综合性质发生明显变化;就植物来说,由于某一个因子的改变会引起植物对环境的生态适应方式和途径的变化,这样的因子就是主导因子。如植物的光合作用,在正常条件下,光强是主导因子,温度和 CO_2 浓度为次要因子;春化作用时,温度为主导因子,光强、湿度和通气条件是次要因子。可见,生态因子的主次在一定条件下可以转化,处于不同生长时期和条件下的生物对生态因子的要求和反应不同,主导因子也是不同的,不同的植物在相同的条件下主导因子可能也是不同的,某特定条件下的主导生态因子在另一条件下会降为次要因子。

2.1.4.4 生态因子的直接与间接作用

根据生态因子与生物的作用关系可将生态因子的作用分为直接作用和间接作用两种类型。如光照、水分、温度、营养元素等能直接对植物的生命活动产生作用,这些因子称为直接因子,它们的作用称为生态因子的直接作用;环境中的地形因子,其起伏程度、坡向、坡度、海拔高度及经纬度等对植物的作用不是直接的,而是通过对光照、温度、水分、营养元素等直接因子的影响(图 2-3),对植物的生命活动间接产生作用,这些因子称为间接因子,它们的作用称为生态因子

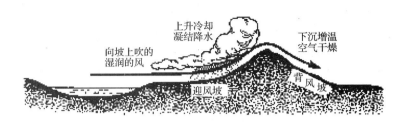

图 2-3 地形对气候因子分布的影响示意

的间接作用。区分生态因子的直接与间接作用方式，对认识生态因子对生物的生长、发育、繁殖及分布等的影响都是很重要的。

2.1.4.5 生态因子的阶段性作用

由于生物在生长发育不同阶段对生态因子的需求不同，具有阶段性特点。因此，每一个生态因子，或彼此有关联的因子结合，对同一生物的各个发育阶段所起的生态作用是不相同的。某因子在某一阶段为限制因子，而在另外阶段是非限制因子；在某阶段的主导因子，在另外阶段则是辅助因子；在某阶段的有利因子，在另外阶段可能成为有害因子。因此，生态因子对生物的作用也具有阶段性，这种阶段性是由生态环境的规律性变化造成的。如光照长短，在植物的春化阶段并不起作用，但在光周期阶段则是十分重要的。

2.1.4.6 生态因子间的不可替代性与有限补偿性作用

生态因子中植物生活所必需的条件(生活条件)，对植物的作用虽然不是等价的，但都是不可缺少和同等重要的，如果缺少其中任何一种，就会引起植物的生长受到阻碍，甚至造成其生病或死亡。因此，生活条件中的任何一个因子，都是不能由另一个因子来代替的，这就是生态因子的不可代替性和同等重要性定律。如在植物光合作用中，光因子的作用是提供光能，CO_2 的作用是提供碳源，它们同等重要，不可替代。

但是，在一定条件下某一个因子在量上的不足，可以由相关因子的增加或加强而得到有限的补偿，并有可能获得相同或相近的生态效果，这就是生态因子间的有限补偿原理(作用)。如植物进行光合作用时，光和 CO_2 同等重要、不可替代，但在一定范围内可以增加 CO_2 的浓度来补偿光照不足。

2.2 植物对环境的适应

2.2.1 生态适应概念

适应(adaptation)是生命的本质特征之一，是生命科学中的基本问题，更是生态学关注的中心问题。生态适应(ecological adaptation)是指植物在生长发育和系统进化过程中为了应对所面临的环境条件，在形态结构、生理机制、遗传特性等生物学特征上出现的能动响应和积极调整，是植物与环境长期相互作用的结果。植物有机体或它的各个部分，在与环境的长期相互作用中，通过生态适应，形成了一些具有生存意义的特征。依靠这些特征，植物能免受各种环境因素的不利影响和伤害，同时还能有效地从其生境中获取所需的物质、能量，以确保个体发育的正常进行。生态系统中各种生物有机体，通过适应性的长期积累，越来越有效地利用着各种资源。

生态适应是生物长期进化的基础，达尔文生物进化论认为各种生物都有共同的祖先，都是由原始生物不断适应变化的环境演变而来的，这种演变发展过程称为生物的进化过程。进化过程使简单的原始生物变为复杂的现代生物种类，表现出多样性的不断增加，而且进化过程没有终止。在生态学和进化科学中，主要从进化发展的历史着眼，从现有结果出发进行比较分析，探讨适应的起源、形成和发展过程，特别是要分析植物适应形成的机制。

衡量植物适应性的终极标准是保持生命延续的能力大小。在正常环境中，适应性往往强调竞争力、生活力、生长势，获取的资源越多，则能够保持繁殖性能、维持生命延续的机会就越多；在不利环境中，往往强调抵抗性以及对极端环境的忍耐极限。任何植物的生态环境适应都要同时具备在正常环境中保持较好的生长势头、在恶劣环境中维持生命延续的两种基本能力。植物在一生中如何平衡这两种能力，就集中反映在植物的生活史策略上。

2.2.2 趋同适应与生活型

不同种类的生物，生存在相同或相似的环境条件下，常形成相同或相似的适应方式和途径，称为趋同适应（convergent adaptation）。趋同适应的结果使不同种的生物在形态结构、生理生化特征和发育节律上表现出相似性。不同种的生物，由于长期生存在相同的自然生态条件和人为培育条件下，发生趋同适应，并经自然选择和人工选择而形成的，具有类似的形态、生理和生态特性的物种类群称为生活型（life form）。相同的生活型反映的是生物对环境具有相同或相似的要求或适应能力，生活型在本质上就是对所在环境长期适应的综合反映模式。

生活型往往着重从形态外貌、寿命等外部特征上进行度量区分。生活型是种以上的分类单位，分属于不同科的生物有可能属于一种生活型，亲缘关系甚远的生物也可能属于同一生活型，亲缘关系近的生物种也可能分属于不同生活型。如生活在沙漠干旱区的仙人掌（仙人掌科）与生活在相同条件下的霸王花（大戟科）、海星花（萝藦科）、仙人笔（菊科）等植物有相似的外部特征和适应方式，属同一生活型，但在分类上属于不同的科。

植物的生活型分类，有多种不同的方法，最常用的是按植物的大小、形状、分枝以及生命周期的长短等进行分类，如将植物分为乔木、灌木、半灌木、藤本、多年生草本、1年生草本、垫状植物等。植物的生活型也是群落生态学研究中植物功能群（function groups）或生态种组（ecological species group）划分的基础。

丹麦植物学家阮基耶尔（Raunkier）认为地球上的各个地区，冬季和旱季是植物生活中最严酷的临界期，并以温度、湿度、水分作为指示生活型的基本要素，以植物度过生活不利时期对恶劣条件的适应方式为基础，以休眠芽或复苏芽所处的高低和保护方式为依据建立了生活型分类系统。植物可分为高位芽植物、地上芽植物、地面芽植物、地下芽植物和1年生植物5大生活型类群，在各类群之下，再按照植物体的高度、芽的特性、落叶或常绿的特点等，可再分30个较小类群。

2.2.3 趋异适应与生态型

趋异适应(divergent adaptation)与趋同适应恰好相反，是指一群亲缘关系相似的生物有机体，由于分布地区的间隔，长期生活在不同环境条件下，形成了不同的适应方式和途径。同种生物的不同个体或群体，长期生存在不同的自然生态条件或人为培育条件下，发生趋异适应，并经自然选择或人工选择而分化形成的生态、形态和生理特性不同的基因型类群，称为生态型(ecotype)。生态型是种以下的分类单位，是研究物种适应、分化、进化的重要切入点，一直是生态学中研究工作的热点，在理论上可以揭示生物适应和进化等重要基础理论问题，在实践中可以应用到定向育种等生产方面。

瑞典生物学家Turesson认为，生态型是生物与特定生态环境相协调的基因型类群，是生物种内对不同生态条件适应的遗传现象。一般来说，分布区域和分布季节越广的生物种，生态型越多。生态型越单一的生物种，适应性越窄。美国的Clauson和Keek等进行了大量工作进一步完善了生态型的内容并指出：分布广泛的生物在形态学或生理学上的特性表现出区域(或空间)差异；生物种的内部差异和分化与特定的环境条件有密切联系；生态因子通过生物的遗传变异引起生态变异，是可以遗传的。

就植物来说，可以根据形成生态型的主导因子，将植物生态型分为3类：

(1) 气候生态型

气候是光照、温度、湿度、水分等多种生态因子的组合，不同区域中这些组合不同，植物的适应方式也有较大差异，从而形成了众多依植物对光周期、气温和降水量等气候因子的不同适应而形成的各种生态型，例如水稻品种中的不同光温生态型以及耐热性、抗寒性和抗旱性等不同的类型。对一般药用植物而言，春播秋收的各种药用植物多为喜温短日生态型，秋冬播春收的药用植物多为耐寒长日生态型。同为春播秋收的药用植物品种，南方品种对于短日的要求比北方品种严格。而春播夏收的各类药用植物品种，一般对光周期要求不严格。原则上，中药材生产中不提倡跨气候生态种植，即使种植也要通过严格的化学成分分析和药效学评价。

(2) 土壤生态型

在不同土壤的水分、温度和肥力等自然和栽培条件下，形成不同的生态型。水稻和陆稻(旱稻)主要是由于土壤水分条件不同而分化形成的土壤生态型。又如，各种作物的耐肥品种或耐瘠品种，则是与一定的土壤肥力相适应的土壤生态型。

(3) 生物生态型

同种生物的不同个体群，长期生活在不同的生态条件下分化形成不同的生态型。各种作物都有对病、虫不同抗性的品种群，同样病原菌在不同类型寄主上生存也分化出不同生理小种。

2.3 生态位原理

2.3.1 生态位的概念

生态位(niche)是生态学中的重要概念，主要是指自然生态系统中一个种群在时间、空间上的位置及其与相关种群之间的功能关系。明确这一概念对正确认识物种在自然选择进化过程中的作用，以及在运用生态位理论指导人工群落建设中种群的配置等方面具有十分重要的意义。

生态位的理论有一个形成和发展的过程。美国学者格林尼尔(J. Grinnell, 1917)最早使用生态位的概念，他认为：生态位是一个物种所占有的微环境。实际上他强调的是空间生态位(spatial niche)"。英国生态学家埃尔顿(C. Elton, 1927)认为生态位是有机体在生物群落中的功能作用和位置，特别强调与其他种的营养关系，这种生态位主要是营养生态位(trophic niche)。英国生态学家哈奇森(G. E. Hutchinson, 1957)进一步发展了生态位的概念，提出 n 维生态位(n-dimensional niche)。他以种在多维空间中的适合性(fitness)去确定生态位的边界；同时，他将生态位分为基础生态位(fundamental niche)和实际生态位(realized niche)，在生物群落中，若无任何竞争者和捕食者存在时，该物种所占据的全部空间的最大值为基础生态位，这是物种潜在的可占领的空间；当有竞争者时，竞争导致该物种只占据基础生态位的一部分为实际生态位，显然，竞争种类越多，该物种实际生态位就越小。E. P. Odum(1971)将前人有关生态位的概念进行了综合，他认为物种的生态位不仅决定它们的生活，而且也决定了它们如何生活以及如何受到其他生物的约束。所以，生态位概念不仅包括生物占有的物理空间，还包括它在群落中的功能作用以及它们在湿度、温度、土壤和其他生存条件的环境变化梯度中的位置。

当前生态位的概念包含3层意思：①物种在特定生物群落中的时间和空间位置及其功能关系；②物种在环境变化梯度(湿度、温度、土壤等)中的位置；③物种与群落中其他种群的关系。

生态位是从物种的观点定义的，它与生境(habitat)具有不同的含义。生态位是物种在群落中所处的地位、功能和环境关系的特性，而生境是指物种生活的环境类型的特性，例如地理位置、海拔高度、水湿条件等。物种的生态位也将被生境所限制，生境会使生态位的部分内含减小。

2.3.2 生态位原理

2.3.2.1 生态位重叠(相同)——竞争排斥

前苏联生态学家 G. F. Gause(1934)以原生动物双核小草履虫和大草履虫为竞争对手,观察在分类和生态习性上都很接近的这两物种的竞争结果。当分别在酵母介质中培养时,双核小草履虫比大草履虫增长快。当把两种加入同一培养器中时,双核小草履虫在混合物中占优势,最后大草履虫死亡消失。这就是当两个物种利用同一种资源和空间时产生的种间竞争现象。两个物种越相似,它们的生态位重叠就越多,竞争就越激烈。这种种间竞争情况后来被英国生态学家称为高斯假说,后人将其发展为竞争排斥原理。其内容为:在一个稳定的环境内,两个以上受资源限制的、但具有相同资源利用方式的种,不能长期共存在一起,也即完全的竞争者不能共存。所以,在一个稳定的群落中,占据了相同生态位的两个物种,其中一个种终究要灭亡。

2.3.2.2 生态位分异(相似)——有限共存

Gause 将双核小草履虫与另一种袋状草履虫放在一起培养时,却形成了共存的结局。仔细观察发现,双核小草履虫多生活于培养试管的中、上部,主要以细菌为食,而袋状草履虫生活于底部,以酵母为食。它们分别占据了不同空间和营养,这是一种竞争中的共存,但在共存中,两种草履虫的密度都低于单独培养时的密度,表明它们的实际生态位都小于没有竞争时的基础生态位。

2.3.2.3 生态位分离——长期共存

在长期的系统进化过程中,由于自然选择压力总是促使群落内的物种利用不同的环境资源,减小竞争,从而使得不同的物种能长期共存。所以,一个稳定的群落中,由于各种群在群落中具有各自的生态位,种群间能避免直接的竞争,从而又保证了群落的稳定。一个相互起作用的、生态位分化的种群系统,各种群在它们对群落的时间、空间和资源的利用方面,以及相互作用的可能类型方面,都趋于相互补充而不是直接竞争。因此,由多个种群组成的生物群落,要比单一种群的群落更能有效的利用环境资源,维持长期较高的生产力、具有更大的稳定性。

2.3.2.4 生态位的泛化与特化

由于自然环境条件和生态关系的不断变化,生物种的生态位不是一成不变的。在多变的生境中,植物的适应使其对资源的选择性减弱,生态位的宽度因而增加,促进物种生态位的泛化(generalization);在稳定的生境中,植物对稳定生境的适应可导致对资源的选择性加强,而使物种的生态位宽度变窄(specialization)。物种所利用的资源和种间的竞争能导致生态位泛化,也能导致生态位特化。

2.4 生态系统的基本原理

2.4.1 生态系统的基本概念

生态系统(ecosystem)这一概念最早由英国植物生态学家 A. G. Tansley 于 1935 年提出。他认为生态系统构成了地球表面上具有大小和类型的基本单位,不仅包括生物复合体,而且还包括了人们称为环境的各种自然因素的复合体,是生物与环境形成的一个自然系统。Tansley 提出生态系统概念时,强调了生物和环境是不可分割的整体;强调了生态系统内生物成分和非生物成分在功能上的统一,把生物成分和非生物成分当作一个统一的自然实体,这个自然实体——生态系统就是生态学上的功能单位。例如,森林群落与其环境就构成了森林生态系统,草原植被与其环境就构成了草原生态系统,而池塘中的鱼、虾和藻类等生物与水域环境就构成了池塘生态系统。

前苏联植物生态学家 V. N. Sukachev 在深入研究植物群落中种间和种内竞争的基础上,提出了生物地理群落(biogeocoenosis)的概念。生物地理群落是指在地球表面上的一个地段内,动物、植物、微生物与其地理环境组成的功能单位。他强调了在一个空间内,生物群落中各个成员和自然地理环境因素之间是相互联系在一起的整体。实际上,正如 1965 年在丹麦哥本哈根召开的国际学术会议上认定的那样,生物地理群落和生态系统是同义语。这个认定已被各国广大生态学家所接受,但目前各国使用最广泛的还是生态系统这一术语,我国的情况也是如此。世界著名生态学家 E. P. Odum 于 1971 年曾指出,生态系统就是包括特定地段中的全部生物和物理环境的统一体。他认为,只要有主要成分,并能相互作用和得到某种机能上的稳定性,哪怕是短暂的,这个整体就可视为生态系统;具体些说,生态系统又可定义为一定空间内生物和非生物成分通过物质的循环、能量的流动和信息的交换而相互作用、相互依存所构成的生态学功能单位。按生物学谱(biologicol spectrum)划分的组织层次,生态系统是研究生物群落与其环境间相互关系及作用规律的。所以,生态系统是功能单位而不是生物学的分类单位。生态系统可以是一个很具体的概念,一个池塘,一片森林或一块草地都是一个生态系统。同时,它又是在空间范围上抽象的概念。生态系统和生物圈只是研究的空间范围及复杂程度不同。小的生态系统联合成大的生态系统,简单的生态系统组合成复杂的生态系统,而最大、最复杂的生态系统就是生物圈。

现在,生态系统一般是指在一定时间和空间范围内,由生物群落与其环境组成的一个整体,该整体具有一定的大小和结构,各成员借助能量流动、物质循环和信息传递而相互联系、相互影响、相互依存并形成具有自组织和自我调节功能的复合体。生态系统的定义有 4 点基本含义:第一,生态系统是客观存在的实体,有时间、空间的概念;第二,由生物成分和非生物成分所组成;第三,以生物为主体;第四,各成员间有机地组织在一起,具有统一的整体功能。

2.4.2 生态系统的基本组成

所有生态系统，不论是陆地还是水域，都可概括为非生物和生物两大部分，或非生物环境、生产者、消费者和分解者4种基本成分(图2-4)。生产者、消费者和分解者是生态系统中生物群落的三大功能类群。

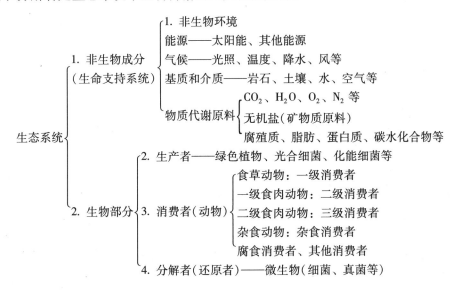

图 2-4 生态系统基本组成

非生物环境包括光、热、水、气、土壤和营养成分等，它们是生态系统中生物生活的场所和物质、能量的源泉，可统称为生命支撑系统。

生产者(producers)是指能利用光能和无机物质通过光合作用制造有机物质的自养生物(autotrophs)。主要是绿色植物，也包括一些蓝绿藻、光合细菌及化能合成细菌。它们都将环境中的无机物合成有机物，并能把环境中的能量以化学能的形式固定到有机体内。生产者为生态系统中的其他生物提供物质和能量，从而是生态系统中最重要、最积极、最基本的成分。没有生产者(绿色植物)存在，就没有生态系统。

消费者(consumers)是指直接或间接利用生产者生产的有机物质作为物质和能量来源的异养生物(heterotrophs)。主要是指动物和寄生性生物，它们不能直接利用太阳能来生产食物。根据不同的取食地位，又可分为一级消费者(C1)，直接依赖生产者为生，包括所有的食草动物；二级消费者(C2)，以一级消费者为食，是残杀植食动物的食肉动物；三级消费者(C3)，是猎食食肉动物的捕食者。有时还有四级消费者(C4)等。

分解者(decomposers)主要是细菌、真菌等微生物，也包括一些营腐生生活的原生动物。它们以动植物的有机残体和排泄物中的有机物作为维持生命的食物源，并把复杂的有机物分解为简单的无机物归还环境，并释放出能量，其作用正与生产者相反。这些简单的无机物在回归环境后可被生产者重新利用,所以分解者也称为还原者。分解者在生态系统中的作用是极其重要的,如果没有分解者,动植物的有机残体将会堆集成灾,物质不能循环,生态系统将崩溃。通过分解者将生物成分与非生物的环境联系在一起,共同组成一个生态学的功能单位——生态系统。

需要指出的是,生物部分和非生物部分对于生态系统来说是缺一不可的。如果没有环境,生物就没有生存的空间,也得不到能量和物质,因而也难以生存下去;仅有环境而没有生物成分也谈不上生态系统。生态系统包括非生物环境、生产者、消费者和分解者4种成分。

2.4.3 生态系统的基本结构

2.4.3.1 生态系统的时空结构

在空间结构上,任何一个自然生态系统都有分层现象。例如,在森林群落中,通常可以划分出乔木层、灌木层、草本层和死地被物层4个基本层次。各个层次中又可按不同高度再划分亚层。植物的地下根系也有分层现象。群落地下根系层次常与地上的层次相对应。例如乔木的根系入土最深,灌木的较浅,草本的则多分布于土壤表层。乔木的根系又有深根系与浅根系,亦即直根系与侧根系之分。一般地,位于上层的阳性树种多属深根性,下层耐荫树种则多为浅根性,亦即不同层次内的乔木树种,其根系的分布也不在同一层次内,从而可以更充分地利用土壤养分。根的成层现象除与根系类型有关外,还受土壤理化性质和养分状况所影响。草本群落也有类似的空间结构。

生态系统还具有边界的不确定性。生态系统是开放系统,能量和物质不断从系统外的环境中输入,与此同时,又不断往外输出。有时生态系统的边界因外界条件的影响难以明确划分。边界不确定性主要是由于生态系统内部生产者、消费者和分解者在空间的位置上变动所引起的,其结构较为疏松。一般认为,生态系统范围越大,其结构越疏松。

在时间结构上,生态系统的结构和外貌也会随时间不同而变化,这反映在生态系统的时间动态上。一般可从3个时间量度上来考察生态系统的时间结构。一是长时间量度,以生态系统进化为主要内容;二是中等时间量度,以群落演替为主要内容;三是以昼夜、季节和年份为短时间量度的周期性变化。

短时间周期性变化在生态系统中是较为普遍的现象。如绿色植物一般在白天阳光下进行光合作用,在夜晚则进行呼吸作用。海洋潮间带的无脊椎动物组成则具有明显的昼夜节律。植物群落具有明显的季节性变化。1年生植物萌发、生长和枯黄,季节性变化十分明显。这些植物的开花取决于随季节而变化的日照长度。各种植物多在最适的光周期下开花,许多植食动物也伴随而生。

2.4.3.2 生态系统的营养结构

生态系统中各个成分之间最本质的联系是通过营养来实现的,即通过食物链把生物与非生物、生产者与消费者、消费者与消费者连成一个整体。

(1) 食物链

食物链(food chain)是指生态系统内不同生物之间在营养关系中形成的一环套一环似链条式的关系，即物质和能量从植物开始，然后一级一级地转移到大型食肉动物。

一个生态系统中可以有许多条食物链。根据能流发端生物成员取食方式及食性的不同，可将生态系统中的食物链分为以下几种类型：

①捕食食物链(predator food chain) 亦称草牧食物链(grazing food chain)或活食食物链。它是指由植物开始，到草食动物，再到肉食动物这样一条以活有机体为营养源的食物链。例如："三角叶杨→麋鹿→苍狼"、"浮游植物→桡足类→鱼类"、"小麦→麦蚜虫→肉食性瓢虫→食虫小鸟→猛禽"等。食物链上的成员有自小到大，从弱到强的趋势，这与捕食能力有关。

②腐食食物链(saprophytic food chain) 也叫残渣食物链、碎屑食物链(detritus food chain)或分解链(decompose chain)。该食物链是以死亡的有机体（植物和动物）及其排泄物为营养源，通过腐烂、分解，将有机物质还原为无机物质。腐食者主要是细菌、原生动物，还包括吃残屑和这些微生物的动物，以及吃这些动物的某些捕食者。如一个杨树林的植物生物量除6%是被动物取食，其余94%都是在枯死凋落后被分解者所分解。如动植物残体→微生物→土壤动物；有机碎屑→浮游动物→鱼类。

③寄生食物链(parasitic food chain) 该食物链是以活的动植物有机体为营养源，以寄生方式生存的食物链。例如："牧草→黄鼠→跳蚤→鼠疫细菌"、"哺乳类或鸟类→跳蚤→原生动物→滤过性病毒"。寄生食物链往往是由较大生物开始再到较小生物，个体数量也有由少到多的趋势。

④混合食物链(mixed food chain) 即构成食物链的各链节中，既有活食性生物成员，又有腐食性生物成员。例如稻草养牛，牛粪养蚯蚓，蚯蚓养鸡，鸡粪加工后作为添加料喂猪，猪粪投塘养鱼。在这一食物链中，牛、鸡为活食者，蚯蚓、鱼是腐食者，猪以活食为主。

⑤特殊食物链 世界上约有500种能捕食动物的植物，如瓶子草、猪笼草、捕蛇草等。它们能捕捉小甲虫、蛾、蜂等，甚至青蛙。被诱捕的动物被植物分泌物所分解，产生氨基酸供植物吸收，这是一种特殊的食物链。

(2) 营养级

生态学上把具有相同营养方式和食性的生物统归为同一营养层次，并把食物链中的每一个营养层次称为营养级(trophic levels)，或者说营养级是食物链上的一个个环节。如生产者称为第一营养级，它们都是自养生物；草食动物为第二营养级，它们是异养生物并具有以植物为食的共同食性；肉食动物为第三营养级，它们的营养方式也属于异养型，而且都以草食动物为食。

一般来说，食物链中的营养级不会多于5个，这是因为能量沿着食物链的营养级逐级流动时，是不断减少的。根据热力学第二定律，当能量流经4～5个营养级之后，所剩下的能量已经少到不足以维持一个营养级的生命了。在生态系统中往往是一种生物同时取食多种食物,如杂食性消费者,它们既食植物,也食动物,对这些生物的营养层次的归属确定起来就比较困难,也可以说是占有多个营养级。当一种生物有不同的食物来源时,我们可以用下列公式来计算其生态系统中的营养级:

$$N = 1 + \sum P \cdot F$$

式中　N——生物所处的营养级;
　　　P——该种食物源占全部食物的百分比;
　　　F——食物源的营养级。

(3) 食物网(food web)

在生态系统中,一种生物不可能固定在一条食物链上,往往同时加入数条食物链。生产者如此,消费者也如此。如牛、羊、兔和鼠都摄食禾草,这样禾草就可能与4条食物链相连。再如,黄鼠狼可以捕食鼠、鸡、青蛙等,它本身又可能被狐狸和狼捕食。这样,黄鼠狼就同时处在数条食物链上。实际上,生态系统中的食物链很少是单条、孤立出现的(除非食性都是专一的),它往往是交叉链索,形成复杂的网络结构,即食物网。生态系统中各生物成分间,正是通过食物网发生的直接和间接联系,保持着生态系统结构和功能的稳定性。如图2-5所示。

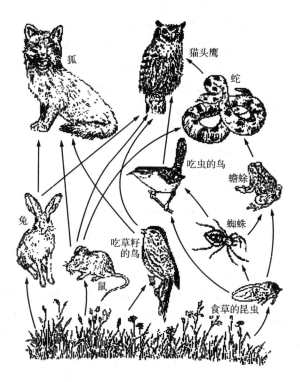

图2-5　温带草原生态系统的食物网简图

生态系统内部营养结构是不断变化的。如果食物网中某一条食物链发生了障碍,可以通过其他的食物链来进行必要的调整和补偿。例如,草原上的野鼠由于流行病而大量死亡,原来以野鼠为食的猫头鹰并不会因鼠类数量减少而发生食物危机,因为鼠类减少了,草原上的各种草类会生长繁盛起来,茂密的草类可给野兔的生长繁殖提供良好环境,野兔数量得到增殖,猫头鹰则把食物目标转移到野兔身上。但有时营养结构的网络上某一环节发生了变化,其影响会波及整个生态系统。

正是通过食物营养、生物与生物、生物与非生物,环境才有机地联结成一个整体。生态系统中能量流动和物质循环正是沿着食物链(网)这条渠道进行的。

食物链(网)的概念还揭示了环境中有毒污染物质转移、积累的原理和规律。

通过食物链可把有毒物质扩散开来,增大其危害范围。例如从生活在北极的白熊和南极的企鹅体内都能检测出 DDT,食物链就是一个重要的传递途径。在食物链的开初,有毒物质浓度较低,随着营养级的升高,有毒物质浓度逐渐增大,达百倍、千倍甚至万倍、百万倍,最终毒害处于较高营养阶层的生物。营养级越高,积累的剂量越大,这种现象称为生物放大作用。

2.4.4 生态系统的能量流动规律

2.4.4.1 生态系统中能量存在的形式与来源

(1) 生态系统中能量存在的形式

从经典物理学的意义上讲,能量是指物体作功能力的量度。物体对外界作了功,物体的能量要减少;反过来,若外界对物体作了功,物体的能量就要增加。如某些动物搬运食物,则动物对外界作了功,体内的化学能减少。

能量是系统状态的函数,它的增量等于"外界对系统所作功的总和",这是能量的普遍定义。若物体的位置、速度、温度等状态改变了,能量也随之改变。因此,不同生态系统的组分、结构不同,其能量特征也不同;同一生态系统不同的发展演替阶段,能量特征也不同。如生态系统演替到顶极阶段后,净生产量减少,通过呼吸散发的热量增加。每个生态系统都有其独特的能量特征。对生态系统能量变化规律进行研究,能从本质上认识生态系统,并对其进行合理的调控。

能量在生态系统中以多种形式存在,主要有辐射能、化学能、机械能、电能和生物能,此外,还有大家熟知的热能。热能在同一温度下是不能作功的。不同温度下,由高热区向低热区流动,称为热流。以上所述各种形式的能,最终都要转化为热这一形式。生态系统的不同形式、不同状态的能量是可以贮存和相互转换的,如辐射能可以转变成化学能,势能可以转化为动能等。能量变化有 2 种量度,一种是功,即作功的多少;另一种是热量,即热交换的数量。

生态系统中能量的存在形式有 2 种,即动能和势能。动能是正在作功的能量,是生物及其环境之间以传导和对流的形式互相传递的一种能量,包括热和辐射。势能又称潜能,是蕴藏在有机分子内、处于静态的能量,它代表着一种作功的能力和作功的可能性,这种能量可通过取食关系在生物之间传递。食物中的化学能对于生物是非常重要的势能形式。

(2) 生态系统中能量的来源

生态系统中的能量按照其来源途径不同,可分为太阳辐射能和辅助能 2 大类型。

①太阳辐射能 地球上所有生态系统的最初能量来源于太阳。从世界范围看,到达绿色自养层的太阳辐射量,大部分地区平均都在 420~3400J/(cm^2·d),其中温带多在 1300~1700J/(cm^2·d),相当于每年每平方米 4.6×10^7~6.3×10^7J。太阳能既是能源,又是重要的环境因子。因此,太阳能的数量和分布,对任何地区生态系统的结构和功能,都是基本的决定因素。

②辅助能 除太阳辐射能以外，其他进入系统的任何形式的能量，都称为辅助能。辅助能不能直接被生态系统中的生物转换为化学潜能，但能促进辐射能的转化，对生态系统中生物的生存、光合产物的形成、物质循环等起着很大的辅助作用。根据辅助能的来源不同可分为自然辅助能和人工辅助能 2 种类型。自然辅助能，是指在自然过程（如沿海和河口湾的潮汐能、风、降水及蒸发作用等）中产生的除太阳辐射能以外的其他形式的能量。人工辅助能，是指人们在从事生产活动过程中有意识地投入的各种形式的能量，主要是为了改善生产条件、加快产品流通、提高生产力，如农田耕作、灌溉、施肥、防治病虫害、农业生物的育种以及产品的收获、贮藏、运输、加工等。根据人工辅助能的来源和性质，还可将人工辅助能分为 2 类：一是生物辅助能，即来自生物有机体的能量，如人力、畜力，种苗和有机肥料中的化学潜能；二是工业辅助能，指来自工业生产中的各种形式的能量，包括石油、煤、天然气、电等形式投入的直接工业辅助能和以化肥、农药、农业机械、农用塑料等形式投入的间接工业辅助能。

2.4.4.2 生态系统中能量流动和转化的热力学定律

(1) 热力学第一定律

生态系统中能量流动和转化，严格遵循热力学第一定律。热力学第一定律，即能量守恒定律，其含义是：能量既不能消失，也不能凭空产生，它只能以严格的当量比例，由一种形式转化为另一种形式。如果用 ΔE 表示系统内能的变化，ΔQ 表示系统所吸收的热量或放出的热量，ΔW 表示系统对外所作的功，则热力学第一定律可表示为：

$$\Delta E = \Delta Q + \Delta W$$

即一个系统的任何状态变化，都伴随着吸热、放热和作功，而系统和外界的总能量并不增加或减少，它是守恒的。

根据热力学第一定律，能量进入生态系统后，在系统的各组成部分之间呈顺序地传递流动，并发生多次的形态变化。这些变化都是以一部分热能的产生为代价而实现的，但是包括热能在内的总能量并没有增加或减少。如日光能进入生态系统后，大部分因地面、水面和植物表面的反射、散射而离开系统，另一部分在蒸发、蒸腾过程中转化为热能，只有极小部分在叶绿素的作用下被转化为光合产物中的化学能，这部分能量扣除植物自养呼吸消耗后的剩余部分，才是贮存于植物有机物中的化学潜能。动物通过消耗体内贮存的化学潜能变为爬、跑、飞、游的动能，并呼吸消耗放出热能。

(2) 热力学第二定律

热力学第二定律，又称为能量衰变定律或能量逸散定律。它是指生态系统中的能量在转换、流动过程中总存在衰变、逸散的现象，即总有一部分能量要从浓缩的有效形态变为可稀释的不能利用的形态。也就是说，在一切过程中，必然有一部分能量失去作功能力而使能质（能的质量）下降。伴随着该过程的进行，系统中有潜在作功能力的能，会分解为 2 个部分：有用能和热能。前者可继续作功，叫自由能，通常只占一小部分，可能具有更高的质量；后者无法再利用，而以低温热能形式散发于外围空间，往往占一大部分。

热力学第二定律用公式表示，可以写成：
$$\Delta G = \Delta H - T\Delta S$$
式中　G——吉布斯自由能，即可对系统作功的有用能；
　　　H——系统热焓，即系统含有的潜能；
　　　S——系统的熵；
　　　T——过程进行时的绝对温度。

热力学第二定律告诉我们：第一，任何系统的能量转换过程，其效率不可能是100%。因为能量在转换过程中，常常伴随着热能的散失，因此可以说，没有任何能量能够100%地自动转变为另一种能量。第二，任何生产过程中产生的优质能，均少于其输入能。优质能的产生是以大部分能量转化为低效的劣质能为代价的。由此可见，能量在生态系统中的流动是一个单向衰变的、不能返回的过程。

2.4.4.3　生态系统中能量流动的过程和特征

(1) 个体水平的能流过程

个体水平上的能量流动研究是研究种群和生态系统水平上能量流动的基础。任何生物的种群及生态系统，在宏观上均是由生物个体所组成。由于生物种类繁多，个体在大小、形态、习性等多方面存在着巨大的差异。因此，个体水平上的能量流动的研究困难较大，且主要局限于对动物个体能流的研究。

G. O. Batzli(1974)提出了一个旨在定性表述植物或动物个体能流的模式（图2-6），该模式以较严格的概念全面地表述了个体的能流。图中的虚线表示生物个体与环境间的界线。在植物或动物的个体能流中，太阳辐射能或食物作为能源分别被动物或植物通过取食或吸收使能量进入有机体，其间伴随着辐射能的损耗及植物蒸腾耗热和动物体表水分蒸发的能量损耗。模式中总生产量可以利用公式计算：

$$GPP = AR + NPP + AEX + AW$$

对于自养生物，这里 GPP 为总初级生产量，AR 为呼吸作用，NPP 为净初级生产量，AEX 为排泄物（即分泌物），AW 为自养生物的功（能）。当 $AEX \cong AW \cong 0$

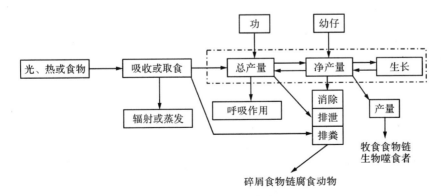

图2-6　个体的能源流动模式（仿 Batzli, 1974）

的时候，这个方程式就可以极大地简化。

对于异养生物来说，$GSP = HR + NSP + HEX + HW$，式中的 GSP 为总次级生产量，NSP 为净次级生产量，其他符号与自养生物相同，只是 H 是代表异养生物的能动性，这里的 HEX 和 HW 显然大于零。

总生产量又可通过以下几条途径转移：在呼吸作用中进行代谢并产生乙醇、乳酸或二氧化碳；含氮化合物作为废物被排泄掉；有机体在运动和移动负荷时做功；结合在还原碳中的能量进一步形成各种含能产品，构成净生产量。当净生产速率为正值时，含能产品的积累速率大于其消耗速率，这时在总体上表现为有机体的生长。

有机体在净生产中形成的含能产品，可以经由以下 4 种方式消失：繁殖后代（幼仔）；个体的某些部分可以作为代谢物质脱落，如植物的凋落物和动物的蜕皮等；动物信息素及防疫性物质的释放；植物的树胶、黏胶和挥发性物质的分泌等。

(2) 食物链水平上的能流过程

在太阳能被植物吸收固定并沿食物链流动的过程中，食物链上蓄留的能量随营养级的升高不断耗损。当能量从一个营养级传递到相邻的下一个营养级时，其耗损是多方面的：由于不可食或不得食而不能被利用的；可以利用但因消费者密度低或食物选择限制而未能利用的；利用（消费）了而未被同化的；同化后部分被呼吸消耗掉的；以及变为生产量后又因多种原因被减少了的。图 2-7 描述了能量在一条食物链上的流动过程。

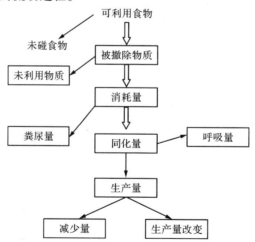

图 2-7　生态系统次级生产过程模式图（仿 Petrusewica，1970）

(3) 生态系统水平的能流过程

这是指太阳辐射能被生态系统中的生产者转化为化学能并贮藏在潜能的产品中，然后再通过取食关系位能量沿食物链逐级利用，最后又通过分解者的作用将有机物内的能量释放于环境之中的能量动态过程。生态系统的能量流动可视为动能和势能在系统内的传递与转化的过程。不论是通过哪种途径,也不管能量在流动过程中转换为何种形式的能和维持时间长短,最终都要以热能形式消散于环境中,且分散为匀态(热力学平衡态)。其特点如下:

①生产者(绿色植物)对太阳能利用率很低,只有1%左右。

②能流总是从初级生产者流向各级异养生物,是单方向、不可逆的。

③流动中能量因热散失而逐渐减少,且各营养层次自身的呼吸所耗用的能量都在其总产量的一半以上,而各级的生产量则至多只有总产量的一半以下。

④能流从初级生产者到各级异养生物,越流越细,最后全部消失到环境中。一般各级消费者之间能量的利用率平均为10%。

⑤只有当生态系统生产的能量与消耗的能量平衡时,生态系统的结构与功能才能保持动态的平衡。

个体水平、食物链水平的能流是整个生态系统能流的基础单元。由于生态系统的食物网较复杂,所以进入生态系统的太阳能和其他形式的能量可沿多条食物链流动,并逐渐递减。由图2-8所示可将生态系统的能量分为4个库,即植物能量库、动物能量库、微生物能量库及死有机质能量库。进入生态系统的能量在这4个库之间被逐级利用,其间有一部分太阳能被反射、散射而离开了生态系统,有一部分经呼吸作用以热能的形式离开了系统,还有一部分以产品的形式输出。对于不同的生态系统,被植物固定的能量沿不同的食物链流动的强度不同,如森

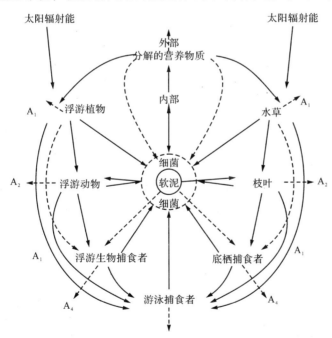

图2-8 Lindeman设计的经典营养动态简图

A_1. 生产者 A_2. 一级消费者 A_3. 二级消费者 A_4. 三级消费者。
实线代表确定的能流关系,虚线代表不确定的能流关系,中间圆圈为水体基质(引自Lindeman,1942)

林生态系统中，约90%的能量沿腐食食物链流动，约10%的能量沿捕食食物链流动；而在海洋生态系统中，流经捕食食物链的能量约为75%，而流经腐食食物链的约为25%。对于人类以生产为目的的生态系统，要尽量使更多的能量流经生产链，增加产品的产出，提高能量的利用效率，避免能量毫无价值地浪费。对于单条食物链上的能量流动，其利用和转化效率很低，大部分能量都以各种途径损失了。

2.4.4.4 能量转化效率

(1) 生态效率及其参数

能量在食物链流动过程中，食物链上不同点上的能量转化比率关系，称为能量转化效率。它可以是营养级之内的，也可以是营养级之间的。在生态学上，一般将定量地描述各类能量转化效率称为生态效率，一般都用百分比表示。生态效率内含很多具体指标，其中常用指标列于表2-1中。

表2-1 生态学中重要的生态效率指标

生态效率指标		说明
营养级之间的比率	C_t/C_{t-1}	摄食效率(对初级生产就是 P_G/L 或 P_G/L_A)
	A_t/A_{t-1}	同化效率
	P_t/P_{t-1}	生产效率
	C_t/C_{t-1}	利用效率
营养水平内的比率	P_t/A_t	组织增长效率(净生长效率)
	P_t/C_t	生态生长效率(毛生长效率)
	A_t/C_t	同化效率

注：L_A 为吸收光量，P_G 为生产量。

经过食物链任一营养级的能流，都可被分解为几个不同去向的支流(图2-9)，一部分可沿食物链流动，另一部分则以各种形式被损失。营养级内的能量损失包括不可利用、未收获而浪费、未被摄食、未被同化以及呼吸消耗等。分析与研究这些支流的数量比例关系，实际上就是能量转化效率的基本内容。因此，首先必须确定有关基本去向参数。这些参数主要包括：

①摄食量(ingestion, I)　被一个消费者吃进的食物能数量，或被一个生产者吸收的光能数量。

②同化量(assimilation, A)　为一个消费者吸收的食物能数量，或一个分解者吸收的胞外产物，或一个生产者在光合作用中固定的能量。

③呼吸量(respiration, R)　在呼吸等代谢活动中损失的全部能量。

④排泄量(excretion, NA)　排泄物中损失的能量。

⑤净生产量(net production, NP)　生物体内积累下来的能量，它形成新的组织，可以为下一营养级所利用。

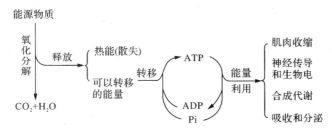

图 2-9 能量的释放、转移和利用

(2) 能量转化效率的类型

能量转化效率可分为营养级之间的能量转化效率和营养级之内的能量转化效率 2 种类型。

① 营养级之间的能量转化效率

摄食效率：又称林德曼效率、生态效率，即该营养级摄食量与前一营养级摄食量之比。它是 Lindeman 最早提出来的。它相当于同化效率、生长效率和利用效率的乘积，即

$$\frac{I_{n+1}}{I_n} = \frac{A_n}{I_n} \times \frac{NP_n}{A_n} \times \frac{I_{n+1}}{NP_n}$$

Lindeman 测定了湖泊生态系统的能量转化效率，平均为 10%。也就是说，能量在从一个营养阶层流向另一个营养阶层时，大约损失 90% 的能量。这就是所谓的"十分之一定律"，即 Lindeman 效率。Lindeman 十分之一定律来自对天然湖泊的研究，所以比较符合一般水域生态系统的情况，但对陆地生态系统并不十分符合。不同生态系统平均摄食效率为：森林 5%，草地 25%，浮游生物占优势的系统为 50%。脊椎动物对其脊椎猎物的摄食效率为 50%~100%；非脊椎动物对其非脊椎猎物的摄食效率为 25%（表 2-2）。

表 2-2 不同类型动物的生长效率（引自 Begon，1986）

类 群	生长效率(P_n/A_n)	类 群	生长效率(P_n/A_n)
食虫兽	0.86	**非昆虫无脊椎动物**	
鸟	1.29	植食的无脊椎动物	20.8
小哺乳类	1.51	肉食的无脊椎动物	27.00
其他兽类	3.14	碎食的无脊椎动物	36.2
鱼和社会昆虫	9.77	**非社会昆虫**	
无脊椎动物（除昆虫）	35.00	植食的昆虫	38.8
非社会昆虫	40.70	碎食的昆虫	47.00
		肉食的昆虫	55.60

同化效率：指该营养级同化量与前一营养级同化量之比，用 A_n/A_{n-1} 表示。

生产效率：指该营养级净生产量与前一营养级净生产量之比，用 NP_n/NP_{n-1} 表示。

利用效率：也叫消费效率，指一个营养阶层营养级摄入量与前一营养级净生

产量之比,或者该营养级同化量与前一营养级净生产量之比,反映了食物链的下一级对上一级的采食比例的大小。

即 $C_c = I_n/NP_{n-1}$ 或 A_n/NP_{n-1}

式中　I_n、A_n——在 n 营养阶层的摄取量;

　　　NP_{n-1}——在 $n-1$ 营养阶层的净生产量。

对于生产者来说,指的是被绿色植物吸收的光能量与总光能量之比。

②营养级之内的能量转化效率

组织生长效率:指同一个营养阶层的净生产量与同化量之比,即

$$G_c = NP_n/A_n$$

式中　NP_n——营养阶层的净生产量;

　　　A_n——n 营养阶层的同化量。

动物中哺乳动物呼吸作用消耗的能量高达被同化能量的 97% 以上。非脊椎动物的组织生长效率较高,可达 30%~40%,因其呼吸消耗比较少。在脊椎动物中,恒温动物为维持其恒定的体温,呼吸消耗较高,其效率只有 1%~2%;变温动物可达 10% 左右。微生物寿命短,更新快,生产效率很高。

生态生长效率:即生产效率,是净生产量与摄食量之比,用 NP_n/I_n 表示。

同化效率:同化效率是衡量生态系统中有机体或营养阶层利用能量和食物的效率。在生产者之中,同化效率是植物对光的吸收效率。即

$$A_c = A_n/I_n$$

式中　A_n——植物固定的能量;

　　　I_n——植物吸收的光能。

对于消费者来说同化效率是指被吸收、同化的食物与动物吃下的食物之比。一般说,肉食动物的同化效率比植食动物高。因为肉食动物的食物含能量较高,在化学组成上更接近于自身。

2.4.4.5　生态金字塔

生态金字塔(ecological pyramid)是反映食物链中营养级之间生物数量、重量及能量比例关系的一个图解模型。根据生态系统营养级的顺序,以初级生产者为底层,一级消费者为第二层,二级消费者为第三层,以此类推,则各营养级的生物数量、重量与能量比例通常是基部宽、顶部尖,类似金字塔形状,所以形象地称为生态金字塔,亦叫生态锥体(图 2-10、图 2-11)。

图 2-10　生态金字塔示意

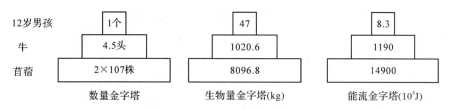

图2-11 "苜蓿→牛→男孩"生态金字塔（引自 E. P. Odum）

生态金字塔有下列三种基本类型：

(1) 数量金字塔

数量金字塔(pyramid of numbers)描述的是某一时刻生态系统中各营养级的个体数量，可用"个数/m^2"表示。英国生态学家埃顿(C. Elton)发现，能量沿营养级顺序向上逐级递减，因而有机体数量沿营养级顺序向上呈越来越少的现象，所以也称埃顿金字塔。如一块草地上可能有草数百万株，有蚱蜢、蚜虫数十万个，食肉动物如蜘蛛数千个，有鹰数只。

但数量金字塔有两点不足，一是有时草食动物比生产者的数量还多，例如，森林中昆虫数量常常大于树木数量；二是个体大小有很大差别。所以，只以个体数目的多少来说明问题有局限性，并可能出"倒金字塔"现象。

(2) 生物量金字塔

生物量金字塔(biomass pyramid)描述的是某一时刻生态系统中各营养级生物的重量关系，用 kg/m^2 表示。这种描述方法克服了数量金字塔中因个体大小的差异而造成的塔形颠倒现象。但是，当下一营养级比上一营养级的生物个体小、寿命短、代谢旺盛时，则也会出现下一个营养级的生物量少于上一级营养级的生物量，生态金字塔仍会出现颠倒现象，如 E. P. Odum 1959年所作的海洋生态金字塔，由于生产者层次的生物体较小，它们以快速的代谢率和较高的周转率达到了较大的输出，但现存生物量却较少，因而出现生物量金字塔颠倒。

(3) 能量金字塔

能量金字塔(energy pyramid)是指一段时间内生态系统中各营养级所同化的能量，用 $kJ/(m^2 \cdot d)$ 或 $kJ/(m^2 \cdot a)$ 表示。这种金字塔较直观地表明了营养级之间的依赖关系，比前两种金字塔具有更重要的意义。因为它不受个体大小、组成成分和代谢速率的影响，可以较准确地说明能量传递的效率和系统的功能特点。

2.4.5 生态系统的物质循环

2.4.5.1 物质循环的基本概念

生态系统中的物质主要指维持生命活动正常进行所必需的各种营养元素。这些物质也是通过食物链各营养级传递和转化的，从而构成了生态系统的物质流动。但物质循环却不是单方向性的。同一种物质可以在食物链的同一营养级内被生物多次利用。生态系统中各种有机物质经过分解者分解成可被生产者利用的形式归还环境中重复利用，周而复始地循环，这个过程叫做物质循环(material cycle)。生态系统的物质循环遵循物质不灭定律，研究物质循环常涉及以下几个概念。

(1) 生命与元素

生态系统中的生命维持不仅依赖于能量的供应，也依赖于各种营养物质的供应。生物需要的养分很多，如 C、H、O、N、P、K、Ca、Mg、S、Fe、Na 等。其中 C、H、O 占生物总重量的 95% 左右，需要量最大，最为重要，称为能量元素(energy elements)；N、P、Ca、K、Mg、S、Fe、Na 称为大量元素(macronutrient)。生物对 B、Cu、Zn、Mn、Mo、Co、I、Si、Se、Al、F 等的需要量很小，它们称为微量元素(micronutrient)。这些元素对生物来说缺一不可，作用各不相同。

(2) 生物地球化学循环

生物地球化学循环(biogeochemical cycles)是指各种化学元素和化合物，在不同层次、不同大小的生态系统中，沿着特定的途径从环境到生物体，再从生物体到环境，不断地进行着反复循环变化的过程。一些普遍关注的世界性环境问题，如全球气候的变化、水体的富营养化、有毒化合物和重金属的污染等，都与该过程有着密切联系，因此研究物质在生物地球化学循环中的传输和转化过程，有着重要的意义。

(3) 库与流

物质在循环过程中被暂时固定、贮存的场所称为库(pool)。其中，容积较大，物质交换活动缓慢的库又称贮存库(reservoir pool)，一般为非生物成分，如大气库、土壤库、水体库等环境库；容积较小，与外界物质交换活跃的库则称为交换库(exchange pool)，一般为生物成分，如植物库、动物库、微生物库等生物库。例如，在一个淡水生态系统中，水体中含有磷，水体就是磷的贮存库；淡水鱼体内有磷，鱼体就是磷的交换库。

物质在库与库之间的转移运动状态称为流(flow)。在生态系统中，物质以一定数量由一个库转移到另一库中，由此构成生态系统内的物流。没有库，环境资源不能被吸收、固定、转化为各种产物；没有流，库与库之间不能联系、沟通，则物质循环断路，生命无以维持，生态系统必将瓦解。物质流、能量流和信息流使生态系统各组分之间以及系统与外界之间密切联系起来，保证了生态系统的稳定和发展。对于某一种元素而言，存在 1 个或多个主要的蓄库。在库里，该元素的数量远远超过正常结合在生命系统中的数量，并且通常只能缓慢地将该元素从蓄库中放出。物质在生态系统中的循环实际上是在库与库之间彼此流通的。在单位时间或单位体积的转移量就称为流通量。

(4) 周转率与周转期

周转率(turnover rate)和周转期(turnover time)是反映物质循环效率的两个重要指标。周转率(R)是指系统达到稳定状态后，某一组分(库)中的物质在单位时间内所流出的量(FO)或流入的量(FI)占库存总量(S)的分数值。周转期(T)是库中物质全部更换平均需要的时间，也是周转率的倒数。循环元素的性质不同，周转率和周转期也不同。在物质循环中，周转率越大，周转时间就越短。如大气圈中 CO_2 的周转时间大约是 1 年左右；大气圈中分子氮的周转时间则需 100 万年（主要是生物的固氮作用将氮分子转化为氨氮为生物所利用）；而大气圈中水的周转时间为 10.5 天，也就是说，大气圈中的水分一年需要更新大约 34 次；在海洋中，硅的周转时间最短，约 800 年；钠最长，约 2.06 亿年。

物质的周转率用于生物库的更新称为更新率。某段时间末期，生物的现存量相当于库存量(S)；在该段时间内，生物的生长量相当于物质的输入量(FI)。不同生物的更新率相差悬殊，1 年生植物当生育期结束时的生物的最大现存量与年生长量大体相等，更新率接近 1，更新期为 1 年。森林的现存量是经过几十年甚至几百年积累起来的，所以比年净生产量大得多。如某一森林的现存量为 324t/hm^2，年净生产量为 28.6t/hm^2，其更新率为 28.6/324 = 0.088，更新期约 11.3 年。至于浮游生物，由于代谢率高，生物现存量常常是很低的，但却有着较高的年生产量，如某一水体中浮游生物的现存量为 0.07 t/hm^2，年净生产量为 4.1t/hm^2，其更新率 = 4.1/0.07 = 59，更新期只有 6.19 天。

2.4.5.2 物质循环的类型和特点

(1) 物质循环的类型

物质循环的速率在空间和时间上有很大的变化，它受循环元素的性质、生物的生长速率、有机物分解的速率等多因素的影响。物质循环的类型可以按照循环范围或循环路径进行分类。

①根据物质循环的范围不同，可分为地球化学循环(地质大循环)和生物循环(生物小循环) 地质大循环是物质或元素经生物体的吸收作用，从环境进入生物有机体内，然后生物体以死体、残体或排泄物形式将物质或元素返回环境，进入五大自然圈(大气圈、水圈、岩石圈、土壤圈、生物圈)的循环过程。这是一种闭合式循环。生物小循环是在一个具体范围内进行的，其特点是物质流速快，周期短。生物小循环侧重研究生态系统中营养物质的输入输出及其在各营养级间的交换过程。地质大循环则主要研究与人类生存密切相关的各种元素的全球性循环。两种循环是相互联系的，生物小循环不是封闭的，它受生物大循环的制约，是在生物地化大循环的基础上进行的。

②根据物质循环的路径不同，从整个生物圈的观点出发，可以分为气相型循环和沉积型循环两种类型 气相型循环，亦称气体型循环(gaseous cycles)，循环物质为气态。以这种形态进行循环的主要营养物质有碳、氧、氮等，其贮存库是大气和海洋。气相循环具有明显的全球性。元素或化合物可以转化为气体形式，通过大气进行扩散，在很短的时间内可以为植物重新利用，循环比较迅速，如 CO_2、N_2、O_2 等，水实际上也属于这种类型。由于有巨大的大气贮存库，故可对干扰能相当快地进行自我调节(但大气的这种自我调节也不是无限度的)。因此，从地球意义上看，这类循环是比较完全的循环。值得提出的是，气相循环与全球性 3 个环境问题(温室效应，酸雨、酸雾，臭氧层破坏)密切相关。

沉积型循环(sedimentary cycles)，指参与循环的物质中很大一部分又通过沉积作用进入地壳而暂时或长期离开循环。这是一种不完全的循环。属于这种循环方式的有磷、钾和硫等，这些矿物元素贮存库在地壳里，经过自然风化和人类的开采冶炼，从陆地岩石中释放出来，为植物所吸收，参与生命物质的形成，并沿食物链转移。然后，由动植物残体或排泄物经微生物的分解作用，将元素返回环境。一部分保留在土壤中供植物吸收利用；一部分以溶液或沉积物状态随流水进入江河，汇入海洋，经过沉降、淀积和成岩作用变成岩石，当岩石被抬升并遭受风化作用时，该循环才算完成。这类循环是缓慢的，并且容易受到干扰，成为"不完全"的循环。沉积循环一般情况下没有气相出现，因而通常没有全球性的影响。

(2) 物质循环的特点

生态系统中物质循环有如下几个特点：

①物质不灭，循环往复　物质和能量在转化过程中都只会改变形态而不会消灭，但物质循环不同于能量流动，能量衰变为热能的过程是不可逆的，它会最终以热能的形式离开生态系统，而物质是循环往复的。物质在生态系统内外的数量都是有限的，而且是分布不均匀的，但是由于它能在生态系统中永恒地循环，因此它就可以被反复多次地利用，如图2-12。

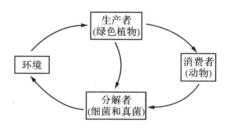

图 2-12　生态系统物质循环示意图

②物质循环与能流不可分割，相辅相成　能量是生态系统中一切过程的驱动力，也是物质循环运转的驱动力。物质是组成生物、构造有序世界的原材料，是生态系统能流的载体。能量的生物固定、转化和耗散过程，同时就是物质由简单可给形态变为复杂的有机结合形态，再回到简单可给形态的循环再生过程。可见，任何生态系统的存在和发展，都是物质循环与能量流动同时作用的结果。

③物质循环过程中生物富集　按耗散结构理论和十分之一定律，能量在食物链流动中随营养级上升而减小。但物质在食物链流动中则与能量流相反，一些物质化学性质比较稳定，被生物吸收固定后可沿食物链积累，如DDT、六六六等；另一些物质或元素为结构物质，在食物链流动中也可沿食物链积累，如氮、钙等；它们在食物链流动中随营养级上升浓度不断增加。

④各种物流在循环过程中相互联系，不可分割　水循环对其他物质的循环运动非常重要。没有水循环，其他物质便不能溶解运动，更不能被生物利用而实现其在各物质库间的运动。反过来其他物质的循环状况对水循环也会产生影响。如碳循环局部失衡导致的大气中 CO_2 浓度升高引起的"温室效应"，影响了水循环

的过程。

⑤生态系统对物质循环有些调节能力　生态系统的物质循环受稳态机制的控制，有一定自我调节能力。这表现在多方面，如物质循环与能量流动的相互调节与限制；非生物库对外来干扰的缓冲作用；各元素之间的相互制约；各种生物成分对物流变化的反馈调节等。循环中每一个库和流，因外来干扰引起的变化，都会引起有关生物的相应变化，产生反馈调节使变化趋向减缓而恢复稳态。

⑥生物在物质循环中的作用　生物在物质循环中也是物质存在的最生动形式。没有生物的光合固定和吸收同化，物质便不能从大气库、水体库及土壤岩石库中转移出来；没有生物的呼吸、分解释放，物质也不能再回到原来的库中。由于生物的生命活动，物质便由静止变为运动，从而使地球有了生气和活力。

2.4.5.3　物质循环的促控措施与应用

(1) 构建合理的生态系统结构

生态系统的各要素之间存在着产出与投入的链式有机联系，根据生态理论，因地制宜，按比较优势和资源配置调整生态系统结构，激发生物的潜能，科学地设计投入与产出链条，重建物质循环与能量流动的畅通渠道，是促进生态系统物质良性循环与能量高效转化的关键。这就要求在生态系统的构建中要合理地组织生产，巧妙设计食物链，即在生态系统中增加链，以实现物质和能量的多级分层利用，使光合产物实现再生增值。对于农业生态系统，必须以农业生产为基础，不断拉伸产业链条，科学设计物质能量流；如按照生态工业园区的模式把在投入产出方面互补的企业安排在一起，建立高效的物质能量循环与废物的再利用工程。

(2) 维持生态系统输入和输出的平衡

生态系统的输入与输出平衡关系是由生态系统的结构和功能决定的，并受环境因子调控。根据生态系统不同发育阶段的特点，适时地投入物质与能量，维持食物链各个环节能物流畅通，是促进生态系统物质循环的重要手段。现代的生物农业提倡靠各种生物学过程培养土壤肥力，建立完善的、科学的物质循环系统，建立有效的生物防治技术体系，将腐烂的有机物用作农田的土壤改良剂，充分发挥各种生物的作用，实现农业生态系统的废物再循环利用。

(3) 合理利用各种新技术

促进生态系统的物质循环强调以提高第一性生产力作为活化整个生态系统的前提，而且要积极应用新技术。各种新技术是提高生态系统生产力的有力工具。如农业科学技术包括农作物、果蔬、茶、棉、禽、畜、鱼、虫等良种的选育和应用；科学栽培、农业区划、农业生态结构的制定，病、虫、草害的防治，环境污染的综合治理等，都能有效地促进生态系统的物质循环。

(4) 改善生态环境

提高林草覆盖率，减少水土流失和污染，防止农业环境污染，维护生态系统的稳定与健康，发挥生态系统的整体功能。

2.5 生态系统的生态平衡原理

2.5.1 生态系统的发育与演化

生态系统与生物有机体一样，具有从幼期到成熟期的发育过程，这一过程称为生态系统的发育(ecosystem development)。各种不同类型的生态系统是长期发展、进化形成的。

R. H. May(1979)曾指出："所谓生态系统的进化，不过是生态系统中诸物种的共同进化，使得某一特定地区的物种总数、相对密度及当地食物网的综合结构出现了引人注目的各种形式"。May强调了生物物种在生态系统进化中的意义。

生态系统的发育表明，它是一个动态系统(dynamic system)。生态系统的动态包含着演替和进化两个方面。生态系统的进化是指系统在长的时间尺度上的变化。它是地质、气候等外部环境的长期变迁的作用，是外部的因素影响，是异源过程(allogenic process)；生物群落新物种的形成和出现所引起的内部变化的作用是内部的力量，是自源过程(autogenic process)。二者共同作用形成生态系统的进化。一般来说，生态系统发育进化的总趋势是复杂性和有序性的增加，对物理环境控制或内部稳定性的加大，以及对外界干扰达到最小的影响。生态系统演替是指系统在短的时间尺度上的变化，它发生在一个短期内，从其建立初期的不稳定状态，通过系统内部自调控而逐步达到一个相对稳定的状态。

E. P. Odum(1969)曾总结生态系统发育过程中群落演替的结构和功能重要特征变化(表2-3)，实际上群落演替是生态系统发育的主要部分。生态系统从幼期到成熟期的过程，往往是结构趋于复杂、多样性增加、功能完善和稳定性增加。现将生态系统发育过程中主要特征变化归纳如下。

(1)群落结构的特征

生态系统演替过程中，群落多样性增加，某一物种占绝对优势的情况减少，物种均匀性增大。

食物链也发生了变化，幼期的食物链结构简单，多是直线状的，随后发展成为立体式网络结构。这种复杂的结构，使它对物理环境的干扰具有较强的抵抗力。

(2)能量动力学的特征

幼期的生态系统生产量明显超过呼吸量，呈积累状态，$P/R>1$，可称为自养演替(autotrophic succession)；如 $R>P$，可称为异养演替(heterotrophic suceeession)；而成熟期的生态系统生产与呼吸处于相对稳定状态，$P/R \cong 1$。总生产量与现存生物量之比(P/B)也是呈幼期高而成熟期低的趋势。

(3)营养物质循环的特征

主要营养物质 N、P、K 等的生物地球化学循环，在生态系统发育过程中，趋向于更加封闭。在幼期生态系统内外间的交换是频繁而快速的，随着生态系统的发育逐渐形成完善而复杂的网络,具有较大的独立性,保持营养物质的功能加大,输入量和输出量接近平衡。

有机物质和生化物质多样性的增加在生态系统的发育中往往具有重要的生态学意义。生物在进化过程中生产出的许多有机物质和生化物质除了本身积累一部分外,更重要的是通过多种代谢途径,向大气、水、土壤等环境中输出,由此对周围环境产生深远而巨大的影响。

(4) 稳定性的特征

生态系统幼期常处于物种数少而不拥挤,具有较高负荷潜力的空间。所以,r 对策的生物有较大生存的可能性。到生态系统成熟期,情况相反,此时系统接近于平衡的(饱和)状态,适宜于增殖潜力低、竞争能力强的 k 对策的生物。因此,量的生产是幼期生态系统的特征,而质的改善和提高是成熟期生态系统的对策。成熟期生态系统内的生物之间、生物与物理环境之间的联系更加紧密,保持营养物质的能力较高,对外界干扰的抵抗力增大。此时,生态系统基本上处于自我维持的稳定状态。

表 2-3　生态系统发展中结构和功能的特征变化趋势

生态系统特征	发展期	成熟期
群落的能量学		
1. 总生产量/群落呼吸(P/R 比率)	大于或小于 1	接近 1
2. 总生产量/现存生物量(P/B 比率)	高	低
3. 生物量/单位能流量(B/E 比率)	低	高
4. 净生长量(收获量)	高	低
5. 食物链	线状,以牧食链为主	网状,以腐屑链为主
群落的结构		
6. 总有机物质	较少	较多
7. 无机营养物质的贮存	环境库	生物库
8. 物种多样性——种类多样性	低	高
9. 物种多样性——均匀性	低	高
10. 生化物质多样性	低	高
11. 分层性和空间异质性(结构多样性)	组织较差	组织良好
生活史		
12. 生态位宽度	广	狭
13. 有机体大小	小	大
14. 生活史	短,简单	长,复杂
营养物质循环		
15. 矿质营养循环	开放	关闭
16. 生物和环境间交换率	快	慢
17. 营养循环中腐屑的作用	不重要	重要
选择压力		
18. 增长型	增长迅速(r 对策)	反馈控制(k 对策)
19. 生产	量	质
稳态		
20. 内部共生	不发达	发达
21. 营养物质保存	不良	良好
22. 稳定性(对外扰动的抗性)	不良	良好
23. 熵值	高	低
24. 信息	低	高

引自 E P. Odum, 1969。

2.5.2 生态系统的稳定性

2.5.2.1 生态平衡

(1)生态平衡的概念

生态平衡是指在一定的时间和相对稳定的条件下,生态系统内各部分(生物、环境和人)的结构和功能均处于相互适应与协调的动态平衡。生态平衡是生态系统的一种良好状态。

生态平衡是非常复杂的生态现象。由于受生态系统最基本特征所决定,生态系统始终处于动态变化之中。即使群落发育到顶极阶段,演替仍在继续进行,只是持续时间更久,形式更加复杂而已。因此生态平衡首先应理解为动态平衡。另外,生态平衡的表述应该反映不同层次、不同发育期的区别,各类生态系统都应把结构、机制、功能的稳态、自控能力和进化趋势作为衡量平衡与否的基础。各类生态系统或同一生态系统的不同发育阶段,在无人为严重破坏的条件下,只要与其存在空间条件要素相适应,系统内各组分得以正常发展,各种功能得以正常进行,系统发育过程和趋势正常,这样的生态系统就可称之为生态平衡的系统。否则,生态平衡的重建,人类生态环境的改善以及人工生态系统的高效和谐就无从谈起。

(2)生态平衡失调及其特征

当外界干扰(自然的或人为的)所施加的压力超过了生态系统自身调节能力和补偿能力后,将造成生态系统结构破坏,功能受阻,正常的生态功能被打乱以及反馈自控能力下降等,这种状态称为生态平衡失调。

引起生态平衡失调的自然因素主要有火山喷发、海陆变迁、雷击火灾、海啸地震、洪水和泥石流以及地壳变动等。这些因素对生态系统的破坏是严重的,甚至可使其彻底毁灭,并具有突发性的特点。但这类因素常是局部的,出现的频率并不高。在人类改造自然界能力不断提高的当今时代,人为因素对生态平衡的破坏而导致的生态平衡失调是最常见、最主要的。这些影响并非是人类对生态系统的故意"虐待",通常是在伴随着人类生产和社会活动而同时产生的。如农业生产上为防治害虫而施用了大量农药;工厂在产品生产的同时排放了大量的各类污染物;森林大面积开采,牧业发展带来的过度放牧所导致的草场退化;大型水利工程兴建所获得的经济效益与同时可能产生的生态影响等。人为因素的影响往往是渐进的,长效应的,破坏性程度与作用时间及作用强度紧密相关。可见,无论是生态系统结构的破坏或功能受阻都能引起生态系统平衡的失调。结构破坏可导致功能的降低,功能的衰退亦能使系统的结构解体。

生态平衡失调可以从结构和功能2个方面进行度量。

①生态系统的结构特征失调 生态系统的结构可从另外一种角度划分为2级结构水平:一级结构水平是指生态系统4个基本成分中的生物成分,即生产者,消费者和分解者;二级结构水平是指组成一级结构的划分及其特征,如生物的种类组成,种群和群落层次及其变化特征等。平衡失调的生态系统从结构上讲就是

出现了缺损或变异。当外部干扰巨大时，可造成生态系统一个或几个组分的缺损而出现一级结构的不完整，以至整个系统失去平衡。如大面积的森林采伐就是典型例子，它不仅可使原有生产者层次的主要种类从系统中消失，而且各级消费者也因栖息地的破坏而被迫迁移或消失，系统内的变化也非常激烈。当外部干扰还不甚严重时，如林业中的择伐，轻度污染的水体等，都可使生态系统的二级结构产生变化。二级结构的变化包括物种组成比例的改变；种群数量的丰度变化；群落垂直分层结构减少等。这些变化又会直接造成营养关系的破坏，包括分解者种群结构的改变，进而引起生态系统的功能受阻或功能下降。水域生态系统出现的过度捕捞、草原过度放牧造成的退化等都属这方面的例证。二级结构水平的改变虽不如一级结构破坏的影响剧烈，但结果也是生态多样性减少，系统趋于"生态单一化"。干扰若进一步加重也同样会造成生态系统的崩溃。

②生态系统的功能特征失调　生态系统平衡失调在功能上的反映就是能量流动在系统内的某一个营养层次上受阻或物质循环正常途径的中断。能流受阻表现为初级生产者第一性生产力下降和能量转化效率降低或"无效能"增加。营养物质循环则表现为库与库之间的输入与输出的比例失调。如水域生态系统中悬浮物的增加，可影响水体藻类的光合作用；重金属污染可抑制藻类的某些生理功能。有些污染虽不能使生产者第一性生产量减少，但却会因生境的不适宜或饵料价值的降低使消费者的种类或数量减少，造成营养层次间能量转化和利用效率的降低。例如，热污染水体因增温，蓝、绿藻种类和数量明显增加，就初级生产力而言，除极端情况（高温季节）外均有所提高，但因鱼类对高温的回避或饵料质量的下降，鱼产量并不增高，在局部时空出现了大量的"无效能"，这是食物链关系被打乱的结果。

物质循环途径的中断是目前许多生态系统平衡失调的主要原因。这种中断有的是由于分解者的生境被污染而使其大部分丧失了其分解功能，更多的则是由于破坏了正常的循环过程。如农业生产中作物秸秆被用作燃料，森林中的枯枝落叶被人工搂回作烧柴等。物质输入输出比例的失调是使生态系统物质循环功能失调的重要因素。如某些污染物的排放超过了水体的自净能力而积累于系统之中。这些物质的不断释放又反过来危害着系统正常结构的恢复。

2.5.2.2　生物多样性与生态系统的稳定性

生物多样性是保持生态系统稳定性的重要条件。一般认为，生物多样性越高，食物网越复杂，生态系统抵抗外界干扰的能力也越强，生态系统稳定性越好；而生物多样性越低，食物网越简单，生态系统就越容易发生波动和受到破坏，生态系统稳定性就越差。具体地说生态系统的稳定性与生态系统的下列因素有关。

(1) 生物的种类与成分

生态系统的生物种类越多，各个种群的生态位越分化，以及食物链越复杂，系统的自我调节能力就越强；反之，生物种类越少，食物链越简单，则调节平衡的能力就越弱。例如在马尾松纯林中，松毛虫常常会产生爆发性的危害；而如果是针阔叶混交林，单一的有害种群不可能大发生，因为多种树混交，害虫的天敌种类和数量随之增多，进而限制了该种害虫的扩展和蔓延。荒漠生态系统之所以脆弱，也是因为其生物种类少，食物链单纯之故。

(2) 能流、物流途径的复杂程度与能量和营养物质的贮备

能流、物流途径的复杂程度与生物种类成分多少密切相关。生物种类多，食物网络复杂，能流、物流的途径也复杂，而每一物种的相对重要性就小，生态系统就比较稳定。因为当一部分能流、物流途径的功能发生障碍时，可被其他部分所代替或补偿。生态系统的生物量现存量越大，能量和营养物质的贮备就越多，系统的自我调节能力也越强。

(3) 生物的遗传性和变异性

生态系统中的物种越多和种内的变异越多，遗传基因库越丰富，生物对改变了的环境也越容易适应。在一个生态系统中，生物总是由最适应该生态环境的类型所组成。通过自然界生物种内和种间的竞争，从中选优汰劣，使优良个体和种群得以生存和发展，不断推动生物的进化。

(4) 功能完整性及功能组分冗余

生态系统内生物成分与非生物成分之间的能量流动和物质循环，具有反馈调节作用。当环境媒介中某种元素的含量发生波动，生物可通过吸收、转化、降解、释放等反馈调节，使生产率、周转率、库存量都相应地得到调整，使输入量与输出量之间的比例达到新的协调。

(5) 信息的传递与调节

信息的传递与调节是指生态系统中的生物可以通过化学的、物理的、行为的等多种信息的传递形式，把生物与环境、生物种间和种内的相互关系密切联系起来，构成一个统一整体。例如，通过代谢产物可以调节（促进或抑制）本物种或另一物种的种群数量。生态系统越成熟，生物种类越多样化，信息传递和调节能力也越强，生态系统也越稳定。

当然，必须说明的是，在一个具有复杂食物网的生态系统中，一般也不会由于一种生物的消失而引起整个生态系统的失调，但是任何一种生物的绝灭都会在不同程度上使生态系统的稳定性有所下降。当一个生态系统的食物网变得非常简单的时候，外力（环境的改变）比较容易引起这个生态系统发生剧烈的波动。苔原生态系统是地球上食物网结构比较简单的生态系统，因而也是地球上比较脆弱和对外力干扰比较敏感的生态系统。虽然苔原生态系统中的生物能够忍受地球上最严寒的气候，但是苔原生态系统的动植物种类与草原或森林生态系统相比却少得多，食物网的结构也简单得多，因此，个别物种的兴衰都有可能导致整个苔原生态系统的失调或毁灭。

2.5.2.3 生态系统的自我调控与反馈机制

(1) 自我调控机制

自然生态系统是一个相当和谐、协调、有序的大系统。这个系统各组分在结构和功能上的配合是在进化史中逐步完善起来的自我调控机制。自然生态系统由

食物网中各种相互作用的生物以及连接这个网络的各种残体、排泄物、产物副产品等构成。例如，草原的草、野牛群、捕牛的虎、食死牛肉的鹰、食牛粪的昆虫、分解残体的微生物，连同死牛、牛粪等构成了一个能量、物质基本转换器。在能量、物质基本转换器上叠加着一个起非中心式调控器作用的自然信息网。这个信息网以水、空气、土壤作介质，传播形、色、味、臭、声、压、磁等物理、生物和化学信息。这个在自然界形成的"看不见的网络"，通过引力、守恒、耗散、限制因子、新陈代谢、遗传变异等自然规律产生调控作用，使得生态系统的组分关系更加密切、更为协调。如，一些灌木所产生的挥发性萜，会抑制周围植物的生长，形成抑制圈。这种效应对植物更替和群落结构的稳定都有重要调节作用；昆虫通过释放外激素可起到引诱异性、同类报警、迁移导航、聚集取食等作用；最近的研究表明，有些植物在受到昆虫侵袭时，也通过类似的报警物散发使得同类植株及时产生抗虫物质；海豚和蝙蝠靠超声波的发射与接收来"导航"；蜜蜂靠特有的"舞蹈语言"向蜂群传递蜜源距离和方位信号。

生态系统越成熟，信息的沟通越丰富，控制系统特有的和谐、协调、稳定等特点也表现得更为明显。

(2) 反馈机制

无论是系统输出成分被回送，重新成为同一系统的输入成分，或是系统的输出信息被回送，成为同一系统输入的控制信息，都叫反馈(feedback)。反馈包括正反馈和负反馈，在控制系统中有十分重要的作用。

正反馈是指使系统输出的变动在原变动方向上被加速的反馈。有正反馈的种群，增长模式是：

$$dN/dt = r \cdot N$$

在内禀增长率(r)一定的条件下，种群数量(N)的增加结果反过来又成为种群数量增加的原因。正反馈使种群数量迅速增加，远离原来的水平。生物个体发育初期细胞增长有正反馈现象，r对策生物占据新生境时个体的增长也利用了正反馈作用。

负反馈是指使系统输出的变动在原变化方向上减速或逆转的反馈。有负反馈的种群，增长模式是：

$$dN/dt = r(1 - N/K)$$

在内禀增长率(r)一定的条件下，种群数量(N)增加的结果使得种群数量增加(dN/dt)减速。负反馈机制使种群数量稳定在平衡点水平(K)。在自然生态系统中，生物常利用正反馈机制来迅速接近"目标"——如生命延续、生态位占据等，而负反馈则被用来使系统在"目标"附近获得必要的稳定。

种群增长的 Logistic 模型就是综合了正反馈和负反馈过程的一个例子：

$$dN/dt = r \cdot N \cdot (1 - N/K)$$

在种群数量(N)低的情况下正反馈起主要作用，随着种群数量的增长，负反馈($1 - N/K$)起的作用越来越大，这样种群能迅速而又稳定地接近环境容纳量(K)。

在自然生态系统中长期的反馈联系促进了生物的协同进化,产生了诸如致病力-抗病性、大型凶猛的进攻型-小型灵活的防御型等相关性状。这些结构形式表现出来的长期反馈效应对自然生态系统形成一种受控的稳态有很大作用。反馈作用还能使系统的抗干扰能力、应变能力大大加强。

2.5.2.4 不同层次的稳态机制

(1)个体水平的生态适应机制

在个体水平上,主要通过生理的与遗传的变化去适应环境的变化,通过适应,形成生活型、生态型、亚种以致新种,使物种多样性的遗传基因的异质性得到加强,同时提高了对环境资源的利用效率。许多生物还具有不同程度的再生、愈合和补偿能力。一些低等动物受伤后,器官有再生能力,如蚯蚓、海星、蜗牛等都具有再生功能。高等动植物受伤之后也有很强的愈合能力。一些不能愈合的受损部位的功能可以为其他部位所补偿。这些再生、愈合和补偿过程有利于维持个体和群体机能的稳定。

(2)种群水平的反馈调节机制

种群数量变动是由矛盾着的两组过程(出生和死亡,迁入和迁出)相互作用决定的。因此所有影响出生率、死亡率和迁移的物理和生物因子都对种群的数量起着调节作用。从自然选择的意义上讲,种群的数量变动实际上是种群适应这种多因素综合作用而发展成的自我调节能力的整体表现。

在种群水平上,种群数量动态的平衡是指种群的数量常围绕某一定值作小范围内的波动,它是与种群 Logistic 模型联系在一起的。种群开始时增长缓慢,然后加快,但不久之后,由于环境阻力增加,速度逐渐降低,直至达到容纳量 K 的平衡水平并维持下去。种群密度达到一定程度后,往往导致增殖率和个体生长率下降。

(3)群落水平的种间关系机制

在群落水平上,生物种间通过相互作用,调节彼此间的种群数量和对比关系,同时又受到共同的最大环境容纳量的制约。例如,虫媒花植物和传粉昆虫可以相互促进,而虫媒植物的繁衍又有利于加强与植物有关的食物链。群落内,物种混居,必然会出现以食物、空间等资源为核心的种间关系,长期进化的结果,又使各种各样的种间关系得以发展和固定,形成有利、有害、或无利无害的相互作用。多个物种在一起相生相克,保持系统稳定。

(4)系统水平的自组织机制

一般系统论认为系统存在的空间总是有限的,开放系统必然存在有外环境,系统与环境之间的相互作用是经常的,环境对系统的干扰是随机的。开放系统要保持其功能的稳定性,系统必须具备有对环境适应能力和自我调节能力。图 2-13A 表示一个开放系统,虚线表示是系统的边界,周围便是系统的环境,系统具有一定功能,有能量和物质的输入和输出。图 2-13B 表示具有最简单反馈的系统。所谓反馈,就是该系统的输出变成了决定系统未来功能的输入。开放系统具有某种反馈机制后,一定程度上能够控制系统的功能,这种系统称控制论系

(cybernetic system)。要使反馈系统能起控制作用，系统必须具备某种理想的状态或位置点，系统就围绕着位置点进行调节，参见图 2-13C。实验室里的恒温箱可以看成控制论系统，要使温箱保持在 30℃，那么，30℃ 就是位置点，当箱内温度低于 30℃，通过反馈环变成输入，导致加热器启动，使箱内温度上升，倘若箱内温度偏高，也可以通过反馈环变成输出，使加热器停止工作，或开动制冷器，这样箱内的温度通过反馈达到恒定——稳态。在系统水平上，复杂的种群关系、生态位的分化、严格的食物链量比关系等，都对系统稳态有积极作用。当系统内组分较多而且彼此功能较协调时，系统的自我调控能力较强，系统稳定性较大。例如，在复杂的乔、灌、草、针阔叶林中，由于食虫鸟类较多，马尾松较难发生松毛虫灾害，而在马尾松纯林中则易暴发松毛虫虫灾。水稻抗病品种长期单一化种植，由于病菌生理小种发生致病性突变，往往导致病害成灾，而多品种配套轮换种植则可以延长抗病品种的使用年限并避免大面积成灾。农、林、牧结合，农、牧、渔结合或农、畜、渔结合等多种综合型农业，不但具有较高的物质、能量和价值的转换效率，而且各业可在良性循环中稳定增长。

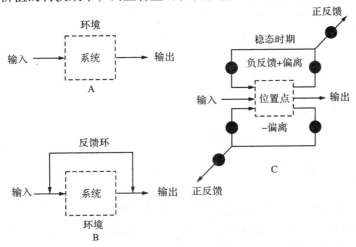

图 2-13　系统水平的自组织机制
A. 开放系统，表示系统的输入和输出　B. 具有一个反馈环的系统，使系统成为控制论系统　C. 具有一个位置点的控制论系统（仿 Smith，1980）

2.5.2.5　生态平衡的重建与人工调控

生活在一定地区的生物，实际上总是在改变着它的栖息地（Curry，1977）。由于生态演替的作用，生态系统也可以从自然干扰和人为干扰所产生的位移状态中得到恢复，生态系统的结构和功能得以逐步协调。在人类的参与下，一些生态系统不仅可以加速恢复，而且还可以得以改建和重建。

由于人类活动所损伤的生态系统，在自然恢复过程中，可以重新获得一些生态学性状；自然干扰所损伤的生态系统，若这些干扰能被人类所合理控制，生态系统将发生明显的变化。受害生态系统因管理对策的不同，可能有以下 4 种结果：①恢复到它原来的状态；②重新获得一个既包括原有特性，又包括对人类有益的新特性状态；③由于管理技术的使用，形成一种改进的和原来不同的状态；④因适宜条件不断损失的结果，保持受害状态。

我们需要理解和区别这些术语：恢复（restoration）、改建（rehabilitation）、重建（enhancement）和恶化（degradation）。恢复是将受害生态系统从远离初始状态的方向推移回到初始状态；恶化与恢复的方向相反，使生态系统受到更大破坏；重建是将生态系统的现有状态进行改善，改善的结果是增加人类所期望的"人造"特点，压低人类不希望的自然特点，使生态系统进一步远离它的初始状态；改建是将恢复和重建措施有机地结合起来，将非恶化状态得到改造。

受害生态系统的恢复可以遵循2个模式途径（图2-14）。当生态系统受害是不超负荷并是可逆的情况下，压力和干扰被移去后，恢复可在自然过程中发生，如对退化草场进行围栏保护，几年之后草场即可得到恢复。美国宾夕法尼亚的一条河流被酸厂排水所污染，在排除这种压力之后，同时依靠支流的淡化和溶冲作用，使下游的生态系统恢复到正常状态（Patt，1977）。另一种是生态系统的受害是超负荷的，并发生不可逆变化，只依靠自然过程并不能使系统恢复到初始状态，必须依靠人的帮助，必要时，还须用非常特殊的方法，至少要使受害状态得到控制。

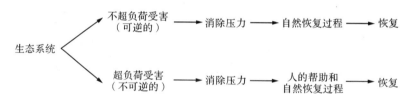

图2-14 受害生态系统恢复的两种模式（仿Patt，1977）

农田，经过几年农业种植之后，在撂荒恢复阶段，特别是在田间杂草阶段，提前播种羊草；在根茎禾草阶段，补播羊草；在根茎禾草阶段末期，耙地一次，使之成为根茎禾草占优势的割草场，可以大大加快恢复演替。在土层薄或者风蚀严重的草原上，不合理的大面积开荒，往往会引起沙化和碱化，严重的将变成大片流沙。在此种情况下，依靠自然演替恢复为原来的草原植被将是十分困难的，甚至是不可能的。大规模的受害生态系统（如美国加拿大边境地区的五大湖），不管受到多么巨大的干扰和障碍，在生态学的意义上，均可能重新获得优于以往条件的状态。但在实践中往往是非常艰难的，即使有这种可能性，也决不能姑息任何一种对健康生态系统破坏的行为。相反，应该作为一种对受害生态系统进行恢复和重建的号召（Cairn，1980）。人类对受害生态系统所采用的恢复措施，必须符合生态学规律，必须从生态系统的观点出发。否则，一个措施的使用不当，往往会引起另一种严重后果。

2.6 生态系统的健康与管理

生态系统受到人类活动的干扰和影响日益增加。过度开发造成的破坏和环境的恶化已危及人类自身的生存。1992年联合国环境与发展会议以来，可持续发展已成为世界各国共同的目标。人类社会的可持续发展归根结底是个生态系统管理(ecosystem management)问题。生态系统管理是合理利用和保护生态系统健康最有效的途径。

2.6.1 生态系统健康

生态系统健康(ecosystem health)是生态系统的综合特性，它具有活力，有稳定和自调节的能力。换言之，一个生态系统的生物群落在结构、功能上与理论上所描述的相近，那么它们就是健康的，否则就是不健康的。一个病态的生态系统往往是处于衰退、逐渐趋向于不可逆的崩溃过程。

健康的生态系统具有弹性(resilience)，保持着内稳定性(homeostasis)。系统发生变化就可能意味着健康的下降。如果系统中任何一种指示者的变化超过正常的幅度，系统的健康就受到了损害。当然，并不是说所有变化都是有害的，它与系统多样性相联系。多样性是易于度量的。事实上，生态系统健康可能更多地表现于系统创造性地利用胁迫的能力，而不是完全抵制胁迫的能力。健康的生态系统对干扰具有弹性，有能力抵制疾病。Holling(1986)就认为这是"一个系统在面对干扰保持其结构和功能的能力。"弹性能力越大，系统越健康。弹性强调了系统的适应属性，而不是摆脱它。

由于环境质量的继续下降，生物圈面临重重威胁。至今仍未有有效措施制止此种状况的恶化。人类在较为漫长的时间中才意识到由于自身的粗心大意造成的影响正逐渐增长，且不可逆转地威胁着地球上的生态系统。20世纪90年代初，美国一些机构，特别是环境保护局科学顾问委员会承认过去执行的计划还未能切实阻止国家环境质量的下降。为此，要求尽快制止生态系统的恶化，强调应用保护人类健康的范例来保护生态系统健康，而且环保机构根据人类健康的隐喻建立了生态健康目标，试图治疗地球生命支持系统。

2.6.2 生态系统健康的若干原理

2.6.2.1 动态性原理(axiom of dynamism)

生态系统总是随着时间变化，并与周围环境及生态过程相联系。生物与生物、生物与环境间联系，使系统输入、输出过程中，有支有收，要维持需求的平衡。生态系统动态，在自然条件下，总是自动向物种多样性、结构复杂化和功能完善化的方向演替。只要有足够的时间和条件，系统迟早会进入成熟的稳定阶段。生态系统管理中要关注这种动态、不断调整管理体制和策略，以适应系统的动态发展。

2.6.2.2 层级性原理(axiom of hierarchy)

系统内部各个亚系统都是开放的，许多生态过程并不都是同等的，有高层次的、低层次之别；也有包含型与非包含型之别。系统中的这种差别主要是由系统形成时的时空范围差别所形成的，管理中时空背景应与层级相匹配(表2-4)。

表2-4 不同尺度上的生态系统过程评价分析所需数据类型

尺度	数据类型
地带性生物群落	气候，地形，植物类型(草本、木本等)，时间尺度：经常而不相关的时间
景观水平	气候，地形，群落和生态系统类型，土壤物理特性，生态系统类目的空间分布，时间尺度：年与年之间比较
生态系统	气候(微气候)，地形(微地形)，物种组成和优势种，土壤物理化学特性，消费者水平，植物组织转化率和分解率，活的有机物和死的有机物的空间分布以及土壤类型和质地的时间分布，植物对水、营养物的需要在形态上的适应，共生物、营养物质和水的获得能力，时间尺度：每年、几年
植物及其种群	气候(微气候)，地形(微地形)，微生境的土壤物理化学特性，消费者水平，固氮和营养获得在生理上的适应，植物碳的同定格局：地上叶的形式和地下须根的形式，植物遗传性，共生物、营养物质和水的获得能力，时间尺度：每时、每年、多年

引自 Vigt et al., 1997。

2.6.2.3 创造性原理(axiom of creativity)

系统的自调节过程是以生物群落为核心，具有创造性。创造性的源泉是系统的多种功能流。创造性是生态系统的本质特性，必须得到高度的尊重。从而保证生态系统提供充足的资源和良好的系统服务。

2.6.2.4 有限性原理(axiom of limitation)

生态系统中的一切资源都是有限的，并不存在"取之不尽，用之不竭"。因此，对生态系统的开发利用必须维持其资源再生和恢复的功能。生态系统对污染物也有一定限量的承受能力。因此，污染物是不允许超过该系统的承载力或容量极限。当超过限量其功能就会受损，严重时系统就会衰败，甚至崩溃。为此，对生态系统各项功能指标(功能极限、环境容量等)都应加以认真分析和计算。

2.6.2.5 多样性原理(axiom of diversity)

生态系统结构的复杂性和生物多样性对生态系统是极为重要的，它是生态系统适应环境变化的基础，也是生态系统稳定和功能优化的基础。维护生物多样性是生态系统管理计划中不可少的部分。当多物种研究方法不能为生态系统管理提供所需完整信息时，单一物种或少数物种的研究有可能提供有价值的信息。因为，①将重点相对地放到了单一物种研究上，便可对结构的许多方面有影响单个物种处取得大量数据，当把这些数据引申到更广阔的框架中，会提供非常有用的信息；②被选物种的研究在生态系统方法上也是十分重要的。一个群落的关键种或敏感种的机理上的作用将有利于管理者对该生态系统的理解；③了解某一地区内引起某一物种受威胁的因素，对于管理的实践和设计有效的管理是极为重要的。

2.6.2.6 人类是生态系统的组分原理(axiom of human)

人类地位有两重性，包括人对其他对象的管理和人接受管理。管理是靠人去推动和执行的。管理过程也是一种社会行为，是人们相互之间发生复杂作用的过程。管理的原理和过程各个环节的主体是人，人与人的行为是管理过程的核心。1994年4月在北京举行了"21世纪中国的环境与发展研讨会"，会上一致认为管理问题的症结在于："最关键的、根本的是人的悟性、人的素质，既包括所有社会成员，更重要的是领导层、决策层成员。"提高全人类的环境意识和可持续发展的意识是当前的长远的重要任务。要加强规范人的行为的法规、政策和制度，这是管理生态系统重要内容。

本章小结

本章主要介绍了植物生态学的基本原理和基本概念，主要内容包括生态因子的作用规律、生物对环境适应原理、生态位原理、能量流动原理、物质循环再生原理、生态平衡原理与生态健康等6个方面。最小因子定律和耐性定律分别从植物生长的限制因子和耐性限度两个角度阐明植物在不同发育阶段对生态因子的要求，生态因子的综合作用规律则从生态因子间的彼此联系、不可替代性、主次关系、直接与间接关系，以及作用地位的互相转化等阐述生态作用的规律。生态位理论指出，在一个稳定的环境内，两个以上受资源限制的、具有相同资源利用方式的种，不能长期共存，最终将导致某一物种灭亡，或者通过生态位分化而得以共存。生态系统的物质循环按照循环的范围可分为地球化学循环和生物循环，按循环的路径可分为气相型和沉积型两种类型，生态系统中物质循环正是沿着食物链（网）这条渠道进行的，周转率和周转期是衡量物质循环效率的两个重要指标。生态系统中的能源可分为太阳辐射能和辅助能两大类，能量的流动和转化以物质循环为载体，通过食物链和食物网来实现，并严格遵循热力学第一定律和热力学第二定律。营养级之间和营养级之内的能量转化遵循一定的转化效率。不同营养级间的能量传递和转化遵循林德曼效率（十分之一定律），这就形成了在生态系统内营养级越高，物种的数量越少，营养级越低，物种的数量越多的金字塔型结构。在生态系统中生物与环境、生物与生物之间都是相互联系、相互制约、相互协调存在的，形成结构平衡、功能平衡、输入和输出平衡的生态系统。这说明一个生物种群的存在必须有一定的环境条件和生物条件。生态系统受到人类活动的干扰和影响程度越大，越易造成环境破碎化，造成生物多样性的丧失等，最终影响生态系统的稳定和健康，生态系统管理是合理利用和保护生态系统健康最有效的途径。

思考题

1. 比较以下概念和术语

(1)生态因子与环境因子；(2)生态位与生态幅；(3)趋同适应与趋异适应；(4)生活型与生态型；(5)生态平衡与生态系统健康；(6)食物链、食物网与营养级；(7)同化效率、生产效率和消费效率；(8)物质循环中的库与流。

2. 什么是最小因子定律？什么是耐性定律？
3. 简述生态因子的综合作用规律。
4. 简述生态位原理的基本内容。
5. 简述生态系统物质循环特点。
6. 简述生态系统能量流动过程。
7. 简述生态系统健康的基本原理。

本章推荐阅读书目

生态学概论．曹凑贵．高等教育出版社，2002．

生态学．李博．高等教育出版社，2000．

植物生态学．姜汉侨，等．高等教育出版社，2004．

森林生态学．李景文．中国林业出版社，1999．

第 3 章 药用植物与光因子的生态关系

光是绿色植物进行光合作用的能量来源,是药用植物赖以生存的必需条件之一,是一个十分复杂而重要的生态因子。药用植物体总干物质中,一般有90%~95%是通过光合作用合成的,只有5%~10%来自根部吸收的土壤养分。此外,光质、光强及日照时间的变化都对药用植物有着重要的生态作用。光的强弱和波长不仅会影响药用植物的生长,而且能刺激和支配药用植物组织和器官的分化,在某种程度上决定着药用植物器官的形态和组织结构。而日照时间的长短则制约着很多药用植物的发育。同时,药用植物长期生活在一定的光照环境里,具有不同的生态习性,形成不同的药用植物生态类型。所以,光因子与药用植物的生长发育有着密切的关系,并对药材的质量和产量产生影响。

3.1 太阳辐射及其变化规律

3.1.1 光及其相关概念

光具有波粒二相性,它既是太阳辐射出来的电磁波又是一束束的粒子流,像密集的雨点一样辐射或打到药用植物的叶片上,使药用植物吸收光能。

3.1.1.1 光质

到达地球的所有太阳辐射的光波大体上可分成三部分:紫外光,波长20~400nm;可见光,波长400~700nm;红外光,波长>700 nm。顾名思义,可见光是人们能够看得见的光,它对动植物的生理作用最为重要,因此,也称之为生理有效辐射。通常讲光由7种不同颜色(7个不同波长)的光组成就是指可见光部分,具体光谱组成如下:

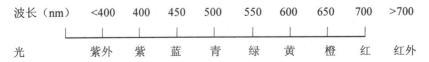

在全部太阳辐射中,红外光约占50%~60%,紫外光约占1%,其余的是可见光部分。波长越长,增热效应越大,所以红外光可以产生大量的热,地表热量

基本上就是由红外光能所产生的。可见光具有最大的生态学意义，因为只有可见光才能在光合作用中被药用植物所吸收利用并转化为化学能。药用植物的叶绿素是绿色的，它主要吸收红光和蓝光，在可见光谱中，波长为 620~760nm 的红光和波长为 435~490nm 的蓝光对光合作用最为重要。

3.1.1.2 光照强度

光强影响光合速率和干物质的积累。进入一片叶子或一个药用植物群落的光，不仅决定它的质量（波长），而且还与它的振幅有关系（光强）。光的波长（λ）决定了光的质量，而光的振幅（即波的高度）决定了它的强度。如果把光比作入射能量粒子流，那么，它的强度必须依赖于粒子的含量（光子或光量）和这些光子到达单位叶面的速率。

3.1.1.3 光照时间

我国地处北半球，由于地球的转动，使得我国的不同地方的日照时间有长短的差异。比如冬天的光照时间南方比北方长，冬至前后，我国海南省海口市的光照时间约为 10.9h/天，而黑龙江省哈尔滨市只有 8.6h/天左右。夏天情况正好相反，北方的光照时间比南方长，如夏至前后，哈尔滨白昼长达 15.7h/天左右，而海口只有 13.2h/天左右。

在自然条件下各种植物对光照持续时间或昼夜长短的反应是不同的。例如，昼夜长短影响植物的开花、结果、休眠等一系列环节，植物对昼夜长短的这种反应，称为植物的光周期现象。这是植物内部节律生物钟的一种表现，事实上是利用光照时间测量控制植物生理反应的现象。

3.1.2 光的变化规律

3.1.2.1 光质的变化规律

光质也即光谱成分，在空间变化上，一般规律是短波光随纬度增加而减少，随海拔升高而增加；在时间变化上，冬季长波光增多，夏季短波光增多；一天之内中午短波光较多，早晚长波光较多。不同波长的光对药用植物的作用不同，药用植物叶片对日光的吸收、反射和透射的程度直接与波长有关，并因叶的厚度、构造和绿色的深浅，以及叶表面的性状不同而异。当日光穿透森林生态系统时，因药用植物群落对光的吸收、反射和透射，到达地表的光照强度和光质都发生了改变，光照强度大大减弱，而红橙光和蓝紫光也已所剩不多。因此，生长在生态系统不同层次的药用植物，对光的需求是不同的。药用植物栽培实际上是药用植物群体的管理，不仅要根据不同药用植物对光质的需求特性，建立合理的光合群体，还要注意其复合群体的立体结构，满足不同生态型药用植物的生长。

能够穿过大气层到达地球表面的紫外光虽然很少，但在高山地带紫外光的生态作用还是很明显的。由于紫外光的作用抑制了植物细胞的纵向伸长，使药用植物茎变得短粗，所以很多高山药用植物具有特殊的莲座状叶丛。高山强烈的紫外辐射不利于药用植物克服高山障碍进行散布，因此，它是决定很多药用植物分布的一种因素。

3.1.2.2 光强的变化规律

光照强度在赤道地区最大，随纬度的增加而减弱。例如在低纬度的热带荒漠地区，年光照强度为 8.38×10^5 J/cm² 以上；而在高纬度的北极地区，年光照不会超过 2.93×10^5 J/cm²；位于中纬度地区的我国华南地区，年光照大约是 5.02×10^5 J/cm²（图3-1）。光照强度还随海拔高度的增加而增强。在高海拔地区，大气厚度相对减小，空气稀薄，浑浊程度低，因而高山接受的太阳辐射比平地多。如在海拔 1000m 可获得全部入射

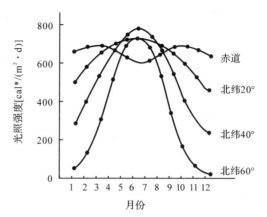

图 3-1　光照强度随纬度变化的示意
（引自尚玉昌，《普通生态学》. 第 2 版，2002）

日光能的 71%，而在海拔 0m 的海平面却只能获得 50%。此外，山的坡向和坡度对光照也有很大影响。在北半球的温带地区，太阳位置偏南，山的南坡所接受的光照比平地多，而平地所接受的光照又比北坡多。随着纬度的增加，在南坡获得最大年光照量的坡度也随之增大，但在北坡上无论什么纬度都是坡度越小光照强度越大。较高纬度的南坡比较低纬度的北坡得到更多的日光能，因此南方的喜热药用植物可以移栽到北方的南坡生长。在一年中，夏季光照强度最大，冬季最小。在一天中，中午的光照强度最大，早晚的光照强度最小。分布在不同地区的生物长期生活在具有一定光照条件的环境中，久而久之就会形成各自独特的生态学特征和发育特点，并对光照条件产生特定的要求。

光照强度在一个生态系统内部也有变化。一般说来，光照强度在生态系统内将会自上而下逐渐减弱，由于冠层吸收了大量的日光能，使下层药用植物对日光能的利用受到了限制，所以一个生态系统的垂直分层现象既取决于群落本身，也取决于所接受的日光能总量。据测定，北方混交林中，照射到林冠的日光约有 10% 被反射，其余约 80% 被上层的林冠所吸收，林冠下部的矮小药用植物几乎吸收了其余的 8%。照射到地面上的光只有 2% 被反射掉，约有 5% 落到地面上，被草所吸收的光约占 75%。这些数字也说明，在药用植物群落中，实际照射到药用植物群落中的可见光可以逐层被充分利用。叶片反射和投射的能力，因叶片的厚薄、构造和叶绿素颜色的深浅，以及光的性质不同而异。阳光穿过植物群落上层林冠时，因叶片互相重叠、或相互遮荫，使阳光从林冠表面到林冠内部逐渐减弱，其递减量与树冠形状和树叶的密度相关，并且光质也会大大改变。

因此，在药用植物栽培中，不仅应注意适当种植时期，还要有合理的种植密度，才能保证药用植物处于良好的外部光照条件，保证优质的群体质量，提高光

注：* 1 cal = 4.1868 J

能利用率、转化率,达到优质高产的目的。

3.1.2.3 光照时间的变化规律

光长也即日照长度,是指白昼的持续时数或太阳的可照时数。在北半球从春分到秋分是昼长夜短,夏至昼最长;从秋分到春分是昼短夜长,冬至夜最长。在赤道附近,终年昼夜平分。纬度越高,夏半年(春分到秋分)昼越长而冬半年(秋分至春分)昼越短。在两极地区则半年是白天,半年是黑夜。由于我国位于北半球,所以夏季的日照时间总是多于12h,而冬季的日照时间总是少于12h(图3-2)。随着纬度的增加,夏季的日照长度也逐渐增加,而冬季的日照长度则逐渐缩短。高纬度地区的药用植物虽然生长期很短,但在生长季节内每天的日照时间很长,所以我国北方的药用植物仍然可以正常地开花结实。

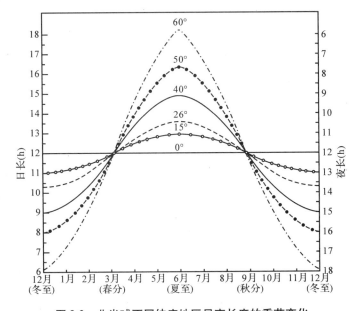

图3-2 北半球不同纬度地区昼夜长度的季节变化

3.2 太阳辐射对药用植物的生态作用

3.2.1 光质对药用植物品质与产量的影响

3.2.1.1 光质对药用植物的生态作用

药用植物的生长发育是在太阳辐射的全光谱照射下进行的,其中能被光合作用所利用的太阳辐射称为光合有效辐射(PAR)或生理有效辐射,占太阳总辐射的40%~50%。生理有效辐射中,各光谱的有效性顺序为红橙光>蓝紫光>黄光>绿光。绿光在光合作用中很少被利用,称为生理无效辐射。不同光质对药用植物的光合作用、色素形成、向光性、形态建成的诱导等影响是不同的。不同波段光的生态作用如表3-1。

表 3-1　不同波长辐射对药用植物的效应

波长范围(nm)	光色	对药用植物的影响
>1000	远红外光	无特殊效应，一旦被吸收即转换成热量释放
1000~720	红外光	吸收很少，对药用植物有伸长作用，能增加干重
720~610	橙红光	为强烈吸收光带，有强光周期效应，与叶绿体形成及叶片生长有直接关系，对叶肉及根的形成很重要
610~510	绿黄光	光合作用的弱活性带，光和效率低，对药用植物生长发育无明显影响
510~400	蓝紫光	叶绿体的强烈吸收光谱带和黄色素的吸收光谱带
400~310	长波紫外光	具有增厚叶片和抑制药用植物徒长的作用
310~280	紫外光	一定程度上可以促进次生代谢物质的合成，过量对药用植物造成损伤
<280	紫外光	对植物有致死作用

药用植物的生长和组织分化受到光质的控制。红光和红外线可促进种子萌发，促进茎的伸长，红光可被叶绿素吸收，红外线主要转变为热能，提高环境温度，从而间接影响植物生长。散射光对植物生长的作用也很重要。散射光中较多成分是蓝紫光，蓝紫光可被叶绿素吸收，具有强光合作用，使茎粗壮，紫外线能抑制植物细胞的纵向伸长，抑制茎的伸长，但可以使茎粗壮，并促进花青素的形成，具有促进种子发芽、果实成熟、杀死病菌孢子等作用。通常在长波长光照下生长的药用植物，节间较长，而茎较细；在短波长光照下栽培的药用植物，节间短而粗。据此，近年来，在栽培上常用不同彩色膜进行药用植物的设施栽培(如人参育苗等)，具有明显的增产、增质、增效作用。

不可见光对药用植物的影响也是多方面的。紫外光有致死作用，波长 360nm 即开始有杀菌作用，抑制植物徒长，促进果实成熟，提高蛋白质和维生素的含量。常受紫外线照射的药用植物，叶片厚，叶面积小，根系发达，叶绿素增加，幼苗健壮，产量高。生活在高山上的药用植物茎叶富含花青素，这是因为短波光较多的缘故，也是其避免紫外线伤害的一种保护性适应。一般高山上日照强，紫外线较多，所以生长在高山的药用植物生长缓慢，植株矮小、茎秆粗短、叶面缩小、毛绒发达，生在热带的药用植物花色浓艳亦因热带地区含紫外线较多之故。

在水体中，藻类药用植物对光质的需求呈现有规律的垂直分布：绿藻主要利用红光，需要较强的光照，分布在水的上层；红藻含有较多藻红素，能利用微弱的青绿光，多分布在深海；褐藻含有很多藻褐素，分布在中层或浅海底；主要含叶绿素 b 和类胡萝卜素的绿藻分布在水表层。在陆地上，随着海拔的增高，高山空气稀薄、大气透明度高，紫外线较多。一些药用植物能够适应高山强烈的紫外线，呈现特色的高山药物，如雪莲(*Saussurea involucrata*)、川木香(*Vladimiria souliei*)等。

3.2.1.2 光质对药用植物的品质与产量的影响

光质对药用植物品质和产量的影响较为复杂。不同波长的光的能量不同(在相同的光强下),对于药用植物生长必需的代谢过程——光合作用的有效性也不一样,而且一些特殊波长的光如红光、远红光、蓝光等还作为环境信号直接调节药用植物的生长发育进程即光形态建成。一些有关光质对药用植物生长影响的研究工作,由于研究目的、处理方式、受试药用植物材料等的差异,结果也不一致。李万莲等用不同遮荫材料对参园的光质环境特征进行测定分析,结果表明参棚遮荫材料的不同,对西洋参参根产量的影响也不同,不同遮荫材料中,以蓝色遮荫网加 PVC 参用膜做遮荫材料的棚下光质环境对西洋参(*Panax quinquefolium*)的生长发育最有利,且产量高,棚下的光质环境有利于参根增重,经济产量和生物学产量高,品质优。通过遮以不同颜色的滤光膜对高山红景天(*Rhodiola sachalinensis*)野外和温室的光质处理实验也表明,红膜对根的生长抑制程度最小,而对红景天苷含量的提高最多(表3-2)。但是,红膜处理在改变光质的同时,也使光照强度降低了大约1倍,红膜处理对红景天苷含量的提高效果将被对根生长的抑制效果抵消一部分。这意味着在野外种植的情况下,可以在临近收获的最后一段时间用红膜对高山红景天进行处理,这样既可避免红膜处理对高山红景天根生长的抑制(由于减弱了光照),又可显著提高根的红景天苷含量,从而达到较大幅度提高红景天苷产量的目的。

表3-3 不同光质下高山红景天的生物量和根中红景天苷的含量和产量

光质	相对光强(%)	全株生物量(g/株)	根生物量(g/株)	根冠比	红景天根苷含量(%)	红景天根苷产量(mg/株)
阳光	100	9.77	2.01	0.26	0.073	1.43
红膜	51.76	6.41	1.48	0.30	0.136	1.92
黄膜	60.69	6.31	1.39	0.28	0.037	0.41
蓝膜	26.96	2.03	0.56	0.38	0.021	0.17
绿膜	24.80	2.01	0.52	0.35	0.056	0.35

引自阎秀峰等,2004。

不同光质对药用植物的有效成分也造成一定的影响。近年来,我国一些学者在进行不同波长的光对药用植物组织培养等方面的研究表明,长春花(*Catharanthus roseus*)激素自养型细胞中,红光比蓝光更有利于生物碱生成。在水母雪莲(*Saussurea medusa*)组织培养中,蓝光对愈伤组织中黄酮合成的促进作用最强,其次是远红外光和白光,而红光则最低。许多水溶性的色素(如花青苷)要求有强的红光,维生素 C 要求紫外光等。用有色薄膜单透光棚对人参栽培试验结果表明,紫膜和黄膜可提高人参皂苷含量,深蓝膜则使其降低。

由上可知,单纯的某种光质虽然对某些物质合成有利,但从植物整体生长看,可能并非是最佳条件,只有将不同光质按一定比例组合,才更有可能实现既利于所需物质的合成又能促进植物生长。目前农业生产中多处使用农用塑料薄膜,而薄膜的组成和色泽与透光的种类和多少有关,使用时要慎重选择。在人参、西洋参栽培上,各种色膜均是色淡者为好,色深者光强不足,生育不良,以淡黄膜、淡绿膜为最佳。而在当归的覆膜栽培中,增产率依次为黑色膜＞蓝色膜＞银灰色膜＞红色膜＞白色膜＞黄色膜＞绿色膜。

3.2.2 光强对药用植物的品质与产量的影响

3.2.2.1 光强对药用植物的生态作用

光对药用植物的形态建成和生殖器官的发育影响很大。光合作用产生的有机物是药用植物生长发育的物质基础,光能影响细胞的分裂,促进细胞、组织和器官的分化。低光照强度有利于株高和可溶性蛋白质含量的增加,但增重少,繁殖率低,代谢较弱;随光照强度的提高,光合能力递增,但呼吸消耗也随之加大;强光照破坏叶绿素的形成,使可溶性蛋白质与总糖含量显著下降,过氧化氢酶(CAT)活性明显降低,丙二醛(MDA)含量与过氧化物酶(POD)活性则显著提高,表明出现光抑制。如果强光时间过长,甚至会出现光氧化现象,光合系统和光合色素会遭到破坏,最终影响药用植物产量和有效成分的含量。

光照强度与药用植物体积增大有密切关系。光强影响着组织和器官的生长和发育速度,并保持正常的发育比例。药用植物的光合器官叶绿素必须在一定光强条件下才能形成,许多其他器官的形成也有赖于一定的光强。但在合适光照下,随着光强的减弱,药用植物为更好地利用环境光能以对生长进行补偿,通常叶绿素含量会增加,而且在弱光环境下叶绿素 a 和叶绿素 b 的比例也会发生改变。在黑暗条件下,药用植物表现为茎细、节长、脆弱(机械组织不发达)、叶片小而卷曲、根系发育不良、全株发黄,这种现象称为黄化现象。在种子植物、裸子植物、蕨类植物和苔藓植物中都可以产生黄化现象。在药用植物完成光周期诱导和花芽开始分化的基础上,光照时间越长,强度越大,形成的有机物越多,越有利于花的发育。光强还有利于果实的成熟,对果实的品质也有良好作用。

接受一定量的光照也是药用植物获得净生产量的必要条件,因为药用植物必须生产足够的糖类以弥补呼吸消耗。当影响药用植物光合作用和呼吸作用的其他生态因子都保持恒定时,生产和呼吸这两个过程之间的平衡就主要决定于光照强度了。当光合作用合成的有机物刚好与呼吸作用消耗的有机物相等时的光照强度称为光补偿点。光照强度在补偿点以下,药用植物的呼吸消耗大于光合作用生产,因此不能积累干物质;在补偿点处,光合作用固定的有机物质刚好与呼吸消耗相等;在光补偿点以上,随着光照强度的增加,光合作用强度逐渐提高并超过呼吸作用,于是在药用植物体内开始积累干物质;但当光照强度达到一定水平后,光合产物也就不再增加或增加很少,该处的光照强度就是光饱和点(图 3-3)。由此可知,光合作用在一定范围内,光合速率随光照强度的增加而加快。但光照过强会抑制光合作用,致使光合速率下降,光合产物减少,并最终影响药用植物有效成分的含量。

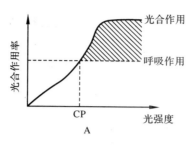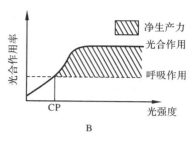

图 3-3　喜光植物和耐荫植物光补偿点位置示意（CP 为光补偿点）

A. 喜光植物　B. 耐荫植物

（引自尚玉昌，《普通生态学》. 第 2 版，2002）

光补偿点和光饱和点是药用植物需光特性的 2 个主要指标。药用植物长期适应不同的光照环境，各自的光饱和点和光补偿点也不相同。喜光药用植物在强光环境中才能生长发育，弱光条件下发育不良，其光饱和点、光补偿点都较高，群落的先锋植物均属此类；耐荫药用植物在弱光下比强光下生长好，在强光下受害，它们在极低的光照强度下便能达到光饱和点，如许多阴生蕨类、兰科的多个种类等，其在群落中多处于底层；半耐荫药用植物是在全日照下生长最好，也能忍耐一定荫蔽环境，在生活史的某些阶段（主要是苗期）需要适应弱光的类群，如桔梗（*Platycodon grandiflorum*）、党参等。在药用植物生长发育的不同阶段，光饱和点也不同，一般在苗期和生育后期光饱和点低，而在生长盛期光饱和点高。一般来说，光补偿点高的药用植物其光饱和点往往也高。例如，草本药用植物的光补偿点与光饱和点通常高于木本药用植物；喜光药用植物的光补偿点和光饱和点高于耐荫药用植物；C_4 药用植物的光饱和点高于 C_3 药用植物。光补偿点低的药用植物较耐荫，如鱼腥草（*Houttuynia cordata*）的光补偿点低于玉米，适于和玉米间作。环境条件不适宜，往往降低光饱和点和光饱和时的光合速率，并提高光补偿点。

3.2.2.2　强光胁迫对药用植物的生态作用

光合作用是一个光生物化学反应，当光合有效辐射超过植物光合作用的光补偿点以后，光合速率随光照强度的增加而增加，在光饱和点以前，是光合速率上升阶段；超过光饱和点以后，光合速率随光强增加而降低。人们把超出光饱和点的光强定义为强光，而把强光对植物包括药用植物可能造成的危害定义为强光胁迫。强光对药用植物的胁迫主要体现在：影响光合速率造成光合"午休"、增加光呼吸、影响药用植物生长发育和繁殖进程甚至改变其成分等。

强光是否会形成胁迫还与其他环境因子有关，如空气温度、湿度、CO_2 浓度、植株营养水平，特别是药用植物本身的生物学特性以及它生长的地理位置等。生长在开阔地带如高山、荒漠、海岸、休闲地的药用植物，适应强光，并能忍耐高强度的辐射，它们一般是光稳定的。然而，如果卡尔文循环电子传递被阻断或延迟，即使强喜光药用植物也能发生光抑制和光损伤。光抑制现象在自然条件下是经常发生的，因为晴天中午的光强往往超过药用植物的光饱和点，即使是群体内的下层叶,由于上层枝叶晃动,也不可避免地受到较亮光斑的影响。很多药用植物,如莲(*Nelumbo nucifera*)、荞麦(*Fagopyrum esculentum*)、太子参(*Pseudostellaria heterophylla*)、麦冬(*Ophiopogon japonicus*)等,在中午前后经常会出现光抑制,轻者光合速率暂时降低,过后尚能恢复;重者叶片发黄,光合活力便不能恢复。如果强光与其他不良环境(如高温、低温、干旱等)同时存在,光抑制现象则更为严重。

强光对药用植物形态和各器官在整个植株中的比例有一定的影响。如泽泻在强光影响下,其地上部的生长虽受到抑制,但却有利于泽泻块茎的形成,因而泽泻在生长过程中受到一定时期的强光照射,有利于产量增加。莲在生育期内,尤其是籽粒灌浆期间持续强光天气,对于其产量和品质的形成十分有利。

3.2.2.3　光强对药用植物的品质与产量的影响

光照强度对药用植物生长的影响规律通常比较一致。对于喜光药用植物而言,一般情况下是随着光强的降低,药用植物的生长受到抑制,表现为生物量降低。例如阎秀峰、王洋等通过纱布遮荫分别对高山红景天进行光强控制实验。结果发现,随着光强的降低,高山红景天全株生物量、根生物量、根的红景天苷含量和产量均有降低的趋势。相对光强为67.75%和44.71%的2种处理下的全株生物量、根生物量、根的红景天苷含量和产量差别不大;当相对光强减弱至31.96%,全株生物量、根生物量、根的红景天苷含量和产量均大幅度下降,根冠比显著增加(表3-3)。当然,也有些喜光药用植物在幼苗期需要避免过强的光照,而在高光强下表现为生长抑制。而对耐荫药用植物,适当的遮光条件可以给植株提供降温保湿的环境,影响植株组织中叶绿素、蛋白质等物质的含量,并对细胞的组织、结构产生影响,从而使产量增加。

表3-3　不同光强下高山红景天的生物量

相对光强(%)	全株生物量(g)	根生物量(g/株)	根冠比	根红景天苷的含量(%)	根红景天苷的产量(mg/株)
31.96	3.66	1.07	0.42	0.017	0.16
44.71	8.30	1.53	0.23	0.053	0.93
67.75	8.58	1.67	0.24	0.058	0.96
100	9.77	2.01	0.26	0.073	1.43

引自阎秀峰等,2004。

光照强度在药用植物品质形成方面也有重要作用,它不仅影响药用植物的初生代谢过程和生长状态,也会影响药用植物的次生代谢过程。研究表明,在一定条件下,光照强度减弱,会导致药用植物中维生素C、可溶性糖和主要药用成分含量减少,充足的光照往往能提高喜光药用植物有效成分的含量。如随着光照强度的提高,青蒿素的合成得到明显促进,在3000 lx达到最大值;调查表明,生于阳坡的金银花中绿原酸的含量高于阴坡,说明充足的光照有利于绿原酸的形成和积累。但是,光对某些次级代谢物的生成呈抑制作用或不利于产物积累的例子也很多。如绞股蓝(*Gynostemma pentaphyllum*)总皂苷含量相对照度也在65%左右时最高，低于50%或高于85%总皂苷均呈降低趋势；在黑暗条件下雷公藤(*Tripterygium wilfordii*)愈伤组织中二萜内酯的含量比100 lx光照下高57%左右，说明光照不利于雷公藤二萜内酯的积累；白光对新疆紫草(*Arnebia euchroma*)愈伤组织的生长和紫草宁衍生物的形成具有强烈的抑制作用，白光下紫草宁衍生物的含量与产量分别只有黑暗条件下的6.52%和3.66%。可见，由于不同物种本身的特性和自然生长环境中光照强度的不同，生产中是否采用遮光以及遮光的程度，还应根据实际情况而定。例如，有人研究不同光强下伊贝母(*Fritillaria pallidiflora*)中生物碱的含量，发现在80%的相对光强下，生物碱含量最高，而全光照或过度遮荫含量均降低，因此适度遮荫有利于伊贝母中生物碱的积累。鱼腥草是一种耐荫药用植物，利用遮阳网对鱼腥草进行遮荫处理，考察其生物量、药用及营养品质间的差异，结果发现，20%遮荫度处理60天后，鱼腥草总鲜重和总甲基正壬酮、可溶性蛋白、可溶性糖、维生素C含量均比全光照条件下高（表3-4）。有关光强对次生代谢产物的影响，Croteau等认为，光合作用的增加能提供较多的次生代谢物前体，同时又抑制了次生代谢物的分解。

表3-4 遮荫与不遮荫处理鱼腥草的产量和品质比较

处理 60d	总鲜重 (kg/m^2)	总甲基正壬酮含量 (μg/g)	可溶性蛋白含量 (g/100g)	可溶性糖含量 (g/100g)	维生素C含量 (mg/100g)
全光照	6.79	5.85	0.946	1.09	14.88
20%遮荫度	8.84	6.38	1.61	1.33	33.10

由于光照强度受纬度、海拔、坡向、季节变化的影响而不同，对一些耐荫药用植物而言，光照成为决定其分布、生长发育和有效成分含量的重要条件。例如人参为耐荫或半耐荫药用植物，怕强光直射，若光照过强，则会发生日灼病。此外，同一种药用植物在不同生长发育阶段对光照强度的要求也不同。例如厚朴(*Magnolia officinalis*)幼苗期或移栽初期怕强烈的阳光，尽量做到短期遮荫，而长大后则不怕光。黄连虽为耐荫植物，但生长阶段耐荫程度各不相同，在幼苗期最为耐荫，但栽后第四年则可除去荫棚，在强光下生长以利于根部生长。一般情况下，药用植物在开花结实阶段或块茎贮藏器官形成阶段，需养分较多，对光照要求较高。因此满足药用植物及其不同生育时期对光照强度的不同需求，有利于其产量和有效成分含量的提高，在药用植物人工种植上有重要意义。

3.2.3 光照时间对药用植物产量与品质的影响

3.2.3.1 光照时间对药用植物的生态作用

光周期对药用植物的生长发育和分布有较大影响。药用植物的生长发育需要一定的日照时数，才能完成正常的生长发育、积累有效成分。日照不足，则产量低、有效成分含量低。短日照药用植物大多数原产地是日照时间短的热带、亚热带；长日照药用植物大多数原产于温带和寒带，在生长发育旺盛的夏季，一昼夜中光照时间长。如果把长日照药用植物栽培在热带，由于光照不足，就不会开花。同样，短日照药用植物栽培在温带和寒带也会因光照时间过长而不开花。温带地区主要分布落叶药用植物，这与光周期密切相关。因温带地区，秋季日照时间缩短，红光和白光全光减少，黑暗期长，植物活性减弱。

人们早就注意到许多药用植物的开花具有明显的季节性，同一药用植物品种在同一地区种植时，尽管在不同时间播种，但开花期都差不多；同一品种在不同纬度地区种植时，开花期表现有规律的变化。美国园艺学家加纳和阿拉德(Garner and Allard)在1920年观察到烟草(*Nicotiana tabacum*)的一个变种 *Maryland mammoth* 在华盛顿地区夏季生长时，株高达3~5m时仍不开花，但在冬季转入温室栽培后，其株高不足1m就可开花。他们试验了温度、光质、营养等各种条件，发现日照长度是影响烟草开花的关键因素。在夏季用黑布遮盖，人为缩短日照长度，烟草就能开花；冬季在温室内用人工光照延长日照长度，则烟草保持营养状态而不开花。由此他们得出结论，短日照是这种烟草开花的关键条件。后来的大量实验也证明，药用植物的开花与昼夜的相对长度即光周期有关，许多药用植物必须经过一定时间的适宜光周期后才能开花，否则就一直处于营养生长状态。光周期的发现，使人们认识到光不但为药用植物光合作用提供能量，而且还作为环境信号调节着药用植物的发育过程，尤其是对成花反应的诱导。

3.2.3.2 光照时间对药用植物品质与产量的影响

光照时间与纬度、坡向、季节有密切关系，如在一定范围内，随纬度的升高，日照时间相应延长，对于药用植物的某些有效成分，延长光照时间对提高其含量有积极的影响。如麻黄枝茎生物碱含量随光照时间的延长而显著的提高。邢俊波、张重义等对5个产地金银花中绿原酸、黄酮类等主要成分的含量进行了分析，结果发现，江苏南京清凉山的金银花生长地，皆长在茶树下，日照时间短；而河南的4个金银花产区在4~6月其日照时数皆大于200h，河南的4个产区的金银花中绿原酸和黄酮类成分含量远远大于南京清凉山金银花中主成分的含量。这表明光照时间是决定金银花药材有效成分含量高低的重要因子。在组织培养中，光照时间的影响也十分明显。当照光时间为20h/天，青蒿(*Artemisia apiacea*)芽中青蒿素的含量达到最高，约为干重的0.27%。因此，选择纬度适宜的地区种植药用植物，或在组织培养时人工控制光照时间，成为提高有效成分含量的途径之一。

3.3 药用植物对光的生态适应

3.3.1 形态适应

3.3.1.1 药用植物对光强适应的生态类型

不同药用植物对光强的反应是不一样的。根据药用植物对光强适应的生态类型可分为喜光药用植物、耐荫药用植物和半耐荫药用植物。

(1) 喜光药用植物

在强光环境中才能生长健壮、在荫蔽和弱光条件下生长发育不良的药用植物。它们需要光的最下限度量是全光照的10%~20%。光补偿点为全光照的3%~5%，如低于此值则生长不良，枝叶枯落。喜光药用植物光的补偿点和饱和点均较高，要求全光照，光合和代谢速率都较高，多生长在旷野、路边、向阳坡地等光照条件好的地方。常见喜光药用植物有雪莲、红景天(*Rhodiola rosea*)、蒲公英(*Taraxacum mongolicum*)、麻黄、甘草、肉苁蓉、锁阳(*Cynomorium songaricum*)、蓟(*Cirsium japonicum*)、芍药等。

(2) 耐荫药用植物

在较弱的光照条件下比在强光下生长良好的药用植物。可以在低于全光照2%的条件下生长，光补偿点平均不超过全光照的1%。它的光补偿点和饱和点均较低，光合和呼吸速率也较低，多生长在潮湿背阳的地方或密林内。常见耐荫药用植物有细辛、黄连、鱼腥草、连钱草(*Clechoma longituba*)、天南星(*Arisaema erubescens*)、人参、三七、半夏(*Pinellia ternata*)、红豆杉(*Taxus* spp.)、紫果云杉(*Picea purpurea*)等。

(3) 半耐荫药用植物

介于以上两类之间的植物，对光照具有较广的适应能力，它在全光照下生长最好，但也能忍耐适度的荫蔽，或是在生育期间需要轻度的遮荫。这类药用植物有桔梗、黄精(*Polygonatum sibiricum*)、肉桂(*Cinnamomum cassia*)、党参、核桃(*Juglans regia*)、侧柏(*Biota orientalis*)、山毛榉(*Fagus* spp.)、云杉(*Picea* spp.)等。

药用植物的年龄越小耐荫性越强，越大则耐荫性越弱；气候适宜的条件，耐荫性较强，如在温暖湿润气候条件下，耐荫性就强，反之就弱；土壤水分与养分对耐荫性也有影响，水分充足，土壤肥沃，耐荫性就强；反之就弱；耐荫性的大小与物种的遗传特性有关，同一种植物不同的品种有些耐荫有些不耐荫。

3.3.1.2 药用植物对光的形态适应

喜光药用植物和耐荫药用植物在植株生长状态、茎叶等形态结构及生理特征上都有明显的区别。喜光药用植物叶片小而厚，叶子排列稀疏，角质层较发达，表面具蜡质或绒毛，细胞较小，细胞壁较厚，排列紧密，细胞间隙小，单位面积上气孔多，叶脉细密而长。叶肉细胞强烈分化，栅栏组织较发达，而海绵组织不发达。喜光药用植物通常茎较粗，节间短，分枝也多。生长在强烈阳光下的高山植物，节间长强烈缩短，变成莲座状。在内部结构上，茎的细胞体积较小，细胞壁厚，木质部和机械组织发达，维管束数目较多。耐荫药用植物的茎叶的形态结构与喜光药用植物相反，枝叶茂盛，没有角质层或很薄，气孔与叶绿素比较少，茎通常细长，节间较长，分枝较少，茎的体积较大，细胞壁薄，木质化程度低，机械组织较不发达，维管束数目较少。

光可影响种子发芽。有些药用植物种子的发芽只有在光照的条件下才有可能,比如红豆杉就是如此。然而,有些药用植物光照能抑制或者延迟其发芽,如百合科植物和蓖麻等;光对药用植物胚轴的延伸也具有抑制作用,在弱光下幼茎节间充分地延长,形成细而长的茎,而在充足的光照条件下,节间短,茎较粗;光对根系也有影响,在强光下由于蒸腾作用,使得药用植物根系发达;树冠形态与光也有关。植株对光的需要量与植株特别是树木年龄有关,年龄越大需光量也越强。

3.3.2 生理适应

3.3.2.1 药用植物对强光胁迫的生理适应

药用植物对强光有一定的适应范围,这种适应具有季节性、地区性,并因物种而异。在强光、高温、低CO_2浓度的逆境下,C_4植物比C_3植物有更高的生产能力,因此C_4途径的植物具有更大的优势。C_4植物甚至能把最强的光用于光合作用,它们对CO_2吸收量是随光强而变化的;C_3植物则很容易达到光饱和,因而不仅不能充分利用太阳辐射,甚至会由于强光而产生胁迫。喜光药用植物能利用强光,而耐荫药用植物在强光下却往往遭受光胁迫而产生危害。药用植物对强光的适应能力表现如下几方面。

(1) 改变光合特性以适应强光环境

在自然光照下,同种药用植物处于不同的生境中光饱和点是不同的,这说明植株可以通过改变光合特性来适应相应的环境条件,以捕获更多的光能。

(2) 不同部位叶片的适应

同种药用植物的相同个体上,不同部位的叶片对强光胁迫的耐受力也有差异。青冈(*Cyclobalanopsis glauca*)和欧洲毛榉(*Fagus sylvatica*)两树种的光补偿点均为阳生叶大于阴生叶,而阳生叶的光饱和点可高达阴生叶的10倍之多,说明同一植株上叶片对光强已经产生了适应和分化。

(3) 增加叶绿素含量

强光胁迫对药用植物光合速率是否产生影响以及影响到何种程度,与其叶片的叶绿素含量有密切关系。同一生境中,灰绿色药用植物与黄绿色药用植物的光饱和点与补偿点不同。前者对光响应相对迅速,有较高的饱和光合速率,但它的光补偿点、饱和点却低于黄绿色药用植物。一般来说,较高光辐射条件下药用植物的叶色较深,叶片叶绿素含量也相对较高。

(4) 体内防御系统

药用植物在长期的进化过程中也形成了多种光保护机制。细胞中存在着活性氧清除系统,如超氧化物歧化酶(SOD)、过氧化氢酶(CAT)、过氧化物酶(POD)、谷胱甘肽、抗坏血酸、类胡萝卜素等,它们共同防御活性氧对细胞的伤害;通过代谢耗能,如提高光合速率,增强光呼吸和Mehler反应等;提高热耗散能力,如依赖叶黄素循环的非辐射能量耗散,PSII的可逆失活与修复。

3.3.2.2 药用植物对光周期的适应类型

地球上不同纬度地区的温度、雨量和昼夜长度等会随季节有规律地变化。在各种气象因子中,昼夜长度变化是最可靠的信号,不同纬度地区昼夜长度的季节性变化是很准确的。纬度越高的地区,夏季昼越长,夜越短;冬季昼越短,夜越长;春分和秋分时,各纬度地区昼夜长度相等,均为12h。自然界一昼夜间的光暗交替称为光周期(photoperiod)。生长在地球上不同地区的植物在长期适应和进化过程中表现出生长发育的周期性变化。植物对昼夜长度发生反应的现象称为光周期现象(photoperiodism)。植物的开花、休眠和落叶,以及鳞茎、块茎、球茎等地下贮藏器官的形成都受昼夜长度的调节。根据植物(开花过程)与日照长度的关系,可将植物分为3类:长日照植物、短日照植物和中间型植物;按这种分类方法也可将药用植物分为3类:长日照药用植物、短日照药用植物和中间型药用植物。

(1) 长日照药用植物

指在24h昼夜周期中,日照长度长于一定时数,才能成花的药用植物。对这些药用植物延长光照可促进或提早开花;相反,如延长黑暗则推迟开花或不能成花。属于长日照药用植物:常见的有牛蒡(*Arctium lappa*)、紫菀(*Aster tataricus*)、凤仙花(*Impatiens balsamina*)、金光菊(*Rudbeckia laciniata*)、山茶(*Camellia japonica*)、杜鹃(*Rhododendron simsii*)、桂花(*Osmanthus fragrans*)、天仙子(*Hyoscyamus niger*)等。如典型的长日照药用植物天仙子必须满足一定天数的8.5~11.5h日照才能开花,如果日照长度短于8.5h就不能开花。

(2) 短日照药用植物

指在24h昼夜周期中,日照长度短于一定时数才能成花的药用植物。对这些药用植物适当延长黑暗或缩短光照可促进或提早开花;相反,如延长日照则推迟开花或不能成花。属于短日照药用植物的有苍耳(*Xanthium sibiricum*)、紫苏(*Perilla frutescens*)、大麻(*Cannabis sativa*)、黄麻(*Corchorus capsularis*)、菊花、日本牵牛(*Pharbitis nil*)等。如菊花须满足少于10h的日照才能开花。

(3) 中间型药用植物

这类植物的花芽分化受日照长度的影响较小,只要其他条件适宜,一年四季都能开花。属于这类的药用植物有荞麦、丝瓜(*Luffa cylindrica*)、曼陀罗(*Datura stramonium*)、颠茄(*Atropa belladonna*)等。

许多药用植物成花有明确的极限日照长度,即临界日长。长日照药用植物的开花,需要长于某一临界日长;而短日照药用植物则要求短于某一临界日长,这类药用植物称绝对长日植物或绝对短日植物。但是,还有许多药用植物的开花对日照长度的反应并不十分严格,它们在不适宜的光周期条件下,经过相当长的时间,也能或多或少的开花,这些药用植物称为相对长日照药用植物或相对短日照药用植物。表3-5列出了一些药用植物的临界日长和要求的诱导周期数。可以看出,长日照药用植物的临界日长不一定都长于短日照药用植物;而短日照药用植物的临界日长也不一定短于长日照药用植物。同种药用植物的不同品种对日照的要求可以不同,如君子兰中有些品种为短日照性的,有些为长日照性的,还有些为日中性的。通常早熟品种为长日或日中性药用植物,晚熟品种为短日照药用

表 3-5 不同药用植物光诱导周期数

植物类型	植物名称	24h 周期中的临界日长(h)	最少诱导周期数(d)
短日照药用植物	菊花	10~14.5	12
	红叶紫苏	14	12
	日本牵牛	14~15	1
	苍耳	15.5	1
长日照药用植物	琉璃繁缕 Anagallis arvensis	12~12.5	1
	天仙子	8.5~11.5	2~3
	毒麦 Lolium temulentum	11	1
	白芥菜 Brassica juncea	14	1

植物。

3.3.2.3 药用植物的地理起源和分布与光周期特性

自然界的光周期决定了药用植物的地理分布与生长季节。药用植物对光周期反应的类型是对自然光周期长期适应的结果。低纬度地区不具备长日照条件，所以一般分布短日照药用植物，高纬度地区的生长季节是长日照条件，因此多分布长日照药用植物，中纬度地区则长短日照药用植物共存。在同一纬度地区，长日照药用植物多在日照较长的春末和夏季开花，如鱼腥草等；而短日照药用植物则多在日照较短的秋季开花，如菊花等。

事实上，由于自然选择和人工培育，同一种药用植物可以在不同纬度地区分布。例如短日照药用植物菊花，从中国的东北到海南岛都有当地育成的品种，它们各自具有适应本地区日照长度的光周期特性。如果将中国不同纬度地区的菊花品种均在北京地区栽培，则因日照条件的改变会引起它们的生育期随其原有的光周期特性而呈现出规律性的变化：南方的品种由于得不到短日照条件，致使开花推迟；相反，北方的品种因较早获得短日照条件而使花期提前。这反映了药用植物与原产地光周期相适应的特点。

生产上常从外地引进优良品种，以获得优质高产。在同纬度地区间引种容易成功；但是在不同纬度地区间引种时，如果没有考虑品种的光周期特性，则可能会因提早或延迟开花而造成减产或药用品质不良。对此，在引种时首先要了解被引品种的光周期特性，是属于长日照药用植物、短日照药用植物还是日中性药用植物；同时要了解药用植物原产地与引种地生长季节的日照条件的差异；还要根据被引进药用植物的经济利用价值来确定所引品种。在中国将短日照药用植物从北方引种到南方，会提前开花，如果所引品种入药成分是果实或种子，则应选择晚熟品种；而从南方引种到北方，则应选择早熟品种。如将长日照药用植物从北方引种到南方，会延迟开花，宜选择早熟品种；而从南方引种到北方时，应选择晚熟品种。

3.3.2.4 药用植物对光照时间的适应机理

(1) 光周期诱导

对光周期敏感的植物只有在经过适宜的日照条件诱导后才能开花,但这种光周期处理并不需要一直持续到花芽分化。植物在达到一定的生理年龄时,经过足够天数的适宜光周期处理,以后即使处于不适宜的光周期下,仍然能保持这种刺激的效果而开花,这叫做光周期诱导(photoperiodic induction)。

不同种类的药用植物通过光周期诱导的天数不同,如苍耳、日本牵牛等只要一个短日照周期,其他短日照药用植物,如红叶紫苏和菊花要12天;毒麦等要求一个长日照的光周期,其他长日照药用植物,如天仙子2~3天,胡萝卜15~20天。短于其诱导周期的最低天数时,不能诱导植物开花,而增加光周期诱导的天数则可加速花原基的发育,花的数量也增多。

(2) 光周期诱导中光期与暗期的作用

自然条件下,一天24h中是光暗交替的,即光期长度和暗期长度互补。所以,有临界日长就会有相应的临界暗期,这是指在光暗周期中,短日照药用植物能开花的最短暗期长度或长日照药用植物能开花的最长暗期长度。在药用植物的光周期诱导成花中,暗期的长度是决定药用植物成花的决定因素,尤其是短日照药用植物,要求超过一个临界值的连续黑暗。短日照药用植物对暗期中的光非常敏感,中断暗期的光不要求很强,低强度(日光的5~10倍或月光的3~10倍)、短时间的光(闪光)即有效,说明这是不同于光合作用的高能反应,是一种涉及光信号诱导的低能反应。用不同波长的光来进行暗期间断试验,结果表明,无论是抑制短日照药用植物开花或诱导长日照药用植物开花都是红光最有效。

虽然对药用植物的成花诱导来说,暗期起决定性的作用,但光期也是必不可少的。短日照药用植物的成花诱导要求长暗期,但光期太短也不能成花,如一种可入药的大豆在固定16h暗期和不同长度光期条件下,光期长度增加时,开花数也增加,但是光期长度大于10h后,开花数反而下降,只有在适当的光暗交替条件下,药用植物才能正常开花。一方面,花的发育需要光合作用提供足够的营养物质,所以光期的长度会影响药用植物成花的数量;另一方面,长日照药用植物天仙子在16h光期中,若只给予对光合作用有效的红光,并不能使药用植物开花,而当有远红光或蓝光配合时则开花。由此表明光在光周期反应中的作用不同于光合作用。

(3) 光敏色素在成花诱导中的作用

让药用植物处于适宜的光照条件下诱导成花,并用各种单色光在暗期进行闪光间断处理,几天后观察花原基的发生,结果显示:阻止短日照药用植物(苍耳)和促进长日照药用植物(麦冬)成花的作用光谱相似,都是以600~660nm波长的红光最有效;但红光促进开花的效应又可被远红光逆转。这表明光敏色素参与了成花反应。光敏色素虽不是成花激素,但影响成花过程。光的信号是由光敏色素接受的。光敏色素对成花的作用与Pr和Pfr的可逆转化有关,成花作用不取决于Pr和Pfr的绝对量,而是受Pfr/Pr比值的影响。

$$\text{Pr}(680\text{nm}) \underset{\text{远红光}}{\overset{\text{红光}}{\rightleftharpoons}} \text{Pfr}(730\text{nm})$$

短日照药用植物要求低的 Pfr/Pr 比值。在光期结束时,光敏色素主要呈 Pfr 型,这时 Pfr/Pr 的比值高。进入暗期后,Pfr 逐渐逆转为 Pr,或 Pfr 因降解而减少,使 Pfr/Pr 比值逐渐降低,当 Pfr/Pr 比值随暗期延长而降到一定的阈值水平时,就可促发成花刺激物质形成而促进开花。对于长日照药用植物成花刺激物质的形成,则要求相对高的 Pfr/Pr 比值,因此长日照药用植物需要短的暗期,甚至在连续光照下也能开花。如果暗期被红光间断,Pfr/Pr 比值升高,则抑制短日照药用植物成花,促进长日照药用植物成花。一般认为,长日照药用植物对 Pfr/Pr 比值的要求不如短日照药用植物严,足够长的照光时间、比较高的辐照度和远红光光照对于诱导长日照药用植物开花是必不可少的。有实验表明在用适宜的红光和远红光混合照射时,长日照药用植物开花最迅速。现已知道在光下生长的药用植物中存在两种不同类型的光敏色素:光不稳定型(PⅠ)和光稳定型(PⅡ)光敏色素,推测两者共同参与药用植物成花的光周期调控。光不稳定型的 Pfr 负责检测由光到暗的转变,而光稳定型光敏色素在光下转化为 Pfr 型后负责持续的 Pfr 反应。两种类型的光敏色素可使药用植物一方面感知光暗转变,另一方面又可保持一定数量的 Pfr,引起相应的生理反应。

3.3.3 药用植物对光的分子适应

光在药用植物正常的分化、生长、发育各个进程中起到调节和控制的作用,这些调节作用表现在分子、细胞、组织和器官4个水平层次上。这就是光形态建成,亦即药用植物的光发育作用。和光合作用转化并贮存大量的光能不同,光形态建成反应所需的能量不是从光本身来的,而是靠药用植物细胞内贮存的能量转化而来。低能量的光只是一个信号,引起受光体色素蛋白质的变化,又经过一系列的中间过程并消耗体内的许多能量之后,才能在产物的积累或结果形态上产生一个可见的变化。作为信号只需极弱的光。所需红光的能量和一般光合作用光补偿点总能量相差10个数量级,甚为微弱。

通过人工光周期诱导,可以加速良种繁育、缩短育种年限。如在进行菊花杂交育种时,可以人为地缩短光照,使菊花开花整齐,以便进行有性杂交,培育新品种。根据中国气候多样的特点,可进行药用植物的南繁北育,短日照药用植物可在海南岛加快繁育种子;长日照药用植物夏季在黑龙江、冬季在云南种植,可以满足药用植物发育对光照和温度的要求,一年内可繁殖2~3代,加速了育种进程。具有优良性状的某些药用植物品种间有时花期不遇,无法进行有性杂交育种。通过人工控制光周期,可使两亲本同时开花,便于进行杂交。如菊花早开花和迟开花的品种杂交育种时,可在迟开花品种4~7叶期进行遮光处理,促使其提早开花以便和早开花品种进行杂交授粉,培育新品种。

在药用植物栽培中特别是以花入药的药用植物栽培,已经广泛地利用人工控制光周期的办法来提前或推迟开花。例如,菊花是短日照药用植物,在自然条件下秋季开花，但若给予遮光缩短光照处理，则可提前至夏季开花。而对于金银花等长日照药用植物，进行人工延长光照处理，则可提早开花。

对以收获营养体为主的药用植物，可通过控制光周期来抑制其开花。如长日照叶用药用植物，原产热带或亚热带，引种至温带时，可提前至春季播种，利用夏季的长日照及高温多雨的气候条件，促进营养生长，提高叶的产量。对于短日照茎用药用植物，南种北引可推迟开花，使茎生长较长，提高产量和质量，但种子不能及时成熟，可在留种地采用苗期短日处理方法，解决种子问题。此外，利用暗期光间断处理可抑制某些日中性药用植物开花，从而提高产量。当然对于药用植物来说，引种过程不但要注意不同地理纬度互引对其生产的影响，更重要的是要注意引种对产量质量及其功效的影响，不能为追求产量而不重视其质量。

本章小结

光是绿色植物进行光合作用的能量来源，是药用植物赖以生存的必需条件之一。光因子与药用植物的生长发育有密切的关系，并对药材的产量和品质产生影响。光主要通过光质、光强和光照时间对药用植物起作用，光质、光强和光照时间都有一定的变化规律。

光质对药用植物生长的影响较为复杂。不同波长的光的能量不同（在相同的光强下），对于药用植物生长必需的代谢过程——光合作用的有效性也不一样。不同光质对药用植物的光合作用、色素形成、向光性、形态建成的诱导等影响不同。不同光质对药用植物的有效成分也造成一定的影响。光照强度对药用植物生长的影响规律通常比较一致。光对药用植物的形态建成和生殖器官的发育影响很大。光强不仅影响药用植物的初生代谢过程和生长状态，也会影响药用植物的次生代谢过程。强光对药用植物形态和各器官在整个植株中的比例有一定的影响。不同药用植物对光强的反应是不一样的，根据药用植物对光强适应的生态类型可分为喜光药用植物、耐荫药用植物和半耐荫药用植物。药用植物对强光有一定的适应范围，这种适应具有季节性、地区性，并因物种而异。药用植物对强光的适应能力表现如下几方面：①改变光合特性以适应强光环境；②不同部位叶片的适应；③增加叶绿素量；④体内防御系统。根据植物（开花过程）与日照长度的关系，可将药用植物分为 3 类：长日照药用植物、短日照药用植物和中间型药用植物。光在药用植物正常的分化、生长、发育各个进程中起到调节和控制的作用，这些调节作用表现在分子、细胞、组织和器官 4 个水平层次上。

思考题

1. 药用植物对光强适应的生态类型有哪些？试举例说明。
2. 什么是光周期现象？它在药用植物生产上有哪些应用？
3. 药用植物产量和品质的形成与哪些因素有关？生产上如何采取措施提高其产量和品质？

本章推荐阅读书目

植物生态学．第2版．曲仲湘，吴玉树，王焕校，等．高等教育出版社，1983.
药用植物与生药学．郑汉臣，蔡少青．人民卫生出版社，2003.
药用植物生态学．王德群，王文全，陈西玲，等．中国医药科技出版社，2006.

第4章 药用植物与温度因子的生态关系

温度因子是植物生长发育的重要生态因子之一,药用植物只能在一定的温度范围内才能正常生长发育。药用植物与温度因子的生态关系主要表现在3个方面:第一,温度影响药用植物的分布。第二,温度直接影响药用植物的生理活动、生化反应。温度升高,药用植物生理生化反应加快,生长发育加速;温度降低,生理生化反应变慢,生长发育迟缓;在极端温度下,植物生长逐渐减慢、停止,发育受阻,植物开始受害,甚至死亡。第三,温度的变化还能引起其他环境因子(如湿度、土壤肥力和大气移动等)的变化,并通过环境因子的综合作用,从而影响药用植物的生长发育、产量和品质。药用植物的生长存在最低温度、最适温度和最高温度,即"三基点"温度。了解温度与药用植物的生态关系,对实现药用植物的优质、高产、稳定、高效具有重要意义。

4.1 温度及其变化规律

4.1.1 温度的概念

(1)温度

温度是表征物体冷热程度的物理量,用来量度物体温度数值的标尺叫温标。常用的温标有华氏温标(F)、摄氏温标(℃)、热力学温标(K)。温度是影响生命活动的重要环境因子,它影响药用植物的新陈代谢、生长发育、繁殖、行为和分布等,温度的变化对生物的活动起特殊的限制作用。一般植物生长的温度范围是 0~45℃。每种植物的生长都有最适温度、最低温度和最高温度,即"三基点"温度。

(2)最适温度

最适温度指生物生长发育或生理活动得以正常进行的温度范围。热带植物生长的最低温度是 10~15℃,最适温度是 30~35℃。温带植物生长的最低温度为 5~10℃,最适温度为 25~30℃。与温带植物相比,热带植物生长发育的最适温度高。一般被子植物能忍受的最高温度为 49.8℃,裸子植物为 46.4℃,某些荒漠植物可以在 50~60℃ 的气温下生存。植物生长发育或生理活动的最适温度随种类、生长发育阶段和生理活动以及生物体的不同部分而异。有些植物能生活在较宽的温度范围，如车前、桔梗等，称广温植物或广布种。有的植物只能生活在很窄的温度范围，如北极、沙漠、高山及热带雨林植物，称窄温植物。多数植物枝条生长的最适温度在20~25℃，根系生长的最适温度比地上部分略低。

(3) 最低温度和最高温度

最低温度和最高温度是指植物生长发育和生理活动的低温和高温限度。当温度低于或高于最适温度时，酶活性受到部分抑制；当温度低于最低温度或高于最高温度时，酶的活性受到强烈的抑制，同时高温和低温对植物的细胞产生直接的破坏，导致蛋白质变性，植物致死。陆生植物生长的温度范围很宽，通常为-5~50℃。植物净光合的最低温度，热带植物为5~7℃，温带和寒带植物在略低于0℃的温度下也能同化CO_2，许多地衣在-10℃，甚至在-25℃，即叶状体冻结时，仍能吸收固定CO_2。在最适温度时，各种酶最能协调地完成植物体的代谢过程，最有利于生长；低温和高温条件下会导致植物受伤害，甚至死亡。最低温度和最高温度(极端温度)是限制植物分布的重要条件。

不同药用植物的"三基点"温度存在差异。比如三七种子萌发的最低温度是5℃，最适温度为15~20℃，最高温度是30℃，新疆雪莲常年生长在低温环境中，能够耐受零下十几度到几十度的低温，而一些低等药用植物如铅色聚球藻(*Synechococcus* sp.)、极小集胞藻(*S. minuscule*)能在90℃的温泉中生长，这都是其对环境温度生态适应的结果。一般地，生长在低纬度的植物最高温度比生长在高纬度的植物高，生长在高纬度的植物比生长在低纬度的植物最低温度低。

(4) 积温

植物需要在一定的温度以上才能开始生长发育，也需要达到一定的温度总量，才能完成其生活周期。通常把植物整个生长期或某一发育阶段内，高于一定数值的昼夜温度的总和，称为某植物或某发育阶段的积温。积温可分为有效积温和活动积温。有效积温是指某一段时间内的平均温度减去生物学零度，将其值乘以该时期的天数。活动积温是指从某一时期内的平均温度减去物理学零度，再乘以该时期的天数。不同植物、不同地区、甚至同一植物在不同发育阶段的生物学零度不同。在温带地区，一般以5℃或6℃作为植物的生物学零度；在亚热带地区，一般以10℃为生物学零度；而热带作物如橡胶等，一般要在18℃以上才开始生长。不同植物在整个生育期内要求有不同的积温总量。一般地，起源和栽培于高纬度、低温地区的植物需要积温总量少，起源和栽培于低纬、高温地区的植物需求积温总量就多。积温不足导致药用植物的开花结实率降低。

4.1.2 温度变化规律

地球上的温度虽是多变的，但仍有规律可循。在时间上一年有四季的变化，一天有昼夜的变化；温度变化在空间上受海拔高度、纬度、经度、地形等因素的制约。在时间上可分为周期性变化和非周期性变化。温度随时间的周期性变化是指由地球的自转和公转所引起的气温变化，植物体和群落中的温度变化又有其特殊规律。

4.1.2.1 温度在时间上的变化

(1) 季节变化

一年四季温度的变化是地球绕太阳公转时太阳高度角发生变化造成的。根据气候寒暖、昼夜长短的节律变化，一年可以分为春、夏、秋、冬四季。温度年较差是温度季节变化的一个重要指标。所谓年较差是指一年内最热月与最冷月平均温度的差值。年较差的大小主要受纬度制约。在低纬度的赤道地区，温度年较差最小。随着纬度增大，年较差增大，温带、寒带的年较差较热带大，高纬度地区年较差最大，温度变化最剧烈。各地区海陆分布状况也影响气温的季节性变化，大陆和大陆性气候区的气温季节性变化比海洋和海洋性气候区的剧烈。

我国大部分地区位于亚热带和温带，气温的季节变化总体上表现为春季气候温暖、昼夜长短相差不大，夏季炎热、昼长夜短，秋季温度变化和春季相似，冬季寒冷、昼短夜长。但我国各地区的纬度跨度较大、海陆分布差异悬殊、地形特征多种多样，造成气候表现十分复杂。如东北地区的冬季已是冰天雪地、江河封冻，而华南地区依旧风和日暖、百花齐放；四川、南京的夏季酷热似火，而青藏高原仍能看到雪花纷飞。因此，我国很难用历法划分统一的季节（3~5月为春季，6~8月为夏季，9~11月为秋季，12~2月为冬季），常用温度作为划分季节的标准。例如，张宝堃提出以候（5日为1候）平均温度来确定我国各地的四季长短及其起止日期。确定1候平均温度10~22℃为春、秋季，22℃以上为夏季，10℃以下为冬季。

土壤温度的季节变化规律与气温不同，土表温度的季节变化比气温大，且随着土壤深度的增加变幅逐渐减小。与气温相比，土壤温度出现极值的时间延后。土壤温度的变化会明显影响土壤生物及植物根系的生长及其节律。

(2) 昼夜变化

温度的昼夜变化是地球绕太阳自转时引起的温度变化。在气温日变化中，有一个最高和最低值。气温最低值发生在将近日出的时候，日出以后，气温上升，在13:00~14:00达到最高值，以后又逐渐下降，一直持续到日出前为止。人们把昼夜间最高气温和最低气温的差值，称为气温日较差或称气温昼夜变幅。通常地，气温日较差随纬度增加而减小。在低纬度地区，一天内太阳高度变化很大，所以日较差很大；高纬度地区，一天内太阳高度变化较小，所以日较差很小。气温日较差还受季节影响，温暖季节气温日较差较寒冷季节为大。地形特点、地面性质等其他因素也都能影响气温日较差。

土表温度的昼夜变化远比气温剧烈。昼间，土表在太阳的辐射下温度升高比气温快；夜间，因地面辐射冷却，土表温度低于气温。随土层增加，温度变幅逐渐减小，在土壤深度35~100 m处，土温几乎无昼夜变化。土壤温度随着深度的增大，一昼夜中最高、最低温度也有后延现象。这是由于土壤的增温或降温除受辐射影响外，还与热的传导和对流有关。土壤下层增温主要靠热传导，热的传导比辐射增温慢得多；又因土壤含水、热容量大，故土壤下层增温较慢，土壤下层温度的昼夜变化总滞后于太阳辐射的年变和日变进程。

温度在时间上的变化，还有年际变化和以地质年代为时间尺度的长期性演变。温度的年际变化是指不同年份间温度的差异，这种差异受太阳黑子活动影响。温度的年际间的剧烈变化会直接影响植物的生长发育。以地质年代为时间尺度的演变（如冰期进退）引起的气温变化，会造成热量或植被带的位移，造成动植物的迁移或灭绝。古生物的化石证明，黑龙江下游地区曾生长过银杏和落羽杉等，但这些植物在第四纪初由于冰期和地质运动而消逝。

4.1.2.2 温度在空间上的变化

(1) 海拔高度

海拔高度的起伏变化和地形的复杂多样影响热量分配与平衡，从而影响环境温度的高低与变化。我国幅员辽阔，山地占全国面积的大部分，山地高低起伏很大，地形复杂，对温度变化影响很大。据统计，我国海拔在500 m以下的面积占16%，500~1000 m的占19%，1000~2000 m占28%，2000~5000 m的占18%，海拔5000 m以上的占19%。总体上，中国地形从东到西呈阶梯状逐渐升高，从东部海岸线向西，大兴安岭、太行山、巫山、雪峰山麓海拔为500~1000 m，云贵高原、内蒙古高原、黄土高原、四川盆地平均海拔1000~2000m，青藏高原平均海拔4000m以上。在陆地上，海拔最低的是吐鲁番盆地，为-293 m，最高的是珠穆朗玛峰，为8882 m。随着海拔升高，温度降低，大致是海拔每升高100m，气温下降0.5~0.6℃。温度的这种垂直递减率，在夏季较大，而冬季较小。海拔增高，风力加大，空气稀薄，保温作用差，是引起温度变化的重要原因。由于温度的这种变化，从山麓到顶峰，可以划出相应的植被垂直分布带。植物的分布除受到海拔高度的限制外，也受纬度的限制。

(2) 纬度

纬度是决定一个地区太阳入射高度角的大小及昼夜长短的重要因素，决定了太阳辐射量的多少。低纬度地区太阳高度角大，太阳辐射量也大，且昼夜长短差异比较小，太阳辐射量的季节分配比较均匀。随着纬度的增高，太阳辐射量逐渐减小，温度随着降低，纬度每升高1°（约111 km），年均温约下降0.5~0.9℃（1月份为0.7℃，6月份为0.3℃）。我国地处北半球，纬度跨度大，自南端曾母暗沙附近的北纬3°51′，至北端漠河县北面的黑龙江主航道的北纬53°34′，南北纬度跨度约50°，直线距离5500 km，南北各地的太阳辐射和热量分配差异很大。从赤道到极地可分为热带、亚热带、温带、寒带，各气候带均生长着相应的地带性植被类型。

(3) 经度

温度在经度上的变化也很显著。同一纬度，不同经度的地区，海、陆分布和太阳辐射的差异，形成温度或气压的梯度，影响气团的移动方向，从而影响温度高低变化。一般地，沿海地区湿润而温暖，温度年较差小，大陆地区相对比较干燥，温度年较差大。我国位于欧亚大陆东南部，经度跨度大，自东端黑龙江与乌苏里江汇合处的东经135°03′至西端帕米尔高原喀拉湖东岸的东经73°22′，跨经度约62°，间距5200 km，东西时差4h以上，不同经度地区的温度变化差异比较大。我国东南是太平洋和印度洋，西北面是广阔的大陆，具有显著大陆性季风气候和复杂多样的特征。夏季盛行温暖而湿润的热带海洋气团，从东南向西北方向运行，温度自西北到东南逐渐升高；冬季盛行寒冷而干燥的极地大陆气团，从西或北向东或南方向推进，温度自东南向西北逐渐升高。因此，东南部多属于沿海气候，从东南向西北，大陆性气候逐渐增强。与同纬度其他地区相比，我国大陆性气候特点较强，夏季酷热，冬季严寒，温度年较差大。

(4) 地形

我国是个多山的国家，地形复杂多样，导致气候复杂多变。我国的天山、秦岭、阴山、南岭等东西走向的山系往往造成南北暖、冷气团运动的障碍，它们削弱了冬季风的南侵，也阻碍了夏季暖湿气流的北上，对季风有特殊的作用。这种作用也影响了热量传递和湿润状况的地区分配，对气候形成和自然环境地带性的划分起很大的作用。山体的不同坡向热量分配不均。北半球南坡接受的太阳辐射量高，南坡空气和土壤温度比北坡高，土温则表现为西南坡比东坡、南坡高，这是因为西南坡散发的热量少，用于土壤和空气增温的热量较多造成的。山体的不同坡向因所得的热量不同，也影响植物的分布。生长于温暖干燥低海拔的植物向山上扩展时，其分布最高点在阳坡，而生长在高海拔冷湿环境中的植物，其最低分布界线在北坡或谷地。封闭谷地和盆地的温度变化有其独特的规律。山谷中日间受热强烈，再加上地形封闭，热空气不易输出，所以白天的温度远比周围的山地高；在夜间，因地面辐射冷却，地面上形成一层冷空气，冷空气密度比较大，顺山坡向下沉降聚于谷地，而将热空气抬高至山的一定高度，形成气温随高度增加而升高的现象，即形成了逆温层。有人将前者称为"霜穴"或"冷湖"，后者称为"暖带"。暖带是喜暖植物栽种的安全带，而霜穴处容易发生低温危害。

4.2 温度对药用植物的生态作用

温度是影响药用植物生长的重要生态因子之一，其生态作用主要体现在对药用植物分布、产量和质量等方面的影响上。

4.2.1 温度对药用植物分布的影响

药用植物的生长需要一定的温度幅度。根据其对温度的要求不同，药用植物可分为4类，即耐寒药用植物、半耐寒药用植物、喜温药用植物和耐热药用植物。耐寒药用植物一般能耐-2~-1℃的低温，短期内可以忍耐-10~-5℃低温，最适同化作用温度为15~20℃。根茎类药用植物在冬季地上部分枯死，地下部分越冬仍能耐0℃以下，甚至-10℃的低温。如人参、细辛、百合(*Lilium* spp.)、平贝母(*Fritillaria ussuriensis*)、大黄(*Rheum palmatum*)、羌活(*Netopterygium incisum*)、五味子、薤白(*Allium macrostemon*)、石刁柏(*Asparagus officinali*)及刺五加(*Acanthopanax senticosus*)等。半耐寒药用植物通常能耐短时间-1~

-2℃的低温，最适同化作用温度为 17～23℃。如菘蓝(*Isatis indigotica*)、黄连、枸杞(*Lycium chinense*)、知母(*Anemarrhena asphodeloides*)等在长江以南可以露地越冬，在华南各地冬季可以露地生长。喜温药用植物种子萌发、幼苗生长、开花结果都要求较高的温度，同化作用最适温度为 20～30℃，花期气温低于 10～15℃则不宜授粉或落花落果。如颠茄、枸橘(*Poncirus trifoliata*)、川芎、金银花(*Lonicera japonica*)等。耐热药用植物生长发育要求温度较高，同化作用最适温度多在 30℃左右，个别药用植物可在 40℃下正常生长。如槟榔、阳春砂、苏木(*Lignum sappan*)、丝瓜、罗汉果(*Momordicae grosvenori*)及刀豆(*Canavalia gladiata*)等。

药用植物的生长还需要有一定的积温。如贵州省西南地区≥10℃积温为 5000～6500℃，分布的代表性药材有通光散(*Marsdenia tenacissima*)、石斛(*Dendrobium* spp.)、山苍子(*Litsea cubeba*)、艾纳香(*Blumea balsamifera*)、姜黄(*Curcuma longa*)、黄精、阳春砂、大麻药(*Dolichos tenuicaulis*)等；东南地区≥10℃积温 4500～5500℃，分布的代表性药材有：半夏、金银花、龙胆草(*Gentiana scabra*)、天麻(*Gastrodia elata*)、长叶紫珠(*Callicarpa longissima*)、蛇莲(*Hemsleya sphaerocarpa*)、茯苓(*Poria cocos*)等；中部地区≥10℃积温 4000～5100℃，代表性药材有：箭叶淫羊藿(*Epimedium sagittatum*)、半夏、鱼腥草、天麻、薏苡(*Coix lacrymajobi*)、飞龙掌血(*Toddalia asiatica*)、喜树(*Camptotheca acuminata*)等；贵州北部及东北地区≥10℃积温 4500～5000℃，分布的代表性药材有石斛(*Dendrobium nobil*)、天麻、芍药、天冬(*Asparagus cochinchinensis*)、黄柏(*Phelloderdron chinense*)、盐肤木(*Rhus chinensis*)、金银花、吴茱萸(*Evodia rutaecarpa*)、杜仲(*Eucommia ulmoides*)等；贵州西北地区≥10℃积温在 4000℃以下，分布的代表性药材有天麻、半夏、金银花、龙胆草、金铁锁(*Psammosilene tunicoides*)、峨眉蔷薇(*Rosa omeiensis*)、矮杨梅(*Myrica nana*)、黄山药(*Dioscorea panthaica*)、滇紫草(*Onosma paniculatum*)等。

温度能够影响药用植物的生长发育，是制约药用植物分布的重要因素之一。此外光照、土壤、水分等也是限制药用植物分布的因素。根据自然和经济特点，我国的药用植物的分布可分为 9 个区，依次为：

(1) 东北寒温带、中温带野生、家生区

本区分布的药材多喜湿润凉爽，中药资源 1000 多种，收购 200 多种，家种家养 20～50 种。在全国重点普查的 362 个品种中，本区野生蕴藏量占 70%以上的品种就有人参、黄柏、桔梗、牛蒡子、泽兰(*Eupatorium japonicum*)、薄荷、刺五加、瞿麦(*Dianthus superbus*)、淫羊藿(*Epimedium brevicornum*)、鹿衔草(*Pyrola rotundifolia*)、白蔹(*Ampelopsis japonica*)、玉竹(*Polygonatum odoratum*)、苍术(*Atractylodes lancea*)、白藓皮、桑寄生(*Loranthus parasiticus*)、五味子等 30 多种。其中人参、黄柏、五味子、细辛、黄芪、龙胆草等是著名的地道药材。

(2) 华北暖温带家生、野生区

本区为暖温带药材集中产区，分布的药材多耐旱、耐寒。中药资源 2000 多种，收购 200~300 种，家种家养 50~100 种。在全国重点普查的 362 个品种中，本区拥有的野生资源达 83 种。本区蕴藏量占 70% 以上的品种有酸枣仁（*Ziziphus jujuba* var. *spinosa*）、连翘（*Forsythia suspensa*）、扁茎黄芪（*Astragalus complanatus*）、北沙参（*Glehnia littoralis*）、款冬花（*Tussilago farfara*）、枸杞（*Lycium chinensis*）等。北部边缘还分布有甘草和麻黄。

(3) 华东北亚热带、中亚热带家生、野生区

本区气候条件优越，地貌类型复杂。中药资源中既有丘陵地种类，又有平原、滩涂、水生药材；尤其是蕨类、木本中药资源颇具特色。分布药材多喜温暖湿润。中药资源 3000 种左右，收购 500 种，家种家养 70~100 种。在全国重点普查的 362 个品种中，本区占 80%。其中产量占全国 70% 以上的有菊花、浙贝母、延胡索（*Corydalis yanhusuo*）、太子参、山茱萸（*Cornus officinalis*）、猫爪草（*Ranunculus ternatus*）、白花蛇舌草（*Hedyotis diffusa*）等。

(4) 西南北亚热带、中亚热带野生、家生区

本区有复杂多样的气候，高差悬殊的地貌，森林、草地、沼泽适宜多种药材的生长。野生和家生药材，在低海拔地区以喜温喜湿类型为主，如附子（*Aconitum carmichaeli*）、半夏、天麻等；中海拔地区以喜温凉湿润药材为主，如黄连、三七、当归、大黄等；在高海拔地区以耐寒的高原植物为主，如川贝母、冬虫夏草（*Cordyceps sinensis*）、胡黄连（*Picrorhiza scrophulariiflora*）等。本区中药资源约 5000 多种，收购 300~500 种，其中家种家养 80~120 种。年产量占 70% 以上的品种有当归、黄连、川芎、天麻、黄柏、南沙参等。

(5) 华南南亚热带、北亚热带家生、野生区

本区是我国的南药生产基地。中药资源 4500 多种，收购 600 多种，其中家种家养 80~100 种。在全国重点普查的 362 个品种中，本区占 64%。其中产量占全国 70% 以上的品种有广藿香（*Pogostemon cablin*）、益智（*Alpinia oxyphylla*）、肉桂、槟榔（*Areca catechu*）、巴戟天（*Morinda officinalis*）、阳春砂、诃子（*Terminalia chebulae*）、高良姜（*Alpinia officinarum*）、鸡血藤（*Millettia reticuiata*）、苏木等。

(6) 内蒙古中温带野生区

本区中药资源 1000 多种，其中草本植物占 80% 以上，且多为野生。收购 100 多种，其中家种家养 30 多种。黄芪、知母、黄芩（*Scutellariae baicalensis*）等草原上的一些名贵地道药材多产自本区。在本区野生黄芪资源蕴藏量约 550×10^4 kg，占全国的 70%，由于该区人口稀少，交通不便，野生资源保护完好，可供开发潜力很大，已成为我国目前黄芪野生资源待开发地区。现年收购量约 200×10^4 kg，占全国的 80%。本区南部是我国黄芪的主要种植区。

(7) 西北中温带、暖温带野生区

本区分布的药材多以耐旱耐寒的动植物为主，中药资源 2000 余种，常年收购 200 种左右，年收购量可达 4000×10^4 ~ 5000×10^4 kg，家种家养 40 多种。在全国重点普查的 362 个品种中，本区占 40%。虽然常年收购的大宗药材仅有 10 多种，但蕴藏量却高达 30×10^8 kg。其中甘草蕴藏量达 14.3×10^8 kg，占全国的

94%，年收购量 $3000 \times 10^4 kg$，占全国的 90%。本区肉苁蓉、锁阳（*Cynomorium songaricum*）、新疆紫草、伊贝母等为特有大宗药材，蕴藏量、年收购量几乎占全国的 100%。

(8) 青藏高原野生区

本区有中药资源 2000 种左右，收购 50~100 种，家种家养 10 多种。其中麝香（*Moschus* spp.）、川贝母、冬虫夏草是本地区产的主要名贵品种，占药材总产值的 90% 以上。本区的野生中药资源的蕴藏量极大，在全国占有重要位置。如大黄蕴藏量占全国总数的 82%，冬虫夏草占 85%。

(9) 海洋区

据沿海各地普查，海洋中的生物种类十分丰富，绿藻、蓝藻、褐藻、红藻 4 个藻类门都包含许多药用的种类。我国海洋中药资源共有 628 种，其中海藻类 92 种，主要有昆布（*Ecklonia kurome*）、海蒿子（*Sargassum pallidum*）、苔垢菜（*Calothrix crustacea*）、礁膜（*Monostrma nitidum*）、浒苔（*Enteromorpha prolifera*）、石莼（*Ulva lactuca*）等。

4.2.2 温度对药用植物生长和产量的影响

温度高低直接影响药用植物的生长发育，适宜的温度有利于药用植物产量的形成，变温有利于植物体内物质的转移和积累，极端低温和极端高温将严重影响药用植物的生长和产量。

4.2.2.1 低温对药用植物生长和产量的影响

当环境温度低于生物所能忍受的温度范围时，生物的生长发育就会受阻，甚至造成死亡。根据对低温的反应，药用植物可分为两类：一类是冷敏感植物（cold-sensitive plant），这类植物生长于热带、亚热带地区，它们的生命活动需要较高的温度，又称喜温植物；另一类是冷不敏感植物（cold-insensitive plant），这类植物生长在温带地区，它们对低温具有一定的抵抗力，又称抗寒植物。在通常情况下，药用植物不能忍受冰点以下的低温，低温对药用植物的伤害主要是寒害、霜害、冻害。

(1) 寒害

寒害又称冷害，是指喜温生物在 0℃ 以上的温度条件下受害或死亡。易受寒害的植物称为冷敏感植物。例如海南岛的热带植物丁香（*Syzygium aromaticum*）在气温降至 6.1℃ 时叶片便受害，降至 3.4℃ 时顶梢干枯，受害严重。当温度从 25℃ 降到 5℃ 时，金鸡纳（*Cinchona ledgeriana*）就会因酶系统紊乱使过氧化氢在体内积累而引起植物中毒。冷害也是喜温药用植物向北方引种和扩展的主要障碍。

(2) 霜害

当气温或地表温度下降到 0℃，空气中过饱和的水气凝结成白色的冰晶，这就是霜。由于霜的出现而使植物受害称为霜害。易受霜害的植物称为"霜冻敏感植物"。这类植物比冷敏感植物更能忍受低温，但是，一旦组织内部形成冰晶，就开始受害。当温度下降到 0℃ 或 0℃ 以下时，如果空气干燥，在降温过程中水汽仍达不到饱和，就不会形成霜，但低温伤害仍然存在，这种无霜仍使植物受害的天气称为"黑霜"。黑霜对植物的危害比白霜更大。这是因为形成白霜的夜晚空气中水蒸气的含量比较高，水蒸气有大气逆辐射效应，能阻挡地面的有效辐射减少地面散热；同时水蒸气凝结时放出的潜热，能缓和气温的继续下降；黑霜出现的夜晚，空气干燥，地面辐射强烈，降温强度大，植物受害更严重，黑霜实际上就是冻害。

(3) 冻害

冰点以下的低温使生物细胞内和细胞间隙形成冰晶而造成的损害称为冻害。能抗细胞间隙结冰和脱水的植物称为"耐冻冰植物"。在冰点以下，植物细胞间隙形成冰晶，冰的化学势、蒸汽压比过冷溶液低，水从细胞内部转移到冰晶上，造成冰晶增大，细胞失水，原生质失水收缩，盐类等可溶性物质浓度相应增高，引起蛋白质沉淀。因此，冰晶的形成会使原生质膜发生破裂和蛋白质失活与变性。

不同的药用植物的抗低温能力存在明显差异。喜温药用植物要求的环境温度比较高，如颠茄、枳壳、金银花等最适宜温度为 20~30℃，花期气温低于 10~15℃ 则不易授粉或落花落果。可可 (*Theobroma cacao*)、椰子 (*Cocos nucifera*) 在 2~5℃ 就严重受害了；而耐寒药用植物一般能够忍受 -2~1℃ 的低温，短期内可以忍耐 -10~-5℃ 的低温。根茎类药用植物在冬季地上部分已枯死，地下部分越冬仍能忍受 0℃ 以下、甚至 -10℃ 的低温，如人参、细辛等；雪莲种子可在 0℃ 发芽，在 3~5℃ 生长，幼苗能经受 -21℃ 的严寒，甚至更低的温度；黄连能忍受 -8℃ 的低温，三尖杉、红豆杉能忍受 -35℃ 的低温，具有很强的抗冻能力。在我国南部地区，当遭到强大的寒流侵袭时，在短暂的时间内，形成的低温虽在 0℃ 以上，但仍能使喜温植物遭受严重伤害。例如，槟榔、椰子等在 0℃ 以上低温影响下，叶色变黄，落叶严重。0℃ 以上低温对喜温植物的伤害作用，一般说来是由于在低温条件下，ATP 减少，酶的系统紊乱，活性降低，导致植物的光合、呼吸、吸收、蒸腾作用以及物质运输、转移等生理活动的活性降低，彼此之间的关系失调造成的。对寒害原因的阐释还有水分平衡失调、代谢紊乱、碳水化合物减少、蛋白质合成受阻、细胞膜结构破坏等不同的学说。例如，当温度从 25℃ 降到 5℃ 时，金鸡纳中过氧化氢酶的活性降低 28 倍，而氧化酶的活性降低 14 倍，两者的协调关系被破坏，而使过氧化氢酶积累起来，导致植物中毒。在低温条件下，某些蛋白质代谢紊乱，分解酶活性增强，合成酶活性减弱，使蛋白质减少，氨基酸和氨量增加，破坏了蛋白质代谢的协调关系；土壤在低温条件下，蒸腾大于水分的吸收，破坏了水分代谢平衡；而且在低温影响下，光合作用大幅度降低，呼吸作用却相应有所增加，大量消耗贮藏物质，破坏了物质代谢的平衡。因此，寒害是喜温植物北移的主要障碍，也是喜温药用植物稳产、高产的主要限制因子。

在同一时期，同一植物的不同器官抗低温的能力也不同。花比叶和果实更敏感，叶片比茎更敏感，雌蕊比花的其他部分对低温更为敏感，当心皮还未显著受害时，往往胚珠已经受害了。禾谷类植物幼苗对低温最敏感的部分是幼叶，而最耐寒的是根尖及中柱，但根的皮层薄壁组织较不耐寒，而分蘖节具有更高的抗寒性，如薏苡。同一植物在不同的发育阶段，抗低温的能力也不同。休眠期抗性最强，营养生长期居中，生殖阶段抗性最弱。多数药用植物在开花期对温度比较敏感，温度对采收果实的药用植物的影响更大。土壤低温对药用植物的危害更大，特别是气温比土温高时，植物体很难补偿由于茎叶蒸腾而失去的水分。因为土温低，根系的活性和吸水能力也相应降低；同时土温降低导致土壤水溶液的黏滞度增加，即使在土壤水分相当充足的情况下，也会发生生理干旱。因此，根据当地的气候条件来安排节令，协调植物发育节律和温度的关系，对药用植物产量的形成十分重要。采用抗寒锻炼、增强植物抗寒能力以及改善环境中温度状况等措施，使药用植物对低温最敏感的时期避开低温季节，是药用植物生产中稳产、高产的一项重要措施。

4.2.2.2 高温对药用植物生长和产量的影响

对大多数高等植物而言，生长的最高温度在 35~40℃，这个温度只比最适温度略高。适当提高温度能够加速植物的生长发育；若温度继续上升，就会对植物产生伤害作用，使植物生长发育受阻。温度达到 45~55℃ 以上，许多植物就会死亡。在外部形态上看，高温伤害不仅降低药用植物的生长速度、妨碍花粉的正常发育，还会损伤茎叶功能，导致落花、落果，导致中药材减产；幼龄药用植物还会因叶片蒸发速度加快造成叶片萎蔫，甚至死亡。高温造成伤害主要是由于强烈的光照和急剧的蒸腾作用相结合引起的。高温导致药用植物体非正常失水，使其器官和组织脱水干枯，损伤生物膜结构，引起细胞死亡；使不耐热的酶活性钝化，破坏核酸和蛋白质的正常代谢，产生和积累了有毒的分解物。高温对植物的伤害根据其作用方式不同，可以分为直接伤害和间接伤害。

(1) 直接伤害

直接伤害是指高温导致植物细胞中蛋白质变性或脂类液化等结构异常。直接伤害作用时间快速，能在短期（几秒到几十秒）内出现症状，并可从受热部位向非受热部位传递蔓延。高温产生直接伤害的可能原因有 3 种：一是高温破坏蛋白质空间构型，使蛋白质变性。由于维持蛋白质空间构型的氢键和疏水键键能较低，高温逆境能使构成蛋白质的多肽链的氢键，导致蛋白质失去二级与三级结构，蛋白质分子展开，发生构象变化，使蛋白质失去原有的生物学功能或发生变性。蛋白质的这种变性最初是可逆的，在持续高温下，很快转变为不可逆的凝聚状态，50℃ 左右就会使其凝固，失去功能。二是高温能促进膜中的脂类释放出来，形成一些液化的小囊泡，从而破坏了膜的结构，使膜失去半透性和主动吸收的特性。三是突然高温会使植物皮部灼伤，甚至开裂，导致病虫害入侵，从而影响植物生长发育甚至死亡。例如，每年 8 月，由于天气炎热，阳春砂、栀子、枸橘、枸杞等普遍因此发生异常落花、落果现象；幼龄药用植物因叶片蒸发速度加快造成叶片萎蔫，甚至死亡。

(2) 间接伤害

间接伤害是指高温导致一些可逆的代谢转变为不可逆的,逐渐使植物受害。间接伤害过程比较缓慢,可能原因有3种:一是高温引起植物的蒸腾速率显著增加,细胞过度失水,造成一系列代谢失调,导致生长不良。温度越高,持续时间越长,植物所受的伤害越严重。二是高温条件下植物的呼吸作用大于光合作用,即物质消耗多于合成,使植物处于饥饿状态,若高温时间长,植物体就会出现饥饿甚至死亡。三是高温使氧气的溶解度减小,抑制植物的有氧呼吸,破坏了植物体内含氮化合物的合成,同时积累了无氧呼吸所产生的有毒物质(如氨、乙醇、乙醛等),造成植物中毒。

4.2.2.3 变温对药用植物生长和产量的影响

在自然界,温度变化受太阳辐射制约。太阳辐射使地表受热,由此产生的气温、水温和土温的周期性变化称为节律性变温,简称变温。变温有利于药用植物种子萌发、生长和开花结实,促进产量形成等。

(1)昼夜变温对种子萌发的影响

温度对种子的萌发影响很大。药用植物种子的萌发也有"三基点"温度,即最高、最低和最适温度。只有在适宜的温度下,种子才能萌发。如滇丁香种子发芽的最适温度为25℃,在25℃时,种子8天开始萌发,14天时萌发率最高(97%),萌发整齐,萌发完全所需时间较短。随着温度的降低,种子的萌发率下降,萌发完全所需时间延长;在15℃时,种子22天才开始萌发,至35天的萌发率仅为31.4%,且萌发不整齐;温度降至10℃时,已无种子萌发。随温度的增高种子的萌发率亦明显下降,但萌发完全所需的时间缩短(图4-1)。

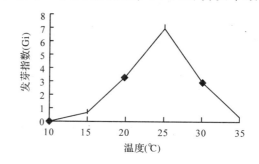

图4-1 温度对滇丁香种子发芽指数的影响

变温通常能够提高种子的萌发率,某些比较难发芽的种子,如果每天给予昼夜有较大温差的变温处理后,则萌发良好。如射干(*Belamcanda chinensis*)种子的萌发温度为5~30℃,在25℃恒温条件下发芽率很低,在15~25℃变温条件下,发芽率可达到85%以上。有些需光萌发的种子受到变温处理后,在暗处也能萌发。有的种子需要2种或2种以上的温度交替作用才能萌发。如西洋参的种子需要经过较高的温度完成形态后熟,再经过低温完成生理后熟才能发芽;又如红豆杉种子胚根需通过1个月左右25℃以上高温阶段才能打破休眠,而且需在-3~-20℃条件下1个月左右才能解除休眠。刺五加果实直播、种子直播、变温层积处理后的种子直播的出苗率分别是6.23%、11.53%和80.80%,表明刺五加果实需变温层积处理才能打破休眠,变温层积处理后的种子出苗时间大大缩短。在生产上常采用低温沙藏、遮荫、培土覆盖等措施来满足药用植物生长对温度的要求。变温能够提高种子萌发率的主要原因是由于降温后增加了氧在细胞中的溶解度,改善了种子萌发的通气条件。温度的交替变化还能提高细胞膜的透性,从而促进种子萌发。

(2)昼夜变温对生长和产量的影响

药用植物的生长和产量的形成与昼夜温度变化密切相关。白天温度高,有利于药用植物进行光合作用,夜间温度低,药用植物的呼吸作用弱,物质消耗少,有利于药用植物积累有机物质。植物的生长发育需要温度因子节律性变化的配合,多数药用植物在变温条件下比恒温条件下生长更好。陆生维管束植物维持生命的温度范围为 $-5\sim55℃$,一般在 $5\sim40℃$ 才能正常生长、繁殖。大陆性区域的植物在夜间温度比白天低 $10\sim15℃$ 时发育最好;而海洋区域的植物种类更喜欢昼夜 $5\sim10℃$ 的温差。昼夜变温影响药用植物的生长、开花、结实、产量和质量。如昆明地区的油橄榄(Olea europaea)在旬平均温度达 8.1℃ 时发芽,随着温度上升,生长加速。昆明地区春季(2~4月)平均温度为 10.4℃,这 3 个月油橄榄的生长量占全年总生长量的 25%;夏季温度最高,5~7月平均温度达 19.3℃,其生长速度相应减慢,这个时期的生长量占全年总生长量的 10.3%;秋季温度适中,昼夜温差大,有利于产量的形成,8~10 月积累的有机物质占全年总生长量的 61.5%,冬季温度最低,11~1月平均温度只有 7.6℃,3 个月积累的有机物质只占全年总生长量的 3.2%。较低的夜温和适宜的昼温有利于植物生长、开花、结实和物质贮藏。如某一燕麦地在昼夜温度都是 20℃ 的情况下,每日同化作用积累的碳水化合物为 300 kg,因呼吸作用而失去的为 175 kg,净增加物质 125 kg;如果夜间温度降到 10℃,则因呼吸作用损失 132 kg,净增加 168 kg。又如黄豆,白天温度 28.2℃,夜间温度 11.8℃ 时,白天固定的 CO_2 量相当于夜间呼吸作用放出 CO_2 的 15 倍。因此,在一定温度范围内,昼夜温度差值越大,则植物的产量越高。

4.2.3 温度对药用植物质量的影响

药材的内在质量集中表现在有效成分的含量高低上。所谓的"地道药材"是指药用植物在长期的生存竞争及双向选择过程中,适应特定环境的温度、湿度和光照等条件,形成了对当地气候和地理条件紧密联系的和自身特有的品质,在一定地域内形成质量好、疗效高的品种,如我国东北气候寒冷地区主产的人参、五味子、细辛;河南的地黄、山药、牛膝和菊花质量为全国之魁,被称为"四大怀药";我国南部气候温暖的亚热带或热带地区主产的地道药材,如云南三七、木香、马钱等,福建的泽泻,江西的酸橙,江苏的薄荷等。药材的地道性是指药用植物在特定的生态环境条件下形成的品质(如茎、叶、花等各部分的蛋白质、脂肪、维生素、生物碱等的含量)。《唐本草》中云:"动植形生,因方舛性,春秋节变,感气殊功,离其本土,则质同而效异"。山东平邑产的金银花的有效成分绿原酸含量为 5.66%,河南新密市的为 5.18%,山西太谷的为 3.88%,重庆的为 2.2%,云南大理的为 1.81%,药效亦存在显著差异。张重义等研究认为河南怀山药中性多糖的含量高于非地道产区,叶毓琼等发现川产地道药材中微量元素多高于非地道药材,而川乌、川白芷等少数地道药材中的铁、铜、锌含量则低于非地道药材。云南的山苍籽油所含的柠檬醛含量高达60%~80%,而浙江的山苍籽油只有35%~50%;云南的伊兰香含香精达2.6%~3.5%,比海南岛(2.45%)和国外(2%~3%)都高。Redaelli等报告阿根廷、埃及、意大利和保加利亚产的甘菊(*Matricaria chamomilla*)花中伞形花内酯(umbelliferone,7-羟基香豆素)和赫尼亚林(herniarin,甲氧基香豆素)含量有较大差异,前两国较高(分别为10%~16%和55%~81%),后两国较低(7%~11%和39%~44%)。

地道药材品质的形成是温度、湿度、光照、土壤和水分等各种生态因子相互制约的产物。药材的诸多药用成分是药用植物次生代谢的产物,温度的高低直接影响药用植物次生代谢产物的组成和含量。一般地,适宜的温度和高湿土壤环境,有利于药用植物的无氮物质(糖、淀粉等碳水化合物和脂肪油等)的合成,而不利于蛋白质、生物碱的形成;高温、低湿条件有利于生物碱、蛋白质等含氮物质的合成,而不利于碳水化合物和脂肪油的形成。我国劳动人民在长期栽培药用植物过程中积累了丰富的经验,常根据药用植物的物候期来确定产品的质量。例如"正月茵陈二月蒿,三月四月当柴烧","五月益母六月枯","秋桔梗,冬沙参"等,都说明在特定的物候期药用植物的有效成分含量高、质量好,适宜药材的采收。又如,浙贝鳞茎中生物碱含量百分率在4月上旬为最高,绝对含量在4月以后随着鳞茎的增加而减少;地上部分的生物碱则4月下旬为最高,以后便急速下降。薄荷含油量在开花盛期为最高。野生白屈菜的生物碱含量在花芽形成时最高。水蓼(*Polygonum hydropiper*)中的路丁(rutin)含量在幼株茎部伸长前约等于全株干重的9%,成熟后的枯枝含量就很低了。穿心莲(*Andrographis paniculata*)药用成分骨酯含量以花期最高,若以花期为100%,则蕾期为90%,果期为80%,营养生长期为70%。根茎类植物如泽泻、黄连、人参、党参、沙参等一般在秋冬地上部分枯萎后或春季生长前,根部累积的有机物最丰富,有效成分含量最高。收获太早,有效成分还未全部转移到根部;收获过晚,则植物已消耗掉一部分养分,有效成分又降低。还有些植物如甘草等,在开花前有效成分含量最高。甘草苷含量在生长初期为6.5%,开花前为10%,开花期为4.5%,秋季(生长末期)仅3.5%。花类药用植物如金银花以花蕾期产量最高,质量好;花后,质量迅速下降。根据药用植物物候期与产品质量的关系,适时采收,才能保证产品优质高产。

4.3 药用植物对温度的生态适应

药用植物对温度的适应可分为表型适应和进化适应。表型适应是指药用植物在个体水平上的变化,包括形态适应、生理适应等方面,时间尺度相对比较短,变化的特征是可逆转的。进化适应指的是多世代的变化,时间比较长,有些变化的特征是不可逆转的,是可遗传的,属于分子适应。

4.3.1 药用植物对温度的形态适应

形态适应是植物对温度适应的方式之一。很久以前，植物学家就注意到北极、高山植物对低温的形态适应，如植物的芽及叶片常有油脂类物质的保护，芽具有鳞片，植物体的器官表面盖有蜡粉和密毛，树皮有较发达的木栓组织，植株矮小并常成匍匐状、垫状或莲座状。木本药用植物在冬季来临时往往发生落叶，如梅(Prunus mume)、满山红(Rhododendron dauricum)；1年生草本植物在冬季来临之前完成生命周期，如曼陀罗、紫苏；多年生草本植物具有块茎、鳞茎、根状茎等多种地下茎，如海芋(Alocasia macrorrhiza)、百合(Lilium brownii)、桔梗、射干、人参、鱼腥草。植物这种形态变化有利于保持较高的温度，减轻低温的影响。植物对高温环境的形态适应主要指植物体形成适应于高温环境的外部形态。比如，有些植物体表具有密生的绒毛、鳞片，能够过滤一部分阳光；有些植物体呈白色、银白色，叶片革质发亮，能够反射大部分的太阳光；有些植物叶片垂直排列，使叶缘向光或在高温条件下，叶片折叠，减少光的吸收面积；有些植物树干、根茎附生有很厚的木栓层，它起了隔绝高温和保护植物体的作用。生长在沙漠中的仙人掌类药用植物，叶片退化成针状，形成能够贮存大量水分的肉质茎，与其高温干旱的环境相适应。

4.3.2 药用植物对温度的生理适应

生理适应是植物对温度适应的主要方式。在低温条件下，药用植物由于对O_2的利用能力下降，多余的O_2能在代谢过程中被转化为对其有毒害作用的活性氧(AOS)，在代谢旺盛部位活性氧更高，过剩的O_2对植物产生潜在危害，植物体内的抗氧化系统则被激活，产生应答。细胞内主要的抗氧化酶——超氧化物歧化酶(SOD)、过氧化氢酶(CAT)、谷胱甘肽过氧化物酶(GHSPx)和过氧化物酶(POD)发生明显变化，协同完成细胞内的抗氧化作用。植物体内所含的抗氧化物质，主要包括抗坏血酸(ASA)、维生素E(V_E)、维生素C(Vc)、类胡萝卜素、甘露醇和还原性的谷胱甘肽(GSH)等也发生变化，既可直接还原活性氧，又可作为酶的底物在清除活性氧的过程中发挥作用。植物体产生的小分子游离蛋白的氧化对植物也有保护作用，使植物避免因低温下光合作用下降，导致合成碳水化合物减少而饥饿致死。此外，在低温条件下，药用植物能够通过改变原生质特性、增强吸收红外线、放慢代谢速率、休眠等方式适应低温带来的胁迫作用。生长在极地和高山等低温地区的药用植物往往能吸收更多的红外线，在可见光谱中的吸收带也更宽，冬季吸收的红外线比夏季多。如小檗(Berberis thunbergii)、虎耳草(Saxifraga)、十大功劳(Mahonia fortunei)等叶片的颜色在秋季由于叶绿素破坏，花青素、胡萝卜素等相应增加而变成红色，增强了对热量的吸收，有利于适应低温环境。

药用植物长期暴露在高温环境中会表现出一系列特征性的细胞反应和代谢反

应，其中大部分为保守的应激反应，如药用植物的抗氧化系统往往对高温胁迫作出应答。许多生物对热胁迫的特征反应是正常蛋白质的合成减少，而热激蛋白（heat shock protein，HSP）的转录和翻译增加。热激蛋白的大量表达可提高细胞的应激能力。如大豆叶绿体 HSP26 – HSP28 可保护光合系统Ⅱ的反应中心在热激时免受损伤。热激过程中大量的 HSPs 表达，它们聚集在膜组分中，有可能阻挡了膜蛋白的热变性，稳定了细胞膜系统，维持了生物膜的功能。同时，药用植物还能够通过降低含水量，增强蒸腾作用、辐射或反射红外线的方式适应高温带来的胁迫作用。生长在热带、沙漠地区的药用植物能够通过减少细胞内水分，增加糖或盐的浓度，使细胞内原生质浓度增加，增强了原生质抗凝结的能力，同时减少细胞内水分，使植物代谢减慢，甚至处于休眠状态，增强其抗高温能力。生长在高温强光下的植物大多具有旺盛的蒸腾作用，植物通过蒸腾而使体温比气温低，避免高温对植物的伤害；但是当气温升到 40℃ 以上时，气孔关闭，则植物失去蒸腾散热的能力。某些植物具有辐射、反射红外线的能力，以减少红外线辐射使植物体温上升，减轻高温造成的伤害。如热带沙漠里生长的许多仙人掌科植物，在 50 ~ 60℃ 的高温环境中也不受害。

休眠也是植物适应极端温度的一种方式。在低温季节来临时，植物转入休眠状态，细胞发生轻度质壁分离，原生质把贯穿在细胞壁中的胞间连丝吸入内部，表面盖上很厚的一层脂类化合物，水分不易通过，使植物体内不易形成冰晶，增强了抗低温的能力。但是植物一旦从休眠中苏醒，恢复了生长，抗寒性便迅速消失。如在冬季休眠期间，出现几日 10 ~ 20℃ 的温度，就能使植物的抗寒能力迅速减退。植物休眠期最能抗高温，生长期抗性很弱，随着植物的生长，抗性逐渐增强，这是由于植物生长过程中，随着根系的生长和输导系统的发展，使叶片能得到充分的水分，以保证通过蒸腾而降低植物体温。开花受精期（禾谷类孕穗开花受精阶段）对高温最敏感，是高温的临界期。种子果实成熟期抗高温的能力也较强，很少受到高温的伤害。

4.3.3 药用植物对温度的分子适应

分子适应（进化适应）是自然界对生物中广泛存在的变异进行选择的结果。首先，药用植物长期生长在特定环境中，在选择压力的作用下，经过多世代形成了与环境相适应的外表形态结构，并且把它自己所携带的基因传给后代，这些基因通过进一步的繁殖，使适应环境的种群扩大并巩固下来，形成了一定的生长发育规律和生长习性。如大多数药用植物在春季温度开始升高时发芽、生长，继之出现花蕾；在夏秋季高温下开花、结实和果实成熟；在秋末低温条件下落叶，随即进入休眠。生物长期适应于一年中温度的节律性变化，形成与此相适应的发育节律，即物候。植物发芽、生长、现蕾、开花、结实、果实成熟、落叶休眠等生长发育阶段的开始和结束称为物候期。

其次，药用植物长期生活在一定的温度范围内，适应于一定的温度变幅，形成了不同的生态类型。根据药用植物原产地温度变化的节律不同，可将其分为热带、亚热带、温带和寒带药用植物4大类。其中热带药用植物主要分布在我国的台湾、海南、广东、广西和云南南部，如阳春砂、槟榔、古柯、丁香等。热带药用植物喜高温，当气温低于0℃时，就要受害，甚至死亡；亚热带药用植物主要分布在华中、东南和西南等地，如三七、厚朴等；温带药用植物多分布在热带、亚热带以北的广大地区，如地黄、玄参、当归、黄连等。我国在西部高寒地区，常年积雪，分布少量的寒带药用植物，如雪莲等。

再次，温度对某些药用植物开花、鳞茎和块根的形成具有决定性的作用。许多药用植物发育过程中要求低温才能诱导开花，这一特性称为春化作用(vernalization)。温度是控制这类植物开花结实的信号开关。药用植物通过春化的方式有2种：一种是营养体的春化，如当归、白芷、牛蒡、菊花、梅等。另一种是萌动种子的春化，如板蓝根、当归、白芷、牛蒡、大叶藜等；萌动种子春化处理掌握好萌动期是关键，控制水分法是控制萌动状态的一个有效方法。营养体春化处理需在植株或器官长到一定大小时进行，没有一定的生长量，即使遇到低温，也不进行春化作用。例如当归幼苗根重小于0.2 g时，植株对春化处理没有反应；根大于2 g经春化处理后百分之百抽薹开花；根重0.2~2 g，抽薹开花率与根重、春化温度和时间有关。营养体的春化部位主要是在生长点。在药用植物栽培生产中，应根据栽培目的合理控制春化的温度及时期。例如，在当归栽培中，若要采收药材，则要防止"早期抽薹"现象，可通过控制温度和水分，避免春化；若要采种，则需进行低温春化处理，促使其开花结实。冬性越强的药用植物，要求的春化温度越低，春化天数也越长。春化现象是药用植物进化适应的结果。

探讨分子适应机理对阐明药用植物道地性的形成十分重要，也有助于指导药用驯化与栽培，但目前有关其分子适应机理的研究极少。通常，DNA分子的甲基化被认为是真核生物DNA最常见的复制后调节方式之一。20世纪90年代初，有人发现春化作用与DNA分子的去甲基化有直接的联系。随后在2001年人们发现拟南芥中影响春化作用效应的突变体ver2的表型是由于编码具有组蛋白甲基转移酶功能的ploycomb group(PcG)类的基因缺失所致。它主要通过图式和数量的改变，对生物遗传信息进行调节，在基因表达调控、发育调节、x染色体失活和基因组印迹方面发挥重要作用。DNA甲基化还可能直接抑制RNA聚合酶活性来抑制基因表达，或将转录因子识别的DNA序列转换为转录阻抑物的结合位点，可作为细胞核防御体系的组成成分，可以灭活潜在的危险DNA序列，抑制寄生序列和前病毒DNA的活动，或通过阻断寄生序列通读转录至相邻的宿主基因而防止寄主基因的不适当表达。核酸分子结构的改变则是生物进化和适应中基因表达调控的另一个重要环节。核酸分子的结构，包括一级结构，即DNA分子的核苷酸组成与排列；二级结构，包括DNA双螺旋结构(A、B、Z形DNA)、三股螺旋、四股螺旋；三级结构，为高级结构，包括正、负超螺旋等。有人通过对Z-DNA与A、B形DNA的比较、结构检测、稳定因素等研究发现，表明Z-DNA与基因表达和调控有关。Z-DNA的小沟包括的信息少，可引起基因关闭；当转变成B-DNA后，有很多碱性基团落在大沟中，易与蛋白结合，信息多，则基因表达开启。三链 DNA(T. S. DNA)与基因表达也呈现相关性。因 T. S. DNA 可阻止调节蛋白与 DNA 结合，关闭基因转录过程；T. S. DNA 与基因重组、交换有关。第三条 S. S. DNA 可作为分子剪刀，定点切割 DNA；加入反义第三条链，终止基因表达。但相反的观点认为，T. S. DNA 与基因表达呈正相关。四股螺旋的发现等研究表明其有如下功能：可稳定真核生物染色体的结构；保证 DNA 末端准确复制；与 DNA 分子组装有关；与染色体减数分裂和有丝分裂有关等。

目前一些有关热激蛋白的研究发现 HSP90 在形态进化中起作用，Rutherford 认为 HSP90 是"突变容器"，可以缓冲物种的表型变化，即自然选择能增加物种的遗传多样性。在 HSP90 的调节下，机体的表型变化一般不立刻表现出来，直到当物种的环境受胁迫时，这种变化才表现出来。HSP90 可以在选择压力下影响基因表达，通过调节突变的蛋白正确折叠，或是间接地通过调节信号转导缓冲开始变化的表型，使不利于环境的形态基因不能立刻表达，而隐藏的有利基因得以表达。Christine 等通过实验支持了这种说法。他们还提出，在自然选择压力下，HSP90 的缓冲作用能促使种群进化成不同的基因型，从产生某个性状开始，到对环境压力有作用的性状，到固定的、长期的表型。HSP90 能缓冲进化中的随机事件的影响，这些随机事件往往能引起进化过程中的决定性变化。总之，HSP90 能促使遗传物质变化朝某一特定性状发展，这在进化过程中往往是有利的，特别是在环境变化的时候。此外，Lerman 等人通过实验证实，环境转变时，HSP 的遗传物质可产生定量的变化，这种变化会在种群范围内产生区别，自然选择可对其起作用。也有相关研究发现冷胁迫可以诱导植物 HSP70 mRNA 和特异蛋白质合成，但也有耐冷性植物具有 HSP70 的积累的报道。Collins 首先证实了植物 HSPs 和耐冷性的直接关系。热激(40℃，3 h)诱导绿豆的下胚轴 HSP70、HSP79 从头合成，减轻随后的冷胁迫(2.5℃)对膜的损伤，使溶质渗漏减少，增强了组织的抗冷性；在 2.5℃下 6~9 天，热激诱导的耐冷性消失，同时 HSP70 和 HSP79 也降至对照(20℃)水平。

4.4 增强药用植物对极端温度适应的措施

4.4.1 增强药用植物对低温适应的措施

4.4.1.1 进行抗寒性锻炼

提高植物抗寒性的各种过程统称为抗寒性锻炼。在自然界，从秋季到冬季，由于温度逐步减低的结果，原生质逐渐改变它的代谢机能和组成，植物体逐渐增加可溶性糖类、氨基酸以及色素等物质，并减少水分以适应低温环境。经过锻炼后，植物抗寒性大大提高。人工培养抗寒品种也常仿效上述办法。在抗寒锻炼前增加日照强度或延长日照时间，使植物积累丰富的糖类及其他产物，其后逐步降温，使植物进入抗低温锻炼。植物的抗低温锻炼处理，一般划分为 3 个阶段：

(1)将植物在略高于 0℃ 的低温下放置数日或数周，使原生质积累糖和其他防护物质,使细胞的水分含量减少,液泡分成几个较小的小液泡,这个阶段称为预锻炼阶段。

(2)温度继续下降至 $-3 \sim -5℃$,使植物进入锻炼阶段。在这阶段内,原生质的细微结构和酶系统发生变化和重新改组,以抵抗低温结冰、失水的危险。

(3)植物经受 $-10 \sim -15℃$ 的低温,获得最大的抗冻能力。人们常用这种方法培育出抗低温的新品种。

4.4.1.2 加强田间管理

植物抵抗低温能力的强弱主要取决于植物体内内含物的性质和含量。植物体内可溶性糖类、氨基酸以及属于细胞液重要成分的物质(包括磷酸盐、硝酸盐、脱氢酶、蔗糖酶、抗坏血酸、质体、色素、可溶性腺嘌呤、高能磷化物和核酸等)的含量高低和植物的抗性呈正相关关系。因此,凡是能诱发上述物质浓度增加的一切措施,都能增强植物的抗寒性。例如,合理施用磷钾肥能增加细胞汁的浓度,降低冰点,提高物质抗性;喷施化学防冻剂,施用矮壮素,维生素 B_1、B_6、B_9 和吲哚乙酸、腺嘌呤等,都能增加植物的抗寒性。此外,间作套种,增加地面覆盖层,也能起到保温防寒的作用。

4.4.2 增强药用植物对高温适应的措施

4.4.2.1 培育抗热新品种

通过抗高温药用植物品种的选育,增强植物的抗热性,减弱高温对药用植物的伤害。有利于提高药用植物的产量和品质。

4.4.2.2 合理安排农事,改善植物环境中的温度条件

在农事节令上把植物对高温最敏感的时期(开花受精期)和该地区的高温期错开可减少高温的危害。通常,7~9月是一年当中气温最高的月份,8月,以根入药的黄芩、桔梗、丹参、板蓝根、柴胡等春播根用药材,已进入根的旺长期,同时又是多数品种现蕾、开花的盛期,加强高温干旱季节的管理,对保证药用植物正常生长极为关键。使用遮阳网、选择遮荫植物,种植绿肥,喷抑蒸剂、赤霉素、肥液,采用人工辅助授粉等措施,可确保药材丰收丰产。比如高温期间,阳春砂、薏苡等花粉自然散粉、传粉能力下降,对异花授粉的药用植株,用竹竿赶粉或采粉授粉等进行人工辅助授粉,结实率比自然授粉提高5%~8%。

本章小结

本章主要介绍了药用植物与温度因子的生态关系。主要内容包括温度的概念及其变化规律、温度对药用植物的生态作用和药用植物对温度的生态适应3个方面。地球上的温度虽是多变的,但仍有规律可循。温度在时间上的变化可分为季节变化和昼夜变化,在空间上受海拔高度、纬度、经度和地形的影响。温度对药用植物的生态作用包括低温、高温和变温3个方面,温度对药用植物的生态作用还体现在温度直接影响药用植物的分布、生长发育、产量

和质量,也影响了药用植物的引种栽培。根据对药用植物温度的要求不同,一般可把药用植物分为四类:即耐寒药用植物、半耐寒药用植物、喜温药用植物和耐热药用植物。药用植物的分布不仅需要适应一定的温度幅度,而且还需要有适应一定的积温。我国的药用植物根据其自然和经济特点可分为9个区:(1)东北寒温带、中温带野生、家生区。(2)华北暖温带家生、野生区。(3)华东北亚热带、中亚热带家生、野生区。(4)西南北亚热带、中亚热带野生、家生区。(5)华南南亚热带、北亚热带家生、野生区。(6)内蒙古中温带野生区。(7)西北中温带、暖温带野生区。(8)青藏高原野生区。(9)海洋区。低温对药用植物的伤害主要是寒害和冻害。高温可能导致药用植物死苗及药用果树的异常落果现象,造成药材受害减产。长期生活在低温或高温环境中的植物通过自然选择,在形态、生理等方面表现出很多明显的适应,甚至造成遗传分化(分子适应)。通过采取合理的温度调节措施,满足药用植物生长需要的环境温度,培育新品种,增强药用植物对极端温度的抗性,合理安排农事等措施,均有利于提高药用植物的产量和质量。

思考题

1. 温度在时间、空间上的变化有何规律?
2. 温度对药用植物的生态作用主要包括哪几个方面?
3. 低温对药用植物的伤害及其作用机理有哪几个方面?
4. 药用植物对低温、高温伤害的适应机理有哪些?
5. 变温对药用植物的生态作用表现在哪几个方面?

本章推荐阅读书目

药用植物生态学. 王德群,等. 中国医药科技出版社,2006.
植物分子生态学. 阮成江,等. 化学工业出版社,2005.
作物生态学. 曹卫星. 中国农业出版社,2006.
药用植物栽培学. 郭巧生. 高等教育出版社,2004.
药用植物学. 姚振生,中国中医药出版社,2003.

第5章 药用植物与水分因子的生态关系

水是药用植物生存的极其重要的生态因子,在药用植物生命活动的各个环节起着极大的作用。水主要通过不同形态、量以及持续时间三方面的变化对药用植物产生影响。这些都能对药用植物的生长、发育以及生理生化活动产生极重要的生态作用,从而影响药用植物的品质和产量。水与药用植物的生产有着十分密切的关系,不同的药用植物、同一药用植物的不同发育阶段以及不同的生长季节,对水分的需要量都是不同的。同时药用植物对水分具有生态适应性。

5.1 水及其变化规律

5.1.1 水分

水是原生质的主要组成成分,植物体一般含 80%～90% 的水分。药用植物的含水量有很大的不同:一般植物的含水量占组织鲜重的 70%～90%,水生植物含水量最高,可达鲜重的 90% 以上,有的能达到 98%,肉质植物的含水量为鲜重的 90%,草本植物含水量约占 80%,木本植物的含水量也约占 70%,树干含水 40%～50%,就是干果和种子的含水量也有 10%～15%。处于干旱地区的旱生植物含水量则较低。水是代谢过程的反应物质,光合作用、呼吸作用、有机物质的合成与分解等代谢过程都有水分的参与;水也是药用植物生活代谢的介质,土壤中所有矿物质、氧、二氧化碳等必须先溶于水,才能被药用植物吸收和在体内运转,药用植物体中一系列的生物化学反应必须在水中才能进行;水可以维持细胞组织紧张度(膨压)和固有形态,以利于各种代谢的正常运行;水有很高的比热和气化热,又有较高的导热性,当温度剧烈变动时,能缓和原生质的温度变化,以保护原生质免受伤害,这在一定程度上增强了药用植物的抗逆能力;水还能增加大气湿度,改善土壤和地表面空气的温度,进而影响药用植物的生长发育。

生态环境中的水分形态有液态水、固态水和气态水。液态水主要包括雾、露、雨 3 种形式。固态水主要包括霜、雪、冰雹 3 种类型。气态水(大气湿度)主要包括空气中的水气。

5.1.2 水分的变化规律

水分平衡是药用植物正常生活的必要条件之一。水循环使各种自然地理过程得以延续，也使人类赖以生存的水资源不断得到更新从而永续利用。降水量、蒸发量和径流量作为水循环的 3 个重要环节，同时也是水量平衡的 3 个重要因素。

依据质量守恒定律，全球或任一区域水量都应保持收支平衡。高收入则高支出，低收入则低支出。

水分在地球上的流动和再分配主要通过 3 种方式，即水气的大气环流、洋流和河流，以维持地球各地的水分平衡。

影响药用植物生态的水有降水、大气湿度和土壤水分。

降水是指当空气中水气处于过饱和状态时，水气的过饱和部分就会发生凝结现象，从而形成的液态水或固态水。雨对大部分地区来说是最重要的一种降水形式，大部分降水都是以雨的形式降落下来的。雨对植物的影响与雨量多少及在四季的分配有关。对于植物的水分平衡而言，植物生长在年雨量较少，而生长季雨量多的地方，比生长在年雨量多，而在生长季雨量少的地方有利。雨量对植物的影响，还与一次降雨量的大小有关。一次降雨量过小，在气温高的地方立刻蒸发，对植物的影响无足轻重。一次的降雨量过大，造成径流，土壤在短时间内不能吸收，导致侵蚀，发生水灾，间接地伤害植物。雨量的年变化量或月变化量对植物产生重大影响，常使植物产量不稳定。

除降水外，空气中的水气也是药用植物得以利用的重要部分。空气中的水气主要来自海面，其次是湖泊、河流的蒸发和植物的蒸腾。空气中水气含量的多少称为大气湿度。大气湿度的高低影响雨量的多少，同时影响蒸发作用和植物的蒸腾作用。单位体积空气中所含水气质量，称为绝对湿度。它表示空气中水气的绝对含量。相对湿度是指大气中实际水气压与最大水气压之比。相对湿度越小，空气越干燥，植物的蒸腾和土壤的蒸发就越大。相对湿度随温度的升高而降低。因此，在一天内相对湿度早晨最高，下午最低；在一年内最干燥月是冬季，最湿润月是夏季，尤其是春夏之交。如果空气中水气含量不变，温度越低，饱和差越小，空气就越潮湿，蒸发和蒸腾就越弱；相反，饱和差越大，空气越干燥，蒸发和蒸腾就越强。

水常因蒸发（包括植物蒸腾）把水气送入大气，而大气中的水气又以雨、雪等形态降落到地面。液态、固态、气态 3 种形态的水因空间和时间的不同，能发生很大的变化，这种变化是导致地球上各地区水分再分配的原因。

各地区的降水量在年际间和逐月间都是变化的，变化程度因各地自然条件不同而有差别。主要表现在以下几个方面。

5.1.2.1 水分的空间变化规律

降水量的空间变化，受地理纬度、海陆位置、地形、气流运动、天气系统等诸因素的影响。季风地区，降水主要受季风环流的影响。我国季风的形成受 2 种气团的影响，即寒冷而干燥的极地大陆气团和温暖而潮湿的热带太平洋气团及赤道海洋性气团。在2种温度不同气团交汇地区，湿热气团中的水蒸气受寒冷气团的影响，常会形成丰沛的降水。

就全球范围水分循环总体来说，海洋和陆地的水量保持不变，达到平衡。北半球各纬度的水分平衡如表5-1。从表中可以看出，大气环流对赤道与中纬度的降水（极地纬度的一部分）造成有利条件，在赤道带上因雨水多而使陆地、海上的蒸发量都低于降水量；在北纬20°～40°的亚热带地区，因高气压环流而不利于降水形成，陆地上降水少，蒸发也少，而海洋面上蒸发量却远远大于降水量，这一带洋面所蒸发的水分一部分随气流带到赤道或者中纬度地区；在中纬度和部分极地区域，降水又多于蒸发；在高纬度地区，因温度低，空气中含水量少，降水量和蒸发量都小。

表 5-1　北半球各纬度的水分平衡　　　　　　　cm/a

纬度	陆面			洋面			北半球地表面		
(°)	降水	蒸发	径流	降水	蒸发	径流	降水	蒸发	径流
0～10	168	112	56	139	110	29	145	110	35
10～20	76	57	19	87	135	-48	84	114	-30
20～30	51	37	14	63	130	-67	59	95	-36
30～40	50	41	9	78	115	-37	66	83	-17
40～50	56	37	19	94	70	24	74	53	21
50～60	51	23	28	78	60	18	63	39	24
60～90	30	10	20	24	15	9	27	12	15
0～90	63	41	22	87	101	-14	77	77	0

引自 M. H. Byabiko，等。

无论是在海洋上或陆地上，不同纬度的降水量和蒸发量都有差异。赤道地区，特别是北纬0°～10°一带水分过剩。相当于副热带高压区的10°～40°间蒸发超过降水，而南半球比北半球更显得水分不足。40°～90°，两个半球的降水又超过蒸发，出现水分"过剩"，南半球更为突出。两极地区降水和蒸发量均少。有必要特别指出，这里的所谓"过剩"，只是表示水量平衡水平高，而不是意味着有任何水的积累。水分不足的纬度区域，也不会出现负平衡，只不过收支都少而已。

我国降水呈现东南多西北少的趋势，其主要原因是来自东南方海洋上携带大量水气的季风气流先经东南后到西北，水气所经之处相继形成降水，随着水气含量减少降水强度也越来越小。我国的西北内陆地区，从太平洋上来的东南季风已经鞭长莫及，而来自印度洋上的西南季风又被青藏高原所屏蔽，从而成为全国、也是亚洲地区降水最少的区域。

受季风、海陆分布和地形的影响，我国的降水各地区差异很大。全国降水量的自然分布自东南沿海向西北内陆减少，南方多于北方，山地多于平地，年等雨量线大致由东北至西南延伸。年降水量400mm等雨线，沿大兴安岭西麓南下，经太行山麓向西南延伸至青海的同德、西藏的那曲和拉萨。此线以北和以西地区，基本上不受夏季湿润季风的影响，年降水量小于400mm。其中内蒙古西部则只有100~200mm，新疆的南疆一般在100mm以下，塔里木盆地东南部、吐鲁番盆地和青海的柴达木盆地，年降水量不足20mm。此线以南和以东，普遍受夏季湿润季风的影响，年降水量在400~2000mm。大致在淮河和秦岭一线，形成一条年降水量在900mm左右的等雨线。该线以北，降水量逐渐减少，黄河中下游和渭河流域在500~700mm。东北地区的东部为500~700mm，西部为400~500mm。该线以南，降水量逐渐增加，长江中下游地区在1000~1400mm之间，台湾、广东、浙江、江西大部分地区降水量在1500~2000mm以上，云贵高原除云南北部降水量不足1000mm以外，其余地区为1000~1500mm。蒸发量和降水量的地区分布恰好相反，西北干旱地区年蒸发量约在2500mm以上，吐鲁番盆地和柴达木盆地达到3000mm以上；东北地区年蒸发量约在1500mm；长江流域地区，年蒸发量一般只有1000~1500mm。我国青藏高原和川西、云南地区蒸发量也比较高，除了其东部较湿润地区年蒸发量低于1500mm外，大部分地区都在2000mm以上。

降水受地形的影响，典型的例子就是地形雨。暖湿气流在行进途中遇地形阻碍，气流被迫沿山坡上升，绝热膨胀冷却，水气凝结形成地形雨。地形雨都集中在山地迎风面。而背风面因气流中水气量减少，加上气流下降，绝热增温，空气逐渐干燥，形成一种干而热的风，即焚风。因而在背风面降雨量少，俗称"雨影"。很多与海洋气流垂直的山脉，常常是干湿气候的分水岭（表5-2）。

表5-2　山地与附近低地平均年降水量的比较　　　　　　　　　　mm

地方	降水量	地方	降水量	地方	降水量	地方	降水量
泰山	1040.7	华山	876.5	庐山	2528.7	峨眉山	1976.1
泰安	859.1	西安	566.3	九江	1406.7	乐山	1367.5
差数	181.6	差数	310.2	差数	1122.0	差数	607.6

引自陈世训，1957。

从表5-2看出，各山地的年降水量都比附近的低地多，但增加的年降水量（按平均每上升100m计算）各地却不同，如泰安到泰山为13.2mm，西安到华山为17.2mm，九江到庐山为107.0mm，乐山到峨眉山为22.0mm。

5.1.2.2　水分的时间变化规律

地面从大气中获得的水气凝结物，总称为降水。单位时间内的降水量称为降水强度。我国的降水强度随季节不同差别也很大，一般是夏季降水量最多，约占全年降水量的一半，其次是春季或秋季，冬季降水量最少。全国夏季（6~8月）降水量占年降水量的53.3%，冬季（12~2月）占8.6%。夏半年（春分至秋分）和冬半年（秋分至春分）降水量分别占年降水量的78.5%和21.5%左右。

全国各地降水的季节分配差异很大，北方雨季短，降水明显集中在夏季；南方雨季长，降水量全年分配较均匀。春季（3~5月）的降水量，淮河流域至东南沿海，约占年降水量的20%~30%；东北、华北、西北大部以及西藏、云南等广大地区，约占10%~15%。夏季(6~8月)的降水量，长江以南的地区一般占年降水量的40%以下，其他地区一般在40%以上。其中，华北、东北、内蒙古地区占到60%以上，西藏高原中北部约占65%。秋季(9~11月)的降水量，东北、华北、内蒙古等地以及淮河流域以南广大地区，约占年降水量的10%~15%；宁夏、甘肃、陕西大部，四川以及云南等地，占20%~25%以上。冬季(12~2月)的降水量，我国大部分地区均不足年降水量的10%。

降水除了有季节变化外，年际的变化也明显，年际水分的变化主要有平水年、丰水年和干旱3种情况。

5.2 水分对药用植物的生态作用

土壤水分常常是决定植物生长和分布的限制因子，它直接影响到植物的生长发育及各种生理代谢过程。主要体现在以下几个方面。

5.2.1 水分对药用植物分布的影响

水分是限制药用植物分布的一个重要气象因子，包括降水和大气湿度。这一因子的总量和地区及季节的分配主要取决于海陆分布和地形变化。从全球来看，各大陆的降水量分布基本上呈经度性变化，从海滨向内陆降水量逐渐减少，植被的分布呈现森林、森林草原、草原、荒漠草原到荒漠植物群落的分布格局。例如，甘草属于北方地区重要的药用植物，自然分布区在我国东经126°以西的三北地区，其分布区的东部边缘在哈尔滨、长春和沈阳一线以西约200km处，与年降水量为400mm等雨线基本一致。

雨水是药用植物生长发育期间的主要水分来源。我国降水量与距海远近有关，以东南最多，由此向大陆各方递减。根据我国降水特点，可明显地分为干旱和湿润两部分，其界限大致自大兴安岭走向西南，经过河套至青藏高原的东南侧，相当于400mm的年降水量等值线。在东部湿润地区，降水量由南向北逐渐减少。因此东西两侧的药用植物分布呈现明显不同的特征，此线以东主要受夏季季风影响，降水较丰富，分布了我国绝大多数的栽培药用植物；以西的大部分地区受夏季季风影响很小，则属半干旱和干旱气候，分布了许多野生干旱药用植物，如甘草、麻黄等，它们主要凭借很长的根系利用地下水。

雨量的不同季节分配与药用植物分布也有一定关系。我国除台湾东北角外，全国均是雨热同季，主要属于夏雨型，降水量主要集中在夏季。特别是我国东南部是夏季风控制时间最长的地区，夏季降水量是世界上同纬度雨量较多的地区，因此，引进地中海和美国西海岸冬雨型的植物往往不易成功，如月桂(*Laurus nobilis*)等。南方药用植物尤其是常绿阔叶药用植物不能在我国华北地区越冬，除该地区冬季寒冷外，与冬季干旱也有密切关系。

雾、露、雪等降水形式也对药用植物分布产生不同的影响。雾和露在干燥地区可被浅根系植物所利用,以补充土壤和空气中水分的不足。石斛等附生药用植物主要分布于我国南方,这与该地区气候湿润有密切关系。地表积雪可以保护药用植物越冬,而且可以提供大量的水分。例如,天麻当土壤温度长时间低于 -5 ℃时,易发生冻害,所以多分布在温暖湿润的南方地区。在东北高寒山区因为冬季有积雪覆盖,天麻也能安全越冬。

水分因子对药用植物分布的影响还取决于地形的变化。在山地一定高度范围内,降水量随海拔升高而递增。在新疆地区,由于塔城、伊犁地区降水量比周围其他地区高,因而贝母的种类较丰富,分布密度也高。在天山北坡中海拔地区(2000m左右),年降水量较丰富,贝母的种类也较多;而在其他地区由于受大陆性温带干漠气候的影响,降雨较少,因此种类很少,分布密度也很低。

5.2.2　水分对药用植物产量的影响

影响药用植物产量的因素是很多的,但是水分是至关重要的因素,只有满足药用植物的需水量,药用植物才能正常生长发育,才能谈得上药用植物的产量。

在种子萌发前,土壤水分就已经开始影响药用植物了。大多数需要休眠的种子,只有吸收足够的水分后,才能恢复生命活动;有些荒漠植物的种子含有某些水溶性的化合物,在干旱时期,这些化合物能阻挡种子萌发,只有在足够水分的条件下,水溶解这些化合物后,种子才能萌发。如古柯(*Erythroxylum novogranatense*)、柑橘(*Citrus reticulata*)、荔枝(*Litchi chinensis*)、肉桂等药用植物的种子在成熟后的数日内,必须与湿土接触,否则就会丧失发芽的能力。

药用植物在种子萌发过程中土壤水分是必需的,种子只有在吸收了大量的水分后,其他的生理活动才逐渐开始。水可以软化种皮,增加其透性,氧气容易透入,呼吸加强,使胚根容易突破种皮;水可使种子中的凝胶物质转变为溶胶物质,加强代谢,使生理活性增强,促使种子萌发。水参与营养物质的水解;各类可溶性水解产物通过水分运输到正在生长的幼芽、幼根中,为种子的萌发创造必要条件。例如,当归在种子吸水量达到自身重量的25%时,种子开始萌动,而当吸水量达到40%时,种子萌发速率最快。人参、西洋参种子的后熟也要有水分的参与,人参种子的贮藏水分控制在10%~15%,西洋参的控制在12%~14%。但水分过多,种子容易霉烂。

植物的生长有一定的土壤含水量范围,即存在着最高、最适、最低含水量。高于最高点,植物根系常因缺氧导致烂根;低于最低点,植物缺水萎蔫,生长停止,枯萎;只有处于最适范围内,才能维持植物体内的水分平衡。因此,要保证植物生长最佳的水分条件。

药用植物的需水量是指生产1g干物质所需的水量。药用植物的需水量是受药用植物水分的消耗和干物质积累能力两个方面所制约的。因此,药用植物种类不同,需水量也不一样,同一种药用植物的蒸腾系数也因品种和环境条件的变化而变化,如人参的蒸腾系数为150~200,牛皮菜为400~600。

药用植物的需水临界期对药用植物的产量形成起着非常重要的作用。在这个时期药用植物对水分最敏感。药用植物从种子萌发到出苗期虽然需水量不大，但对水分很敏感，在临界期水分不足，则会导致出苗不齐，缺苗；水分过多又会发生烂种、烂芽。对药用植物的产量有极其明显的影响，后期不能弥补。多数药用植物在生育中期因生长旺盛，需水较多，其需水临界期多在开花前后阶段。例如禾本科的药用植物薏苡水分临界期是孕穗期和抽穗期，在此时期，体内代谢旺盛，性器官的细胞原生质的黏性和弹性剧烈降低，细胞液的浓度很低，吸水力很小，抗旱能力最弱，这时候缺水，叶片会向生殖器官抽取水分，从而阻碍幼穗分化、受精和胚胎发育，严重影响产量。而有些植物如蛔蒿($Artemisia\ finita$)、黄芪、龙胆等的需水临界期在幼苗期。

药用植物的最大需水期一般是抽穗扬花期，这时期要求有足够的土壤水分和大气湿度。因为这个时期药用植物生长旺盛，蒸腾面积大，加上开花期鳞片膨胀，花颖开放，花丝伸长，花粉散发，且花粉管伸长，都需要足够的水分，以供生长及开花的需要，而且营养物质运输及转化都需要水分。因此在此时期增加灌溉量既能满足药用植物对水分的需求，还能增加叶片光合作用的强度，延长叶片寿命，从而大大提高光和生产率。

药用植物需水量的大小还常受气象条件和栽培措施的影响。低温、多雨、大气湿度大，蒸腾作用减弱，则需水量减少；反之，高温、干旱、大气湿度低、风速大，作物蒸腾作用增强，则需水量增大。密植程度与施肥状况也使耗水量发生变化。密植后，单位土地面积上个体总数增多，叶面积大，蒸腾量大，需水量随之增加，但地面蒸发量相应减少。另外，在对药用植物的研究报道中指出，土壤中缺乏任何一种元素都会使需水量增加，尤以缺 P 和缺 N 时需水最多，缺 K、S、Mg 次之，缺 Ca 影响最小。

不同的药用植物对土壤水分的需求是不一样的。如东北龙胆($Gentiana\ manshuica$)主要分布在松嫩平原的季节性积水地段的局部较高地区，这一生态条件与东北龙胆种子萌发需要一定的湿度相关。当地群众将其生境概括为"洼中岗"，极其形象地揭示了它的生存依赖足够的水分而又不耐水淹的生态特点。又如蛔蒿等在幼苗期需要充足的水分，后期对水分的要求则不严。

药用植物在不同的生长发育阶段对水分的需求量也不同。总的来说前期需水量少，中期需水量多，后期需水量居中。一般从种子萌发到出苗期需水量很少，通常以保持田间持水量的 70% 为宜；前期苗株矮小，地面蒸发耗水量大，一般土壤含水量应保持在田间持水量的 50%~70%；中期营养器官生长较快，覆盖大田，生殖器官很快分化形成，此期间需水量大，一般保持田间持水量的70%~80%；而后期为各个器官增重、成熟阶段，需水量减少，土壤含水量应保持田间持水量的 60%~70%。

药用植物扦插时，插条体内的水分平衡容易被破坏。因此，扦插时要有较高的土壤含水量，但成活后必须慢慢减少土壤中的水分供应，以促进根系的发育。

对于低等药用植物来说，水对它们的生长、授粉和繁殖有重要的意义。有些植物依靠水来传播繁殖体，这种方式称为水播。借水传播的植物称为水播植物。

例如，水流或洋流能携带水播植物的孢子(藻类和水生霉菌的孢子)、果实[萍蓬草(*Nupharpumilum*)]、幼株，将其传播到很远的地方。陆生植物依靠水体传播的种类很少，因为种子、果实长期浸泡在水中，容易因缺氧而腐烂、死亡。少数依靠水体传播的陆生植物，它们的种子、果实一般都有气腔或气囊以增加传播体的漂浮力，种子、果实外壳都有坚硬、不透水的保护层。

5.2.2.1 干旱对药用植物产量的影响

自然界的药用植物常出现缺水现象，严重缺水叫干旱。干旱分大气干旱和土壤干旱。通常土壤干旱伴随大气干旱而来。此外，土温过低，或土壤溶液渗透浓度大而妨碍药用植物根部吸水，造成药用植物水分亏缺，称为生理干旱。干旱对药用植物的危害性很大，长期经受干旱的药用植物，植株生长缓慢，外形矮小，药材产量低，药材品质差，严重干旱时植株还会停止生长甚至死亡。药用植物受干旱胁迫的影响程度，因受旱轻重、持续时间以及生育进程的不同而有所差别，受旱越重，持续时间越长，受之影响就越甚。表5-3是菘蓝在不同水分处理下地上器官和地下器官生长指标。从表可以看出严重水分胁迫影响根系生长和板蓝根产量。水分胁迫还影响大青叶叶片数、叶面积和叶重，造成大青叶产量降低。在最适土壤含水量70%时根长、根粗、叶片数、叶面积、根重和叶重生长最好。

表5-3 水分胁迫对菘蓝地上器官和地下器官生长指标的影响*

田间最大持水量(%)	根长(cm)	根粗(mm)	叶片数(片)	叶面积(cm^2)	根重(g)	叶重(g)
30	15.97c	6.938d	17.3c	14.76d	2.55c	1.36d
45	19.33b	8.373c	25b	23.30c	3.30b	1.68c
70	23.57a	11.051a	33.3a	35.99a	3.95a	2.12a
90	20.37b	9.673b	35a	31.16b	3.43b	1.91b

引自谭勇、梁宗锁、董娟娥等。

禾谷类的药用植物受大气干旱的影响较大，特别是开花和灌浆期遇到干旱，籽粒的产量会严重降低。由于土壤水分相对变化小，以块根、块茎类入药的植物受大气干旱的影响较小，因而这类药材相对比较抗旱、稳产高产。

干旱主要是通过影响药用植物一系列的生理活动，直接影响药用植物的生长和发育，进而间接影响药用植物的产量和品质。主要表现在：

(1)干旱对原生质的影响很大。它会影响原生质的胶体性质，降低原生质的水合程度，增大原生质透性，造成细胞内电解质及可溶性物质大量外渗，并使胶体亲水性和胀力降低，原生质结构遭受破坏，严重者会引起细胞死亡，导致植株干枯。

(2)干旱使细胞缺水，膨压消失，药用植物呈现萎蔫现象，叶内RNA代谢受干

* 注：$P<0.05$。a，b，c，d表示处理之间在$P<0.05$水平上的多重对比，有相同标记字母表示两处理之间差异不显著，有不同标记字母表示两处理之间差异显著。

扰,酶促反应趋向水解,蛋白质合成降低,生长受抑制,并加速叶子衰老过程。此外,萎蔫严重时还会使果实内的水分向叶片流动,从而引起果实的萎缩和早落。

(3)干旱使气孔关闭,蒸腾减弱,气体交换和矿质营养的吸收与运输缓慢。同时,由于淀粉水解成糖,增加呼吸基质,使光合作用受阻而呼吸强度反而加强,干物质消耗多于积累,从而影响药用植物产品的品质。金鸡纳在缺水条件下,生物碱的总量和硫酸奎宁的含量均降低。生物碱含量的高低与蛋白质含量有相似的规律,生物碱含量高的植物多分布在大陆性气候地区。当土壤含水量降低到4.0%,人参地上部分出现萎蔫,参叶的光合强度为负值,呈现纯呼吸状态,而且随着光照的增强其值下降,随着土壤含水量的增加(6.3%以上),人参净光合强度也依次增强。

(4)干旱使药用植物生长发育受抑制。水分亏缺影响细胞分生、延伸和分化,使分生生长及延伸生长提前结束,叶面积缩小,茎和根系生长差,从而影响药用植物的产量。如薏苡等禾本科植物在幼穗分化时如果水分亏缺,则分化受阻,开花结实少。

(5)干旱还能削弱药用植物抗病虫害的能力。这是因为在土壤水分不足的条件下,由于药用植物体内氨态氮和可溶性氮(氨基酸、酰胺等)增多,使药用植物从土壤中吸收的硅酸量减少,并且还阻碍硅酸在药用植物体内的移动,导致茎、叶表皮细胞中硅酸的沉积量减少,以致病菌容易侵入。

植物对干旱有一定的适应能力,这种适应能力称为抗旱性。例如知母、甘草(*Glycyrrhiza uralensis*)、红花(*Carthamus tinctorius*)、黄芪、绿豆(*Phaseolus radiatus*)及骆驼刺(*Alhagi sparsifolia*)等抗旱的药用植物在一定的干旱条件下,仍有一定产量,如果在雨量充沛的年份或灌溉条件下,其产量可以大幅度地增长。

5.2.2.2 涝害对药用植物产量的影响

涝害是指长期持续阴雨,致使地表水泛滥淹没农田,或田间积水、水分过多使土层中缺乏氧气,根系呼吸减弱,最终窒息死亡。根及根茎类药用植物对田间积水或土壤水分过多非常敏感,水分过多就会引起根或地下茎的腐烂。如红花、芝麻(*Sesamum indicum*)等不耐涝,地面过湿易于死亡。土壤水分过高易造成人参烂根,土壤含水量超过33.5%时人参烂根率达50%以上,在23.1%以下时基本上没有烂根现象。

土壤水分过多,对陆生药用植物会造成危害。其原因不在于水分的直接作用,主要是由于下列间接作用的影响。

(1)涝害引起土壤缺氧

涝害使土壤空隙充满水分,会引起土壤严重缺氧,土壤中氧化还原电势下降,进而抑制了好气性细菌如硝化细菌、氨化细菌、硫细菌等的活动。其结果使土壤中有机物质的分解和养分的释放变慢;影响植物对氮素等物质的吸收和利用;另一方面,嫌气细菌活动大为活跃,能把土壤中药用植物可以利用的氧化状态无机盐(硝酸盐、硫酸盐)还原成药用植物不能利用的状态,并且使有机质得不到完全的分解,产生多种有机酸如甲酸、乙酸、草酸、乳酸、乙醇等,或产生硫化氢、甲烷、氧化亚铁等有毒物质。这些物质的积累能阻碍根系的呼吸和养分的释放，使根部细胞色素酶和多酚氧化酶遭受破坏，呼吸窒息，以致引起药用植物的死亡。

(2) 涝害引起土壤中二氧化碳积累增加

涝害引起土壤中二氧化碳积累增加，从而导致原生质渗透性的减少，阻碍水分通过皮层向木质部移动，根的活动受到抑制。由于根际二氧化碳积累，根部吸收二氧化碳的量增加；当 CO_2 从根运送至叶片时，可使气孔关闭，蒸腾受阻，茎叶萎蔫。

(3) 涝害引起土壤板结

涝害导致土壤板结，常使药用植物根系不能伸入底土形成浅根系。主根不发达，侧根常盘结在接近表土的一层，因此，在栽种根和根茎类药用植物时，为了得到粗壮肥大的根和根茎，必须种植在排水良好、土层深厚而疏松的土壤上。

(4) 涝害引起土壤肥力降低

涝害还能使养料失效或流失，导致土壤肥力降低。

由于以上的间接影响，进而影响药用植物的产量。药用植物规范化栽培过程中应根据药用植物不同生长发育时期的需水规律及气候条件、土壤水分状况，适时、合理地灌溉和排水，保持土壤的良好通气条件，以确保中药材产量稳定、品质优良。

5.2.3 水分对药用植物品质的影响

影响药用植物品质形成的因素是多方面的，如药用植物种类、品种的遗传性和外界环境条件等。药用植物有效成分的形成、转化与积累，也受环境条件的深刻影响。同时，各种环境条件对药用植物品质的影响是复杂而重要的，在不同生态因子作用下，药用植物的品质是有很大差异的。在此我们着重介绍药用植物的品质形成对水分的需求。

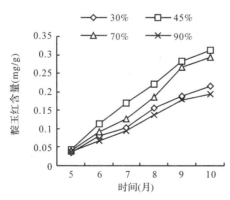

图 5-1 不同水分状况下板蓝根靛玉红含量
（引自谭勇、梁宗锁、董娟娥等）

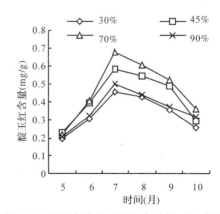

图 5-2 不同水分状况下大青叶靛玉红含量

土壤水分含量是影响药用植物有效成分形成和变异的重要因素。但是，药用植物生长的环境中水分并不是越多越好，对于药用植物品质的形成来说，也有一个最适土壤含水量的问题。从图5-1、图5-2看出，大青叶和板蓝根在不同水分条件下，其有效成分含量有差异，板蓝根中靛玉红含量在土壤含水量为45%时含量最高，而在90%时最低；大青叶中靛玉红含量在土壤含水量为70%时含量最高，而在30%时最低。土壤含水量在55%～75%时，生长在高山上的红景天其红景天苷含量最高。又如金鸡纳在雨季并不形成奎宁，在高温干燥条件下，奎宁含量较高，而在土壤湿度过大的环境下，含量就显著降低，甚至不能形成；羽扇扁豆种子和其他器官中生物碱的含量，在湿润年份较干旱年份少。薄荷从苗期至成长期都需要一定的水分，但到开花期，则要求较干燥的气候，若阴雨连绵，或久雨初晴，都可以使薄荷油含量下降至正常量的75%左右。当归挥发油含量，甘肃武都为0.66%，云南丽江为0.50%，四川为0.25%。武都属半干旱气候环境，长期生长于多光干燥环境下的当归，挥发油含量高。而四川当归生长在少光潮湿的环境下，挥发油含量较低而非挥发性成分如糖、淀粉等组分高。东莨菪(*Scopolia carnioliea*)在干燥条件下，阿托品的含量可高达1%左右，而在湿润环境中则只有0.4%左右。雨季中的麻黄体内生物碱含量急剧下降，而在干燥的秋季则上升到最高值。纤维植物似乎也是在干旱环境中纤维较发达，因为在土壤含水量低的情况下，导管发达，输导组织充实，纤维质量好。植物氮素和蛋白质含量与土壤水分有直接关系，禾本科的药用植物，在生长期土壤水分减少时，氮素和蛋白质含量都有所增加，在大陆性少雨地区，有利于氮素和蛋白质含量的形成与积累。碳水化合物和土壤含水量的关系与蛋白质不同，土壤含水量减少时，淀粉含量相应减少，同时木质素和半纤维素有所增加，纤维素不变，果胶质则减少。如银胶菊的橡胶质含量随土壤含水量的减少而增加，当达到一定值后，土壤含水量进一步降低，则橡胶质含量反而下降。脂肪含量与蛋白质含量相反，土壤含水量与脂肪含量拟成正比关系。土壤含水量高，脂肪含量有增高的趋势。

对寄主药用植物而言，环境湿度大，愈伤组织形成缓慢，气孔开张，水孔的溢泌水多而持久，保护组织柔软，从而药用植物抗病能力下降，有利于病原物的侵入。对病原物而言，环境湿度影响最大，大多数真菌的孢子都必须在水中才能萌发，其中经气流传播的病原菌，湿度越高，对侵入越有利，水滴的存在是病原物侵入的重要条件；存在于土壤中的病原物，湿度过高，影响氧气供应，对侵入不利。所以，南方的梅雨季节和北方的雨季，病害发生普遍而且严重，少雨干旱季节发病较轻或不发病。土壤水分还影响土壤内无脊椎动物的数量和分布。

5.3 药用植物对水分的生态适应

5.3.1 形态适应

药用植物生长的环境是复杂多变的，水分的过多或者过少是很常见的，因此药用植物的生产面临着干旱和涝害的威胁,但是药用植物在生长发育过程中,形成了一系列的形态结构适应。

在形态结构方面,凡是抗旱性强的药用植物,植物体表面积不发达,叶面积小,甚至在干旱季节落叶,这两种情况都可以防止水分过多的散失。干旱地区的植株矮小,细胞变小,叶片小而少,叶片卷成筒状,表皮角质层发达,常有茸毛等,叶组织较紧密,栅栏组织和叶脉都很发达,气孔小而常下陷,单位面积的气孔多,保水能力强。

有些药用植物经过长期的干旱,某些代谢发生变化或者加强,或者在叶片和茎秆上分泌出很多的蜡质等减少蒸腾的物质,种皮、树皮、茎秆、叶片角质化和木质化,植物的组织器官内部细胞形态结构也发生变化等。特别是 C_4 药用植物的维管束鞘结构,在进化中发生变化与 C_3 药用植物明显不同,造成了光合作用效率和水分利用效率的明显不同。

除了地上部分外,还包括地下根系的形态适应。根系形态解剖对干旱适应是多方面的,主要有根系在水平方向或者垂直方向的伸展、根密度、具有强吸收功能的细根(直径 <1mm)数量、根冠比、根面积叶面积比、根内水分流动的垂直和横向阻力的变化等。

一般来说,大部分双子叶植物和裸子植物的药用植物,具有发达主根的直根系,可以向下生长到较深的土层中,可达3~5m,甚至10m以上,形成深根系,能够吸收到土壤深层的水分;而须根系由于主根短,侧根和不定根向周围发展,形成浅根系,可以迅速吸收地表和土壤浅层的水分。但是,直根系并不都是深根系,须根系也并不都是浅根系。由于环境条件的改变,直根系可以分布在土壤浅层,须根系亦可以深入到土壤深处。如薏苡的须根系在雨量多的情况下,根入土较深,雨量少的情况下,根主要分布在表层土壤中;直根系在水分适中营养比较丰富的土壤中,主根适当向下生长,侧根向四周扩展形成了浅根系。

在不同土壤水分情况下,根系水平或者垂直方向的伸展是不一样的。如果土壤水分在冬季可以得到补充,而且达到一定的深度,那么在生长季节无雨或者少雨的情况下,这种地区的根系偏向垂直伸展根系深而分布窄;如果土壤水分来源于生长季节的降雨,而且雨量有限,上部土层含水较多;药用植物根系偏向水平方向发展,根系分布浅而广。以典型的旱生药用植物而言,根系大致有3个适应性表现:一是根系分布浅而广,二是形成多汁根,可以作为贮水器官,三是根系的皮层厚而且木质化程度强,以便贮水和防止水分从根系散失。

在潮湿土壤中,药用植物根系生长缓慢;当土壤降低到田间持水量以下时,根系生长速度显著加快,根茎比相应增加;在土壤干燥的地方,特别是在荒漠草原地区,植物根系非常发达,多属深根系植物,地上部分只有几厘米高,而主根可以达数米,并且根系扩展的范围很广,以吸收更大范围的土壤水分。在潮湿土壤上生长的多为浅根系植物,这些植物的根系多在表土下数厘米的土层中平行横走。就是深根性的植物,在遭水淹后,所发生的细根都趋向于表土,并且根系集中,分布范围很窄,根茎比小。在土壤干燥的地方,多分布深根系药用植物。不仅如此，根的吸收表面积的大小也和土壤水分多少有关，土壤湿度过大时，根系没有根毛；土壤湿度过小时，根毛发达，增加根系吸收水分面积。土壤水分多少还可以使某些草本药用植物的生物学特性改变，例如，禾本科的药用植物，在土壤湿度低的情况下，多具有丛生习性，种子繁殖力旺盛。土壤水分过多就转变为根茎性，以无性繁殖为主。

许多抗旱的药用植物，特别是多年生的药用植物，实际上是靠强大的深层根系从土壤中吸取更多的水分，来维持高蒸腾和生长的需要，因此在表土干旱缺水时，有些深根型的药用植物还可以正常生长。在干旱缺水的旱地和沙漠地区，大根系抗旱药用植物需要较大的土壤范围，所以只能稀植播种或者自然分布稀疏。

多年生草本药用植物，或者块根、块茎药用植物，在一些器官中能贮藏大量的水分，特别是多年生药用植物根系的形态结构也发生异化，例如根皮变厚硬化。在沙漠中，药用植物的地表根系必须抗风蚀能力，才能不至于被沙漠毁坏。根系的吸水能力不但要强，而且根系的强抗土壤干旱能力、耐脱水性和高保水性，对于块根、块茎药用植物更为重要。在干旱来临时，地上部分枯死，但保持根系不死亡，雨季来临时发出新的叶芽，恢复生长。

在药用植物的生长发育过程中，根系还有一个向性生长的适应。当土壤水分分布不均匀时，根趋向较湿的地方生长的特性。绝大多数高等植物的根都是正向水性。由于根系吸水，根系附近水分减少，而水在土壤中的移动是缓慢的，所以根从土壤中获得水分主要是通过根系不断生长。根的向水性有助于根系不断占据土壤中较湿的区域。当土壤水分过多，以致使土壤通气情况不良时，常可看到根朝相反方向生长。这是因为高等植物的根对氧具有显著的正向性。在土壤缺氧条件下，向氧性(向化性的一种)引起了根生长方向的改变，结果使根系入土不深，有时甚至发生跷根，即部分根系生出地面。

药用植物正常的生长发育需要根与地上部分保持一定的比例，也就是均衡生长，这个比例我们通常用根冠比表示。根冠比受植物自身发育特性的影响，环境因素的影响，影响根冠比的环境因素主要有水分、矿质营养、光照和温度。水分过多时，土壤通气状况不好，氧气不足，抑制根的发育，而地上部分则由于水分供应充足，生长较好，因此，使根冠比变小；当土壤缺水时，根系吸收的水分，首先满足自身的需要，近水楼台先得月，很少向上运输，生长受到的影响相对较小，而地上部分由于水分不足，生长抑制，因此缺水时根冠比增大。俗语说"水长苗，旱长根"，就是这个道理。蹲苗也是利用这个道理来促进根系的发育，以增强植物抗旱能力。

对于块根、块茎类的药用植物来讲，一般希望根冠重的比值大，而不是根冠长的比值大。根冠重的比值大，可以将更多的光合产物转运到块根、块茎，提高了药用植物的产量。

药用植物细胞特性是也有一个适应性的问题，细胞越小，在损失相等水分的条件下，原生质变形越小，抗旱性就越强；细胞内原生质和贮藏的养分(脂肪、蛋白质、淀粉)所占的比重越大，细胞的抗旱性叶越强；细胞渗透压越高，细胞的抗性也越强。

有些药用植物在干旱条件下特别是中午高温干旱时,可以自动调整叶片与茎秆的夹角大小,叶片自动下披,叶背和茎秆的角度减小到90°以下甚至0°,以减少强光的胁迫,这类植物蜡质层比较厚,叶片比较厚硬,在低水势下不容易发生卷曲;另一些药用植物叶片颜色发黄,蜡质少,叶片容易发生卷曲。

5.3.1.1 药用植物对水分的适应类型

根据药用植物对水的适应能力和适应方式,可划分成水生药用植物、陆生药用植物2大类。其中水生药用植物又可以分为挺水药用植物、浮水药用植物和沉水药用植物;陆生药用植物又可以分为湿生药用植物、中生药用植物、旱生药用植物3种类型。

(1) 水生药用植物

生长在水中的药用植物统称为水生药用植物。这类药用植物通常根的吸收能力很弱,输导组织简单,通气组织发达。由于水生药用植物都生长在水中,水体与陆地环境差别很大,水体中光照弱,氧的含量很低(按体积计不超过2.5%,平均为0.6%~0.8%)。水生药用植物根、茎、叶内形成一整套相互联结的通气组织系统,以适应缺少氧气的外界环境。例如莲,气孔进入的空气能通过叶柄、茎的通气组织,进入地下茎和根部的气室,形成一个完整的开放型的通气系统,以满足地下各器官、组织对氧的需要;另一类植物如金鱼藻,属封闭式的通气组织系统,这个系统不和植物体外的大气直接相通,但可贮存由呼吸作用释放出来的二氧化碳,以供光合作用的需要,还贮存由光合作用释放出来的氧供呼吸用。药用植物体内存在大量通气组织就能减轻体重,增加药用植物体积,特别是叶片的漂浮能力。

水生药用植物由于长期适应水中弱光、缺氧的环境,水下的叶片常分裂成带状、线状或者很薄,以增加对光线、无机盐和二氧化碳的吸收表面积。例如狸藻属(*Utricularia*)、金鱼藻属(*Ceratophyllum*)、狐尾藻属(*Myriophyllum*)沉没在水中的叶呈线状或带状;有些药用植物叶片非常薄,只有1~2层细胞,这不仅能增加受光面积,而且使水中的二氧化碳和无机盐类容易直接进入植物细胞内。异形叶型可作为水生药用植物叶片形态建成的一个典型例子,例如蔊菜(*Nasturtium amphibium*)在同一植株上有2种以上类型的叶片,水面上的叶片执行光合作用任务,而沉没在水下、高度分裂的叶片还能执行无机营养的使命。水中虽然光照很弱,但二氧化碳含量很高,约比大气中的二氧化碳高700倍,这多少能补偿水下光强的不足。

水生药用植物对环境和气候没有陆生药用植物那样敏感,主要是水中的环境较陆地上稳定得多,所以有些药用植物种类不仅广布全国,在世界上的分布也较为广泛,如芡实(*Euryale ferox*)、睡莲(*Nymphaea tetragona*)、莲、泽泻、菖蒲(*Acorus calamus*)、宽叶香蒲(*Typha latifolia*)等。另一些水生药用植物,对环境有一定的选择性,如黑三棱属(*Sparganium*)主要生长在黄河以北,在南方的高山区或高原地带仅有少数种类。

水能溶解各种无机盐类。按照水中所含盐的成分和量的不同,可以把水体划分为海水(含盐量3.5%)和淡水(含盐量0.05%)。海水中的药用植物具有等渗透特点,因此缺乏调节渗透压的能力。淡水药用植物生活在低渗透的水环境中,药用植物必须具有自动调节渗透压的能力,才能保证其继续生存。

根据药用植物对水的深度适应性不同,可分为挺水药用植物、浮水药用植物和沉水药用植物。

①挺水药用植物　植物根和根状茎在水下土壤中,茎、叶露出水上,如泽泻、水菖蒲、莲、香蒲、芦苇(*Phragmites communis*)等。挺水药用植物从外部形态很像中生药用植物,但由于根和根状茎长期生长在水中,具有非常发达的通气组织。

②浮水药用植物　浮水药用植物的叶片都漂浮在水面。根据浮水药用植物在水下扎根与否又可划分为2类:完全飘浮的有浮萍属(*Lemna*)、槐叶萍(*Salvinia natans*)、无根萍(*Wolffia arrhiza*)等;扎根的如睡莲、芡(*Euryale ferox*)、萍蓬草属、莼菜属(*Brasania*)等。

浮水药用植物气孔通常长在叶的上面,叶上表皮有蜡质,栅栏组织比较发达,但厚度常不及海绵组织,维管束和机械组织不发达,有完善的通气组织。

③沉水药用植物　整个药用植物体沉没在水下,与大气完全隔绝,如海带(*Laminaria japonica*)、紫菜、海蒿子(*Sargassum pallidum*)、羊栖菜(*Sargassum fusiforme*)、螺旋藻(*Spirulina platensis*)、金鱼藻、黑藻(*Hydrilla verticillata*)、水王孙(*Hydrilla verticillata*)等。沉水药用植物是典型的水生植物,表皮细胞不具角质层、蜡质层,能直接吸收水分、矿质营养和水中的气体,这些表皮细胞逐步取代根的机能,因此根逐渐退化甚至消失,如狸藻、金鱼藻等。沉水药用植物长期适应弱光的结果和阴性药用植物很相似,叶绿体大而多,栅栏组织极度退化,皮层很大而中柱很小。沉水药用植物适应水中氧的缺乏,形成一整套的通气组织。此外沉水药用植物无性繁殖比有性繁殖发达,有性繁殖的授粉过程在水面或水面以上进行。

(2)陆生药用植物

在陆地上生长的药用植物统称为陆生药用植物,包括湿生药用植物、中生药用植物、旱生药用植物3种类型。

①湿生药用植物　湿生药用植物生长在潮湿地区,如沼泽、河滩、山谷等地,抗旱能力差,不能忍受较长时间的水分不足,是抗旱能力最小的陆生药用植物。水分缺乏将影响湿生药用植物生长发育以致萎蔫,由于适应水分充沛的环境,蒸腾强度大,叶片两面均有气孔分布。

根据环境的特点可以分为阴性湿生药用植物(弱光,大气潮湿)和阳性湿生药用植物(强光、土壤潮湿)2类。

湿生药用植物分布于我国的湿润地区中比较潮湿的环境,如鱼腥草、风轮菜(*Clinopodium chinense*)等典型湿生药用植物生长在阴湿的土壤上;灯心草(*Juncus effusus*)、半边莲(*Lobelia chinensis*)等阳性湿生药用植物适应向阳且潮湿的生境。

沼泽中分布的均是湿生植物。附生湿生药用植物通常着生在光线弱、空气潮湿的森林中的树上，如兰科石斛等药用植物。

阴性湿生药用植物：阴性湿生药用植物是典型的湿生药用植物，主要分布在阴湿的森林下层。例如热带雨林中的各种附生蕨类药用植物、附生兰科药用植物。这些药用植物或者由于叶片极薄，或者由于气根外有根被，都能直接从空气中吸收水气；还有一类阴性湿生药用植物如天南星、七叶一枝花(Paris polyphylla)、八角莲(Dysosma pleantha)、贯众(Cyrtomium fortunei)、凤尾草(Pteris multifida)等，它们生长在森林下层荫蔽湿润的环境中。由于所处环境光照弱，大气湿度大，药用植物蒸腾弱，容易保持水分平衡，因此这些药用植物根系不发达，叶片质地柔软，海绵组织发达，栅栏组织和机械组织不发达，防止蒸腾、调节水分平衡的能力极差。

阳性湿生药用植物：阳性湿生药用植物主要生长在阳光充沛、土壤水分经常饱和的环境中，最典型的代表有毛茛(Ranunculus spp.)、半边莲(Lobelia radicans)、三白草(Saururus chinensis)、薏苡、灯心草(Juncus bufonius)等。这类药用植物虽生长在潮湿的土壤上，但由于土壤常发生短期缺水，特别是大气湿度较低时，因而这类药用植物湿生形态结构不明显。叶片有角质层等防止蒸腾的各种适应结构，输导组织较发达。由于适应潮湿土壤的结果，根系不发达，没有根毛，根部有通气组织和茎叶的通气组织相连，以保证根部取得氧气。

湿生药用植物抗涝性很强，一方面根部通过通气组织取得游离氧，同时根系氧化能力很强，能阻止铁离子(Fe^{2+})进入根内。

②中生药用植物　中生药用植物对水的适应性介于旱生药用植物与湿生药用植物之间，多生长在水湿条件适中的陆地上。绝大多数陆生的药用植物均属此类。原生质的黏性及弹性均小于旱生植物，故其耐高温及抗脱水均不如旱生植物。

中生药用植物不仅适应中等湿度的水湿条件，同时也要求有适度的营养、通气、温度条件，是种类最多、分布最广、数量最大的陆生植物。由于所处生境优越，许多药用植物均属此类。由于环境中水分的减少，中生药用植物逐步发展和形成了一整套保持水分平衡的结构和功能。

中生植物的根系、输导系统、机械组织和节制蒸腾作用的各种结构，都比湿生植物发达，这样就保证能吸收、供应更多的水分；叶片表面具角质层，栅栏组织一般只有1层，比湿生药用植物发达。中生药用植物细胞的渗透压介于湿生和旱生药用植物之间，一般是506.6~2533.1kPa，能抵抗短期内轻微干旱；中生药用植物叶片虽有细胞间隙，但没有完整的通气系统，故不能在长期积水、缺氧土壤上生长。中生药用植物很多，如芍药、菘蓝、桔梗、白芷(Angelica dahurica)、前胡(Peucedanum decursivum)、菊花、牛蒡、苍术、地黄(Rehmannia glutinosa)、浙贝母、延胡索等，它们生产率很高，在保证合适的营养条件下，能获得高产。

③旱生药用植物　旱生药用植物能在干旱的气候和土壤环境中维持正常的生

长发育，具有高度的抗旱能力。它们在形态上和生理上常发生变化，表现出特殊适应性。根据旱生药用植物的形态、生理特征和抗旱方式，可以进一步区分为真旱生药用植物、深根性药用植物和肉质药用植物。旱生药用植物一般分布在干热草原和荒漠区。如仙人掌(*Opuntia dillenii*)、沙棘(*Hippophae rhamnoides*)、芦荟(*Aloe vera* var. *chinensis*)、龙舌兰(*Agave americana*)、甘草、麻黄等。这类药用植物具有发达的根系，或有良好的抑制蒸腾的结构、发达的贮水构造和输导组织等"旱生结构"，具有显著的耐旱能力，适应在地势高、干燥少雨的地区栽培。

真旱生药用植物：这类药用植物一般叶面积小，叶表面常具有茸毛，蒸腾强度较低。如麻黄叶片退化成不明显的小鳞片状，绿色茎代行光合作用的任务。这些都在一定程度上缩小了蒸腾面积。有些真旱生药用植物还在叶片上设有减少蒸腾的防御工事，例如叶表皮细胞很厚，角质层发达，叶表面密被茸毛，有些涂有一层有光泽的蜡质，可反射部分光线。这类植物叶片栅栏组织多层、排列紧密，细胞空隙少，海绵组织不发达，气孔数量多且大多下陷，并有特殊的保护机构。有些禾本科叶片有多条棱和槽，气孔深陷在沟内，干燥时叶缘向内反卷或由中脉向下叠合起来，能大大地降低蒸腾量。总之，减少水分的消耗是真旱生药用植物的主要特征之一。

真旱生药用植物的另一个特征是原生质渗透压高。淡水水生药用植物细胞渗透压仅有 202.7~304.0kPa，中生药用植物细胞渗透压一般不超过 2026.5kPa，但真旱生药用植物可高达 4053.0~6079.5kPa，甚至可高达 10132.5kPa。渗透压高保证根系能从含水量很少的土壤中吸收水分，而不至于水分从细胞中反渗透到干旱的土壤里，这样就保证药用植物能生活在干旱的土壤中。此外，真旱生药用植物在干旱的条件下，能抑制碳水化合物和蛋白质分解酶的活性，保持合成酶的活性，从而使药用植物在干旱条件下仍能进行正常的代谢活动。

深根性药用植物：这类药用植物蒸腾强度一般较大，原生质不耐高温和脱水，但具有深根系，有的可深达地下水，增加吸水量保证水分供应以维持水分平衡。深根性药用植物的根系生长速度很快，扩展范围既广又深，以增加和土壤的接触面及吸收表面积。例如生长在沙漠地区的骆驼刺，地上部分只有几厘米而地下部分深达 15m，扩展的范围达 623m。生长在高温干旱(荒漠、草原)地区的深根性药用植物的多年生根外面，包有一层很厚的木栓层外壳，土壤高温干旱时期能保护根系，防止失水变干，如甘草等。

肉质药用植物：这类药用植物的茎或叶呈肉质，具有发达的薄壁组织，贮藏大量的水分，气孔少，角质层发达，蒸腾强度低，原生质黏性大，含束缚水多，能耐较高的温度。肉质药用植物由于本身储有水分，环境中又有充沛的光照和温度条件，因此，在极端干旱的沙漠地区，能长成高大乔木。例如北美洲沙漠的仙人掌树(*Opuntia dillenii*)，高达 15~20m，可贮水 2000kg 以上；西非猴狲面包树，树干可粗达 4 人合围，可贮水 4000kg；又南美洲中部的瓶子树(*Brachychiton rupestris*)，树干直径达 5m，能贮存大量水分。仙人掌科、大戟科、景天科、马齿苋科、石蒜科、百合科等都有肉质药用植物的代表。这类药用植物的一个主要特点是面积对体积的比例很小,因而可以减少蒸腾表面积。它们中大多数种类叶片退化,由绿色茎代行光合作用。茎的外壁覆有很厚的角质层,表皮下面有多层厚壁细胞;气孔数量较少,大多数种类的气孔深陷。这些都是适应于减少水分蒸腾的结构特征。

肉质药用植物能在细胞里保持大量水分,其原因是含有一类特殊的五碳糖,这类五碳糖能提高细胞液的浓度,增强药用植物的保水性能,在极端干旱条件下也不至于引起失水过多而萎蔫、干枯。

肉质药用植物有特殊的代谢方式,气孔白天关闭以减少蒸腾量,而夜晚大气湿度缓和时,则气孔张开。夜间进行呼吸作用时,碳水化合物只分解到有机酸的阶段,白天在光照条件下,CO_2 才分解出来,作为光合作用的原料。

肉质药用植物虽具有很强的抗旱能力,但由于代谢特殊,生长缓慢,一般说来生产量很低。

5.3.2 药用植物对水分的生理适应

植物在长期进化过程中,形成了能调节水分吸收和消耗,以维持其平衡的能力。如气孔的自动开关,既保证叶子内部和大气中的空气和水分的交换,又能避免水分的过多消耗。当水分充足时,气孔开张,水分和空气交换通畅。缺水、干旱时,气孔闭合,减少水分的损耗。所以气孔很像是一个自动的"安全阀门"控制着植物体的水分平衡。又如叶子的外表面覆盖有蜡质的、不易透水的角质层,能把叶子表面的蒸腾量减少到很小的程度。此外,强大的根系能从土壤中吸取大量的水分,以保证植物对水分的消耗,也是维持植物体水分平衡的一种适应机制。

植物体的水分平衡,是指植物体的水分收入(根吸水)和支出(叶蒸腾)的平衡。只有吸水、输导和蒸腾三个方面的比例适当时,才能维持良好的水分平衡。当水分供应不能满足植物蒸腾的需要时,平衡变为负值。而水分亏缺的结果引起气孔开张度变小,蒸腾减弱,又使平衡得以暂时恢复和维持,所以植物体的水分经常处于正负值之间的动态平衡中。这种动态平衡关系是由植物的水分调节机制和环境中各种生态因子间相互调节、制约的结果。

要维持水分平衡,必须增加根系吸水能力,并在干旱时减少叶片的水分蒸腾,药用植物在这方面具有一系列的适应性。陆生植物吸水的动力主要靠根压和蒸腾压力。根压是根系本身代谢的结果,根的细胞从外向内产生一系列的吸水梯度,只要导管中溶液保持一定的浓度,并大于土壤溶液浓度,就会产生根压、吸水,并能将水压送到茎、叶各个部分。

在土壤-植物-大气系统中,土壤水分经由土壤流向植物根系表面,由根表面穿过表皮、皮层、内皮层而进入木质部,由根木质部经茎木质部输送到叶木质部,在叶部胞间气化,水气穿过气孔腔,进入与叶面接触的静空气层,经过这层进入湍流边界,最后转移到外面大气中去,这样一个过程形成了一个生物-物理的、统一的、连续的动态系统。只有水分的吸收、运输和排出经常协调并保持适当的平衡，植物才能进行正常的代谢过程。

当叶片蒸腾失水时，叶肉细胞吸水力增大，把茎部导管中的水柱拉引上升，结果引起根部导管中的水分的不足，加大细胞吸水陡度，迫使根部细胞产生更大的吸水力，向土壤溶液吸收更多的水分，以补偿叶片蒸腾水分的消耗，维持水分的平衡。一般情况下，蒸腾拉力是根部吸水的主要动力，因为叶肉细胞的细胞渗透压很高，为 2026.5~10132.5kPa，而一般植物的根压为 101.3~202.7kPa，个别植物也只能达到 304.0~405.3kPa。土壤中温度的高低能直接影响根的吸水，温度低，水的滞性增加，土壤中水的移动减慢，根系就不容易得到水分；同时，在低温条件下，原生质黏性增加，甚至变成凝胶态，这样，水分就不容易通过原生质，细胞间水分运输也由于原生质黏度增大受阻而降低速度。但是，土壤中温度过高也会导致根的强烈木栓化，而减少根的吸收面积。因此，维持土壤合适温度才能保证植物充分、有效地吸收水分。

地衣、苔藓和某些蕨类药用植物可以直接从空气中吸收水分，如热带、亚热带的膜叶蕨属很薄的叶片和兰科植物根上的根被，都能直接吸收空气中的水分；沙漠中的某些小型浅根性 1 年生药用植物，往往依赖气态水更甚于液态水。大气湿度通过对植物细胞间隙和大气之间的蒸汽压梯度的作用而影响蒸腾速度。在根系吸水充足，气孔开度不变的情况下，植物的蒸腾基本上和水分蒸发相似，水蒸气从叶内蒸发出来的程度取决于细胞间隙蒸腾表面的蒸汽压和大气中蒸汽压之间的饱和蒸汽压差，饱和蒸汽压差越大，蒸腾越强。

5.3.2.1 药用植物对干旱的生理适应

药用植物本身也有适应水分缺少，抵抗干旱的能力。对于大多数药用植物来说，如果水分是缓慢的减少，并且持续时间不长，则药用植物体内的半纤维素增加，淀粉转化为糖，以提高细胞的渗透压和吸水保水能力，增强药用植物的抗旱性。在干旱缺水时，蛋白质水解，脯氨酸含量大大增加，而抗旱性强的品种（系）的脯氨酸含量增加的更多。这种物质有强的亲水性，能稳定胶质体内组织内的代谢过程，同时，它又可以作为氧化还原过程的活化剂，能消除植物体内氨积累所造成的毒害。在干旱缺水时，由于水分控制系统的作用，气孔关闭，以减少水分的蒸腾量；光合作用减弱，呼吸作用增强，以减少水分的消耗。土壤适度干旱还能相应地使植物根系深扎，支根及根毛发达，以截获更多的水分。如果药用植物反复遭受这种缺水锻炼，就又可能使药用植物抗旱能力增强，甚至形成新的抗旱品种。

生理抗旱性首先体现在气孔控制体系的功能，这是抗旱性的重要指标。抗旱性强的植物，它们的气孔保卫细胞对水分、光照变化非常敏感。在早晨，抗旱性强的植物气孔开度比抗旱性弱的植物大；中午前后，当植物体内水分减少时，抗旱性强的植物比抗旱性弱的植物首先气孔关闭。这样，抗旱性强的植物早晨气孔开张，有利于碳素的同化，又不会引起过多水分的蒸腾；中午前后气孔关闭，减少水分蒸腾，提高抗旱能力。

植物体内生物化学反应特点是抗旱性强弱的又一个重要指标。抗旱性强的药用植物在干旱时能抑制分解酶的活性，使转化酶和合成酶的活性不会因为干旱而降得太低，以维持最基本的代谢活动。在干旱环境和干旱季节内，抗旱性强的药用植物具有更大的适应干旱的能力。

一般情况下，药用植物水分胁迫比较严重时，叶片水势下降，叶片发生卷曲。水分恢复时，叶片伸展。有些药用植物叶片发生卷曲时水势高，有些药用植物叶片发生卷曲时水势低。不同药用植物叶片发生卷曲时水势明显不同，可能与药用植物的抗旱机制、根系深浅和大小有关。在长期严重干旱情况下，许多栽培的药用植物往往是加快将低叶位的叶片和分蘖中的养分和水分向主蘖或茎尖、根部转移，通过下部叶片和小分蘖的枯死脱落，减少水分蒸腾，而保持主茎和大分蘖茎尖的生长活力。

有的药用植物通过分泌各种多糖如果胶糖和其他脂类物质，在种子表皮形成耐旱、耐盐、耐高温、耐冻的种皮或者包衣，可以在缺水或极度严酷的条件下保持长期休眠状态。有的种子可以在逆境条件下存活数年、几十年或几百年甚至更长，躲避干旱和其他逆境条件，雨水来临时快速萌发生长。沙漠中有的药用植物生命周期可能就是几个小时、几天、几周、几个月。

对于块根、块茎类的药用植物而言，既必须有强的存储水分的能力，同时又要有强的耐脱水能力，最重要的是要在低水势条件下可以生长，在相对缺水的条件下，获得一定的块根、块茎产量。

5.3.2.2 药用植物对涝害的生理适应

植物对于水分过多所引起的土壤缺氧存在一定的适应。水涝引起土壤中的氧慢慢下降，则植物根系相应木质化。木质化了的细胞吸收困难，却限制了还原物质的侵入，抗湿性增强。植物体内通气组织的形成，可提高抗涝性。如泽泻由于有从叶向根输送氧气的通气组织，根系可以通过叶片取得氧气，并向土壤分泌氧以适应土壤的还原状态，所以能在较长期的淹水条件下生长。

植物对水涝的适应还有生物化学的途径，这与代谢过程有关。如鸢尾(*Iris pseudocorus*)的根在冬季淹水条件下，含有大量莽草酸；而夏季由于土壤干燥，通气良好，根内仅有痕量莽草酸。适应性强的鸢尾，其磷酸烯醇式丙酮酸转化为莽草酸，没有无氧呼吸所致的乙醇积累，不产生乙醇毒害。

对水涝的耐性强弱也依药用植物种类而异，薏苡、水菖蒲(*Acorus calamus*)、香蒲(*Typha orientalis*)、泽泻、莲、菱(*Trapa bispinosa*)等水生或湿生药用植物等能在沼泽或充水的土壤中生长，耐水涝能力强。但大多数药用植物对水涝的耐性很弱，易受水涝危害。

5.3.3 药用植物对水分的分子适应

植物整体抗逆性是指植物在整个生命过程中(包括生长发育和果实种子收获贮藏休眠期)，具有由基因控制的，能够抵抗各种外界环境胁迫的能力，使生长发育、产量、生活力受到有限的危害水平，它可以反映在分子、细胞、组织器官、个体植株、群体甚至整个生态系统的不同水平上。植物的抗逆性特别是栽培植物的抗逆性主要是通过自身适应和育种改良得到的。这种抗逆性的形式是多样的，可以体现在群体、植株、组织器官、细胞、生理代谢、分子、基因不同水平上；同时它的表现是有阶段性的，因为决定不同性状的基因在植株生长发育中是逐渐程序化表达的，有的是不同时期各种逆境诱导表达的，具有阶段性，在不同生长发育阶段其抗逆性重点也是不同的。植物整体抗逆性效应具有整体性的特点，以不同形式在不同层次表达的抗逆性在不同时期抗不同逆境胁迫，通过自我调节，最终能保证正常生长发育和获得满意产量，形成效应的整体性；这种抗逆性还表现遗传的持久性，植物所具有的整体抗逆性，必须是由基因控制的遗传特性，才能多年持久地保持抗性和广泛的适应性。

多数药用植物具有适应性的避旱性能，在干旱条件下，通过诱导增加脱落酸为主的激素的主动调节，降低营养生长量（体积和重量），减短生育期，促进叶片和茎秆中的干物质运转向果实和种子，提前成熟和进入种子休眠期。从繁衍后代的特性来看，在较小的营养体基础上，在短的生育期完成生殖生长和生活史，开花传粉、结果生籽，则是一种主动的抗旱形式。在干旱胁迫条件下，株高明显减低，开花、抽穗、成熟提前，提高了土壤水分的利用率。

木本的药用植物在干旱胁迫后，开花和成熟推迟，继续维持一定的营养生长。研究表明，在药用植物的营养生长期，遇到干旱胁迫，在不同生育时期会有不同程度抑止正常生长的现象。但在灌浆期，遇到一定的干旱，可加快茎叶的同花产物向籽粒转运，提高水分利用率和收获指数。

有一些沙漠药用植物在雨后快速生长完成生活史，提高了降雨的利用效率。沙漠中的有些药用植物生命周期只有几个小时、几天、几周、几个月，这也是主动积极的避旱方式。

在药用植物的生长过程中，抗旱性的表现有3种形式，一种表现是主动吸收水分、减少蒸腾，保持体内相对较高的水势，以维持细胞、植株生长和光合作用，这类是抗旱型的；另一类是表现为耐脱水，延缓衰老的耐旱型；第三类是避旱性的，主要表现是加快成熟、缩短生育期。因此对于药用植物而言，抗旱、耐旱和避旱对于它们的重要性是不同的，是可以区分的。这是因为，如果大多数药用植物在整个生育期内，没有抗旱性和耐旱性，只有避旱性肯定是不现实的，有抗旱性和耐旱性，没有避旱性是可以的，大多数情况下，都可能同时具有抗旱、耐旱和避旱特性。药用植物的抗旱节水机制是复杂的，受多种基因控制，但是可以通过对药用植物抗旱性和避旱性特性的分析，区分控制不同抗旱方式的相应基因，进行遗传研究和基因克隆及转基因应用研究。

药用植物中水分通过叶片的蒸腾有90%左右是经过叶片气孔进行的，蒸腾也受到气孔和植物生长发育需要的自我调控和基因调控。由于不同植物叶片气孔大小、数目、结构不同，开放时间也不同，所以不同药用植物的气孔表现和它控制的蒸腾也受遗传因素的控制。经过长期变化形成了一定的昼夜变化规律和生物钟现象。

随着研究的不断深入，药用植物品质的形成及影响因素将不断被揭示，人们将能够通过创造适宜的条件，调节或控制药用成分的形成、转化与积累过程，以达到有效提高中药材质量的目的。

本章小结

水是药用植物生存的极其重要的生态因子，在药用植物生命活动的各个环节起着极大的作用。水主要通过不同形态、量以及持续时间三方面的变化对药用植物产生影响。各地区的降水量在年际间和逐月间都是变化的，具有不同的时空变化规律。土壤水分常常是决定植物生长和分布的限制因子，它直接影响到植物的生长发育及各种生理代谢过程，并影响其产量和品质。从全球来看，各大陆的降水量分布基本上呈经度性变化，从海滨向内陆降水量逐渐减少；我国降水量与距海远近有关，以东南最多，由此向大陆各方递减，从而使东西两侧的药用植物分布呈现明显不同的特征，雨量的不同季节分配不均也影响药用植物的分布。雾、露、雪等降水形式也对药用植物分布产生不同的影响，有时还取决于地形的变化。

只有满足药用植物的需水量，药用植物才能正常生长发育形成产量。药用植物的生长有一定的土壤含水量范围，即存在着最高、最适、最低含水量。药用植物在不同的生长发育时期，对土壤水分的需求是不一样的。药用植物在不同的生长发育阶段对水分的需求也不同。药用植物的需水临界期是对水分最敏感的时期。

干旱对药用植物的危害性很大，长期经受干旱的药用植物，植株生长缓慢，外形矮小，药材产量低，品质差，严重干旱时植株还会停止生长甚至死亡。药用植物受干旱胁迫的影响程度，因受旱轻重、持续时间以及生育进程的不同而有所差别，受旱越重，持续时间越长，受之影响就越甚。水分过多使土层中缺乏氧气，根系呼吸减弱，最终窒息死亡。根及根茎类药用植物对田间积水或土壤水分过多非常敏感，水分过多就会引起根或地下茎的腐烂。

土壤水分含量是影响药用植物有效成分形成和变异的重要因素，对于药用植物品质的形成来说，不同生育时期有一个最适土壤含水量的问题。药用植物生长的环境是复杂多变的，水分的过多或者过少是很常见的，因此药用植物的生产面临着干旱和涝害的威胁，但是药用植物在生长发育过程中，形成了一系列的形态结构适应。根据药用植物对水的适应能力和适应方式，可划分为水生药用植物、陆生药用植物两大类。其中水生药用植物又可以分为挺水药用植物、浮水药用植物和沉水药用植物；陆生药用植物又可以分为湿生药用植物、中生药用植物、旱生药用植物 3 种类型。

药用植物对水分的适应主要表现在形态适应、生理适应和分子适应 3 个方面。

随着研究的不断深入，药用植物品质的形成及影响因素将不断被揭示，人们将能够通过创造适宜的条件，调节或控制药用成分的形成、转化与积累过程，以达到有效提高中药材质量的目的。

思考题

1. 试说明水分对药用植物生长与分布的影响。
2. 试说明水分对药用植物产量与品质的影响。
3. 水是如何通过不同形态、量以及持续时间三方面的变化对药用植物的产量与品质形成的影响？

本章推荐阅读书目

植物生态学. 第2版. 曲仲湘, 吴玉树, 王焕校, 等. 高等教育出版社, 1983.
药用植物与生药学. 郑汉臣, 蔡少青. 人民卫生出版社, 2003.
药用植物生态学. 王德群, 王文全, 陈西玲, 等. 中国医药科技出版社, 2006.

第6章
药用植物与土壤因子的生态关系

土壤是岩石圈表面的疏松表层,它不但是由固体(无机部分和有机部分)、液体(土壤水分)和气体(土壤空气)组成的复杂的自然体,同时又是与药用植物、微生物息息相关、互相依存、互相促进的具有无限生命力的特殊自然体。具体表现在土壤具有稳、匀、足、适地供应药用植物以热、水、气、肥4个因素这一肥力特征。然而,土壤中这4个肥力因素能否相互协调,以及能否稳、匀、足、适地供应给药用植物,则与土壤中一系列基本性质有关。这些性质就是土壤的物理性质、化学性质和生物性质。在本章中我们将分别就土壤的物理性质、化学性质和生物性质对药用植物的生态作用以及药用植物对土壤的生态适应加以探讨,为药用植物的规范化生产提供科学依据。

6.1 土壤及其变化规律

6.1.1 土壤

土壤的性质大致可以分为物理性质、化学性质和生物性质。土壤的生物性质主要是土壤微生物的性质。土壤肥力是土壤物理、化学、生物等性质的综合反映,这些基本性质通过直接或间接的途径影响药用植物的生长、有效成分的含量等。要使土壤具有高的肥力,就必须使土壤同时具有良好的物理性质、化学性质和生物性质。

6.1.1.1 物理性质

土壤物理性质是指土壤的质地、结构、密度、空隙度等。

土壤的质地和结构与土壤中的水分、空气和温度状况有密切关系,并直接或间接地影响着药用植物、土壤动物和土壤微生物的生活。因此,了解土壤物理性质与药用植物的关系,可以为合理地栽培种植药用植物提供理论指导。

(1)土壤的质地和结构

土壤固相颗粒是组成土壤的物质基础,它约占土壤全部重量的85%以上,是土壤组成的骨干。土壤的固、液、气三相中,液、气二相都受固相颗粒的组成、特性及其排列状态的影响。土壤颗粒的组成、性质及排列形式,又决定着土壤的物理、化学和生物特性，并与药用植物生长发育所需要的水分、空气、热量及养分的关系十分密切。

组成土壤的各种大小不同的颗粒，主要为矿质颗粒，根据土壤直径的大小，可以把土壤分为若干级。粒级划分标准各国不一。我国拟订的土粒分级标准如下：粒径 1~0.05 mm 的为砂粒(1~0.25 mm 为粗砂粒，0.25~0.05 mm 为细砂粒)；0.05~0.005 mm 的为粉粒(0.05~0.01 mm 为粗粉粒，0.01~0.005 mm 为细粉粒)；0.005~0.001 mm 以下的为黏粒(0.005~0.001 mm 为粗黏粒，0.001 mm 以下为黏粒)。这些大小不等的矿质颗粒，称为土壤的机械成分，通常称为土壤质地。土壤质地是土壤矿物质部分的重要特征之一。

土壤结构是指土壤固相颗粒的排列形式，孔隙度以及团聚体的大小、多少及其稳定度。这些都能影响土壤中固、液、气三相的比例，并进而影响土壤供应水分、养分的能力，通气和热量状况以及根系在土壤中的穿透情况。土壤中水、肥、气、热的协调，主要取决于土壤结构。

土壤结构通常分为微团粒结构(直径 <0.25mm)、团粒结构(0.25~10mm)、块状结构、核状结构、柱状结构、片状结构等。具有团粒结构的土壤是结构良好的土壤。所谓团粒结构是土壤中的腐殖质和矿质土粒互相黏结成直径为 0.25~10mm 的小团块，具有泡水不散的水稳性特点，常称为水稳性团粒。由这种大大小小的团粒组成的土壤能协调土壤中水分、空气、养料之间的矛盾，改善土壤的理化性质，是土壤肥力的基础。

由于耕层中土壤团聚体与单粒的结合和排列方式不同，构成了大小和形状均不同的孔隙，有毛管孔隙和非毛管孔隙。在毛管持水的情况下，水分被保持在毛管孔隙内，非毛管孔隙充满着空气。如果土壤(固相)与毛管孔隙(液相)和非毛管孔隙(气相)保持良好的比例关系，也就在很大程度上保证了土壤中水分和空气的协调存在，从而使养分和温度状况表现良好。

因此，土壤质地和结构与土壤中的水分、空气、热量状况有密切的关系。

(2) 土壤水分

土壤水分主要来自降雨、降雪和灌水。此外，如地下水位较高，地下水也可以补充土壤水分；空气中的水气遇冷也会凝结为土壤水。

根据中国综合资源的区划，确定年降水量 250mm 以下为干旱区，250~500mm 为半干旱区，500~1000mm 为半湿润区，1000mm 以上为湿润区。我国北方及西北地区多为干旱区，如内蒙古、宁夏、甘肃、新疆等地。我国旱区除了降水量少、土壤蒸发量大这个基本特点之外，还有一些其他特点，如太阳辐射强，光照充足等。各地冷热差异悬殊，气象灾害多而严重，对农业影响极大，如东北部春旱较重，西北部有沙漠分布，严重缺水，黄土高原降水集中，水土流失严重。不同的年降水量决定了土壤中的含水量不同。

根系是陆生药用植物吸水的主要器官，根系吸水主要在根尖进行。根系吸水有 2 种动力：根压和蒸腾拉力。这两种吸水动力都是顺着土壤介质到根系木质部的水势梯度进行的。根系能否吸水取决于根系水势与土壤水势之差，只有根系水势低于土壤的水势时,根才能从土壤中吸水。

根据土壤的持水能力和水分移动情况,可将土壤水分分为3种基本类型:

①吸湿水　是由分子吸附力作用而保持在土粒表面的水分。其吸附力的大小与土粒的表面积有关。这种水分只有在100~105℃高温条件下,经过一定时间才能释放出来。因此,吸湿水不能为药用植物吸收利用。

②毛管水　是由土壤毛细管的毛管力吸附而保持在土中的水分。毛管水含量的多少也和土壤质地有关。毛管水在土层中总是从湿润的地方朝着失水的、干燥的地方移动。因此,它是药用植物最能利用的有效水分,在生产上要尽量减少毛管水的无益消耗。

③重力水　为毛细管所不能保留的水分,是地下水的来源,它在土壤中能自由流动,但由于受重力的影响,只能向下或沿斜坡移动,且移动速度较快。这种水分一般不能为旱生药用植物所吸收利用。

(3) 土壤空气

土壤空气的组成80%是氮,20%是氧和二氧化碳等。土壤空气基本上来自大气,还有一部分是由土壤中的生化过程产生的。

由于土壤中生物(包括微生物、动物和药用植物根系)的呼吸作用和有机物的分解,不断消耗 O_2 和放出大量 CO_2,所以土壤空气和大气中 O_2 和 CO_2 的含量有很大的差别。土壤空气中 O_2 的含量比大气低,只有10%~12%,特别是在土壤板结或积水、透气性不良的情况下,土壤中 O_2 的含量有可能降低到10%以下,这时土壤中生物的生命活动就会受到一定的影响,药用植物根系的呼吸也会受到抑制,进而影响整个药用植物的生理机能。土壤空气中 CO_2 的含量比大气高几十到几百倍,排水良好的土壤含 CO_2 量在0.1%左右,施用有机肥料的土壤 CO_2 的含量可以超过2%或更多。

(4) 土壤温度

土壤的热量主要来源于太阳能。由于太阳辐射强度有周期性的日变化和年变化,所以土壤温度也具有周期性的日变化和年变化。

白天的土壤温度随深度的增加而下降,夜间的土壤温度随深度的增加而升高。但土壤温度在35~100cm深度以下无昼夜变化,30m以下无季节变化。一般说来,夏季的土壤温度随深度的增加而下降,冬季的土壤温度随深度的增加而升高。年变化深度在中纬度地区约为15~20m,在低纬度地区约为5~10m。土温的这种垂直变化与播种深度和根系生长有关。土壤温度的年变化在不同地区和不同季节差别很大。在中纬度地区,从春季开始,白昼愈来愈长,土壤吸收太阳辐射逐日增多,由于地面辐射损失,土壤贮存热量日益增加,至7月,地表出现温度最高值。夏至后,白昼慢慢变短,太阳辐射减弱,当夜间地面辐射所损失的热量大于日间太阳辐射所得到的热量时,土温逐步降低,至1月出现最低值。热带地区因为太阳辐射的年变化小,所以土壤温度的年变化主要受雨量控制。在高纬度高海拔的严寒地区,土壤温度的年变化还受积雪的影响。

土壤温度除了有周期性的日变化和季节变化外,还有空间上的垂直变化。土壤表面在白天和夏季受热，温度最高，这时有热量从表土向深层输送；夜间和冬季土表温度最低，这时有热量从深层向土表流动。随着土层深度增加，最高温和最低温出现时间越来越延后，这是因为热量传递需要一定时间，大约每加深 10cm，日最高温和最低温要比其上一层延后 1~2h；每加深 1m，年最高温和最低温要落后 20~30 天。由于各类土壤的组成物质不同，所以，各类土壤温度垂直变化的多少也有所不同。

6.1.1.2 化学性质

土壤化学性质的范畴比较广泛，除了无机和有机的化学反应外，还有物理化学、生物化学等化学过程。其中，土壤酸度、土壤有机质及土壤矿质元素与药用植物营养存在密切关系，因为这些都涉及土壤养分的供应特点。因此，这里仅就土壤矿质元素、土壤酸度及土壤有机质与药用植物营养的关系加以介绍。

(1) 土壤矿质元素

药用植物在生长发育过程中，需要不断从土壤中吸取大量的无机元素。药用植物和其他植物一样，需要的无机元素很多，包括 C、H、O、N、P、S、K、Mg、Ca、Fe、Cl、Mn、Zn、B、Cu、Mo 等 16 种元素。这些元素都是药用植物生命活动和正常发育所必需的，其中除了 C 主要来自空气中的 CO_2，O 和 H 来自水以外，其他元素都来自土壤，所以土壤的养分状况与药用植物根系营养具有十分密切的关系。

已知在地壳中存在 90 多种元素，但含量相差很大，其中 O、Si、Al、Fe、Ca、K、Na、Mg 等 8 种元素占 98% 左右，其他元素总共不到 2%，这些含量很少的元素称为微量元素或痕量元素。这 90 多种元素并不是所有的药用植物生活所必需的，只有其中一些元素为其生活所必需，包括需要量大的大量元素如 N、P、S、K、Mg、Ca、Fe，以及需要量小的微量元素如 Mn、Zn、B、Cu、Mo、Cl 等。

各种元素在药用植物体内的含量是不同的，且随药用植物种类、器官和发育时期的不同，以及环境条件的差异，药用植物体内的元素组成和含量会有较大的变动。

药用植物所需的无机元素来自矿物质和有机物质的矿物分解。在土壤中将近 98% 的养分呈束缚态，存在于矿物中或结合于有机碎屑、腐殖质或较难溶解的无机物中，它们构成了养分的储备源。通过风化作用或腐殖质的矿化，缓慢地变为可利用态。溶解态的养分只占一小部分，吸附于土壤胶体颗粒上。

(2) 土壤酸度和缓冲性

土壤酸碱度是土壤的很多化学性质特别是盐基状况的综合反映，它对土壤的肥力性质有深刻影响。土壤中微生物的活动，有机质的合成与分解，土壤营养元素的释放、转化以及土壤发生过程中元素的迁移，微量元素的有效性，土壤保持养分的能力等，都与土壤酸度有关。土壤酸碱性在自然土壤中时比较稳定的，但在人为耕作、施肥或灌溉等措施的影响下，又是比较容易变化的。

土壤酸度包括酸性强度和数量两个方面，或称为活性酸度和潜在酸度。

酸性强度（活性酸度）又称土壤反应，是指与土壤固相处于平衡的土壤溶液中的 H^+ 离子浓度，用 pH 值表示，$pH = -\lg[H]^+$，多在 4~9。我国土壤酸碱度可分为 5 级：强酸性（pH<5.0），酸性（pH5.0~6.5），中性（pH6.5~7.5），碱性（pH7.5~8.5），强碱性（pH>8.5）。

酸度数量（潜在酸度）是指酸度总量和缓冲性能。土壤胶体所吸附的氢离子或铝离子的释放也会改变土壤溶液的酸度，这个酸度称作潜在酸度。

酸度总量代表土壤所含的交换性氢、铝总量，一般用交换性酸量表示（mmol/100g 土）。土壤的缓冲性能代表土壤缓冲酸碱变化的能力。土壤的缓冲性能具体是指在土壤中加入一些酸或碱后，土壤的 pH 值不至于发生很大变化的性能。土壤的这种性能与多种复杂的化学反应有关，如土壤溶液中有弱酸及其溶解状态的盐类物质，在一定条件下就会发生缓冲作用。土壤胶体上的盐基离子能与土壤溶液中的 H^+ 发生交换，会起到缓冲作用。土壤胶体上吸收的 H^+ 和 Al^{3+} 或土壤中的活性铝，能中和碱性而起到缓冲作用。土壤中的有机物质是使土壤具有缓冲性能的重要物质。

(3) 土壤有机质

土壤有机质是土壤的重要组成部分。土壤的许多属性，都直接或间接地与有机质的存在有关。土壤有机质是药用植物所需各种养料的源泉，它可与某些微量元素形成络合物，改变这些元素的有效性，同时还能改善土壤的物理和化学性质。

土壤有机质包括非腐殖质和腐殖质两大类。非腐殖质物质是动植物组织中已经分解的部分和未分解的部分，主要是碳水化合物和含氮化合物。腐殖质是土壤微生物在分解有机质时重新合成的多聚体化合物，是土壤有机质的主体，是土壤有机质中比较稳定的部分，约占土壤有机质的 85%~90%。

土壤有机质含量是土壤肥力的一个重要指标。但是一般土壤表层的有机质含量只有 3%~5%，植被覆盖比较好的天然植被下的土壤，有机质的含量比较高，因为在植被覆盖下能保持物质循环的平衡。但是这一类土壤一经开垦并连续耕种之后，有机质就会逐渐被分解消耗，又得不到足够量的补充，于是养分循环中断而失去平衡，致使有机质含量迅速降低。所以熟化耕地的有机质含量一般都在 3.5% 以下，施肥是土壤有机质恢复和提高耕地土壤肥力的一项重要措施。

6.1.1.3 生物性质

土壤的形成从开始就与生物的活动密不可分，所以土壤中总是含有多种多样的生物，如细菌、真菌、放线菌、藻类、原生动物、轮虫、线虫、蚯蚓、软体动物和各种节肢动物等，少数高等动物（如鼹鼠等）终生都生活在土壤中。这些生物有机体的集合，对土壤中有机物质的分解和转化，以及元素的生物循环具有重要的作用，并能影响、改变土壤的化学性质和物理结构，构成了各类土壤特有的土壤生物区系。

土壤的生物特性是土壤中动植物和微生物活动所造成的一种生物化学和生物物理学特性，这个特性与药用植物营养也有十分密切的关系。而从土壤发生的意义上来说，只有通过生物的生命活动，岩石表面的风化物才能称之为土壤。

居住在土壤中的生物种类很多，其数量也是惊人的。据计算，在 1g 肥沃土壤中，原生动物可多达 100 万个，真菌达几千到十万个，放线菌达几十万到几百万个，而细菌更多达几百万到几千万个。

6.1.2 土壤的变化规律

我国幅员辽阔，地形复杂，土壤资源十分丰富。世界上所分布的主要土壤类型，在我国几乎都能见到。尽管土壤种类繁多，但在地理分布上仍具有明显的水平地带性、垂直地带性和区域分布的规律性。

6.1.2.1 土壤分布的水平地带性

水平地带性是指土壤种类的分布呈现与地球纬度和经度变化相一致的现象，并随生物气候带的变化而发生演替的分布规律。其形成主要受气候条件中水分和热量的作用。我国的气候具有明显的季风特点，热量由南向北递减，湿度自西北向东南递增。

我国土壤在东部季风区域表现为自北向南随温度带呈水平地带性分布：寒温带为漂灰土，中温带为暗棕壤，暖温带为棕壤和褐土，北亚热带为黄棕壤，中亚热带为红壤和黄壤，南亚热带为赤红壤，热带为砖红壤，其分布与纬度基本一致；在北部自东向西土壤依次为暗棕壤、黑土、灰黑土、黑钙土、栗钙土、棕钙土、灰漠土、灰棕漠土，其分布与经度基本一致。

所以，在我国东部形成湿润海洋性土壤带，由北向南依次分布着漂灰土、暗棕壤、棕壤、黄棕壤、红壤与黄壤、赤红壤、砖红壤。西部则形成干旱内陆性土壤带，三北地区由东向西分布着栗钙土、棕钙土、灰钙土和荒漠土。而在这两个土壤地带之间，自东北大兴安岭西麓向西南至黄土高原，则形成一条过渡性土壤地带，依次分布着黑土与灰黑土、灰褐土、黑钙土、栗钙土、黑垆土、褐土。

6.1.2.2 土壤分布的垂直地带性

垂直地带性是指在一定区域内随海拔高度的升降，土壤种类沿地势变化而发生演替的分布规律。这种分布规律是山地生物和气候条件随地势改变而造成的。因此，随着山体高度的增加，相对高差愈大，垂直分布的土壤带也愈多愈完整。我国喜马拉雅山的珠穆朗玛峰，是世界最高的山峰，垂直分布的土壤带之多为世界所罕见，从坡脚到山上分布的土壤主要有红壤、山地黄棕壤、山地酸性棕壤、山地漂灰土、亚高山草甸土、高山草甸土、高山寒漠土。

6.1.2.3 土壤的区域性分布

除地带性土壤分布规律以外，由于中小地形的变化，区域性水、热条件的变化以及人为改造地形和耕作活动等影响，在一定的区域范围内土壤的分布也表现出一定的规律性。如在我国黄土高原地区，受沟谷和水系发育的作用与人为耕作的影响，由高原面向谷底有规律地分布着黑焦土—黑垆土—黄绵土。又如一些湖泊四周，以湖泊为中心向外扩展，地形逐渐升高，受地下水影响逐渐减少，从而形成了由沼泽土过渡到草甸土的分布格局。

6.1.2.4 土壤的酸碱性的变化规律

我国土壤的 pH 值由北向南有逐渐降低的趋势。由南方的强酸性土到北方的碱性土壤，按氢离子浓度([H]⁺)计算，约相差 7 个数量级。华北、西北地区的碱土，pH 值有的高达 10.5，台湾新八仙山和广东丁湖山、五指山的黄壤，pH 值有的低于 3.6~3.8。

我国内陆干旱和半干旱地区，气候干燥，地面蒸发强烈；在不能排水的低洼地区或地下水位过高而又进行灌溉的地区，广泛分布着盐碱化土壤。在滨海地区，由于受海水浸渍，也有盐土的分布。当土壤中 $NaCl$ 和 Na_2SO_4 较多时，称为盐土；Na_2CO_3 与 $NaHCO_3$ 较多时，称为碱土。在自然界中，这两种情况往往同时出现，这种土壤就称为盐碱土。

6.2 土壤对药用植物的生态作用

由于药用植物根系和土壤之间具有极大的接触面，在药用植物与土壤之间发生着频繁的物质交换和能量传递，彼此强烈影响，因而土壤是一个重要的生态因子。

土壤对药用植物来说，什么情况才算是适宜的呢？通常一方面因品种的不同而异，另外还要通过总结"地道药材"的原产地的土壤环境条件而定，包括土壤的物理性质、化学性质以及生物性质等。

6.2.1 土壤对药用植物分布的影响

土壤是药用植物固着的基本条件，又是供应水分和营养成分的源泉。我国土壤在东部季风区域表现为自北向南随温度带呈水平地带性分布。由于土壤的地带性分布，使得药用植物呈现一定的地带性分布。黄河以北的广大地区以耐寒、耐旱、耐盐碱的根及根茎类药材居多，果实类药材次之。长江流域及我国南部广大地区以喜暖、喜湿润种类为多，叶类、全草类、花类、藤本类所占比重较大。东北地区栽培种类以人参、辽细辛(*Asarum heterotropoides* var. *mandshuricum*)为代表，野生种类则以黄檗(*Phellodendron amurense*)、防风、龙胆等为代表。华北地区的栽培种类以党参、黄芪、地黄、薯蓣(*Dioscorea sativa*)、忍冬(*Lonicera japonica*)为代表，野生种类则以黄芩(*Suutellaria baicalensis*)、柴胡、远志(*Polygala tenuifolia*)、知母、酸枣、连翘等为代表。华东地区栽培种类以浙贝母、忍冬、延胡索、芍药、厚朴、白术、牡丹为代表，野生种类则以夏枯草(*Prunella vulgaris*)、侧柏(*Platycladus orientalis*)等为代表。华中地区栽培种类以茯苓、山茱萸、辛夷、独活(*Heracieum vicinum*)、续断(*Dipsacus asper*)、酸橙等为代表，野生种类则以半夏、射干为代表。华南地区栽培种类以阳春砂、巴戟天、益智、槟榔、广藿香为代表，野生种类则以何首乌、防己(*Stephania tetrandra*)、草果(*Amomum tsaoko*)、石斛等为代表。西南地区栽培种类以黄连、杜仲、川芎、乌头、三七、郁金(*Curcuma aromatica*)、麦冬等为代表，野生种类则以川贝母、冬虫夏草、羌活为代表。西北地区栽培种类以天麻、杜仲、当归、党参、宁夏枸杞等为代表，野生种类则以甘草、麻黄、大黄、秦艽(*Gentiana macrophylla*)、肉苁蓉、锁阳等为代表。

土壤不仅固定药用植物，使之挺立，接受合理的光照，以满足光合作用的需要，又是其水分和养分的供应及储存库，不同的土壤类型，分布着不同的药用植物类群。土壤酸碱度限制药用植物的自然分布。有花植物能够生长的pH值范围大概在3~9之间。在强酸性土壤或强碱性土壤上，只能生长一些具有特殊适应结构和功能的酸性土植物或碱性土植物。如乌拉尔甘草(*Glycyrrhiza uralensis*)和胀果甘草(*Glycyrrhiza inflata*)都具有一定的耐盐碱能力，在新疆的南疆地区，乌拉尔甘草仅分布在天山南麓河流两岸的轻度盐碱地上，而塔里木河沿岸的盐碱地上分布的是更耐盐碱的胀果甘草。酸性土壤适用于种植肉桂、黄连、槟榔等。轻度盐碱土壤可以种植枸杞、甘草、苦豆子(*Sophora alopecuroides*)、沙棘等。碱性土壤适用于种植甘草、枸杞等，而中性土壤则适合于大多数药用植物的生长。

土壤酸度还通过影响微生物的活动而影响药用植物的分布。土壤微生物能够繁盛生长的pH范围通常较窄。如细菌最适宜于生活在中性的环境下，对于酸性环境一般是敏感的，酸性土壤一般不利于细菌的活动，在酸性土壤里细菌对有机物的分解作用减弱。根瘤菌、褐色固氮菌、氨化细菌和硝化细菌大多生长在中性土壤中，它们在酸性土壤中难以生存，很多豆科植物的根瘤常因土壤酸度的增加而死亡。当pH值小于6.0或大于7.0时，硝化作用与一些腐生生物的作用都会削减，有机质分解缓慢，常引起分解不完全的中间产物积累。这样，影响了对药用植物的养分供应，而且，有些中间产物积聚到一定程度，还会对药用植物根系构成毒害作用。

中国是世界上沙漠最多的国家之一。沙漠地区气候干旱少雨，风大沙多，光照强烈，冷热剧变。这些严酷的生境条件成为许多植物生长的限制因素，只有一些能适应于这种沙区生境的植物，才能在其上生长，这类植物称为沙生植物。如沙漠地区药用植物资源肉苁蓉、锁阳，盐化草甸土上的甘草、枸杞，戈壁上的麻黄等。

由于各种药用植物的生物学特性和生态学特性不同，适宜生长的土壤质地也不相同。一般根茎类药用植物以有机质含量高、团粒结构好、保肥保水好、排灌方便的土壤为宜。砂质土壤一般过分疏松，缺乏有机质，保水性能差，适宜种植麻黄、北沙参(*Glenia littoralis*)、沙棘等耐干旱瘠薄的药用植物种类。轻度盐碱土壤可以种植枸杞、甘草、苦豆子、沙棘等。泽泻、芡实(*Enryale ferox*)、黑三棱(*Sparganium stoloniferum*)等喜水湿种类，则宜选择水湿生态环境进行栽培。绝大部分药用植物适宜在壤质土壤上生长，特别是根和地下茎类药用植物，更适宜在轻壤质土上栽培。

6.2.2 土壤对药用植物产量的影响

土壤是药用植物赖以生存的物质基础，土壤的物理、化学性质，如质地、酸碱度、肥力水平以及水分含量等均与药用植物的生长密切相关，对药材的产量都具有一定影响。

6.2.2.1 土壤质地对药用植物产量的影响

土壤结构对药用植物的生长发育有着非常重要的作用。团粒结构的土壤能统一土壤中水和空气的矛盾。因为团粒内部的毛细管孔隙可保持水分，团粒之间的非毛细管孔隙则充满空气。在下雨或灌溉的时候，水分沿着大孔隙迅速下渗，水分流过后，大孔隙中仍然充满着空气，所以大孔隙能排水和通气，有利于根系深扎和呼吸；而流入团粒内部的水分则被毛细管吸力所保持，有利于药用植物根系吸水。不同的土壤结构对药用植物的生长发育作用是有差异的，土壤过松，非毛管孔隙占优势，耕层土壤疏松易耕，通透性强，但持水力差，土壤湿度不稳定，养分易淋失，不利于药用植物生长；土壤过于结实，土壤密度加大，毛管孔隙多，通透性不良，透水性差，影响土壤微生物的活动和养分的有效化，根系伸展受阻，影响药用植物尤其是深根性药用植物的良好生长。一般说，旱地土壤总孔隙度占总容积的 52%~56% 为宜，其中毛管孔隙和非毛管孔隙之间的比为 1:1，或毛管孔隙稍多为好。在干旱地区，毛管孔隙稍多，可以增强蓄水抗旱能力，但非毛管孔隙小于总孔隙的 10% 时，则通气不良，对药用植物生长不利。从土壤密度（紧实度）来说，大多数药用植物以 $1.1~1.2\ g/cm^3$ 合适。例如块茎、根茎类药用植物要求疏松的土壤，以土壤密度 $1.0~1.2\ g/cm^3$ 为好。

由于团粒内部经常充满水分，缺乏空气，是嫌气性微生物活动的场所。嫌气分解慢，所以有机质的分解进行缓慢，有利于有机质的积累。有机质在这里经好气性微生物的分解，很快地转化成能被药用植物吸收利用的有效养分。这两个对立统一的过程，相互消长，自动调节，这样既能不断地满足药用植物生长发育对养料的需要，又不会因一时分解过多而造成养料的损耗。

在药用植物的生产中，耕层构造受到自然、生物和人为因素的影响，常常变坏或变好。例如干湿交替、冻融交替，蚯蚓的松土作用，土壤微生物分解有机质形成腐殖质，有利于团粒结构的形成，都会使耕层变得疏松，通气性好，适宜于作物和药用植物的生长发育；但由于土壤自身的重力作用，人、畜和机械的压力以及降雨和灌溉等因素的影响，常会使土壤紧实，容重加大，孔隙度减少。

气候条件的变化直接影响土壤结构变化，从而影响药用植物根系的生长发育。例如雨、雪和太阳曝晒，出现干湿现象、冻融交替，使土壤膨松熟化，对药用植物根系生长有利。大雨后，表土结构破坏，土粒悬浮起来再沉积在表面，失水后干缩结皮，形成硬壳，阻碍药用植物幼苗出土。大风、暴雨的袭击导致土壤的板实，甚至造成风蚀和水蚀，又不利于药用植物生长。无结构的或结构不良的土壤，土体紧实，通气透水性差，土壤中微生物的活动受抑制，土壤肥力极差，不利于药用植物根系伸扎和生长。

土壤中的水、肥、气、热等肥力因素也经常因气候条件的影响而变化，并直接影响到土壤内部生态系统的平衡。因此，团粒结构的土壤，其水、肥、气、热的状况处于最好的相互协调状态，可为药用植物的生长发育提供了良好的生活条件，有利于其根系活动及吸取水分养分。

6.2.2.2 土壤水分对药用植物产量的影响

土壤水分的过少或过多都会影响药用植物的生长，进而影响药用植物的产量。土壤水分不足或连续干旱，药用植物会受到干旱的胁迫，植株生长发育受到抑制，甚至导致凋萎和死亡。同时土壤水分过少，由于好气性细菌氧化作用过于强烈，使土壤有机质的含量减少，而造成药用植物养分的缺乏。土壤水分过多会使土壤的通气不良，引起有机质的嫌气分解，使有机质不能充分分解，从而产生许多还原物质，如 H_2S 和多种有机酸，抑制药用植物根系的生长；土壤水分过多也会使营养物随水流失，降低土壤的肥力。

当土壤水分不足或大气干旱时，蒸腾大于根系吸水，使植物体内缺水，细胞膨压降低，气孔关闭，呈现萎蔫。如果萎蔫持续时间不久，暂时破坏水分平衡，其后只要再补充土壤水分，或大气湿度增高时，植株尚能恢复正常。如果土壤长期缺水，使药用植物体水分平衡长期不能恢复而造成的萎蔫，称为永久萎蔫。永久萎蔫对药用植物生长发育有极大的危害。

土壤水分是影响药用植物生长发育的重要环境因子。例如，人参的生长发育显著地受到土壤水分的制约，人参土壤过湿（相对含水量100%）则烂根现象严重；当土壤相对含水量为80%时，人参的光合速率高，植株生长健壮，参根增重快，药材产量高质量好；土壤相对含水量在60%以下时，会限制人参叶片的生长，参根生长缓慢，并有烧须现象发生。又如，适宜细辛生长的土壤相对含水量为40%~50%；阳春砂开花要求土壤含水量在22%~25%；长春花的生长会因土壤水分短缺而停滞；枸杞在结果期遇干旱，果实明显瘦小，产量和质量下降。土壤湿度过大会引起涝害，使土壤中氧气供应不足，根部得不到正常生理活动所需要的氧气而容易烂根；同时，由于土壤缺氧促进了厌氧性微生物的生长，产生一些对根部有害的物质。如丹参在湿度过大时极易烂根，致使植株枯萎死亡；白术的立枯病和白绢病均与高温高湿有密切关系。

6.2.2.3 土壤空气对药用植物产量的影响

土壤中 O_2 的含量只有10%~12%，通气在不良条件下，可以降至10%以下，这时就可能抑制药用植物根系的呼吸作用。土壤中 CO_2 浓度则比大气高几十到上千倍，但是，当土壤中 CO_2 含量过高时（如达到10%~15%），根系的呼吸和吸收机能就会受阻，甚至会窒息死亡。因此，土壤中的 O_2 和 CO_2 的含量只有保持在一定的范围内，药用植物才能正常发育和生长。

土壤空气中高浓度的 CO_2 一部分可扩散到近地面的大气中，被药用植物叶子吸收以供光合作用利用，一部分则可直接被药用植物根系吸收。药用植物光合作用所需的 CO_2 有一半是来自土壤，所以土壤中 CO_2 的浓度就直接关系到药用植物的光合强度。但是在通气不良的土壤中，CO_2 的浓度常可达到10%~15%，如此高浓度的 CO_2 不利于药用植物根系的发育和种子萌发。CO_2 浓度的进一步增加会对药用植物产生毒害作用，破坏根系的呼吸功能，甚至导致药用植物窒息。大多数药用植物不能直接利用土壤空气中的分子态氮，只有固氮微生物能固定游离氮，并将其转化为化合氮，从而把空气中的氮带入有机循环之中。这种固氮微生物主要是与豆科药用植物共生的根瘤菌及与非豆科药用植物共生的根瘤微生物。根系在良好的通气环境条件下，代谢活动正常进行，吸水旺盛。在通气不良的环境中，由于氧气缺乏，二氧化碳积累较多，使根系呼吸等代谢活动减弱，根系吸水减少。长时间缺氧则形成无氧呼吸，产生和积累较多乙醇，根系细胞中毒受伤，降低根系活力，导致吸水更少。不同药用植物对土壤通气不良的耐受能力差异很大。

土壤通气程度影响土壤微生物的种类、数量和活动情况，并从而影响药用植物的营养状况。在土壤通气不良的条件下，好气性微生物的活动受抑制，这就减慢了有机物质的分解与释放速度，供应药用植物的养分就减少。若土壤过分通气，则好气性细菌和真菌活跃，有机质迅速分解并可完全矿质化，这样供药用植物一时吸收利用的养分较多；但由于养分释放太快，土壤中腐殖质形成较少。所以最好是土壤具有一定的通气性，使好气分解与嫌气分解同时并进，既有利于腐殖质的形成，又使药用植物有充足的养分可以持久利用。

6.2.2.4 土壤温度对药用植物产量的影响

土壤温度对药用植物生长具有重要作用。如果土壤中含有充足的水分和养分而温度过低，药用植物也不能吸收利用，就会因体内水分缺乏遭受生理干旱，甚至死亡。这种情况在具有永冻层的高纬度和高山地区是普遍存在的现象，在那里只有少数具有特殊功能的药用植物种类才能够生存。

土壤温度对药用植物的生态作用首先体现在播种时间上，如根据不同药用植物种子发芽所需温度条件及其生长习性，结合当地气候条件，确定各种药用植物的播种期。不同种类或品种的药用植物，种子萌发时所需的土温是不相同的。大多数药用植物播种时期为春播或秋播，一般春播在3~4月，秋播在9~10月。一般耐寒性、生长期较短的1年生草本药用植物大部分在春季播种，如薏苡、决明（*Cassia tora*）、荆芥（*Schizonepeta tenuifolia*）等。多年生草本药用植物适宜春播或秋播，如大黄、云木香（*Aucklandia lappa*）等。如温度已足够时适宜早播，播种早发芽早，延长光合时间，产量高。耐寒性较强或种子具休眠特性的药用植物如人参、北沙参（*Glehnia littoralis*）等宜秋播。核果类木本药用植物如银杏（*Ginkgo biloba*）、核桃（*Juglans regia*）等宜冬播。有些短命种子宜采后即播，如北细辛（*Asarum heterotropoldes var. mandshuricum*）、肉桂、古柯等。播种期又因气候带不同而有差异。在长江流域，红花秋播因延长了光合时间，产量均比春播高得多。而北方因冬季寒冷，幼苗不能越冬，一般在早春播。有时还因栽培目的不同播种期也不同，如牛膝以收种子为目的者宜早播，以收根为目的者应晚播。又如菘蓝（*Isatis indigotica*）为低温长日照作物，收种子者应秋播；收根者应春播，并且春季播种不能过早，防止抽薹开花。薏苡适期晚播，可减轻黑粉病的发生。

土壤温度对药用植物根系的影响也很大，它影响根系的生长、呼吸及吸收能力。对于大多数药用植物来说，在10~35℃的范围内，随着土壤温度增高，生长也加快。这是因为随着土温的升高，根系吸收能力和呼吸作用加强，物质运输加快,因而细胞分裂和伸长的速度也随之而加快。温带药用植物的根系在冬季停止生长,就是因为土温太低阻碍了根部的代谢活动,并由于光合产物向根部的供应减少之故。但若土温过高(通常气温也高),这时在根内和茎内呼吸作用与蛋白质合成的比率可能都很高,以致药用植物体内贮藏的碳水化合物被消耗殆尽,这样也会使根系或地下贮藏器官的生长减弱,从而导致产量的降低。

土壤温度与大气温度存在着差异。一般说来土表温度高于气温,这是因为大气温度主要受地面辐射的影响。以年平均温度而言,一般地温约比气温高出 2~3℃,尤以夏季明显偏高,冬季相差则较小。因此,在高温季节的中午前后,在裸露地面上生长的药用植物,常因土表高温而灼伤。同理,春季在空旷地方的药用植物复苏较早,形成层的活动也较丛林中同种药用植物为早。夜间和低温季节,由于地面冷却的结果,地表温度略低于气温,所以有时气温还没有降到 0℃,而地面已经有霜出现,从而使药用植物遭到霜害。

土壤低温能降低植物根系的吸水能力,原因很多。低温使根系代谢活动减弱,影响主动吸水;根系生长缓慢,有碍吸收表面的增加;低温使水和原生质的黏滞性增加,使水分子在土壤中和在原生质中的扩散速率减慢,水分不易通过原生质。土壤温度过高,对植物根系吸水也不利。高温容易导致根系代谢失调,使根系易衰老。温度过高使酶钝化,细胞质流动缓慢甚至停止。

6.2.2.5　土壤矿质元素对药用植物产量的影响

土壤中的大量元素和微量元素对药用植物的生长发育具有非常重要的作用。营养元素种类对药材中药用活性成分含量具有明显影响。但是各种营养元素在药用植物生长发育过程中所起的作用是不同的。要使药用植物代谢得到更好的调节,新组织迅速地产生与良好地发育,药用植物不仅需要吸收足够的大量元素和微量元素,而且还需要适当的比例。

图 6-1、图 6-2 所示分别为矿质营养元素的不同处理对菘蓝根系活力和根体积的影响。因此,要想获得药用植物的高产,元素之间的比例协调很重要。

土壤矿质营养元素不仅能促进药用植物的生长发育,还能对药用植物病虫害

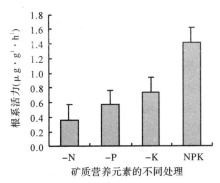

图 6-1　氮、磷、钾营养对根系活力的影响

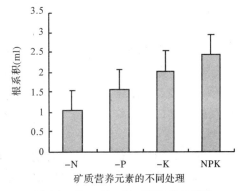

图 6-2　氮、磷、钾对根体积的影响

(引自谭勇、梁宗锁等)

的发生有较大影响。一般来说，增施P、K肥，特别是K肥可以增强药用植物的抗病性；偏施氮肥对病害发生影响最大。如白术（*Atractylodes macrocephala*）施足有机肥，适当增施P、K肥，可减轻花叶病；红花施用氮肥过多或偏晚，易造成药用植物贪青徒长，组织柔嫩，诱发炭疽病的发生；延胡索后期施氮肥会造成霜霉病和菌核病的严重发生。

土壤中的营养条件不适宜或存在其他有害物质，可使药用植物表现各种病态。药用植物的缺素症很多，不同药用植物对同一种元素的反应也不尽相同。如缺N、P、K、Mg时，都会引起药用植物生长不良、变色；缺锌时细胞生长分化受影响，导致花叶和小叶簇生；缺硼引起幼芽枯死或造成器官矮化或畸形。土壤某些营养元素缺乏时就会对药用植物生长产生限制作用。例如，人参是多年生宿根药用植物，对锌元素需求量较大，在缺锌的土壤上栽培人参，其地上部分的生长量减少、根系发育不良，甚至导致整株枯死。缺钙时，植株生长受阻，节间缩短，故植株矮小而纤弱。由于钙的运输与蒸腾流等因素有关，故钙富集于老叶中。缺钙时蒸腾作用弱或生长旺盛的组织如顶芽、侧芽、根尖等分生组织容易腐烂死亡，幼叶卷曲畸形、多缺刻或从叶缘开始焦黄坏死，果实生长发育不良。土壤中某些元素或有害物质的含量过多也能引起病害，微量元素超过一定限度就会危害药用植物，尤其是B、Mn、Cu对药用植物有毒。多施P、K肥在某种程度上也能提高药用植物的抗旱性。因为P、K肥不仅能促进RNA、蛋白质的合成，提高胶体的水合度；还能改善药用植物碳水化合物代谢，增加原生质的含水量，从而增强药用植物的抗旱能力。而P、K肥的不足能够使细胞渗透压下降，根系发育不良，在干旱时失水较快。硼在抗旱中的作用与钾相似。铜肥也能提高药用植物的抗旱性。N肥过多或不足都不利于植物抗旱，氮肥过多，枝叶徒长，蒸腾失水过多，药用植物体内含氮量高，使细胞透水性增大，容易脱水，抵抗干旱能力差；氮肥过少则根系发育不良，植株瘦弱，抗旱能力减弱。厩肥能增加土壤中腐殖质含量，增强土壤持水能力。

药用植物对不同营养元素的需求也是有所差异的。如柴胡（*Bupleurum chinense*）对N、P、K元素的需求量顺序为K最大，N次之，P最小，有较多的钾素供应才能满足柴胡对生长发育的需求。

不同的药用植物，因为其根系的深度不同，对养分的需求也不同，黄芪、甘草、红花、薏苡、山茱萸（*Cornus officinalis*）、枸杞等药用植物根系入土较深；而贝母、半夏、延胡索、孩儿参（*Pseudostellaria heterophylla*）等入土较浅。将这些不同药用植物搭配轮作，容易维持土壤肥力均衡，做到用养结合，充分发挥土壤潜力。

同一药用植物在不同生育时期，对矿质元素的吸收情况也是不一样的。在萌发期间，因种子本身贮藏养分，故不需要吸收外界肥料；随着幼苗的长大，吸收肥料的能力渐强；将近开花、结实时，矿质养料进入最多；以后随着生长的减弱，吸收下降，至成熟期则停止，衰老时甚至有部分矿质元素排出体外。药用植物在不同生育期中，各有明显的生长中心。例如，薏苡分蘖期的生长中心是腋芽，拔节孕穗期的生长中心是穗子的分化发育和形成，抽穗结实期的生长中心是种子形成。生长中心的生长较旺盛，代谢强，养分元素一般优先分配到生长中心。在柴胡生产中，要注意施足底肥，满足第一年对养分的需求。所以，不同生育期施肥，对生长影响不同，它们的增产效果有很大的差别。

土壤矿质元素对药用真菌生长发育也很重要，药用真菌种类不同，对营养的要求也不一样，即使是同一种药用真菌，在不同的发育阶段，对营养的要求也有差异。药用真菌生长发育所需的主要元素是碳和氮。

6.2.2.6 土壤酸碱度对药用植物产量的影响

土壤酸度对土壤养分的有效性有重要影响。在不同的酸碱度下，土壤矿质元素的有效性不同。在 pH 6~7 的微酸条件下，土壤养分的有效性最好，最有利于大多数的药用植物生长。pH 增大或减小时，有些养分变为难溶或不溶，药用植物的养分供应受到一定的限制。在强碱性的土壤中容易发生 Fe、B、Cu、Mn 和 Zn 等的缺乏；在 pH 7.5 以上的石灰性土壤中，矿质 P 由于和 Ca 结合而降低了有效性。在酸性土壤中，常发生 P、K、Ca 和 Mg 的缺乏；多雨地区，还会引起 B、Zn 和 Mo 的缺乏。在 pH 值过低时，过量的 Al、Fe、Zn 和 Cu 等都可能对植物发生毒害。如在 pH<4.5 的强酸性土壤里活性铁、铝过多，而 Ca^{2+}、Mg^{2+}、K^+、MoO^{2-} 及 PO^{3-} 则极为缺乏，对药用植物生长不利。铁、铝还易与钼酸形成难溶性的化合物，从而使药用植物缺 Mo，如豆科植物常因缺 Mo 而不能形成根瘤。因此，在 pH 值低于 3.5 或高于 8.5 的情况下，大部分维管植物根系会受到伤害而不能生存。

土壤具有缓冲性能对药用植物的生长发育是十分有利的，不会由于施肥等原因而引起土壤 pH 值的剧烈变化而使药用植物受害。

土壤酸碱度和土壤的化学成分，对有些药用植物的生长具有重要作用。土壤酸碱性不仅会直接作用到药用植物的生理活动，还对土壤肥力的性质具有很大影响，从而直接和间接地影响到药用植物的生长发育。土壤微生物的活动、土壤有机质的分解、土壤营养元素的释放等，都与土壤酸碱程度有关。

6.2.2.7 土壤有机质对药用植物产量的影响

我国大多数土壤的有机质含量一般为 1%~2%，高的可达 6%~10% 以上，虽然含量不大，但对土壤肥力的影响很大。主要是因为土壤中的腐殖质是药用植物营养的重要碳源和氮源，土壤中 99% 以上的氮素是以腐殖质的形式存在的。土壤中的腐殖质经微生物分解后释放出氮、磷等养分，供药用植物吸收利用。腐殖质还能与某些微量元素形成络合物，提高这些元素的有效性。土壤有机质还可以吸附一定量的钾，使其免于淋失。

腐殖质还可以改善土壤的物理、化学性状。腐殖质含量多的土壤，土壤结构良好，可减少土壤板结，有利于根系的发育；土壤腐殖质是黑色或棕色的凝胶，较难分解，是一种亲水胶体，有很强的吸水能力，提高了土壤保肥保水的能力；土壤腐殖质常与矿物胶体紧密结合，形成具有多孔的团聚体，对土壤团粒结构的形成具有重要作用，土壤腐殖质还可使土色变深，提高土壤吸热保温能力。

腐殖质能促进药用植物的生长发育。有机质中的腐殖质均含有一些芳香族物质和有机酸，能刺激药用植物的生长，如胡敏酸是药用植物生长的一种激素，可以加速细胞分裂，促进种子发芽和根系生长，加强药用植物的呼吸作用，促进药用植物对养分的吸收能力。

腐殖质能促进土壤动物和微生物的活动。有机质在分解过程中能产生大量的简单物质，为土壤动物、微生物活动提供了能量，从而促进了土壤动物、微生物的旺盛活动。土壤中土壤动物、微生物活动加强，又可促进有机质的分解和腐殖质的形成，这样既为药用植物提供了有效养分，又推动了土壤中物质的转化。

腐殖质可以提高土壤溶液的缓冲性能。有机质也能提高土壤溶液的缓冲性，使土壤溶液不致因施肥等而发生酸碱度的剧烈变化，影响药用植物的生长和微生物的活动。

腐殖质可以促进药用植物的光合作用。腐殖质分解后所放出的 CO_2，能补充地面大气中 CO_2 的浓度，以促进药用植物的光合作用。

土壤中的腐殖质通过以上生理生化活动，进而影响药用植物的生长、发育，进一步影响药用植物的产量。

6.2.2.8 土壤生物性质对药用植物产量的影响

土壤的生物特性是土壤动、植物和微生物活动所造成的一种生物化学和生物物理学特性，这个特性对于药用植物营养有十分密切的关系。土壤中的微生物数量非常庞大，据测算，1g 土壤中，其数目可达数千万乃至数十亿。种类也相当复杂，主要有细菌、放射菌、真菌等。它们大都分布在根系附近。土壤生物对药用植物的生长具有一定的作用。土壤微生物类群的种类组成、数量及其活动程度，对土壤肥力具有重要的作用，从而间接影响到药用植物的生长。有些药用植物与真菌或细菌形成一种特殊的共生关系，没有与之相适应的这些微生物类群，它们就难以生存。例如，在没有根瘤菌的土壤上种植甘草等豆科药用植物，其根就不会形成固氮根瘤，对大气中的氮素的利用就会受到限制。天麻、石斛等种子的萌发和植物的生长，必须依靠某些特殊的微生物提供营养才能完成。个体较大的土壤生物如蚯蚓，对土壤的混合、土壤通气状况的改良起很大作用；有些动物则对高等药用植物造成伤害，但在土壤生物中起作用最大的还是细菌、真菌、放线菌等土壤微生物，它们具有种类多、数量大、繁殖快、活动性强等特点，它们在土壤的营养物质转化中起重要作用。

土壤微生物对增进土壤肥力和改善药用植物营养起着极重要的作用。土壤微生物是生态系统中的分解者或还原者，直接参与有机物质的腐殖质化和矿质化过程，分解动植物残体，释放无机养分，植物的枯枝败叶为土壤微生物提供养料，经微生物分解成多元酚、糖和氨基酸等中间产物，再经微生物的作用，缩合成含氮的化合物，形成腐殖质，释放出无机养分，供药用植物吸收利用。含氮的有机物质如蛋白质等，在微生物的蛋白水解酶的作用下，逐步降解为氨基酸（水解过程）；氨基酸又在氨化细菌等微生物的作用下，分解为 NH_3 或氨化合物（氨化过程）。旺盛的氨化作用是决定土壤氮素供应的一项重要因素，所形成的 NH_3 溶于

水成为 NH_4^+ 离子，可被药用植物利用；NH_3 或铵盐在通气良好的情况下，分解为 NH_3 溶于水成为亚硝酸盐类和硝酸盐类（硝化作用），供给药用植物以氮素营养。固氮菌能使游离态氮固定为药用植物吸收的化合态氮，某些微生物产生的有机酸、生长素，既是营养物质，又是植物生长的激素。但是在通气不良的条件下，硝酸盐又可受反硝化细菌的作用，还原为 N_2 或 N_2O，而造成土壤中氮素的严重损失。有些细菌可使硫化氢、甲烷等有毒气体氧化成无毒的气体。

此外，微生物的分泌物和微生物对有机质的分解产物如 CO_2、有机酸等，可直接对岩石矿物进行分解，如硅酸盐菌能分解土壤里的硅酸盐，并分离出高等植物所能吸收的 K；磷细菌、钾细菌能分别分解出磷灰石和长石中的磷和钾。这些细菌的活动，也加快了 K、P、Ca 等元素从土壤矿物中溶解出来的速度。

土壤中的微生物大多对药用植物的生长发育有益，但是土壤中存在大量对药用植物有害的病原微生物，给药用植物的产量、品质形成造成了危害。药用植物致病的因素称为病原。病原包括非生物因素和生物因素。由非生物因素如干旱、洪涝、严寒等不利的环境因素或营养失衡等所致的病害，没有传染性，称为非侵染性病害或生理性病害。由生物因素如真菌、细菌、病毒等侵入药用植物体所致的病害，具有传染性，称为侵染性病害或寄生性病害。在侵染性病害中，致病的寄生物称病原生物（简称病原物），被侵染的药用植物称寄主药用植物（简称寄主）。药用植物的侵染性病原是病原生物。目前已知土壤中的药用植物病原生物有病原真菌、病原细菌、病原病毒和植原体、寄生线虫等。这些病原生物对药用植物的规范化栽培产生很大的影响，已经引起了人们的足够重视。

土壤生物对药用植物的作用，除了某些致病微生物导致病害，影响药用植物的生长发育和药材产量外，土壤中微生物类群的种类组成、数量及活动程度，对土壤肥力具有重要的作用，从而间接影响到药用植物的生长。

土壤中的生物除了对药用植物有危害外，还可以利用微生物进行生物防治，即微生物治虫。以微生物治虫主要包括利用细菌、真菌、病毒等昆虫病原微生物防治害虫。某些微生物在不同程度上，也具有抑制病毒和致病性细菌、真菌的作用，在一定条件下成为植物病原菌的颉颃体。如磷细菌除能改善植物磷、氮营养外，还能减轻植物病害。固氮菌、根瘤菌、巨大芽孢杆菌也具有杀菌作用，在一定条件下能抑制镰刀菌和链孢霉等致病菌。病原细菌主要是苏云金杆菌类，它可使昆虫得败血病死亡。现在已有苏云金杆菌（Bt）各种制剂，有较广的杀虫谱。病原真菌主要有白僵菌、绿僵菌、虫霉菌等。目前应用较多的是白僵菌。罹病昆虫表现运动呆滞，食欲减退，皮色无光，有些身体有褐斑，吐黄水，3~15 天后虫体死亡僵硬。昆虫的病原病毒有核多角体病毒和细胞质多角体病毒。感病 1 周后死亡。虫尸常倒挂在枝头。一般 1 种病毒只能寄生 1 种昆虫，专化性较强。有些微生物还能把土壤中有毒的 H_2S、甲烷等氧化成对植物无毒害的物质，如硫化细菌能使 H_2S 氧化成硫酸盐。因此可以创造条件来增加土壤的有益微生物，抑制有害微生物的活动，使药用植物高产稳产，提高药材的品质。

6.2.3 土壤对药用植物品质的影响

药用植物通过根系从土壤中吸收其生长发育所需要的水分和营养物质。土壤的物理和化学性质，以及土壤中所含有的各种化学元素的种类及其比例，对药用植物的生长发育以及药用活性成分的形成和积累都有一定作用。

不同类型的土壤因其物理和化学性质不同，对中药材外观形状和内在质量都会产生一定影响。例如，在东北地区不同类型的土壤上种植的黄芪，其药材质量明显不同。棕壤土地上黄芪的根系长而直分枝少，根皮黄棕色表皮光滑，折断面纤维细腻粉性好，商品质量最佳。在含碳酸盐的盐碱土上，根皮受盐碱侵蚀锈斑严重，折断面纤维木质化粉性很小。在地下水丰富的冲积砂土上，因土壤含水量大，根皮有部分腐烂。在白浆土上，主根短而弯曲，分枝特别严重，呈鸡爪形，折断面纤维较粗粉性较小，商品质量最次。在科尔沁草原，生长在沙地上的甘草皮色棕红根条顺直，而在低湿洼地黏质土壤上生长者皮色灰褐根条弯曲。据测定，在砂质土壤上生长的薄荷，其挥发油含量较高；生长在碱性土壤中的曼陀罗，其生物碱含量较高。

由于土壤水分状况不同，药材的外观形状和内在质量也会受到一定影响。在鄂尔多斯高原，生长在地下水位较高的低洼地上甘草的表皮呈灰褐色，而在水分缺乏的缓坡和梁地表皮侧呈红棕色。在高温干旱条件下生长的金鸡纳，奎宁的含量较高，而土壤相对湿度为90%条件下的含量则显著降低。较高的土壤含水量，不利于伊贝母生物碱的积累。

土壤所含化学成分及其含量的不同，对药材质量也会产生一定的影响。据研究在四川、青海等地区，土壤中K、Mn、Zn、P元素含量的差异是导致川贝母品质差异的重要因子。在具有较高氮素含量的土壤上，罂粟属(*Papaver*)、颠茄属(*Atropa*)和曼陀罗属(*Datura*)药用植物，其体内生物碱含量较高。在富硒土壤上生长的苍术，其体内硒的含量也较高。

施肥对药材中药用活性成分含量具有明显影响。例如，N素对药用植物体内生物碱、皂苷和维生素类的形成具有积极作用。施用适量N肥对生物碱的合成与积累具有一定的促进作用，但施用过量则对其他成分如绿原酸、黄酮类等都有抑制作用。栽培全草或叶类药用植物时，可偏施N肥，以促进叶片生长。N素还能提高种子产量，如曼陀罗叶和根中的总生物碱含量随着土壤中氮素含量水平的提高而增加。P是药用植物细胞核的组成成分之一，特别在细胞分裂和分生组织发展过程中更为重要；P能促进根系生长，使根系扩大吸收面积，促进植株生长充实，提高对低温、干旱的抗性；更重要的是P有利于糖类与油脂等物质的合成，栽培以果实籽粒为主要收获对象的药用植物时，要多施一些P肥，以利籽粒饱满，提高种子产量。K能促进植株纤维素的合成，利于木质化，在生长季节后期，能促进淀粉转化为糖，提高植株的抗寒性。K还有利于糖类与油脂等物质的合成，K肥能促进块根、块茎的发育等。栽培根茎类作物(如地黄、山药)时，则可多施K肥，促进地下部分累积糖类。钾肥对促进盾叶薯蓣(*Dioscorea zingiberensis*)植株光和作用、营养物质运输和根状茎内含物的形成与积累有重要作用,对皂苷元含量具有明显效应。施用锰肥,可使单雄蕊蛔蒿花蕾中山道年的含量提高。通过大量施用有机肥,可使西洋参中的人参总皂苷含量提高。同时,几种营养元素同施,对药用植物的品质形成也具有重要作用。磷与钾有利于碳水化合物与油脂等物质的合成,施用 N、P 肥料能不同程度的提高伊贝母体内生物碱的含量,施用 K 肥其体内生物碱含量侧呈降低趋势。施用硼肥和钼肥,可使圆叶千金藤(*Stephania rotunda*)的多种生物碱含量的增加,特别是在 2 种元素混合施用时能显著提高块茎中托环藤宁的含量。又如豆类对 Ca、P 和 N 吸收较多,且能增加土壤中 N 素含量;而根及根茎类入药的药用植物,需 K 较多;叶及全草入药的药用植物,需 N、P 较多;豆类、十字花科及荞麦(*Pagopyrum esculentum*)等药用植物利用土壤中难溶性 P 的能力较强。

膜荚黄芪不同处理的 17 种游离氨基酸的含量见表 6-1。由表 6-1 可知,不同营养水平对黄芪植株游离氨基酸含量影响较大。所检测的 17 种游离氨基酸中每个处理均含有 14 种氨基酸,半胱氨酸(Cry)、缬氨酸(Val)和蛋氨酸(Met)除外。天门冬氨酸(Asp)、苏氨酸(Thr)、丝氨酸(Ser)、谷氨酸(Glu)和精氨酸(Arg)的含量较高。黄芪根叶中均含有苏氨酸(Thr)、缬氨酸(Val)、异亮氨酸(Ile)、亮氨酸(Leu)、苯丙氨酸(Phe)、赖氨酸(Lys)、组氨酸(His)、精氨酸(Arg),是人体必需的 8 种氨基酸。氨基酸总量叶片含量高于根,其含量顺序为:K > P > NPK > N,与全素营养相比各处理对游离氨基酸含量影响显著,N 处理根和叶片

表 6-1 不同处理膜荚黄芪根与叶片游离氨基酸含量 mg/100g

氨基酸	NPK 处理		N 处理		P 处理		K 处理	
	根	叶	根	叶	根	叶	根	叶
Asp	10.780	21.030	5.352	3.420	12.130	22.060	12.060	19.690
Thr	5.973	6.952	3.971	2.302	4.995	5.098	11.700	15.260
Ser	14.890	18.110	7.999	12.390	18.380	16.320	20.810	45.930
Glu	10.860	23.420	8.909	11.830	12.280	26.930	7.077	25.980
Pro	0.4371	1.777	0.783	3.157	0.608	1.270	0.944	16.430
Gly	0.391	0.379	0.284	0.725	0.422	0.423	0.319	0.529
Ala	1.424	5.857	0.901	4.516	1.140	4.709	0.879	6.063
Cyr	0.100	0.000	0.000	0.000	0.000	0.000	0.000	0.000
Val	0.000	0.000	0.000	0.656	0.000	0.526	1.266	5.214
Met	0.1601	0.000	0.141	0.823	1.523	0.140	0.787	1.134
Ile	1.342	0.437	1.594	3.86	2.019	1.473	0.911	3.129
Leu	1.210	0.520	1.179	1.629	1.934	1.020	0.819	1.985
Tyr	0.858	0.484	0.585	1.379	0.113	0.546	1.543	0.846
Phe	1.039	0.948	0.590	0.921	1.524	0.700	2.181	3.524
Lys	1.212	0.790	0.531	0.461	0.516	1.000	3.579	1.574
His	0.926	0.211	0.397	1.337	0.857	0.4133	2.740	2.727
Arg	5.255	4.436	2.287	2.863	7.675	13.860	23.900	37.560
总量	56.857	85.351	35.503	52.270	66.116	96.488	91.515	187.575

引自谭勇、梁宗锁等。

含量都最低,这与氮是蛋白质的主要成分有关。K 根和叶片含量都最高,因为 K^+ 作为重要的渗透调节物质。半胱氨酸(Cyr)在各处理中含量几乎为零(全素处理根除外)。脯氨酸(Pro)在营养胁迫时含量增加,叶片中 Pro 含量明显高于根系中,表明黄芪植株在养分亏缺逆境时叶片比根系表现的更加敏感。

同种药用植物在不同产地,因其土壤物理化学环境的不同,植株体内各器官吸收积累 N、P、K 的数量不同。河南省沁阳产区山药(*Dioscorea opposita*)各器官 N 含量均在根茎膨大盛期最高,而山西省平遥产区山药的根茎 N 的含量最高期在叶枯期,茎、叶中 N 含量高峰期与沁阳产山药同。沁阳产山药根茎、叶中 N 含量在不同生育时期分别比平遥山药高,而茎中 N 含量两产区差异不大。两产区山药生长时期内 P 含量变化趋势基本相同,根茎膨大盛期 P 含量最高,沁阳山药根茎中 P 含量在不同生育时期均比平遥的高,茎、叶中 P 含量差别不大。沁阳山药植株不同生育时期根茎中 K 含量均比平遥的高。

近年来,合理应用微量元素肥料受到人们重视。例如,在栽培党参中,施用 Mo、Zn、Mn、Fe 等微肥,不但比对照增产 5%~17%,而且对其多糖等有效成分能有效提高,其中以微量元素 Zn 肥对其内在品质影响最为显著。

土壤的生态环境条件对药用植物的品质形成也起着至关重要的作用。在药用植物生长期间,适宜土壤温度或湿润土壤环境,有利于促进有机体的无氮物质形成积累,特别有利于糖类及脂肪的合成,不利于生物碱和蛋白质的合成;若土壤适度干旱和土壤高温偏高,则可促进蛋白质和与蛋白质近似的物质形成,但不利于糖类及脂肪的合成。例如麻黄总碱的含量及其组成,既可因原药用植物种的不同也可因生长环境的差异而产生较大变化。如相对湿度小、阳光充足的环境可促使其优质、高产。又如,当归主要有效成分挥发油,在半干旱气候条件下,其含量则高(如产于甘肃武都等地的"岷归"达 0.65%);而在少光潮湿的生态环境下,其含量则低(如产于四川汉源等地的"川归"为 0.25%),非挥发性的成分如糖、淀粉等却高。而居于"岷归"与"川归"之间的"云归"(如主产于丽江的"云归"含挥发油为 0.59%),性质则居中。可见地理环境的明显影响。在海拔 600 m 以下阳光充足、排水良好、土壤肥力较高的砂质土栽培的青蒿,比野生青蒿植株高大,枝叶繁茂,叶片中青蒿素含量也比野生品高。

同时土壤中的一些有害微生物使药用植物遭受病害,进而影响其品质。药用植物病害的症状主要表现在变色、斑点、腐烂、萎蔫、畸形等几个方面。如真菌腐霉菌引起人参、三七、颠茄等多种药用植物的猝倒病,疫霉菌能引起牡丹(*Paeonia suffruticosa*)疫病,霜霉菌能引起元胡、菘蓝、枸杞、大黄、当归等多种药用植物的霜霉病,白锈菌能引起牛膝、菘蓝、牵牛(*Pharbitis nil*)、白芥子(*Sinapis alba*)、马齿苋(*Portulaca oloraua* var. *sativa*)等药用植物的白锈病。真菌毛霉菌常引起药用植物产品贮藏期的腐烂,真菌根霉菌能引起人参、百合(*Lilium brownii* var. *viridulum*)、芍药等腐烂。真菌白粉菌能引起药用植物的白粉病,如菊花、土木香(*Inula helenium*)、黄芩、枸杞、黄芪、防风(*Saposhnikovia divaricata*)、川芎、甘草、大黄和黄连等的白粉病;真菌核盘菌能引起北细辛、番红花(*Crocus sativus*)、人参、补骨脂(*Psoralea corylifolia*)、红花、三七及元胡等的菌核病。真菌黑粉菌多引起禾本科和石竹科药用植物的黑粉病,如薏苡、瞿麦的黑粉病等;真菌锈菌引起枯斑、落叶、畸形等锈病,如大戟(*Euphorbia pekinensis*)、太子参、芍药、牡丹、白芨(*Bletilla striata*)、沙参、桔梗、党参(*Codonopsis pilosula*)、紫苏、木瓜(*Chaenomeles cathayensis*)、乌头(*Aconitum carmichaeli*)、黄芪、甘草、连翘、平贝母、何首乌(*Polygonum multiflorum*)、当归、苍术、北细辛、白术、元胡、柴胡(*Bupleurum chinense*)、红花、山药、秦艽(*Gentiana macrophylla*)、薄荷、白芷(*Angelica dahurica*)、前胡、北沙参、大黄、款冬、三七、五加(*Acanthopanax giacilistylus*)和黄芩等的锈病。半知菌亚门的真菌能危害药用植物的所有器官,引起局部坏死、腐烂、畸形及萎蔫等症状。如沙参、柴胡、人参、白术、红花、党参、黄连、白芷、地黄(*Rehmanniag lutinosa*)、龙胆、牛蒡、藿香(*Agastache rugosus*)、莲荷、牡丹、菊花、白苏、紫苏、前胡和桔梗等药用植物的斑枯病;玄参(*Scrophularia ningpocnsis*)、三七、枸杞、大黄、牛蒡、木瓜和半夏等药用植物的炭疽病;地榆(*Sanguisorba officinalis*)、防风、芍药、黄芪、牛蒡和枸杞等药用植物白粉病;贝母、牡丹、百合等药用植物的灰霉病;大黄、益母草(*Leonurus heterophyllus*)、白芷、龙胆、薄荷、颠茄和接骨木(*Sambucus williamsii*)等药用植物的角斑、白斑、褐斑等症状;人参、西洋参、三七、贝母、何首乌和红花等药用植物的褐斑病;牛膝、甘草、石刁柏、天南星、决明、颠茄、红花、枸杞和洋地黄(*Digitalis purpurea*)等药用植物的叶斑病;人参、三七、地黄、党参、菊花、红花、巴戟天(*Morinda officinalis*)等药用植物茎基和根的腐烂病、人参、颠茄、三七等药用植物苗期立枯病;人参、白术、附子、丹参(*Salvia miltiorrhiza*)和黄芩等药用植物的白绢病或叶枯病。

除了病原真菌能引起以上药用植物发生病害外,病原细菌也对有较大的影响。如药用植物细菌会引起药用植物急性坏死病,呈现腐烂、斑点、枯焦、萎蔫等症状。其中假单胞杆菌多引起药用植物叶枯和腐烂,如人参细菌性烂根、白术枯萎病;野杆菌多引起瘤肿和根畸形;欧氏杆菌引起药用植物萎蔫、软腐和叶片坏死等,如浙贝母、人参、天麻等软腐病等都是生产上的较难解决的问题。

同时病原病毒、植原体也会对药用植物造成很大的伤害。感染了药用植物病毒病的植株,一般在全株表现出系统性的病变。病毒性病害的常见症状有花叶、黄化、卷叶、缩顶、丛枝矮化、畸形等。例如,北沙参、白术、桔梗、太子参、白花曼陀罗(*Datura metel*)和八角莲(*Dysosma versipellis*)的花叶病;独角莲(*Typhonium giganteum*)、黄花败酱(*Patrinia scabiosaefolia*)皱缩花叶病;人参、牛膝、萝芙木(*Rauvolfia verticillata*)、天南星、玉竹、地黄、洋地黄和欧白芷(*Angelica archangelica*)等都较易感染病毒病。植原体侵染药用植物均为全株性,独特的症状是丛枝、花色变绿等,其他变色和畸形症状与病毒病很难区分,如牛蒡矮化病。

在国内已发现被寄生线虫侵染的药用植物,大多发病部位在根部,如人参、川芎、草乌(*Aconitum kusnezoffii*)、丹参、罗汉果、牛膝和小蔓长春花(*Vinca mi-*

nor)等50多种药用植物有根结线虫病;如紫苏、蛔蒿、菊花、薄荷等药用植物矮化的矮化线虫;芍药、栝楼(*Trichosanthes ririlowii*)、益智、阳春砂、地黄和麦冬等根部损伤的根腐线虫、针线虫等。

同时,土壤是害虫的一个特殊的生态环境,大部分害虫都和土壤有着密切关系。有些种类终生生活在土壤中,如蝼蛄、地老虎、金龟子、金针虫等,它们严重危害药用植物的生长发育,严重影响药用植物的品质。

6.3 药用植物对土壤的生态适应

植物的生长、代谢与环境密切相关,从动态发展的角度看,植物与环境的关系就是植物对环境的适应与进化的过程。其适应可以表现在形态结构上,也可以发生在生理生化上。经过长期的演化和适应,药用植物在环境因子的作用下,形成了各自特有的与环境相适应的生理学特性,其生长发育及产品器官的形成、有效物质的合成与积累,一方面取决于其遗传特性,另一方面受其生长环境条件的直接或间接的影响。

6.3.1 形态适应

土壤中的环境条件在有些情况下可以引起根系的变化,如大麻(*Cannabis sativa*)在砂质土壤中发展成直根系,在细质土壤中则形成须根系;萹蓄(*Polygonum aviculare*)在小溪边形成直根系,而生长在干旱的山路旁则形成须根系。

由于土壤质地对水分的渗入和移动速度、持水量、通气性、土壤温度、土壤吸收能力、土壤微生物活动等各种物理、化学和生物性质都有很大影响,因而直接影响药用植物的生长和分布。例如,砂质土壤中水分向下移动的速度快,降水的大部分都向下移动到浅根系所不能达到范围以下,因此,砂质土壤上的多年生药用植物几乎都是深根系药用植物。砂质土通气好、持水量低,春天比黏土的温度高,对药用植物生长有利。此外,土壤质地越粗,保肥能力越差,因而砂质土肥力很低,砂土药用植物多系贫养分药用植物。

根冠比主要受N、P肥的影响,当N肥供应较多时,叶片光合产物大多用于合成蛋白质,用来满足自身生长需要,减少根系的碳素供应,抑制根的生长,使根冠比变小。反之,当N肥不足时,叶片的扩大受到抑制,光合产物大量供给根系,促进根系生长,使根冠比变大。磷素促进光合产物的运输,而且根系对磷素的需求量较大,因此,当磷素充足时,根冠比较大。从图6-3可知,N、P、K营养影响膜荚黄芪的根冠比,根冠比大小顺序为:N>P>K>NPK,分别为1.85,0.58,0.27和0.26,缺素使黄芪幼苗根冠比不协调,特别是N,地上部分矮小,根系细长。NPK根冠比较协调,有利于黄芪生长发育。

沙生植物在长期自然适应的过程中,表现出适应这种生境的特殊生物学和生态学的特征。沙生植物的根和茎都具有很强的萌芽能力和生根能力,因而在风沙埋没或被风暴露的时候,仍能长出不定芽和不定根,在风沙滚滚的条件下,顽强

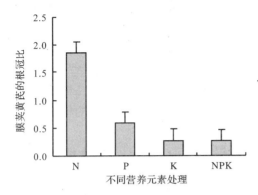

图 6-3 不同处理对膜荚黄芪根冠比的影响
（引自谭勇、梁宗锁）

生存。如沙竹（*Psammochloa mongolica*）当被流沙埋没时，茎节处仍能继续抽出不定根和不定芽，其他如黄柳（*Salix flavida*）、沙旋覆花（*Inula salsoloides*）等，也都具有这种适应特征。

多数沙生植物根系发达，一般根深和根幅都比株高和株幅大许多倍，水平根（侧根）可向四面八方扩展很远，不具有分层性，而是均匀地扩散生长，避免集中在一处消耗过多的沙层水分。如窄叶绵蓬（*Corispermum hyssopifium*），株高10cm，主根长20cm，侧根幅80cm。灌木黄柳的株高一般仅2m左右，而它的主根可以钻到沙土里3.5m深，水平根可伸展到30m以外，即使受风蚀露出一层水平根，也不至于造成全株枯死。强大的根系是最大程度地吸取水分的一种适应；同时，发达的根系也起到了良好的固沙作用。但是，一些短命植物的根却很浅，春天偶然降了点雨，只要地表湿润，就能蓬勃地生长、开花、结实，在相当短暂的时间里完成它的生活周期，以便躲过干旱高温的夏季。

很多沙生植物具有沙粒黏结成的根套，以保护根免受灼伤和风沙的机械损伤，同时能使根系减少蒸腾和防止反渗透失水现象的发生。如沙芦草（*Agropyron mongolica*）、沙芥（*Pugionium cornutum*）的根。还有的植物如沙葱（*Allium mongolicum*）的根有厚的纤维鞘，油蒿（*Artemisia ordosica*）、籽蒿（*Artemisia sphaerocephala*）等半灌木的根则强烈木质化，有的植物根内有厚的木栓层或皮层，这些结构也都能起到类似于根套的作用。为减少水分的消耗，减少蒸腾面积，许多植物的叶子缩小或退化，呈针状、鳞片状，甚至无叶，直接以绿色小枝或茎进行光合作用，如梭梭（*Haloxyon ammodendron*）。许多沙生植物为了抵抗夏天强烈的太阳光照射，免于受沙面高温的炙灼，枝干表面变成白色或灰白色，如沙拐枣（*Calligonum mongolicum*）。

6.3.2 生理适应

各种药用植物都有其适宜的土壤酸碱范围，超过这个范围时，其生长发育都会受阻。长期生活在不同土壤上的植物，对土壤产生了一定的适应特征，形成了不同的植物生态类型。根据药用植物对土壤酸碱度的反应，把植物分为酸性土植物（pH<6.5）、中性土植物（pH6.5~7.5）和碱性土植物（pH>7.5）。根据植物对土壤中矿质盐类（钙质）的关系，可以把植物划分为钙质土植物和嫌钙植物；根据植物对土壤与含盐量的关系，可以划分出盐碱土植物；根据植物与风沙基质的关系，可划分出沙生植物。

酸性土植物只能生长在酸性或强酸性土壤中，它们在碱性土或钙质土上不能生长或生长不良。石松（*Lycopodium clavatum*）、狗脊（*Woodwardia japonica*）、越橘属（*Vaccinium*）、杜鹃属（*Rhododendron*）、柑橘属（*Citrus*）中的很多种，都是比较典型的酸性土植物。

在土壤 pH>7.5 的生境上生长良好的植物，称为碱性土植物，常常是喜钙植物或钙土植物，如甘草、枸杞等。在排水正常的土壤中，含钙情况与 pH 值有密切关系，当 pH>8.3 时，土壤中有游离的钙质；pH8.3~6.0 时，钙质很丰富；pH6.0~5.0 以下时，钙就很少了。在石灰岩母质的土壤上生长的植物多属于这种类型。

大多数植物适应生长在 pH6.5~7.5 的土壤中，这些都属于中性土植物。

嗜酸性植物生于强酸性的环境中，对 pH 变化的耐受力很差，如水藓属（*Sphagnum*）的某些种类只能生长在 pH3~4 的强酸性沼泽土壤中，即使在中性范围内也会死亡。嗜酸耐碱植物生于酸性土壤中，但也可以在中性以至弱碱性土壤中生长，如帚石南（*Calluna vulgaris*）在 pH4~5 范围内生长最好，也能生长于中性范围并能忍受弱碱性土壤。款冬则具有相反的特性，它在中性至碱性范围内表现最适，但在 pH 为 4 时也能忍耐，为嗜碱耐酸植物。嗜碱性植物生于强碱性的环境中，对 pH 变化的耐受力差，多半是某些细菌，当 pH 低于 6 时它们就会受害。还有少数植物如熊果（*Arctostahylos uvaursi*）则表现为具有两侧耐性（amphitolerant），既能分布于酸性土壤上，又能分布于碱性土壤上，而在中性土壤上却较少，为"耐酸碱"植物。

植物按照需钙量的多少可以分为喜钙植物和嫌钙植物。喜钙植物是适应于生长在含有高量代换性 Ca^{2+}、Mg^{2+} 离子而缺乏代换性 H^+ 离子的钙质土或石灰性土壤上，称为钙质土植物，它们在酸性土壤上不能生长。如蜈蚣草（*Pteris vittata*）、铁线蕨（*Adiantum cappillus-veneris*）、南天竺（*Nandina domestica*）、甘草、柏木（*Cupressus fnnebris*）等都是较典型的钙质土植物。而嫌钙植物需钙量少，可在较高的 H^+ 浓度中生长。药用植物体内的钙大部分与不扩散的有机阴离子如羧基、羟基、磷酰基和酚羟基结合，也可以形成草酸钙、碳酸钙或磷酸钙等沉积在液泡里，还有少量的 Ca^{2+} 在木质部或在液泡中，而不对药用植物本身造成伤害，这是一种生理适应现象。

在生理上，根据抗盐能力的强弱把植物分为 3 类：

（1）积盐性植物（真性盐生植物）

这类植物特别能忍受高盐浓度，它的根部细胞的渗透压大于 4053.0kPa，甚至达到 7092.8~10 132.5kPa，可吸收大量可溶性盐分，并在体内积累；能忍受 6% 或更浓的氯化钠溶液。这种植物放到嘴里能尝到盐味。聚盐性植物的种类不同，积累的盐分种类也不一样，例如盐角草（*Salicarnia europaea*）、碱蓬（*Suaeda heteroptera*）能吸收并积累较多的 NaCl 或 Na_2SO_4，滨藜（*Atriplex sp.*）吸收并积累较多的硝酸盐。属于这类聚盐性植物的还有海蓬子（*Salicornia europaea*）、盐节木（*Halocnemum strobilaceum*）、盐穗木（*Halostachys caspica*）、黑果枸杞（*Lycium ruthenicum*）等。

（2）排盐性植物（泌盐植物）

这类植物的根细胞的渗透压仍很高，但吸收的盐分并不积累在体内，而是通过茎叶表面密布的分泌腺(盐腺),将盐分排出体外,在体表留下盐结晶硬壳。这类植物在非盐土上仍能良好生长,所以又称它们为耐盐植物或兼性盐生植物。如柽柳(*Tamarix* spp.)、大米草(*Speatina anglica*)、补血草(*Limonium sinensis*)等。

(3) 不透盐性植物(抗盐植物)

这一类植物虽然生长在盐碱土中,但并不吸收过量的盐分。是由于体内含有较多的有机酸、糖类、氨基酸等,细胞有较高的渗透压,从而提高了根系从盐碱土中吸取水分的能力,所以常把这类植物看作是抗盐植物。如蒿属(*Artemisia*)、盐地风毛菊(*Saussurea salsa*)、碱地风毛菊(*S. runcinata*)等。不透盐性植物一般只能在盐渍化程度较轻的土壤上生长。

有些沙生植物的细胞液中积累大量的可溶性盐,导致渗透压提高,从而可以吸收较高盐渍度的潜水或土壤水。如红砂(*Reaumuria soongarica*)、珍珠猪毛菜(*Salsola passerina*)的渗透压可达5066.3kPa,梭梭可高达8106.0kPa,这使根系主动吸水的能力大为加强,大大提高植物的抗旱性。

6.3.3 分子适应

随着灌溉面积的日益扩大,土壤次生盐碱化也日趋严重;同时随着水源的广泛污染,在缺水时又不得不用污水和水质较差的水源灌溉,特别是纸厂的污水,使盐碱的危害面积有增加的趋势。另一方面,由于水资源的短缺,在低洼易涝盐碱地区,难以实现以水压碱,以水洗碱,地面盐碱浓度越来越大。这些问题都严重影响到土壤的理化性质,进而影响药用植物的现代化生产。

研究表明,有些基因与抗旱、抗盐、抗热、抗冷等有关,一个抗逆基因可以调控几种胁迫耐性。干旱和高盐都可以诱导水通道蛋白的表达,许多药用植物在遇到高温、干旱等非生物胁迫时都会产生水通道蛋白的产生和积累。干旱和高温也可以诱导热激蛋白的产生,对维护干旱和高温条件下的光合作用有重要作用。在各种逆境条件下,药用植物可共同产生渗透调节物质、ABA、抗氧化物质等。例如渗透调节是药用植物抗盐的重要机制,研究发现,双子叶和单子叶盐生植物的无机渗透剂Na^+、Cl^-的含量随着盐度的增加而增大,只是双子叶盐生植物的增幅远大于单子叶盐生植物。此外,盐生植物还能利用的一些有机小分子物质来平衡细胞内外的渗透势,如脯氨酸、甜菜碱、四铵化合物、松醇、甘油醇及山梨糖醇等。这些有机渗透物质除了能调节细胞的渗透势之外,还能稳定细胞质中酶分子的构象,使其不受盐离子的直接伤害。

各种胁迫所引起的植物伤害大部分与细胞水平氧化伤害有关,可以直接导致细胞膜稳定性破坏,进一步引起代谢紊乱,直至药用植物死亡。大量研究发现,细胞膜稳定性的破坏可能是植物抵御各种逆境的最后一道防线,所以细胞膜的稳定性和细胞抗氧化能力显得至关重要。在生物精细而复杂的抗氧化防御体系中,超氧化物歧化酶(SOD)最为重要。

在繁殖方面,大部分沙生植物具有对流动沙子的特殊适应性。有些植物种子上长了翅膀或毛,种子成熟后随风飘扬,遇到合适的地方就发芽生长。如柽柳的种子粒小，具白色冠毛，随风飘落到湿地上，一般 2～3 天就可发芽出苗，种子萌发率可达 80% 以上。

本章小结

　　土壤是岩石圈表面的疏松表层，它不但是由固体（无机部分和有机部分）、液体（土壤水分）和气体（土壤空气）组成的复杂的自然体，同时又是与药用植物、微生物息息相关、互相依存、互相促进的具有无限生命力的特殊自然体。我国幅员辽阔，地形复杂，土壤资源十分丰富。世界上所分布的主要土壤类型，在我国几乎都能见到。尽管土壤种类繁多，但在地理分布上仍具有明显的水平地带性、垂直地带性和区域分布的规律性，土壤的酸碱性的变化也有一定的规律。

　　土壤对药用植物的生态作用主要体现在土壤对药用植物分布、产量、品质的影响 3 个方面。由于土壤的地带性分布，使得药用植物分布也呈现一定的地带性。不同的土壤类型，分布着不同的药用植物类群。土壤的物理、化学性质和生物性质对药材的产量都具有一定影响。土壤水分过多或过少都会影响药用植物的生长；土壤通气性程度影响土壤微生物的种类、数量和活动情况，并从而影响药用植物的营养状况。土壤温度对药用植物生长具有重要作用。土壤中的大量元素和微量元素对药用植物的生长发育具有非常重要的作用。不同种类的药用植物，它们需要的营养常常不同。不同的药用植物，因为其根系的深度不同，对养分的需求也不同，同一药用植物在不同生育时期，对矿质元素的吸收情况也是不一样的。土壤酸碱度和土壤的化学成分，对有些药用植物的生长具有重要作用。土壤微生物对增进土壤肥力和改善药用植物营养起着极重要的作用。药用植物通过根系从土壤中吸收其生长发育所需要的水分和营养物质。土壤的物理和化学性质，以及土壤中所含有的各种化学元素的种类及其比例，对药用植物的药用活性成分的形成和积累都有一定作用，从而影响其品质。

　　药用植物对土壤具有适应性，土壤中的环境条件在有些情况下可以引起根系结构的变化。如根系的深浅、分布的远近、根冠比等。植物与环境的关系就是植物对环境的适应与进化的过程。其适应除表现在形态结构上，也可以发生在生理生化上。经过长期的演化和适应，植物在环境因子的作用下，形成了各自特有的与环境相适应的生理学特性。药用植物的有些基因与抗旱、抗盐、抗热、抗冷等有关，一个抗逆基因可以调控几种胁迫耐性。这些都是药用植物对土壤的生态适应。

思考题

　　1. 药用植物土壤的内在组成及其相互关系？如何理解药用植物土壤的物理、化学、生物性质之间的区别与联系？
　　2. 土壤对药用植物有什么生态作用？
　　3. 从药用植物分布上，药用植物如何适应土壤的性质？

本章推荐阅读书目

植物生态学. 第 2 版. 曲仲湘，吴玉树，王焕校，等. 高等教育出版社，1983.
药用植物与生药学. 郑汉臣，蔡少青. 人民卫生出版社，2003.
药用植物生态学. 王德群，王文全，陈西玲，等. 中国医药科技出版社，2006.

第7章 药用植物的种群生态

7.1 药用植物种群及其基本特征

7.1.1 药用植物种群的概念

种群(population)是占据一定地区的某个种的个体总和。它是同种有机体在特定空间占据的集合群。个体形成种群,产生了质的飞跃。物种在自然界中以种群为基本单位,生物群落也是以种群为基本组成单位。种群具有独特性质、结构、机能,能自动调节大小。个体之间可以受精,并有一定的组织结构和遗传的稳定性,例如一个湖泊中的全部金鱼草(Antirrhinum majus)就组成了金鱼草种群。在自然界,生物个体难以单独生存,他们在一定空间内以一定的数量结合成群体。这是繁衍所必需的基本前提,可使每一个个体能够更好地适应环境的变化。种群常随科研工作的需要来划空间上或时间上的界限,大至全世界的绞股蓝种群,小到池塘中的莲种群。而在实验室栽培的一群同种植物,称为实验种群。

种群群体与个体是有区别的。种群虽然是由同种个体组成的,但不等于个体的简单相加,而是在种内关系下组成的有机整体。个体相互之间存在内在关系,使信息相通,行为协调,共同繁衍,并集中表现出该种生物行为的特殊规律性。个体的生物学特性主要表现在出生、生长、发育、衰老及死亡的过程中。而种群则具有出生率、死亡率、年龄结构、性比、数量变化等特征。这些是种群个体所不具有的。

种群与物种也存在很大区别。种群是物种存在的基本单位,从生物学分类中的门、纲、目、科、属等分类单位是学者依据物种的特征及其在进化过程中的亲缘关系来划分的,唯有种(species)才是真实存在的。生物个体是会随着时间的推移而死亡和消失的,绝不可能以单个个体的形式存在,所以,物种在自然界中能否持续存在的关键就是种群能否不断地产生新个体以代替那些消失了的个体。在同一空间中,同时生存着多个具有相互联系的物种,组成生物群落,所以,种群也是生态系统研究的基础。药用植物种群是自然植物种群的特例。它具有一般种群的基本特征与基本规律,存在着野生、半野生和栽培种群。

7.1.2 种群的数量特征

种群的数量特征主要是指种群有密度大小和数量增长，并随时间或年份以及环境条件的变化而发生动态变化和数量波动。

7.1.2.1 药用植物种群的数量大小

(1) 种群密度

种群密度(population density)是指每个单位空间内个体的数量。密度是种群最基本的参数，也是种群重要的参数之一。种群密度与生物的大小及该生物所处的营养级有关。表示种群密度的一般方法是计算种群在单位空间中的个体数量；另一表示种群密度的方法是生物量，它是指单位面积或空间内所有个体的鲜物质或干物质的重量。种群密度可分为绝对密度(absolute density)和相对密度(relative density)。前者指单位面积或空间上的个体数目，后者是表示个体数量多少的相对指标。面积单位视具体研究而定，通常以平方千米或平方米来表示，也可应用每片叶子、每个植株为单位。

种群的密度是一个动态的概念。每单位空间内个体的数量称为种群的原始密度(crude density)。但是，有些空间不适应生物存在，调查植物种群的密度通常不是按物种的整个分布范围来计算，而是从其分布范围内最适生长空间来计算密度，所以又提出了种群的生态密度(ecological density)，即按该生物种群活动实际占有的面积计算密度。高的地区可能是种群最适的生长空间，但物种在其分布范围内个体的分布又多是不均匀的，因此确定种群的生态密度并不容易。种群密度和生物的大小往往与该生物所处的营养级有关。

每一种生物的种群密度都有一定的变化限度，有最大密度、最小密度、最适密度之分。最大密度又称饱和密度，是指特定环境所能容纳某种生物的最大个体数。最小密度是指种群维持正常繁殖，补充死亡个体所需要的最小个体数。当种群处于最适密度时，对种群内个体生长发育最为有利，种群增长最快。

种群的密度在实际的计量中，计量单位不一定以个体为单位，主要是根据需要的不同而存在差异。如药用植物生产上可计株数也可计产量(生物量)。珍稀濒危药用植物的种群大小和种群密度通常都很低。有时候也可用生物量来代替个体的数量。从应用的角度出发，密度是最重要的种群参数之一。密度部分地决定着种群的能量流动、资源的可利用性、种群内部生理压力的大小以及种群的散布和种群的生产力等。了解种群的密度，可以对野生药用植物实施科学的管理，有效地进行质量评价。

植物种群数量特征与空间分布式样的确定，不可能通过调查整个分布区或较大区域内的所有个体来获得。通常是采用随机取样来进行一个近似的估计。估计值能否有代表性，在很大程度上取决于取样技术的正确性。取样时一定要考虑到具有代表性的样本含量、样方形状和取样方法。随机样方的面积总和达到调查区域的1%就能基本满足研究的需要。样方面积根据植物而定，一般草本植物的样方为边长0.3~2.0m，乔木的样方边长为10m以上。应尽可能对所调查的种群进行随机取样。

对于构件生物(如药用菊花)而言,研究构件的数量与分布往往比个体数更为重要。但调查高等植物的种群密度时,因其个体大小差异明显,仅以个体数量表示种群的大小很不恰当,必须进行2个层次的数量统计,即合子产生的个体数和组成每个个体的构件数。只有同时研究这2个层次的数量及其变化,才能真正掌握构件生物的种群动态。有时候研究构件的数量和分布状况往往比个体数更为重要。

(2) 种群出生率

种群出生率(birth)是指单位时间内种群的出生个体数与种群个体总数的比值。出生个体数是一个绝对指标,表示一定时间内种群新生产的个体数,如出芽、结实等。它不仅取决于物种的生殖能力,还受种群个体总数的影响。只有通过计算出生率,才能比较不同种群的繁殖能力。这里所指的出生率是从整个种群体看,即种群的平均繁殖能力,不含种群中的某些个体所表现出的超常生殖能力。我们经常考虑的是周限率(finite rate),这是观察值的简单表达。例如:年存活率(annual survive)=年末存活的株数/年初存活的株数,种群年变化率(annual rate of population change)=年末的种群大小/年初的种群大小。这些率都有具体的周限,即开始和末尾的时间。但是,种群出生率还可以用瞬时率(instantaneous rate)来表示。瞬时率的时间不是1年、1月、1分或1秒,而是无限小,即一刹那之间。周限率和瞬时率可以相互换算。

出生率常分最大出生率(maximum natality)和实际出生率(realized natality)。最大出生率是指种群处于理想条件下(即无任何生态因子的限制作用,生殖只受生理因素所限制)的出生率,也称为生理出生率。即使在人工控制的实验室也很难建立完全理想的环境条件,因此,固定不变的理想最大出生率一般情况下是不存在的。对于特定种群来说,最大出生率是一个常数;但在自然条件下,当出现最有利的条件时,它们表现的出生率可视为"最大的"出生率。

当然,完全理想的环境条件即使在人工控制实验室中也是很难建立的。因此,所谓物种的固有不变的理想的最大出生率不过是一个假设。但是各种植物的出生率还是各有其一定的特性的,因条件变化也有一定范围。1年生植物如一串红在春夏播种比冬季为高,多年生乔木如化香树在壮年的植株生产率最大。选择该种植物出生率最大的数字作为标尺,对各种生物进行比较,或与各种环境条件下的实际出生率进行比较。我们如果能知道某种植物种群平均每年每个繁殖体可以繁殖几个新个体或几个芽蘖,这对于估计种群的相继的动态是十分重要的。从这个意义上讲,最大出生率显然只是理论上的,但与实际出生率比较是很有用的。实际上,对于一个经常在自然界中进行深入观察的生态学工作者来说,是可以在自然界中一定时期内探索到某种生物的"最大出生率"的。当然应用它时,仍然要了解测定这个"最大出生率"的具体条件。这里所指的出生率都是种群的平均繁殖能力。至于种群中某些个体有时会出现超常的繁殖能力,属于特殊情况。

种群在特定环境条件下所表现出的出生率称为实际出生率,也称为生态出生率(ecological natality)。种群的实际出生率是可变的,它会随着种群的结构、密度大小和自然环境条件的变化而改变。

出生率的高低在各类群之间差异极大,营养生长转变为生殖生长的速度越快,有机体性成熟越早,平均世代长度越短,种群出生率就越高。不同种植物的成熟速度相差很多。例如,壳斗科栎类植物要10多年才能开花结实,桃李要3~5年。成熟期越快,种子就获得越快,繁殖速度就越高。每次开花结实的数目各种植物的变化较大。有的植物花很多,但结实率低;有的花不多结实率较高。每朵花的种子数也差别很大,如冬瓜(Benincas ahispida)一蔓仅有几个,但有很多种子;桃李花多,但每一朵花仅1个种子。兰科植物虽花不多,但每个果实却有几万个种子。不同种植物所产种子的数目相差悬殊。有的植物终身只开1次花,如有些竹子(Asystasiella neesiana)、龙舌兰(Agave americana)。大多数药用植物如决明(Cassia tora)1年1次花果。此外,还有开花结实期长短,种子后熟与否,种子发芽率的高低等都将影响种群的自然繁殖率——出生率的高低。

(3) 种群的死亡率

种群的死亡率(death)是指单位时间内种群的死亡个体数与种群个体总数的比值。死亡率有最低死亡率和实际死亡率之分。最低死亡率(minimun mortality)是种群在最适环境条件下所表现出的死亡率,即生物都活到了生理寿命,种群中的个体都是由于老年而死亡,也称为生理死亡率。种群生理寿命是指种群处于最适条件下的平均寿命,而不是某个特殊个体可能具有的最长寿命。实际死亡率也称为生态死亡率(ecological mortality),是指种群在特定环境条件下所表现出的死亡率,为生态寿命,即种群在特定环境条件下的平均寿命。生态寿命是指种群中个体的寿命,是种群在特定环境条件下的平均实际寿命。只有一部分个体能活到生理寿命或接近生理寿命,多数死于捕杀、生病和不良环境等。对野生植物来说,最低死亡率与生理出生率一样,都是不可能实现的,只具有理论的和比较的意义。

生物死亡的因素很多,主要的形式有病虫害(疾病)、冻害、水旱灾害、砍伐、衰老或其他意外事故等。每种生物的平均寿命因种而异:细菌活几小时或几天,有些草本植物如萹蓄。一代才几个月;灌木有的活几年,有的木本植物100~200年,红杉可达几千年。个体的死亡是物种存活和进化的基础,因为一些个体死了,在种群中才能留下空位,让一些具有不同遗传性的个体取而代之,这样就使物种能够适应变化无穷的环境。具有高死亡率、短寿命和高生殖力的物种(如菊科、禾本科草本植物),比那些长寿的物种对多变的环境适应能力要大得多。

低死亡率和长寿的种类,并不需要高繁殖力来补偿它们种子或幼苗的大量损失。一粒紫苏(Perilla frutescens)种子最多活1年,而一株萝芙木(Rauvolfia verticillata)灌木,至少可活几年至十几年。短寿命和易死亡的禾本科植物是以高繁殖力取得补偿。紫苏几个月即可开花结实,种子较多;相反,林下灌木几年才会开花结实,种子少。这两种大小相近的植物,可以看出寿命和繁殖力之间的相关性。

死亡率一般也是以种群中每单位时间(如年)每1000个个体死亡数来表示。种群的死亡率也可以用特定年龄死亡率来表示,因为处于不同年龄组的个体,其死亡率的差异是很大的。一般说来,低等植物的早期死亡率很高,而高等植物的死亡主要发生在生长年代长的个体。

种群的数量变动首先决定于出生率和死亡率的对比关系。在单位时间内,出生率与死亡率之差为增长率。因而种群数量大小,也可以说是由增长率来调整的。当出生率超过死亡率,即增长率为正时,种群的数量增加;如果死亡率超过出生率,增长率为负时,则种群数量减少;而当生长率和死亡率相平衡,增长率接近于零时,种群数量将保持相对稳定状态。

(4) 迁入率与迁出率

种群中个体的迁移包括迁入和迁出,是生物生活周期中的一个基本现象。但直接测定种群的迁入率和迁出率是非常困难的。在种群动态研究中,往往假定迁入与迁出相等,从而忽略这两个参数,或者把研究样地置于岛屿或其他有不同程度隔离条件的地段,以便假定迁移所造成的影响很小。很明显,在实际工作中这两个假定都是不现实的或难以做到的。另外,生物的分布多是连续的,没有明确的界限来确定种群的分布范围,种群的边界往往是研究者按照自己的研究目的人为划定的,这也增加了对种群迁移率研究的困难。

尽管如此,仍有一些方法用来研究种群的迁移率。例如,通过测定种群的丧失率(死亡加迁出)和添加率(出生加迁入),然后减去死亡率或出生率,即可得到种群的迁出率和迁入率。

(5) 生命表

生命表(life table)是描述死亡过程的工具。生命表用于记录在自然或者实验条件下,种群在整个生命周期内的出生和死亡数量以及发生的年龄。生命表能综合判断种群数量变化和从出生到死亡的动态关系,以此估计种群的变化。

生命表分为两类:动态生命表(dynamic life table)和静态生命表(static life table)(图7-1)。前者是根据观察同时出生的个体群生物的死亡或存活动态过程所获得的数据编制而成,又称同龄群生命表(sohort life table)、水平生命表(horizonal life table)或称特定年龄生命表(age-specific life table)。后者是根据某个种群在特定时间内的年龄结构而编制的。它又称为特定时间生命表(time-specific life table),或垂直生命表(vertical life table)。

①动态生命表 所调查的生物个体都经历过同样的环境条件。这种生命表以种群的年龄阶段作为划分标准,系统观测在不同的发育阶段或年龄阶段的变化,纵向跟踪收集从出生到最后死亡的全部资料。建立动态生命表的难度较大,尤其是寿命长达百年或千年的木本植物种群甚至是不可能的,因而多用于短命植物种群的统计。萹蓄是1年生草本植物,适于编制动态生命表(表7-1)。

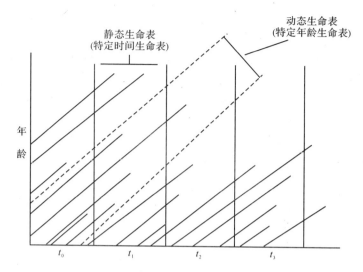

图 7-1　静态生命表与动态生命表

（引自姜汉侨等,《植物生态学》）

表 7-1　吉林市江边萹蓄种群动态生命表

日龄 x	N_x	L_x	d_x	q_x
0	1066	1.0000		
10	970	0.9099	96	0.0090
20	869	0.8152	101	0.0095
30	776	0.7280	93	0.0087
40	694	0.6510	82	0.0077
50	620	0.5816	74	0.0069
60	585	0.5488	35	0.0033
70	564	0.5291	21	0.0020
80	539	0.5056	25	0.0023
90	509	0.4775	30	0.0028
100	412	0.3865	97	0.0091
110	325	0.3049	87	0.0082
120	250	0.2345	75	0.0070
130	167	0.1567	83	0.0078
140	100	0.0938	67	0.0063
150	47	0.0441	53	0.0050
160	0	0.0000	47	0.0044

N_x——第 x 日龄时的存活数；L_x——存活率；d_x——间隔期间死亡数；q_x——平均每天死亡率。
引自李景华等, 2005。

② 特定时间生命表　特定时间生命表或垂直生命表、静态生命表反映的是不同出生时间的个体经历不同环境条件后的种群特征。静态生命表是根据某一特定时间，对种群作一个年龄结构的调查，并根据其结果编制而成。各年龄组的个体，都是在不同年或其他单位出生，经历了不同环境条件。因此，编制静态生命表就等于假定种群所经历的环境是年复一年地没有变化，但实际上是不可能的。因此，静态生命表都用于长命的木本植物种群的统计研究。静态生命表在自然种群，特别是世代重叠、寿命较长的种群中应用价值很大（表7-2）。

表7-2　硬阔叶林中刺五加（*Eleutherococcus senticosus*）种群的特定时间生命表

x	a_x	l_x	d_x	q_x	L_x	l_{max}	lnL_x	k_x
1	180	1000			870	5.193	6.908	
			261	26.1				0.303
3	133	739			611	4.890	6.605	
			256	34.6				0.425
5	87	483			447	4.466	6.180	
			72	14.9				0.161
7	74	411			372	4.304	6.019	
			78	19.0				0.211
9	60	333			303	4.094	5.808	
			61	18.3				0.202
11	49	272			270	3.892	5.604	
			5	2.0				0.019
13	48	207			255	3.871	5.587	
			23	8.5				0.090
15	44	244			225	3.784	5.497	
			38	15.6				0.169
17	37	206			200	3.611	5.328	
			12	5.8				0.060
19	35	194			144	3.555	5.268	
			100	51.5				0.725
21	17	94			72	2.833	4.543	
			44	46.8				0.631
23	9	50			45	2.197	3.912	
			11	22.0				0.248
25	7	39			28	1.946	3.664	
			22	56.4				0.831
27	3	17				1.099	2.833	K_{total} =4.075

x——龄级中值；a_x——x龄级开始时的实际存活数；l_x——x龄级开始时标准化的存活数；d_x——从x到$x+1$期的标准化死亡数；q_x——各龄级的个体死亡率，$q_x = \frac{dx}{lx} \times 100$；$L_x$——从$x$到$x+1$期平均存活的个体数，$L_x = (l_x + l_{x+1}) \div 2$；$T_x$——龄级$x$及其以上各龄级的个体存活总数。

引自祝宁等，1994。

③图解生命表　这种生命表是以图形记录的方式而得到的简化生命表，将种群数量变动的过程以流程图的形式表示（图7-2）。

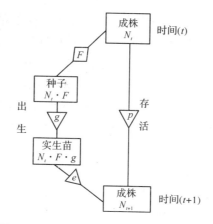

图 7-2 一个理想的高等植物图解式生命表

（引自尚玉昌，《普通生态学》，第 2 版）

F——每株植物的种子产量；g——每粒种子萌发率（$0 \leqslant g \leqslant 1$）；$p$——每株成年植物的存活概率（$0 \leqslant p \leqslant 1$）；$e$ 是每株实生苗成长为成年植物的存活概率（$0 \leqslant e \leqslant 1$）

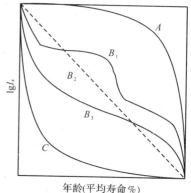

图 7-3 存活曲线示意图

（引自姜汉侨等，《植物生态学》）

A 型：凸型存活曲线，表示种群在接近生理寿命之前，只有个别死亡，即几乎所有个体都能达到生理寿命。死亡率直到末期才升高。如高等植物以及许多 1 年生植物。

B 型：呈对角线的存活曲线。表示各年龄期的死亡率是相等的。如多年生 1 次结实植物。

C 型：凹型的存活曲线，表示幼体的死亡率很高，以后的死亡率低而稳定。大多数为动物。

（6）存活曲线

存活曲线在研究种群死亡过程是很有意义的。迪维（Deevey，1947）以相对年龄，即以平均寿命的百分比表示年龄 x 作横坐标，存活数 l_x 的对数作纵坐标，画成存活曲线图，比较不同寿命的植物。比较结果，把存活曲线划分为 3 种基本类型（图 7-3）。

7.1.2.2 药用植物种群的数量增长

（1）种群的增长模型

种群生态学研究的核心是种群的动态问题。最终涉及的是数量问题。常常是建立数学模型。数学模型是现代生态学研究中广泛应用的一种方法，可帮助理解各种生物和非生物的因素是怎样影响种群动态的，对种群生态学的发展做出了重大的贡献。

种群的增长率包括存活和出生两个方面。一般生命表仅涉及存活情况，因此，需要编制包括出生率的综合生命表。由于各种生物的平均世代时间并不相等，所以特别是在做种间比较时，种群增长率就显得更有应用价值。

自然界的环境条件是不断变化的，种群是在两个极端情况之间变动着。当条件有利时，种群的增长率是正值而种群数量增加；当条件不利时，其增长能力是负值而数量下降。因此种群实际增长率是不断变化的。但是在实验室的条件下，能排除不利的环境条件，提供理想的营养条件等，观察到种群最大的内禀增长率。

种群内禀增长率（innate proportion of increase）是在最适条件下种群内部潜在的增长率。按安德列沃斯（Andrewartha）等的定义：内禀增长率是具有稳定年龄结构的种群，在食物与空间不受限制，同种其他个体的密度维持在最适水平，在环境中没有天敌，并在某一特定的温度、湿度、光照和食物性质的环境条件组配下，种群的最大瞬时增长率(r_m)。

种群的瞬时增长率 r 是描述种群在无限环境中呈几何级数式瞬时增长能力的。内禀增长能力 r_m 就是种群在特定条件下 r 的最大瞬时增长率。瞬时增长率 r 与周限增长率 λ 间的关系为：

$$\lambda = e^r$$

如果把周限逐渐缩到无限短时，其周限增长率 λ 就接近于或等于周限增长率 r，因周限增长率是有开始和结束期限的，而瞬时增长率是连续的瞬时的。周限增长率的数值总是大于相应的瞬时增长率。

种群内禀增长率可以与在自然界中的实际增长能力进行比较，r_m 值高可能导致最高死亡率；r_m 值低可能出现低死亡率。种群增长的模型较多，这里介绍单种种群的增长模型。

① 非密度制约型增长　指种群在无限环境中的增长模型。在此环境中，因种群不受任何条件限制，如营养、空间等环境资源能充分满足，使种群潜在增长能力得到了充分发挥，数量呈指数式增长，这种增长规律，称为种群的指数增长规律（the law exponential growth）。常用指数模型描述，其增长曲线为"J"型；但若以对数为纵坐标，则成为直线。种群在无限环境中表现出的指数增长模型可分为以下两类。

世代不相重叠种群的离散增长模型　指植物为1年生，每年只完成1次生活史，种群增长不连续。这种增长模型假设种群在无限的环境中生长，没有迁入和迁出，没有年龄结构。其数学模型通常是把世代 $t+1$ 的种群 N_{t+1} 与世代 t 的种群 N_t 联系起来的方程：

$$N_{t+1} = \lambda N_t \text{ 或 } N_t/N_0 = \lambda_t$$

式中　N——种群大小；

　　　t——时间；

　　　λ——种群周限增长率。

模型生物学含义是据此可计算世代不相重叠种群的增长情况。假定在一个繁殖季节 t_0 开始，初始种群大小为 N_0（要求雌雄个体数量相等），其初生率为 B，总死亡率为 D。到下一代 t_1 时，其种群数量 N_1 为：$N_1 = N_0 + B - D$。

如某1年生植物初始种群有20个，当年亲体死亡。每个个体产生20粒可育种子，$N_0 = 20$，$N_1 = 200$，即一年增加20倍（$\lambda = N_1/N_0 = 20$）。周限增长率 λ 是种群增长中有用的参数。从理论上讲，λ 有以下4种情况：

a：$\lambda > 1$ 种群上升；b：$\lambda = 1$ 种群稳定；c：$0 < \lambda < 1$ 种群下降；d：$\lambda = 0$ 种群无繁殖现象，在一代中灭亡。

世代重叠种群的连续增长模型　种群在任何时候都存在不同年龄的个体，因此，多数种群的繁殖都要经过一段时间并有世代重叠，种群数量以连续的方式改变，这种情况最好以一个连续型种群模型来描述，表示为种群在 t 时间的变化

率:$dN/dt = rN$。常用微分方程来描述。即:

$$dN_t/d_t = rt$$

其积分式为:

$$N_t = N_0 \cdot e^{rt}$$

式中　N_0,N_t 的定义同前;

　　　e——自然对数的底;

　　　r——种群的瞬间增长率。

则 $r = b - d$(b、d 分别为出生率和死亡率,假定无迁出和迁入)。

若以种群数量 N_t 的 $\lg N_t$ 对时间 t 作图,则成为直线(图7-4A);若以 N_t 对时间 t 作图,种群增长曲线呈"J"型(图7-4B),因此种群的指数增长又称为"J"型增长。

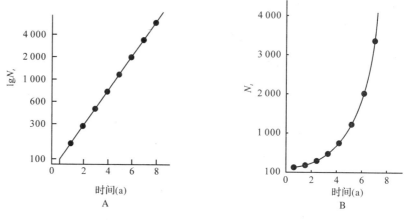

图7-4　种群增长曲线($N_0 = 100$, $r = 0.5$)

A. 对数标尺　B. 算数标尺

(引自李博等,《生态学》)

② 密度制约型增长　是种群在有限空间中的增长。自然种群不可能长期地按几何级数增长,当空间有限时,随着密度的上升,有限的空间资源和其他生活条件等的限制,种内竞争影响到种群的出生率和死亡率,降低种群的实际增长率,使种群下降。种群在有限环境条件下连续增长的一种最简单的形式是逻辑斯谛增长(logistic growth),又称为阻滞增长。此模型有以下的假定条件:a. 环境条件可以允许种群增长的最大值,即环境容纳量或承载力(carrying capacity)常用"K"表示,当种群大小达到 K 值时,种群则不再增长,即 $d_K/d_t = 0$。b. 随着密度上升,种群增长率降低,这种影响逐渐增加。每一个个体利用了 $1/K$ 的空间,若种群有 N 个个体,就利用了 N/K 的空间,而可供继续增长的剩余空间就只有 $1 - N/K$ 了。c. 种群中密度的增加对其增长率的降低作用是立即发生的,无时滞(time lags)的。d. 种群无年龄结构及无迁出和迁入现象。在以上的条件下,种群在有限环境下的增长是"S"型,而不是"J"型,如图(7-5)所示。S型增长曲线渐

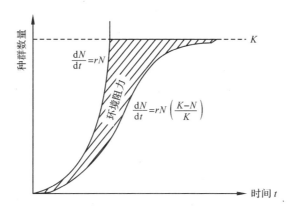

图 7-5　种群增长的理论曲线(指数曲线与逻辑斯谛曲线之间为环境阻力)
(引自曲仲湘等,《植物生态学》,第 2 版)

近于 K 值,但不会超过这个最大值的水平。曲线的变化是逐渐的、平滑的,而不是骤然的。S 型增长曲线有 5 个时期:开始期、加速期、转换期、减速期 和饱和期。

逻辑斯谛曲线方程只含有 r(种群增长率)和 K(环境容量)2 个参数。它是各种两个相互作用种群增长模型的基础,也是确定最大持续产量主要模型;同时,模型中参数 r 和 K 已成为生物进化对策理论的重要概念。

S 型增长曲线渐近于 K,但却不会超过最大值水平,此值即为环境容纳量;曲线变化是逐渐的、平滑的,而不是骤然的。从曲线的斜率来看,开始变化速度慢,以后逐渐加快;到曲线中心有一拐点,从变化速率加快,以后又逐渐变慢,直到上渐近线。

逻辑斯谛模型的微分式在结构上与指数式相同,但增加了修正项:

$$N/t = rN(1 - N/K)$$

式中　N、t、r 的定义同前;

K——环境容纳量。

修正项的生物学意义在于它所代表的是种群尚未利用的剩余空间(resjauat space),可供种群继续增长用的空间。

在种群增长早期阶段,种群大小 N 很小,N/K 值也很小,因此 N/K 接近于 0,所以抑制效应可忽略不计,种群增长实质上为 rN,呈几何增长。然而,当 N 变大时,抑制效应增高,直到当 $N = K$ 时,$1 - (N/K) = 0$,这时种群的增长为零,种群达到了一个稳定的大小不变的平衡状态。

可见,当 N 逐渐到 K 时,种群增长的"剩余空间"逐渐缩小,种群潜在的最大增长可实现程度逐渐降低。这种抑制效应又称为拥挤效应(crowding effect),也称为环境阻力(environmental resistance)。

逻辑斯谛增长方程的积分式为:

$$N_t = \frac{K}{1 + e^{a-rt}}$$

式中 K、e、r 的定义如前。新出现的参数 a，其数值取决于 N_0，是表示曲线对原点的相对位置的。自然条件下，野外种群不可能长期地、连续地增长，很少见到像实验种群一样，由少数个体开始而装满"空"环境的情况。只有把植物引入新栖息地，然后研究其种群增长，才能见到这样的实例。

③构件植物种群的增长　构件不仅是一个营养单位，同时也是一个繁殖单位。构件可具有独立或不独立的生存能力。由无性繁殖形成的构件种群也有年龄结构、种群增长特征、空间配置等种群特征。植物基株上的种群模型理论，整个植株可作为一个种群模型，说明一个植物个体本身也是由个体水平以下属同一无性系的种群组成。植物种群的含义不仅仅是从种子产生种子。在植物整个生命周期中发生的诸多事件，大致可分为生长和发育两种基本的生命活动。生长是构件单位的大小即生物量不可逆的增长，发育则是构件单位的数量消长，植物即是通过构件单位的大小、数量两方面的渐次累积实现其个体发育的。因此，植物的种群动态首先表现在构件种群的动态上。

(2) 影响植物种群增长的因素

植物种群增长受到自身繁殖能力和生活周期中主导生态因子的影响。

① 繁育系统　繁育系统也称为繁育体系或育种体系。经典的繁育系统概念是指控制群体或分类群内自体受精或异体受精相对频率的各种生理和形态机制。王崇云(1997)对不同学者的观点进行了系统的综述，将植物的繁殖类型、繁育系统与交配系统的关系归纳如下：

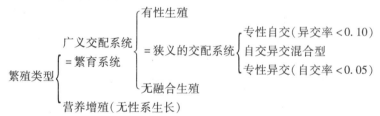

植物繁育系统自交与异交及所产生子代的相对比例，即自交率与异交率；基因流的过程与式样对于雌雄同花植物，一些自交完全亲和，而另一些则自交不亲和。在自交亲和的植物中，有一些具有促进接受外来花粉的机制，而另一些则具有阻止接受外来花粉的机制，果实内不同种子的父本具有非随机性。这不仅取决于物种的繁殖生物学特性，还取决于其生境条件和干扰条件的有无和强度。植物种群在一定程度上能提前或推迟生殖年龄以适应环境变化，但调节是有幅度的，一旦环境的变迁超过其调节的幅度而出现有性生殖失败以后，植物种群往往以无性生殖方式来谋求持续生存和发展。

② 生殖年龄与生殖适应　植物的生殖年龄指植物从种子萌发到进入有性生殖所经历的时间或年龄。植物种群按其生活史特征可分为一次结实和多次结实两类。一次结实的植物种群在结实后所有的个体将死亡，下一代从种子重新开始，因此种群的世代是不连续、不重叠的。一次性结实的植物有 1 年生植物如龙葵(Solanum nigrum)、2 年生植物如菘蓝和多年生植物如明党参(Changium smyr-

nioides)之分，有性生殖过程是在当年、第二年或者多年才完成。多次结实的植物种群存在世代重叠，各次结实的时间间隔也不固定。在自然条件下，许多树木都不是每年都结实，结实的频率有的隔1年，有的间隔2年，甚至3、5年或更长。例如果树结实就有大、小年之分，是种群对环境变化的适应性调节，其目标是提高种群的适合度，及留下尽可能多的后代来取代自身的位置。这是植物种群力求在不同环境条件下使其生态寿命更长，能量利用率更高，通过各种生殖方式使生殖率达到最大值。

一次性生殖的1、2年生植物，总是在其适宜生长期结束之前，以最多的适合生殖的个体数来完成生殖过程。多年生一次结实的植物，往往采用延迟生殖的方式，在生殖前通过无性生殖和营养储备积蓄充足的力量，等到适合生殖年份（生命终结前），大量产生种子，使后代明显增加。竹类的无性种群就是最好的例子，竹类往往生长数十年，甚至上百年，然后同步开花、结实。多次结实的植物，以增加生殖频率来弥补不利环境频繁干扰所带来的生存率降低的影响，或缓和每次生殖种子数量偏低的消极影响。保证最大的种子产量，扩大下一代种群的个体数量。

在不同的种群适应对策中，最重要的应是生殖适应对策。对所有物种来说，进化必然要反映在能够更有效地进行生殖；自然选择无疑将有利于那些生殖能力强的个体，即在一生中能够产生并养活更多后代的个体。不同种类的植物，一生中留下后代的数目和后代个体的大小是很不相同的。生物从外界环境中摄取的能量，一是用于自身的生长发育，二是用于繁殖后代。虽然不同种类的生物在这两方面投入的能量比各不相同，但还是可以说，亲代用在生殖上的能量都是有限的。若产生的后代数量多，个体就小，用于抚育的能量就少，后代得不到完善的抚育，死亡率就高；同样，如果后代个体大，数量就会很少。亲代将大部分能量用于抚育，后代的死亡率低。每一种生物的生殖适应就是在这一对矛盾之中，找出一种最优组合。

有些植物把较多的能量用于营养生长，而分配给花和种子的能量较少，因此，这些植物的竞争力较强，但生殖能力比较低，多年生木本植物就属于这一类；有些植物则把大部分的能量用于生殖，产生大量的种子，如1年生草本植物。列当科的肉苁蓉（*Cistanche deserticola*）种子的千粒重约0.1g，而三七种子的千粒重100~107g。对植物来说，种子的大小应最利于种子的传播、定居和减少动物的取食，种子的大小与植物的生存环境密切相关。如果生境分散且贫瘠，植物之间的竞争一般不会很激烈，植物便常常产生小型种子，以量取胜，靠牺牲大量的种子来保证少量种子的存活；如果生境稳定而且肥沃，植物间的竞争就会很激烈，植物便产生少量种子，以质取胜，靠降低种子的传播能力来增强种子和实生苗的竞争和定居能力。

③生殖分配和生殖投资　生殖分配（reproductive allocation）指一株植物一年所同化的资源中用于生殖的比例，实际指总资源供给生殖器官的比例。常将植物的干重分为生殖部分和非生殖部分，通常用生物量或能量作为指标（表7-3）。

表7-3　细叶百合（*Lilium pumilum*）结果植株各构件生物量生殖分配季节动态　　%

日期（月·日）	根	鳞茎	茎	叶	蕾	花	果
5·23	2.07	85.91	7.34	4.57	0.12	—	—
6·22	3.24	68.78	15.37	7.61	—	5.24（花托及花瓣3.05，雄蕊1.84，雌蕊0.35）	—
7·25	2.90	57.53	20.93	13.27	—	—	5.83
8·28	2.64	76.33	10.53	7.57	—	—	2.93
10·4	2.31	79.07	8.89	6.77	—	—	2.96（果壳1.25）（种子1.71）

引自杨利平、薛建华、金淑梅，2001。

不同环境条件下植物个体积累的总物质量可能有差异，但其生殖分配的百分数往往是恒定的。能量投入或有机物质并不是唯一限制植物种子产量的因素，如果用营养元素作指标，那么应该选择那些与结构功能有关的营养元素。

生殖投资（reproductive effort）是指用于生殖中的净资源量，而这些资源量由营养活动获得，是生殖中的投资。一般用碳或氮作指标。高山和亚高山草本植物雌雄同株植物花器官中，在氮和磷的分配上，雌蕊和花粉比花萼和花瓣显示出较弱的季节性减少，萼片、雌蕊和花粉比雄蕊和花瓣的氮、磷含量要高得多，花粉对磷的需求最高。这些结果表明，性功能可能被不同营养成分所限制。

生物尽可能多地把全部资源一次性投入集中生殖，即一次结实的生殖方式，一是在生活史前期尽最大可能争取高的存活率，在生命终止前实现最大的生育力；二是采用多次结实的生殖方式，来实现较大的存活率和较多的生殖机会（次数），以求在整个生活史阶段产生较多的后代。

④种子雨与种子库　植物种群的生活周期的基本阶段包括：种子库（seed pool 或 seed bank）、幼苗、开花、结果、种子散布（seed dispersal）或种子雨（seed rain）。种子是植物种群生活史的初始阶段，几乎是植物个体一生中唯一具有迁移能力的阶段。在特定时间从母株上降落的种子量，称为种子雨。种子雨散布量的时空变化，影响植物种群的变化。

土壤种子库（soil seed bank）是指存在于土壤上层凋落物和土壤中的全部存活种子。一个植物群落的种子库是对它过去状况的"进化记忆（evolutionary memory）"，也是反映群落现在和将来特点的一个重要因素（图7-6）。种子库在植物群落的保护和恢复中起着重要的作用，是植物响应土地利用和气候变化的重要指示。种子库作为繁殖体的储备库，可以减小种群灭绝的概率。土壤种子库常划分为两大类：短暂土壤种子库（种子存活不超过1年）和持久土壤种子库（种子在土壤中存活1年以上）。短暂土壤种子库具有利用由可预测的季节性破坏和死亡

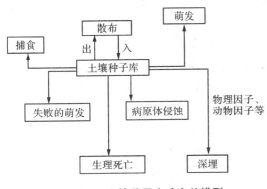

图7-6 土壤种子库动态总模型
（引自于顺利等，2003）

所造成的植被空隙的作用，而持久土壤种子库具有在承受了空间或时间上不可预测的干扰的植被中发挥繁殖能力的潜势。土壤种子库问题一直受到广泛的关注。

对伞形科濒危植物明党参的种子生产、散布和种子库动态的研究结果见表7-4。明党参平均每株产生完好种子的76.36%来自顶生花序，不同生境中个体产生的种子千粒重有差异；其平均1.06m高的花葶在种子散布过程中易倒伏，使种子远离母株；种子散布格局为聚集型；种子库密度随时间逐渐下降。明党参种子产量和不同时期种子库密度均低于同科非濒危植物峨参种子库，为非持续型；散布前落叶阔叶林和竹林下的最大种子库密度差异显著（$p<0.05$），6月初（种子刚刚下落）落叶阔叶林下的种子库密度是竹林下的2倍。7月初（种子散布结束1周后），种子库密度已显著下降，落叶阔叶林仅存留种子产量的3.01%~4.31%，竹林存留率最高为15.97%。经过3个多月的再分布，到11月中旬种子萌发前，竹林下植株附近样方内没有发现完好种子，落叶阔叶林也仅存留最大种子库密度的0.27%~0.94%。

表7-4 明党参、峨参不同时期不同生境种子库密度

物 种	生 境	散布前（种子数/m²）	P	散布后（种子数/m²）	P	萌发前（种子数/m²）	P
明党参	落叶阔叶林	465.1±220.7	**	23.8±19.3	0.158	3.6±0	0.073
	竹林	251.6±87.2		24.9±4.1		0.0	
峨参	落叶阔叶林	13139.4±3724.9	0.129	1961.1±0.0	0.509	105.0±42.4	0.835
	路边	19044.7±2651.2		1354.4±659.9		122.5±95.5	

引自盛海燕等，2002。

⑤ 芽库或其他繁殖体　枝条的顶端和叶腋中生长有芽。芽是未发育的枝或花和花序的原始体。芽有多种类型，按芽的结构和性质或发育后所成的器官分，分为叶芽、花芽和混合芽。按芽的生长位置分类，分为定芽（normal bud）与不定芽。按生理活动状态来分，可分为活动芽和休眠芽。按芽鳞的有无来分，可分为裸芽和鳞芽。按芽形成季节分，则分为夏芽和冬芽或越冬芽。

植物体是一个构件集合体，由许多芽组成，但大多不活动而称为休眠芽，构

＊＊　注：$P<0.01$

成植物种群的芽库。芽库的生物学特征与种子是不同的,母株上的休眠芽形成的个体具有相同的基因型;休眠芽之间相互制约。不同生境中芽的命运不同,生活在林窗中的幼树上的芽分化为具有生殖功能的枝条的比例显著高于郁闭林中的幼树,同一植株,上层枝条或叶数多的长枝的芽分化为生殖枝的可能性大。

⑥ **果实和种子传播** 果实和种子成熟后迟早都要和母体脱离,然后借助于不同的散布方法传播。果实和种子的散布方法对于植物种群的广泛分布、种群的繁荣和繁殖来讲都具有重大的意义。由于个体相互间的生存竞争十分激烈,因而还会导致一些个体因生存竞争的失败而死亡。在长期的自然选择过程中,成熟的果实和种子往往具备适应各种传播方式的特征和特性。果实和种子传播的生态意义在于,一方面可以补充种群个体,另一方面可以拓展新生境,形成新种群。这一过程受到传播障碍和传播力的影响。传播障碍可以是自然障碍如高山、河流、海洋等,也可以是生态障碍如生境、温度等。传播力是植物传播体如种子等固有的传播能力,包括适应各种传播因子的机制。

风力传播 适应风力传播的果实和种子,大多数是小而轻的,且常有翅或毛等附属物。如蒲公英的果实有降落伞状的冠毛,棉或柳的种子外面有绒毛,如棉絮或柳絮;榆树、白蜡树的果实和松的种子有翅等。有些种子还有适应风力吹送的特有结构,如荒漠上的风滚草种子成熟后,球形的植株断离而随风吹滚,都能传到较远的地方。

水力传播 水生植物和沼泽植物的果实或种子,多借水力传播。如莲的花托形成"莲蓬",是疏松的海绵状组织所组成,适于水面飘浮传播。生长在热带海边的椰子,其外果皮与内果皮坚实,可抵抗海水的侵蚀;中果皮为疏松的纤维状,能借海水飘浮传至远方。沟渠边生有很多杂草(如苋属、藜属等)的果实,散落水中,顺流至潮湿的土壤上,萌发生长,这是杂草传播的一种方式。

人类和动物的活动传播 这类植物的果实生有刺或钩,当人或动物经过时,可粘附于衣服或动物的皮毛上,被携带至远处。如梵天花(*Urena lobata* var. *scabriuscula*)、鬼针草(*Bidens parviflora*)的果实有刺,土牛膝(*Achyranthes aspera*)的果实有钩等。另外,有些植物的果实和种子成熟后被鸟兽吞食,如肉质果,它们具有坚硬的种皮或果皮,可以不受消化液的浸蚀,种子随粪便排出体外,传到各地仍能萌发生长。如番茄的种子和稗草的果实就是如此。而果实中的坚果,大多为鸟兽动物喜欢的食物,特别是松鼠,常把这类果实搬运埋藏地下,没有食掉的就在原地自动繁发。

果实弹力传播 有些植物的果实,其果皮各层细胞的含水量不同,故成熟干燥后,收缩的程度也不相同,因此,可发生爆裂而将种子弹出。如大豆、绿豆等的荚果,成熟后自动开裂,弹出种子。又如,牻牛儿苗果皮外卷,凤仙花的果皮内卷,可因果皮卷曲弹散其种子。喷瓜的果实成熟时,在顶端形成一个裂孔,当果实收缩时,可将种子喷到远处。

种子落到地面以后,还可能借助外力远离母株,发生二次性移动。但通常种子很少能够远离母株或种子源。种子传播的数量和距离与种子源和传播力密切相关。

种子萌发是从潜在种群转变为现实种群的关键。有的种子可在短期时间内爆发性地全部萌发，有的则周期性地部分萌发。自身的活力、寿命和外界环境条件都影响种子萌发。适合种子萌发和幼苗生长的微环境称为安全岛。

7.1.2.3 药用植物种群的数量波动

一个种群从进入新的栖息地，经过种群增长，建立起种群以后，一般有以下几种可能：种群平衡；规则的或不规则的波动，包括季节变动和年际变动；种群衰落和种群灭亡；种群暴发；种群崩溃。另外，还有生态入侵（ecological invasion），它指的是物种进入新的栖息地之后的建群及扩展过程。

(1) 种群数量的季节消长和年变化

种群数量消长规律是种群数量动态规律之一。一般具有季节性生殖的种类，种群的最高数量常落在一年中最后一次繁殖之末，以后其繁殖停止，种群因只有死亡而无生殖，故种群数量下降，直到下一年繁殖开始，这时是种群数量最低的时期。

对自然种群的数量变动，首先应区别年内（季节消长）和年间变动。1年生草本植物北点地梅种群个体数有明显的季节消长（图7-7）。7年间，籽苗数为 $500 \sim 1000$ 株/m^2，每年死亡 $30\% \sim 70\%$，但至少有 50 株以上存到开花结实，产出次年的种子。各年间成株数变动相当少。

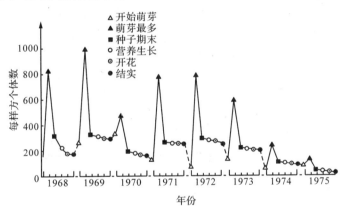

图7-7 北点地梅7年间的种群数量变动

（引自李博等，《生态学》）

种群数量在不同年份的变化，有的具有规律性，称之为周期性，有的则无规律性。有关种群动态的研究工作证明，大多数种类的年变化表现为不规律的波动，有周期性数量变动的种类是有限的。在环境相对稳定的条件下，种子植物具有较稳定数量变动。常见的乔木如杨、柳每年开花结果1次，其种子数量相对稳定。在植物中具有周期波动的种群数量变动为数甚少。

(2) 不规则波动与种群平衡衰落和灭亡

大多数种群不会长期保持平衡，而是动态和不断变化。随着环境变化，环境容量就会改变。密度变化影响出生率和死亡率。不规则波动是随环境的变化形成的种群不可预测的波动。小型的短寿命生物，比起对环境变化忍耐性更强的大型长寿命生物，数量更易发生巨大变化，如藻类，随着温度变化以及营养物质的变化而变化。

种群较长期地维持在几乎同一水平上，称为种群平衡。种群数量一般是很稳定的。当种群长久处于不利条件下，其数量会出现持久性下降，即种群衰落，甚至灭亡。个体大、出生率低、生长慢、成熟晚的生物，最易出现这种情况。如银杏，由于人类的过度采收，环境的破坏，种群衰落和灭亡的速度在近代大大加快了。具有不规则或周期性波动的生物都有可能出现种群爆发，比如生活中常见的赤潮。赤潮是指水中的一些浮游生物爆发性增殖引起水色异常的现象，主要发生在近海，又叫红潮。它是由于有机污染，即水中氮、磷等营养物过多形成富营养化所致。其危害主要有：藻类死体分解，大量消耗水中溶解氧，使鱼贝等窒息而死；有些赤潮生物产生毒素，对其他水生生物以及人类造成危害。

（3）生物入侵

外来生物入侵是指外来物种从自然分布区通过有意或无意的人类活动而被引入，在当地的自然或半自然生态系统中形成了自我再生能力，给当地的生态系统或景观造成明显损害或影响。其中影响最大的是外来物种的有意引入，引入的最初目的是想利用该物种特有的经济与生态价值，然而引入不当就有可能让外来物种形成优势种群，从而危害本地的物种多样性，造成外来生物入侵。据报道，我国已有外来入侵生物273种，其中植物177种。俗称"水花生"的空心莲子草，20世纪50年代，我国南方许多地方曾经将此草作猪饲料引种，嗣后扩散逸为野生。克隆繁殖力强，现已经成恶性害草。为快速解决生态环境退化、植被破坏、水土流失和水域污染等问题，人们往往片面地看待外来物种的某些特点，但忽视其危险性。目前已经形成入侵的典型案例有薇甘菊和凤眼莲等。

我国传统中医药所采用的超过12 000多种生物绝大部分为中国原产，也有部分为外来物种，其中一些已经成为入侵种，如含羞草、决明、十蕊商陆等。

我国的外来入侵生物主要特点表现在：一是涉及面广，全国大部分省、市、自治区均有分布；二是由于有意识或者无意识地把某种生物带入适宜其栖息和繁衍的地区，种群不断扩大，分布区域逐步稳定地扩展，这种过程称生态入侵。如紫茎泽兰，原产墨西哥，新中国成立前由缅甸、越南进入我国云南，现已蔓延到北纬25°~33°地区，并向东扩展到广西、贵州境内。它常连接成片，发展成单种优势群落，侵入农田，危害牲畜，影响林木生长。涉及陆地、森林、农田、水域、湿地、草地、城市居民区等几乎所有的生态系统。三是入侵行为具有隐蔽性和突发性，一旦成功入侵，往往在短时间内形成大规模爆发，很难防范。四是后果难以估量和预见，并可能引发一系列的连锁反应，难以甚至根本无法清除或控制（不可逆性）。

外来入侵生物的主要传入途径是人们为了农林生产、景观美化、生态环境改造与恢复、观赏、食用等目的有意引入的外来生物，引进物种逃逸后"演变"为入侵生物。植物引种对我国的农林渔业等多种产业的发展起到了重要的促进作用，但人为引种也导致了一些严重的生态学后果。在我国目前已知的外来有害植物中，超过50%的种类是人为引种的结果，这些引种植物包括牧草、饲料、观赏植物、药用植物、蔬菜、草坪植物和环境保护植物等。非人为因素引起自然传入的外来生物入侵。外来植物可以借助根系和种子通过风力、水流、气流等自然传入。植物可以通过根系、种子通过风力传播，如薇甘菊可能是通过气流从东南亚传入广东，还有通过种子或根系蔓延的畜牧业害草如紫茎泽兰、飞机草。

生态入侵摧毁生态系统，危害植物多样性，影响遗传多样性。植物入侵还可以造成一些物种的近亲繁殖和遗传漂变。有些入侵种可与同属近缘种，甚至不同属的种杂交。入侵种与本地种的基因交流可能导致后者的遗传侵蚀。与人类对环境的破坏不同，外来有害植物对环境的破坏及对生态系统的威胁是长期的、持久的。

7.1.3 种群的结构特征

7.1.3.1 种群的年龄结构

种群的年龄结构(age structure)就是不同年龄组在种群中所占比例或配置状况，它对种群出生率和死亡率都有很大影响。就植物而言，年龄结构就是植物种群结构的主要因素。年龄比例或者说不同年龄在种群内分布情况是种群的重要特征之一。因此，研究种群年龄结构对深入分析种群动态和对其数量进行预测预报都具有重要的价值。一般来说，种群中乔木树种的龄级比例是种群动态分析的重要的指标之一。2年生以上的植物，其世代年龄都是会有重复的年龄结构。1年生的草本植物，它们具有季节性的生长期，即春末发芽，夏季开花，秋季结实，冬季和春初种子落地休眠，各个世代都不会重叠。种群的年龄分为3种生态年龄，即3个生态年龄组：生殖前期、生殖期和生殖后期。这3个时期的长短时间比例是有变化的，然而就整个种群的密度来看则是不变的。

一般来说，在一个较稳定的群落环境中(或者说是顶极群落里)，迁入(immigration)和迁出(emigration)都应保持在最低量甚至不存在，各年龄级的分布趋于稳定。当出生率与死亡率相等时，年龄等级的个体数基本上趋于相等。种群在稳定的群落中或环境条件下，必然保持其物种特有的稳定年龄分布，只要群落环境相对稳定，不论受到什么因素的干扰破坏(如自然灾变、人工开发利用或砍伐迁出)而不超出自动调节能力的"阈限"范围，它的年龄结构都会趋于自我恢复原来比例的正常状态。

一个植物种群内的所有个体常常是处在不同的生长发育时期，这些处在不同生长发育时期的个体，它们对环境的要求和反应是不一样的，在群落中的地位和所起的作用也是各不相同的。

种群的年龄结构与出生率、死亡率密切相关。通常，如果其他条件相等，种群中具有繁殖能力年龄的个体比例较大，种群的出生率就越高；而种群中缺乏繁殖能力的年老个体比例越大，种群的死亡率就越高。

在植物生活史中划分各个阶段在生态上具有意义。根据 Rabotnov(1969)将多年生草本植物个体或种群划分为 7 个顺序的重要阶段，绞股蓝生活史可分为 8 个阶段：①种子或根状茎阶段、②幼苗阶段、③营养生长前期阶段、④营养生长后期阶段、⑤初始生殖生长阶段、⑥营养生长和生殖生长旺盛的阶段、⑦种子形成、⑧衰老。对于多年生多次结实的植物来说，进入生殖期以后，每年还要继续长高，增粗和添生新的枝叶，在每年的一定季节形成花果种子，但体形增长速度渐趋平缓。如果多年生种群仅有前 4 个或 5 个阶段的个体，这很可能就是群落演替系列当中的某种侵入种；如果种群含有所有 7 个阶段的个体，就可能是稳定的能良好地自我更新。老年期种群的个体到达老年期时，即使在良好的生长条件下，营养生长也很滞缓，繁殖能力逐渐消退，抗逆性减弱，植株接近死亡。

在一个群落中，各个不同种群的生长地位不同，年龄结构的组配就有不同。种群年龄的组配是随着种群的发展而变化，它是反映种群的发育阶段并预测种群发展趋势（如群落中的演替地位）的一个重要指标，这不论对研究现实生物或古生物或群落演替地位都是有价值的。

如果种群中仅含后 4 个阶段，则种群可能处于衰退当中，或者种群的更新出现时间上的间断。构件生物种群的年龄结构有 2 个层次，即个体的年龄结构和组成个体的构件年龄结构。构件年龄结构是单体生物所不具有的。

种群的年龄结构是种群内不同年龄的个体数量分布情况。一个种群的年龄结构不是同龄就是异龄。一般将栽培植物或 1 年生植物视为同龄种群，多年生植物的自然种群则视为异龄种群。异龄种群是由不同年龄的个体所组成。各龄级的个体数与种群个体总数的比例称为年龄比例。按从小到大的年龄比例绘图，即是年龄金字塔，它表示种群年龄结构分布。种群的年龄结构是判定种群动态的重要方面，也可以看出不同植物种群在不同环境条件下的适应分化。出现在植物群落演替系列不同阶段的植物种群，其种群结构是不同的，因为群落环境在演替中不断地变化着。

年龄结构模型的分类根据年龄金字塔的形状，可分为增长型种群、稳定型种群和衰退型种群(图 7-8)。

(1) 增长型

增长型种群其年龄锥体呈典型的金字塔型，基部宽阔而顶部狭窄，表示种群中有大量的幼体，而年老的个体很少。这样的种群出生率大于死亡率，是迅速增

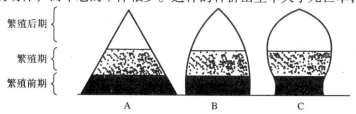

图 7-8　年龄锥体的 3 种基本类型
A. 增长型种群　B. 稳定型种群　C. 下降型种群
(引自李博等，《生态学》)

长的种群。

(2) 稳定型

稳定种群其年龄锥体大致呈钟型,说明种群中幼年个体和老年个体量大致相等,其出生率和死亡率也大致平衡,种群数量稳定。

(3) 衰老型

衰老型是下降种群,其年龄锥体呈壶型,基部比较狭窄而顶部较宽,表示种群中幼体所占比例很小,而老年个体的比例较大,种群死亡率大于出生率,是一种数量趋于下降的种群。

不同年龄组对种群的出生率、死亡率和迁移率起制约作用,因此对种群的增长有明显的影响,对一个群落的兴衰起标示作用。如果从幼苗到大树匀称的分配,是显著的优势种,这就是稳定型;如果成年树和过熟树种较多,则就是衰退种群。这种种群的年龄组配影响到整个群落的动态。

一个生态平衡相对稳定的森林群落,当林中某优势种群受到采伐时,立即就改变种群中3个年龄级的比例,导致种群年龄变化,因而也改变了年龄分化中死亡率的比例关系,这又反过来影响到种群的产生种子和萌发条件造成的出生率的变化。

7.1.3.2 种群的性别结构

性别比是反映种群中雄性个体和雌性个体比例的参数。植物的生殖方式复杂多样。首先,植物个体的性别不如动物明显,性别表现更为多样和复杂,具有高度的易变性。植物的单朵花的性别表现为两性花、单性雄花和雌花。单株植物的性别表现可分为雌雄同花,雌雄同株,雄株,雌株,雄花两性花同株,雌花两性花同株,雄花雌花两性花同株等7种类型。种群的性别表现有单型(两性花或雌雄同花、雌雄同株、雄花两性花同株、雌花两性花同株、杂性同株)和多型(雌雄异株、雌花两性花异株、雄花两性花异株、雌雄花两性花异株)之分。

Heslop-Harrison(1957)统计性别的类型,在单子叶和单子叶植物,种群的性别表现均以单型性为主,约占90%,其中两性花约占总体的70%以上,雌雄同株约占10%。在多型性植物中,以雌雄异株类型为主。

自然条件下植物的有性生殖过程,有专性自交种和专性异交种以及自交和异交混合型种。植物种群的交配系统是由自交到异交连续的过渡谱带构成的。不同植株的个体间存在亲缘关系远的,称为远缘杂交。

许多植物都具有无性生殖的能力,即营养增殖(vegetative propagation),通过营养生殖体如珠芽、匍匐茎、根茎、枝条、分蘖株等形成新的植株,并与原来的植株保持一致的基因型。营养繁殖体具有的休眠芽常隐藏在地下,保护植物度过环境条件不利的阶段,如根状茎、块茎、块根等。

7.1.3.3 种群的空间结构

种群分布可分为连续和间断两种极端类型。一般种群的空间关系可以分为静态和动态两个方面。静态的研究包括种群的分布型或格局。动态的研究包括种群个体或集群在空间位置上的变动或运动状况。

任何植物种群的密度在自然环境中都有很大差异,有的植物可密集生长;有的植物种群却很稀疏。现代生物的分布取决于生态条件、分类群的移动性、历史上的气候因素和质因素,以及人为破坏、干扰和利用等因素的联合作用,但主要取决于物种的进化历史。种的分布是在进化尺度上的种群适应过程。每个物种都有自己特有的空间范围,即分布区。植物分布区的形状和大小主要是受种系发生的年龄、繁殖和传播的能力、迁移路线,以及自然环境条件或人类活动的影响,地理的隔离和障碍也有很大作用。

组成种群的个体在生活空间的相对位置或分布格局,称内分布型(internal distribution pattern)。内分布型通常分为3类(图7-9):

① 均匀型 均匀型(uniform)形成的主要原因是种群内个体间的竞争,或者有抑制、毒害物质存在,种群内各个体在空间的分布呈等距离,株行距一定的人工栽培植物属均匀型。

② 随机型 随机型(random)指种群内个体在空间分布是随机的,即每个个体的分布概率相等。这种分布型比较少见,只有在生境条件对于很多种的作用都差不多,或某一主导因子呈随机分布时才能形成。如某些植物在最初入侵某地时,常呈随机分布。

③ 集群型 集群型(clumped)是一种最广泛分布格局,种群内个体在空间分布极不均匀,呈块状或呈斑点状,成簇、成群密度分布。如植物传播种子的方式是以母株作为中心,向周围扩散的,各群的大小,群间距离以及群内个体的密度都不相等的。

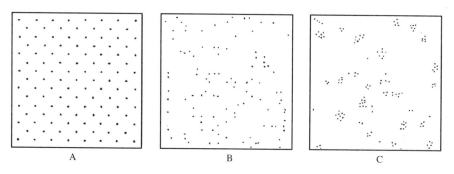

图 7-9 3 种内分布型或格局
A. 均匀型 B. 随机型 C. 成群型
(引自李博等,《生态学》)

对种群分布类型的判断可以通过检验方差/平均数比率的方法来实现:取样调查时,取 n 个样本,每个样本中个体数为 x,其平均数为 m,则其分散度(方差 S)可由下式取得:

$$S^2 = \frac{\sum(x-m)^2}{n-1}$$

若 $S^2/m = 0$,呈均匀分布;$S^2/m = 1$,呈随机分布;$S^2/m > 1$,呈成群分布。

植物具有高度的可塑性和生态耐受性。若环境条件不同，同一种群的不同植株间生物量相差很大，例如个体大小、产子数量等可相差若干数量级，生殖的年龄和次数也会随环境条件发生较大的波动。在不同的环境条件下，植物体在形态上分化的程度较高，这就是说，植物的形态变异中有较多的环境饰变的成分。在环境胁迫下植物不能通过趋避行为逃避不良影响，只能在进化过程中形成较高的生态耐受性，以生理调节提高生活力，甚至以构件死亡为代价，保存基株的世代延续。

7.1.4 种群的遗传特征

生物进化的动力是与环境的相互作用，适应生存环境则是进化的结果，生态压力作用于生物而决定着进化的方向。种群内个体间的变异是普遍存在的，也就是说种群内个体之间具有一定的差异。这种生态分化是有一定遗传基础的，表现为种群间和种群内的遗传多样性。种群间存在的遗传差异程度，可以通过个体的表现型和基因型来加以分析。

7.1.4.1 基因和基因型

孟德尔在解释遗传实验中所用的遗传因子，确定了颗粒遗传物。细胞学的发展，为 Mendel 的遗传学理论提供了细胞学证据，1909 年丹麦的 W. Johamsen 称之为基因。细胞遗传学家认为基因是一个具有自我繁殖、重组、突变的基本功能单位。同样，生物任何形态和生理的突变，也必然是核酸片段上核苷酸顺序出现某些变化的结果。

基因型和表现型之间存在区别，表现型就是直接观察所感受到的生物的结构和功能。个体的表现型，生到死都是不断地改变着的。植物种群中每一个体的基因组合称基因型(genotype)。基因型相对稳定，因为基因能自体繁殖。基因型指的是个体的遗传组成或遗传信息的总和，与表现型（phenotype）的关系表现为：

$$P = G + E + GE$$

式中　P——表现型；
　　　G——基因型；
　　　E——指一切非遗传性因子即环境；
　　　GE——指基因型和环境的相互作用，它对于药用植物的品质形成起重要作用。

基因型是生物性状表现所必须具备的内在因素，是肉眼看不到的，要通过杂交试验才能检定出来。基因型的成对基因是一样的，称纯合型(homozygous genotype)或称纯合体(homozygote)，成对基因不同的称杂合基因型(heterzygous genotype)或称杂合体(heterzygote)。两者在遗传行为上是不同的。在自交时一对基因相同的纯合体只能产生一种配子，自交后代只发育与纯合体一样的性状，表现出遗传的稳定性。而一对基因不同的杂合体，却能产生两种配子，自交后代种群会出现分离，表现出遗传上的不稳定性，这种情况在植物界种群中是大量存在的。

(1) 基因的表达及其与环境的关系

基因通过表达的调控，产生各种结构基因和调节基因，可以产生不同质和量的蛋白质工具分子和蛋白质分子，从而形成不同代谢体系，分化成不同功能的细胞，组成各种不同形态习性的生物体，这一切都是表现型。基因表达经过调控可以产生分子水平、代谢水平、细胞水平和整体水平的变化。同工酶是基因表达的直接产物，是生化水平的变异，指具有相同底物特异性的酶的多分子形式，不同位点基因和相同位点的等位基因形成的酶互称同工酶；同一位点的等位基因形成的酶互称等位酶（allozyme）。同工酶或等位酶是基因表达的直接产物，经电泳、染色后，显色在凝胶上分离的酶带称为酶谱。该酶谱经遗传分析，可以直接判断基因的存在及其表达的规律，但酶谱只是一种分子水平的表现型，不能代表基因型。

生物体的各种性状特征也必须在一定的环境条件下才能表现出来，而且更重要的是环境条件不同也可以使性状发生差异，也就是发生生态分化。在不同的条件下可以发育成为不同的表现型，表现型是基因型与环境相互作用的结果。植物的环境可塑性极强，环境饰变而没有发生遗传性改变的生态分化也非常普遍，表现为个体生理生化的调节和形态上的调整等。例如，把水花生根状茎截成三段，分别栽种在水生和旱生环境。结果在形态和结构上表现出很大的差异。

(2) 基因型频率和基因频率

植物种群包含各种不同比例的基因型，每个基因型在整个植物种群中所占的比例称基因型频率（genotypic frequency）。基因型是每代在受精过程中由父母本具有的基因组成的。它的频率是从杂交后代所占表现型比例推算出来的，所以说，它是一个理论概念。在种群中不同基因所占的比例，即为基因频率（gene frequency）。它是由基因型频率推算出来的，也是个理论值。基因频率是决定一个种群性质的基本因素。当环境条件和遗传组成不变时，基因频率也不会改变。这就是孟德尔群体的特征，也就是种群遗传结构特征。

7.1.4.2 种群遗传平衡

(1) 基因库和哈迪-温伯格定律

基因库（gene pool）是指种群中全部个体的所有基因的总和。基因库随着种群数量和基因突变而不断地变化。变异是自然选择的基础，如果没有变异产生，种群内个体之间没有形态、生理、行为和生态等方面的差异，没有存活能力和生殖能力上的区别，就不会有自然选择发生。种群数量越多，个体间变异程度越大，种群的基因库就越丰富，基因多样性就越高。

但自然选择并不是物种进化的唯一动力。在较大的种群里，自然选择起着主要作用，而在较小的种群里，除自然选择外，遗传漂变对物种进化亦具有重要影响。

在大种群中，后代个体易于保持原来的遗传结构，不大容易发生偏离，如果没有其他因素干扰基因平衡，则每一基因型频率将世世代代保持不变。这就是所谓种群遗传平衡。这个定律于1907年和1909年先后由英国数学家 G. H. Hardy

和德国物理学家 W. Weinberg 独立证明的，因此，又称 Hardy-Weinberg 定律。

Hardy-Weinberg 定律包括以下几点内容：

①一个无限大的种群，交配机会均等。

②种群随机交配，没有其他干扰，没有突变、迁移，没有任何形式的自然选择，各代的基因频率不变。

③在任何一个大的种群中，无论其基因频率和基因型频率如何变化，但只要经过一代随机交配，这个种群可达到遗传平衡。

④一个种群在遗传平衡状态时，基因型频率和基因频率的关系是：

$$D = p^2, H = 2pq, R = q^2$$

式中　p——一个等位基因如 A 的基因频率；

　　　q——另一个等位基因如 a 的基因频率，$p + q = 1$；

　　　D——一个等位基因 AA 的纯合子的基因型频率；

　　　R——另一个纯合子 aa 的基因型频率；

　　　H——杂合子 Aa 的基因型频率，$D + H + R = 1$。

自然界许多种群都是很大的，个体间的交配也接近于随机，因此，Hardy-Weinberg 定律基本是适用的。

(2) 影响基因频率变化的因素

完全符合遗传平衡的条件的植物种群是没有的，影响种群遗传平衡的因素有很多。例如，基因突变、自然选择、遗传漂移和迁移等。其中突变和选择是主要的。当然，漂移和迁移也有一定的作用。

①基因突变　基因突变对于种群遗传结构组成的改变有着重要的作用，是所有遗传变异的最终来源。首先，它提供了自然选择的原始材料，没有突变，选择也就无从发生。其次，突变其作用是增加种群中遗传变异的总量，成为影响基因频率的一种力量。有性生殖过程通过遗传重组产生更多的现实变异，但并不是一种进化动力。而突变是指遗传重组以外的任何可遗传的变异。突变又可以分 2 类：一类是细胞学上看不到的基因突变，也称点突变；另一类型是细胞学上看得到的染色体突变，包括形态结构和数量的变化。按照分子遗传学的观点，基因突变就是某一遗传密码中的一个或几个核苷酸(碱基)的替换，以及核苷酸的增加或者丢失。因此，它又可分碱基替换和移码突变 2 种类型。基因突变的效应是多种多样的，从对有机体一系列性状都发生明显影响，一直到反而对一个性状发生不易察觉的影响。大多数基因都具有很低的突变率，其数量级为 $10^{-6} \sim 10^{-9}$。Fisher 证明，一个新突变即便有一定程度的选择优势，但被种群选择的概率是很低的。突变所引起的变化，并不一定有利或可能有利。某一位点的突变率还因遗传背景不同而有所差异。

②自然选择　变异是自然选择(natural selection)的基础。自然选择只能出现在具有不同存活和生育能力的、遗传上不同的基因型个体之间。每个基因都制约着生物体的形态结构和生理特性，而这些特征又都多多少少影响个体的生活力和繁殖力，所以自然选择对基因频率的改变有着很重要的作用。不论是生物的还

是非生物的环境因素，最终都通过自然选择作为条件，将遗传性变异塑造成进化上的各种分类阶元。在这一过程中，自然选择直接作用于表型，间接作用于基因型。在自然界那些具生活力较低基因和基因型的个体，其死亡率很高，通过不均等的死亡率，在种群中所占的频率将逐渐降低。

自然选择不仅选择生存差别，繁殖差别更重要，具有进化意义。可在种群里利用进化适应的基因扩散，自然选择使种群适应局部的特定环境，进而导致种群间的局部分化。自然选择引发了突变和基因流动以外所有有规律的基因频率变动，对不利的等位基因起到净化和定向的选择。

在种群的发展进化中，个体之间存在不均等的生育率，新出现的种群能否适应环境虽然重要，但是如果它的生育率低，每年产生的后代少，也占不了优势。因此，只有那些既在环境中很好生存，生育率又高的基因型的个体，才有可能改变整个种群的基因频率状况。生存成功和生殖成功组合成为一个相对的进化优势的量度称为适合度（fitness）。适合度以基因型个体的平均生殖力乘以存活率算出。当各基因型个体在适合度上存在差异时，自然选择就起了作用。适合度是分析估计生物所具有的各种特征的适应性及其在进化过程中继续往后代传递的能力的常用指标。某一基因型个体的适合度实际上就是它下一代的平均后裔数。适合度高的，在基因库中的基因频率将随世代而增大；适合度低的，将随世代而减少。

应该看到，环境条件是变化的，突变对环境而言是有利还是不利也是相对的。在某一环境下为不利的突变，可能在改变了的环境下变为有利的。因为自然选择不是对个别突变发生作用，而是对基因组合或基因型发生作用。因此，一个与某些基因一起存在时降低生活力的突变，当它被放置在一个不同的基因背景上时，可能会增进生活力。

进化的过程是机遇性的，自然选择只对一个时候有利的变异体起作用，而不顾它们以后的价值如何。白花车轴草具有2种不同生态型，一类植株含有游离氰化物，另一类植株不含氰化物。含氰化物的车轴草在有蛞蝓的地方适合度要比不含氰化物的车轴草高，含氰植物比不含氰的易受霜害而倒伏。

③**遗传漂移** 通过自然选择促使生物的适应性得到保存和改进，这是进化的主要途径。但是另一方面在自然界也可能把一些中性的或无任何适应价值的性状保留下来，在遗传学上把这种随机生存称为遗传漂移（genetic drift）。是指在很小的种群内基因频率的随机波动。种群波动时刻都将引起随机漂变，遗传漂移一般发生在较小的种群中，因为在一个很大的种群里，如果不发生突变，根据Hardy-Weinberg定律，不同基因型的频率将维持平衡状态。但是在一个较小的种群里，即使无适应的变异的发生，种群中基因频率也会发生变化，因为在一个较小的种群中，由于隔离，不能充分地随机交配，种群内基因不能达到完全自由分离和组合，使基因频率容易产生偏差。这种偏差不是由于突变和选择引起的，种群内因发生近交提高繁育的纯合子数量，小种群的纯合程度将高于大种群。在小种群内，遗传变异大量丧失，不利的等位基因有时可因漂变而固定。因此，小种群面临更大的消亡危险。一般地说，一个种群越小，遗传漂移的作用越大。当种群很

大时，个体间容易达到充分的随机交配，遗传漂移作用也就消失了。

④基因流动和迁移　基因流动指个体或传播体从其发生地分散出去而导致不同种群之间基因交流的基本过程，可发生在同种或不同种的种群之间。基因流动削弱种群间的遗传差异，基因流动常与迁移的发生相联系。个体的迁移同样也是影响种群基因频率的一个因素，在有迁入个体的种群中，基因频率的变化率等于迁入率乘以迁入个体某基因频率与原来个体所具有的同一基因频率的差。基因流动的证明需要和选择压力相区别，在强大的选择压力下，即便存在一定的基因流动，还是发生了较大的遗传分化，而且可以迅速地发生。植物的迁移有2种方式：种子和花粉，都需通过有性繁殖将外来基因组整合进种群的基因库中。植物通常以个体或构件为单位进行迁移，含有完整的单倍体基因组，这与突变只涉及的单位点改变是根本不同的，进化上意义更大。

7.2　药用植物种群的生态分化与物种形成

种群的进化伴随着种群的生态分化。在生物进化中一旦出现新种，标志着群体间生殖、变异的连续性出现间断。植物的进化不仅反映在高级分类阶元的大进化上，也可体现为种内的遗传分化过程，即小进化。

7.2.1　生态分化

物种的形成方式，有不同的类别，以形成种所需的时间和中间阶段的有无，区分为渐进的种形成和量子种形成；以形成种的地理特性，区分为异地种形成、邻地种形成和同地种形成；以时间向度，从系统学的观点来研究物种的形成，可区分为继承式和分化式的物种形成方式。这些不同区分方式之间有的是相互涵盖的。植物营固着生长，种群生长在不同的空间，适应性有着相对较广的幅度，适应着不同的环境条件，由此产生种群的生态分化。包括有直接遗传基础的分化和没有直接遗传基础的分化，如植物体内的生理生化调节、生长发育过程的调节、形态结构的饰变、遗传变异等。生态分化过程使植物能够生长在不同的环境中生存和成功繁殖能育的后代，如果种群的这一变化过程赶不上环境变化的速率，则种群将灭绝。

7.2.1.1　种群的生态适应对策

生物经进化而形成的适应环境的对策称为生态对策。这些对策要通过形成的特有的生活史表现出来，因此又称为生活史对策，具有明显的规律。

麦克阿瑟和威尔森（MacArthur and Wilson）按生物的栖息地和进化对策，将其划分为r对策者和K对策者2大类。K选择特点是环境气候稳定，生物密度很高，竞争激烈，物种数量达到或接近环境容纳量，这类适应对策称为K对策。r选择特点是气候不稳定，难以预测的天灾多的环境，生物密度很低，基本没有竞争，种群经常处于增长状态，是高增殖率的，采用这类适应对策的生物称为r对策者。

属于 r 对策的生物通常是短命的，个体小、发育快、早熟，只繁殖 1 次、子代多，但缺乏亲代的保护。寿命一般不足 1 年。它们的生殖率很高，可以产生大量后代，但后代存活率低，发育快。峨参采取高种子数、小粒种子、种子近母株密集分布和产生无性系的 r 对策，种群受干扰后易恢复。r 对策种群的发展要靠机会，不稳定和不可预测生境中，种群的死亡率主要是由环境变化引起的。r 对策种群能在缺乏竞争的各种竞争场合下，开拓和利用资源，对于来自各方面的干扰也能很快做出反应。

属于 K 对策的种群通常是长寿的，种群数量稳定，竞争能力强；生物个体大但生殖力弱，个体大、发育慢、成熟晚，但能进行多次繁殖，只能产生很少的种子。明党参具有低种子数、大粒种子、种子散布远离母株以减少种内竞争的 K 对策，在受到人类大量采挖和生境干扰后种群不容易迅速恢复，种子中储备有丰富的营养物质，以增强实生苗的竞争能力。K 对策种群能有效地利用生境中的各种资源，在新生境中定居的能力较弱，它们常常出现在群落演替的晚期阶段。

r 对策和 K 对策只代表一个连续系列的两个极端，实际上，它们之间存在着一系列的过渡类型。当环境尚未被生物充分占有时，生物往往表现为 r 对策；当环境已被最大限度占有时，生物又往往表现为 K 对策。

在进化过程中，K 和 r 两类对策各有优缺点。K 对策者的种群数量比较稳定，所以导致生境比较稳定，它们个体大和竞争力强，保证了生存竞争中处于有利位置；但是，一旦种群受到危害而数量下降，返回平衡的能力较差，若密度过低，就有灭绝的危险。相反，r 对策者虽然由于抵抗力弱等原因而死亡率很高，但 r 值高，能使种群迅速恢复，高扩散能力又使它们迅速逃离恶化的生境，并在新的环境中建立新的种群。

7.2.1.2 遗传多样性与进化灵活度

生物多样性的一个主要层次，指种以下水平遗传，物种以下基因的变化反映在亚种间、种群间、染色体间、DNA 核苷酸顺序间的多样化上，因此遗传多样性应当包含这几个层次的多样性。广义的遗传多样性，指地球上所有生物所携带的遗传信息的总和。狭义的遗传多样性，是指生物种内不同群体之间或同一群体内不同个体之间的遗传变异的总和。遗传多样性是生物多样性的内在形式。

遗传多态现象可以是暂时的，也可以是相对稳定的，即平衡多态现象。确定生态环境的均一或自然选择作用的一致，以及突变率的大小都存在实际困难。通常，将最常见的等位基因的频率小于或等于 0.99 的位点，不常见等位基因的频率之和大于 0.01；或最常见的等位基因频率小于或等于 0.95，不常见的等位基因的频率之和在 0.05 以上，则这样的位点称为多态的。但这都是主观的。

遗传多样性有不同的层次。形态学(表型性状)水平：符合孟德尔遗传规律的单基因性状、多基因决定的数量性状；细胞学(染色体)水平：染色体数目、组型；生理生化(蛋白质多态性)水平：同工酶、蛋白质多态性等；分子水平：DNA 多态性、线粒体 DNA 序列、核糖体 DNA。种群遗传多样性有 2 个参数，即多态座位百分比和平均杂合度。杂合位点的多少与位点变异的多少成正比，因此，杂合度可以反映出种群遗传多样性的大小,也称为基因多样度指数(index of gene divemty)。

基因分化系数 GST(coemcient of gene differentiation)也常用于种群遗传多样性的估计中。在平均预期杂合度的基础上,可将种群的遗传多样度进行分解,把总种群的总(遗传)多样度分解为各亚种群内的基因多样度和各亚种群间的基因多样度,从而求解出基因多样性在种群内和种群间的分布型。

生物变异的产生过程和维持机制是进化的主要内容之一,物种多样性也就显示了遗传多样性;生态系统离不开物种多样性,也就离不开物种所具有的遗传多样性。分布地域广、寿命长、基因交流频繁、结实量高和处于演替末期阶段群落中的物种,具有较高的遗传变异性。繁育系统和基因交流影响种群遗传变异的程度,裸子植物遗传变异水平在植物中是最高的,这是因为大多数裸子植物种分布范围广、寿命长、风媒异花授粉、结实量高。这些特性有利于遗传变异的产生和保持,有利于促进种群间的基因交流,从而限制种群间的分化。

适合度综合了物种某一基因型个体的存活能力和生殖能力,某一基因型个体的适合度实际上就是下一代的平均个体数。它是表示在进化过程中,某一基因型个体后代衍续能力的常用指标。适合度越高,说明有机体对环境的适应能力越强。在进化过程中,适合度高的个体,在基因库中的基因频率将随世代增加而增大;反之,适合度低的,将随世代增加而减少。

适合度包括存活能力和生殖能力两个方面,在生物的自然选择中,生殖能力的强弱也是影响其生存的重要因素。假设有2种基因型的个体,即使其存活能力相似,但只要生殖能力有区别,自然选择照样能够进行。

自然选择和遗传漂变均能促进物种的进化,是物种进化的两种动力。

遗传多样性的大小和相对分布反映着植物种群的质量,且总是与生物适应环境的能力相对应的。植物在异质环境中适应分化,形成了不同的局域种群,即分布在特定生境中的亚种群。亚种群内保持着与环境匹配的特征组合。在进化的历程中,植物以现有的等位基因或突变新产生的基因去适应不同环境及环境变迁,并逐步积累起对异质环境和波动环境的遗传性改变,最终体现为种群的遗传多样性。

植物的遗传多样性是种群适应当前环境和潜在变动环境的基础。种群适应当前生态环境的能力,称为当前适合度。种群的进化存在灵活度,它能够适应过去或未来的环境,在环境的变化中走向进化。而种群遗传多样性决定着当前适合度和进化的灵活度,决定着种群的发生、发展。

当前适合度表现为个体的生态幅度和生理耐受能力,与个体的生活史有直接的关联,进而影响种群在生活的特定生态环境中的数量动态和空间分布。进化灵活度受环境变动的幅度和频度影响。进化灵活度使植物能够不断开拓新的生境和应对不同的干扰,保证种群的延续。

种群又是历史的产物,生存于现实的生态环境,是进化积累的结果,当前所具有的遗传多样性水平包含着对以往变迁环境的适应性遗传变化,而种群所生活的环境存在着差异,也决定了种群的分化程度和发展进化方向。这也是适应将来可能的环境波动的基础。如果种群的适应性跟不上环境变迁的速率,则将走向灭绝。

进化灵活度与当前适合度之间既有差异同时彼此又存在着一定的联系。在植物的演替系列中,先锋植物常有较高的进化灵活度,但当前适合度低;顶极群落具有较高的当前适合度,进化灵活度则较低。

7.2.1.3 生态分化对品质的影响

同种植物的不同个体群,分布和生长在不同环境中,由于受到不同环境条件长期的影响,在生态适应的过程中,种内不同个体群之间发生了变异和分化。这些变异在遗传性上被固定下来,而形成不同种群之间的差异。

刘盛、乔传卓等对不同栽培居群板蓝根抗内毒素活性差异进行研究,探讨不同栽培居群板蓝根抗内毒素活性差异形成的原因。通过抗内毒素实验对药材样品进行比较。实验显示不同栽培居群的板蓝根药材对大肠杆菌内毒素的作用强度有明显差异。双向异地栽培后的药材样品抗内毒素实验显示:不同种质来源在同一环境中栽培后药理活性的差异仍然十分明显,即差异并未因环境一致而消失;同时,同一种质的四倍体在 5 个有代表性的产地异地栽培后,活性强度基本相互持平,即同一种质并未因环境的改变而产生差异。实验结果在一定程度上揭示出不同栽培居群的种质因素是影响板蓝根药材质量的首要因素,而环境的影响相对次之。

通过总生物碱含量测定而对不同品种和产地黄连药材的内在质量进行评价,说明 7 个样品黄连总生物碱的含量为 5.80% ~ 9.31%,其中云连含量最高,味连(南岸连)含量最低(表 7-5)。品种不同其含量不同,而同品种不同产地其含量也是不同的。

表 7-5 7 个黄连样品的总生物碱含量

药材名	植物名	拉丁学名	产地	总生物碱含量(%)
味连(南岸连)	黄连	*Coptis chinensis*	重庆石柱	6.17
味连(南岸连)	黄连	*C. chinensis*	重庆武隆	5.80
味连(北岸连)	黄连	*C. chinensis*	重庆巫山	6.33
味连(北岸连)	黄连	*C. chinensis*	重庆巫溪	6.58
雅连	三角叶黄连	*C. deltoidea*	四川洪雅	7.42
云连	云南黄连	*C. teetoides*	云南贡山	9.31
峨眉野连	峨眉野连	*C. omeiensis*	四川峨眉	8.25

引自赵庆国、吴素体等,2001。

不同产地黄芪中山奈素含量相差很大(表 7-6)。

表7-6　不同产地黄芪中山柰素的含量　　　　　　　　　　%

产　地	山柰素	相对标准偏差RSD
张家口	0.27	2.3
内蒙古	0.53	2.2
甘肃	0.52	1.9

引自白雪梅、田嘉铭等，2005。

对不同产地冬虫夏草比较甘露醇含量和相互变异率(表7-7)，结果表明大宗药材川草、藏草、滇草以及泸草、灌草之间甘露醇含量的相互变异率为0.012~0.32，而各大宗药材内来自不同微生态环境的虫草样本之间甘露醇含量的相互变异率为0.037~1.36。虫草甘露醇含量受物种多样性和微生态环境的影响，超过了大的地域气候的影响。一个药用品种，事实上存在着物种的多样性和产区的多元化。产于川西北高原的虫草被称为川草，产于滇西高寒地带的称为滇草，产于西藏腹地的称为藏草。仅是川草，因地域不同，又细分为米泸草(产于四川巴塘康定一带)和灌草(产于四川松番小金一带)。来自不同产地的虫草，其外部形态和内在品质均表现出明显差异。

表7-7　西藏那曲地区虫草样品甘露醇含量　　　　　　　　　　%

样品编号	取样地点	甘露醇含量	相对标准偏差RSD
1	喜黎	3.43	1.79
2	泥玛珑	6.29	1.08
3	白嘎	15.34	1.04
4	曲仲山	4.68	2.44
5	吾龙沟	16.71	1.08
6	棉滩山	4.52	2.13

引自蔡仲军、尹定华等，2003。

藏草甘露醇平均含量 $x = 8.45\%$，$RSD = 70.49\%$。

7.2.2　物种形成

种群的生态分化是在一定隔离机制的形成过程中进行的，渐进的物种形成和骤变式的物种形成(量子种形成)是2种基本上不同的方式。在物种分布区内，先由外界物理因素，例如地形、地貌等，起着阻止种群间基因交流的作用，加剧种群分化的过程；小生境差异形成的自然选择作用的不同、小种群在随机遗传漂变中造成的遗传差异性丧失以及突变过程将进一步引起种群的遗传、分异和种群间的歧化过程，从而促进种群间遗传差异逐渐地、缓慢地增长，通过若干中间阶段，最后达到种群间完全的生殖隔离和新种形成。这是渐进的物种形成，它是通过群体变异实现的，一般经过亚种阶段。种群内一部分个体因遗传机制或随机因素而相对快速地获得生殖隔离，并形成新种，谓之骤变式的物种形成。用辛普森

(Simpson)与格兰特(Grant)的说法,叫做量子种形成(quantum speciation),它是通过个体变异实现的,一般不经过亚种阶段。

隔离机制是在遗传控制之下,减少或阻止不同种群同地个体之间的杂交繁殖。地理隔离对隔离不同的种群有作用,但并不是隔离机制。归根结底,地理隔离只是由空间变化造成的;生殖隔离由生物因素引起的,是特定的遗传差异所造成的。

种内变异的式样在不同种间有着较大的差异。种内变异的大小取决于如下因素:种的地理和生态范围、分布区地理位置、环境异质性、繁育系统、种的进化年龄、个体寿命。

7.2.2.1 渐进的物种形成

这一物种形成方式是缓慢的,同时具备较完整的中间过程。达尔文认为,这是物种形成的主要方式。其中,还包含以下不同的演化途径。

(1) 异地种形成(allopatric speciation)

如果两个初始种群在新种形成前(生殖隔离获得之前),其地理分布区是完全隔开、互不重叠的,这种情况下的种形成被称为异地种形成,完整的叫法是"分布区不重叠的种形成"。

(2) 邻地种形成(parapatric speciation)

如果在种形成过程中,初始种群的地理分布区相邻接(不完全隔开),种群间个体在边界区有某种程度的基因交流,这种情况下的种形成被称为邻地种形成。

(3) 同地物种形成(sympatric speciation)

如果在两个种形成过程中,初始种群的地理分布区相重叠(不隔开),没有地理上的隔离,即形成新种的个体与原种其他个体分布在同一地域,所以也被称为同地种形成或分布区重叠的种形成。

7.2.2.2 继承式物种形成(successional speciation)

指一个种在同一地区逐渐演变成另一个种(其数目不增加)。这种物种形成方式,由于时间很长,所以无法见到,但古生物学的研究为此提供了不少证据。

7.2.2.3 分化式物种形成(differentiated speciation)

指1个物种在其分布范围内逐渐分化成2个以上的物种。一般认为分化式物种形成是1个种在其分布范围内,由地理隔离或生态隔离逐渐分化而形成2个或多个新种。其方式包括2种类型:一种是居住在不同地区分化成地理亚种,由此发展成新种。另一种是居住在同一地区内分化成不同的生态亚种,并由此发展成新种。

7.2.2.4 骤变式的物种形成(量子种形成)

进化并非总是匀速的,缓慢、渐变的进化,快速、跳跃式的进化也同时存在,称为量子进化(quantum evolution)。

量子种形成可能通过遗传系统中特殊的遗传机制,例如,转座子在同种或异种个体之间的转移;通过个体发育调控基因的突变;通过杂交、染色体结构变异，以及染色体组增加和减少等途径而实现。随着 DNA 转座序列和 DNA 序列扩增的发现，还产生了许多有关分子变化在物种形成中的作用的推测，特别集中于可能引起基因交换的合子后隔离。有一种理论认为，不同群体中 DNA 不同重复序列的扩增可能导致杂种染色体在减数分裂时不配对，不发生联会而引起不育。

通过染色体畸变，快速形成新物种往往可以在很小群体中发生。通过连续固定(累积)多重染色体畸变(主要是多重的相互易位和倒位)，使畸变纯合体的育性仅有轻微的降低，而杂合体则基本不育，从而形成生殖隔离。最有代表性的量子种形成是通过杂交和多倍化形成新物种。

另一种量子种形成途径涉及随机因素和环境隔离因素，即小种群遗传上快速偏离其母种群。在有一定程度环境隔离的小种群中，由于遗传漂移和自然选择的效应，比较容易发生遗传组成上快速偏离母种群，发展为新的物种，这就是所谓的"奠基者原理"(founder principle)。

7.2.2.5 人工控制下的物种形成

随着人们对生物遗传本质认识的不断深入，以及研究技术手段的不断提高，一种人工进化——自然界没有的，由人创造的新物种，陆续面世。这种人工创造的新物种，一般是人们为满足生产需要，在培育新品种的过程中产生的。产生人工物种的研制途径一般有远缘杂交、体细胞杂交、染色体工程、遗传工程、进化工程等。

7.2.3 不同野生种、栽培种及其对药材品质的影响

药用植物和栽培作物不同，药用植物既有栽培的种类，也有野生种，它们有时影响到药材品质，使药材产生质量上的差异。

乌头属(*Aconitum*)植物在我国有 167 种，约有 44 种已作为药用。二萜生物碱不仅是乌头属植物中的主要成分，也是其发挥多种生理活性及毒性的重要成分。在乌头属不同种植物中二萜生物碱的种类及含量均存在着一定的差异(表 7-8)，常有因服用乌头属植物造成中毒、甚至死亡的案例发生。

浙江磐安的蛇足石杉居群的叶、茎石杉总碱含量都明显高于其他居群。

但是，在野生和栽培麻花秦艽(*Gentiana straminea*)中，品质影响较小，麻花

表 7-8 不同种药材中乌头碱型生物碱含量测定　　　　　　　　μg/g

药材名称	苯甲酰中乌头碱	中乌头碱	乌头碱	次乌头碱	去氧乌头碱
江油附子	174	271	32	1790	130
铁棒锤	86	141	4868	206	77
爪叶乌头	411	134	38	141	21
雪上一枝蒿	1136	28	17	37	—
工布乌头	10	123	1010	30	776

引自王朝虹、何毅、张继宗，2006。

秦艽为龙胆科龙胆属植物。龙胆科植物在我国约有23属427种，其中有12属70多种供药用，青藏高原分布有50多种，其中60%用于藏药。麻花秦艽为青藏高原广布种，为国家三级重点保护植物，也是秦艽药材中的优良品种。近年来随着藏医药产业的迅猛发展，麻花秦艽野生资源日益减少，局部地区已近枯竭。为了药材资源的可持续利用，开展了麻花秦艽引种栽培试验。对野生麻花秦艽药材和栽培麻花秦艽药材进行HPLC指纹图谱相似度计算，结果表明两者之间有较好的相似度，证明栽培药材与野生药材所反映的化学信息基本一致。

野生栀子（*Gardenia jasminoides*）中栀子苷、栀子酸及绿原酸的含量明显高于栽培栀子，而藏红花素-1的含量则低于栽培品（表7-9）。

表7-9 不同栀子药材中指标成分的含量比较

样　品	栀子苷	栀子酸	绿原酸	藏红花素-1
野生	3.55	0.20	0.048	0.045
庭院	3.12	0.16	0.031	0.060
GAP栽培	3.11	0.15	0.037	0.052

引自胡震、罗国安等，2005。

7.2.4 过度利用与物种灭绝

灭绝（extinction）指一个个体、种群或物种从一个给定的生境或生物区系消失。有3类情况：当一个物种从整个地球的生物区系消失，称为灭绝种或绝种；一个物种在其生活过的某栖息地不再存在，但在其他地方有发现，称为局部灭绝；当一个物种的数量减少到对群落中其他成员的影响微不足道时，该物种称为生态灭绝。

7.2.4.1 物种灭绝是自然过程

地球上长达35亿年的生物进化历史中，不断有物种形成，也不断有物种灭绝，都是进化过程的结果。自从生命最初在海底沉积物中开始出现，物种的灭绝也就随之出现。目前地球上的物种是过去大约几十亿个物种中的现代幸存者。根据化石记录，古生物学家对地球上以往的自然灭绝速率进行了推算，这个数值与导致新基因出现的突变所发生的平均频率相近。

7.2.4.2 过度利用造成的物种灭绝

物种的形成和灭绝是一个复杂而漫长的自然过程，而人类过度利用生物资源以及破坏植物的生存环境则加速了这个过程。一个物种在野外肯定有50年没有被发现，称为灭绝种。随时可灭绝的种类，包括数量和栖息地面积的减少都可引起灭绝，称为濒危种；如果致危因素继续存在，很快可成为濒危种的类群，称为易危种。数量很少的种，但现在还不属濒危种未定种，称为稀有种。

地球上有生物存在的35亿年中，曾生存过的物种的99.9%已经消失，每个物种的平均地质寿命约400万年。人类造成的全球环境改变，已经触发了地球生命史上的第 6 次大规模灭绝。人类已是地球生态系统的优势物种。人不明智的活动，最终改变了地球的生物组成和数量，改变了地球上许多生态系统的结构，物种正加速灭绝，原始生态系统一个个消失，生物多样性正在迅速丧失。今天生物物种灭绝速度是人类成为优势物种前灭绝速度的 100～1000 倍。陆地表面的改变是生物多样性丧失的最基本的原因，它的另一个最大的特点是其影响超出边界。人类已影响了海洋生态系统从植物到顶极肉食动物的整个食物链。对碳循环、水循环和氮循环的干扰改变了硫、磷的循环，增加了自然生态系统中有毒重金属铅、镉、汞，合成了大量有机化合物。

生物多样性丧失分为 3 个阶段：第一阶段是特有物种灭绝；第二阶段生境片断化十分严重，形成众多岛屿生境；第三阶段，物种多样性将达到一个新的稳定状态。

我国物种资源具有物种多样性高度丰富、生物物种的特有性高、生物区系起源古老、经济物种异常丰富等特点。生物资源是一类可更新资源，只要合理利用应该是取之不尽、用之不竭的。然而，近 1 个世纪以来，由于过度利用，甚至掠夺性开发，使我国的生物资源遭受了巨大的破坏。森林的过度采伐，使栖息于森林中的野生生物数目和种类减少，一些物种已灭绝，很多物种成为濒危物种。初步统计，我国大约有 1009 种高等植物濒危。

人为活动使生态系统不断破坏和恶化，已成为中国目前最严重的环境问题之一。生态受破坏的形式主要表现为森林减少、草原退化、农田土地沙化和退化、水土流失、沿海水质恶化、赤潮发生频繁、经济资源锐减和自然灾害加剧等方面。

由于野生植物的人工培育资源远不能满足日益增长的社会需求，直接利用野生资源的现象较为普遍，一些物种由于被长期过度利用，导致野生资源量下降。一部分经济价值很高的物种尚未形成规模化的人工培育和经营，野外资源破坏的压力仍较大。例如，野生红豆杉资源遭受严重破坏，偷采盗剥野生红豆杉树皮、盗伐红豆杉林木案件屡有发生；乱采滥挖野生兰花已造成我国兰花资源毁灭性破坏。

三尖杉是我国亚热带特有植物，由于其叶、枝，种子及根等可提取多种植物碱，可治疗癌症，因而被过度利用，资源数量急剧减少，处于渐危状态。若不加以保护有可能进一步陷入濒危境地。三尖杉多混生于常绿阔叶林中，保护各地现存的常绿阔叶林是保护三尖杉的关键措施。此外，在利用三尖杉资源时，一定要注意防止过度利用，应适当控制利用的频度与强度，以保护三尖杉自然更新的能力。一些需求量较大的物种，如红豆杉、人参、雪莲、冬虫夏草、肉苁蓉、苏铁、甘草和发菜等，其资源已经下降到濒危程度。

我国野生植物培植已初见成效，但总体发展水平仍然较低，还没有形成规模化、集约化的繁育、培植体系，给野外种群保护带来很大压力。野生动物驯养繁殖和野生植物培植的科技含量较低，资源增长缓慢，甚至还有部分单位借人工培育为名，非法从野外掠取资源，对资源造成极大破坏。

我国药用植物，在《中国中药资源》列出的有11 146种，约占全部中药资源的77%；其中，列入《野生药材资源保护条例》的国家重点保护植物药材29种，二级保护植物7种，三级保护植物22种。列入《濒危动植物种国际贸易公约（CITES）》附录的药用植物有30多种。

药用植物甘草、羌活（*Angelica sylvestris*）、单叶蔓荆（*Vitex trifolia* var. *simplicifolia*）、肉苁蓉、三叶半夏（*Pinellia ternata*）、紫草（*Symphytnm pergrinum*）等100多种资源量普遍下降，影响60多个药材品种的医疗用药。八角莲（*Dysosma versipellis*）、凹叶厚朴（*Magnolia officinalis*）、杜仲等30多种植物，因野生资源稀少而无法保证商品需求。冬虫夏草（*Cordyceps sinensis*）、川贝母（*Fritillaria cirrhosa*）、川黄连（*Coptis chinensis*）、麻黄等资源破坏严重，常用药材人参、三七（*Panax notoginseng*）的野生个体已很难发现，在三七主产地云南近几十年来竟然找不到一株野生的。

同时，中药资源的无序开发导致大面积植被被毁，生态环境日益恶化。内蒙古、新疆、宁夏的荒漠地区，盛产甘草、麻黄、防风（*Saposhnikovia divaricata*）等固沙中药，其中甘草的根茎深达7~10m，可覆盖6m^{2}土地，防风固沙作用极为显著。由于管理无序，乱挖滥采，导致甘草空前浩劫。在宁夏同心，每挖1kg甘草就要破坏60m^{2}的植被，造成草原严重沙化，经济损失难以估量。据统计，野生甘草在20世纪50年代蕴藏量达200多万吨，但目前不到35万吨，甘草资源减少了60%，野生甘草存量减少70%，现已限制出口。

7.3 药用植物种群数量对产量与品质的影响

7.3.1 种群数量对产量的影响

植物种群数量与质量的关系决定着所有植物种群的发展趋势。植物种群在形态结构、生理生化等方面的生态适应性，都是种群遗传变异所产生的遗传质量作为基础的。基因库所包含的遗传信息决定了种群遗传多样性水平和生活史对策等。对植物种群而言，生活史特征是比较重要的方面。植物种群的质量是本质和内在的，它规定了植物在特定环境中的分布和数量，共同决定种群的动态。

7.3.1.1 密度效应

集群有利于物种生存，但随着种群中个体数量的增加，将对整个种群带来不利的影响，如抑制种群的增长率、死亡率增加等。阿利（Allee）用许多实验证明，集群后的植物有时能增加存活率，降低死亡率，其种群增长情况较密度过低时为佳，即种群有一个最适的密度，种群过密和过疏都是不利的，都可能产生抑制性的影响，这种规律就叫阿利氏规律（Allee's law）。

作为构件生物的植物，其生长可塑性很大。一个植株，例如药用菊花，在稀疏的环境条件下，枝叶茂盛，构件数很多；相反，在植株密生和环境不良情况下，可能只有少数枝叶，构件数很少。植物的这种可塑性，使密度对于植物的影响与动物有明显的区别。植物的密度效应,已发现有两个特殊的规律。

(1)最后产量衡值法则

Donald按不同播种密度种植车轴草(*Trifolium subterraneus*),并不断观察其产量,结果发现,虽然第62天后的产量与密度呈正相关,但到最后的181天,产量与密度变成无关的,即在很大播种密度范围内,其最终产量是相等的。"最后产量衡值法则"的原因是不难理解的:在高密度(或者说,植株间距小、彼此靠近)情况下,植株彼此之间竞争光、水、营养物激烈,在有限的资源中,植株的生长率降低,个体变小(包括其中构件数少)(图7-10)。

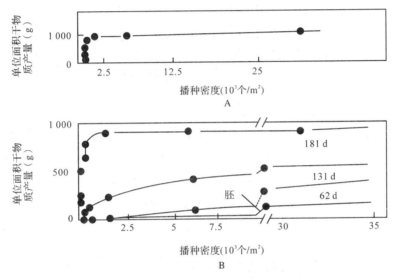

图7-10 每单位面积干物质产量与播种密度之间的关系
A. 开花后的三叶草   B. 在不同发育阶段上的三叶草
(引自李博等,《生态学》)

(2) -3/2自疏法则

如果播种密度进一步提高和随着高密度播种下植株的继续生长,种内对资源的竞争不仅影响到植株生长发育的速度,而且进而影响到植株的存活率。在高密度的样方中首先出现自疏。自疏是指同一种群随着年龄的增长和个体的增大,种群的密度降低的现象。植物种群密度较低时,个体之间增长不受密度的限制。当个体数量增多,因资源的限制而相互影响时,就会产生邻接效应。个体间抑制对方的作用强度和耐受程度都存在差异,结果有的个体可获得更多的资源,长得更快;而有的植株个体形态改变,整株生物量减少,以及生殖投入减少,甚至于出现植株死亡。例如Harper等对黑麦草(*Lolium perenne*)的研究(图7-11)。

在最高播种密度的样方中(图中最右侧一条直线,代表密度为10 000/m²的植株平均重量变化,在t_2时,不仅其每株均重较其他密度下低,而且直线开始向左侧倾弯。倾弯表示植株因死亡而密度下降,即自疏现象。到t_3、t_4,直线倾弯更加明显。密度较低的,自疏现象出现较晚。种群密度和生物量的相互影响对种群的动态调节可用 -3/2 次幂定律来说明。-3/2 次幂定律由 Yoda 等人提出,

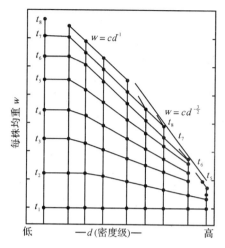

图 7-11 植物密度与大小之间的关系，表明 Yoda 氏 -3/2 自疏法则

（引自孙儒泳等，《基础生态学》）

植物的生物量与密度之间存在一定的关系：

$$\lg w = \lg c - a\lg d$$
$$w = cd^a$$

式中 a——密度和平均干重 d 的对数所得的相关线"自疏线"的斜率，$a = -3/2$；

K——该线在纵坐标上的截距，即 $w = cd^{-3/2}$。

合理的种植密度能获得最高的产量。肥沃的土壤或高肥的条件会导致自疏现象更加显著，肥料会增加种群的自疏。

7.3.1.2 种群数量对产量的影响

不同种植密度对辽藁本（*Ligusticum jeholense*）生长发育及产量的影响（表 7-10）表明：随着种植密度的加大，田间全年生育期延长；种植密度对辽藁本的株高、叶龄、叶面积指数和茎充实度等生育性状均有明显的影响；随着种植密度的减小，根粗 >1cm 的根数增加、根长加长、根重最重。最佳种植密度为 60cm×(25~30)cm，其根部产量性状较好，药材性状符合药典规定的标准，但单位面积产量表现中等，可在一定范围内合理密植，以提高产量。

表 7-10 不同种植密度对辽藁本根部性状及产量的影响

处理	根长（cm）	根粗 >1cm 的根数	根茎体积（cm³）	根鲜重（m/g）	产量（kg/hm²）
A	12.3	9	95.11	92.12	10235.55
B	13.6	11	94.73	96.74	8061.67
C	15.25	15	100.13	122.87	8191.33
D	14.9	12	99.89	110.13	6118.33
E	15.34	11	100.21	104.43	4351.25

密度处理：A：60cm×15cm；B：60cm×20cm；C：60cm×25cm；D：60cm×30cm；E：60cm×40cm。
引自于英、刘敏莉等，2006。

大叶型太子参（*Pseudostellaria heterophylla*）为太子参地道主产区传统种植的大宗主流品种资源之一，多栽培分布于海拔 400~600m 的丘陵生态区，叶片阔卵形，较大，叶和分枝数较多，块根纺锤形，大而较少，感病型；野生型太子参为太子参地道主产区的近年野生变家种的品种资源，多分布于海拔 700~800m 的山地生态区，叶片长卵形，大小均有，叶和分枝数较少，块根较多、小，且根为胡萝卜形，抗病型；小叶型太子参也是太子参地道主产区传统种植的主流品种资源之一，多栽培分布于海拔 500~700m 的山地丘陵生态区，叶片长披针形而小，叶和分枝数较少，块根多、小，且根为圆棒形，较抗病型。大叶型太子参的行距应适当大些，小叶型太子参的行距应适当小些，野生型太子参的行距应介于二者之间，增产效果较明显。试验表明，不同的行、株距组合和种植密度对太子参的产量有显著影响。行距过小或过大，基本苗过多或过少，都会削弱或抑制群体优势的发挥，都不利于高产。可见合理密植是太子参夺取高产的关键措施之一。

7.3.2 种群数量对品质的影响

国家公布 GAP 已经实施，要求必须进行规范化生产，对栽培技术要求优化组合。在 GAP 基地建设的实践中，各地栽培密度差异较大，栽植密度不仅影响的产量，而且影响其中有效成分的含量，是栽培措施上的关键技术问题。如果栽植密度过小，露地现象严重，极大程度地损失了光散射，在生产上降低了产量；但是，密度过大，地上部分容易倒伏，地下部分生长受抑制，根系生长缓慢，根条细长，品质下降。

不同栽植密度对植物所造成的影响主要是因为植株之间相互竞争环境资源，比如光照、水分、CO_2 浓度、施肥效应等，从而造成资源压力。不同的栽植密度造成产量、有效物质含量的差异。

丹参(*Salvia miltiorrhiza*)合理的移栽密度是确保其成活的关键。只有确保成活率，才能确保高产增收、提高经济效益。如果栽植密度不合理，生长严重受阻，影响丹参的成活率，进而影响丹参的产量。栽培密度对丹参素和丹参酮的影响是通过影响根系在土壤中的分布与分枝数和根的直径，从而影响根表皮面积，而影响丹参素、丹参酮的含量。由图 7-12、图 7-13 可以看出：丹参素在密度 20cm×25cm 和 30cm×35cm 时含量最高，在 25cm×35cm 的密度下含量最低；丹参酮 A 的含量在 20cm×25cm 和 25cm×30cm 密度时最高，但在 25cm×25cm 这一密度处理下含量最低。由此可知，综合丹参素和丹参酮两种有效成分，使其含量较高应为 20cm×25cm。

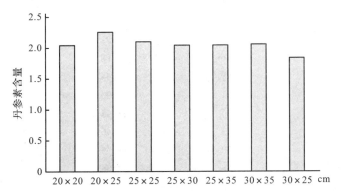

图 7-12 不同密度对丹参素的影响

(引自刘文婷、梁宗锁等，2003)

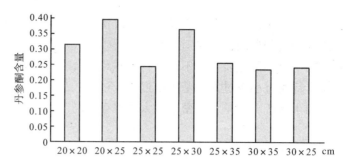

图 7-13 不同密度对丹参酮 A 的影响

(引自刘文婷、梁宗锁等,2003)

合理密植,关键是要使丹参充分吸收太阳光能。首先必须有足够数量的种植密度,这取决于单位面积上的丹参整个群体的绿叶受光面积大小。确定合理的种植密度和配制方式,为丹参叶和根系均衡协调生长,丹参素、丹参酮 A 在叶中的高度积累提供最好的生态环境,达到充分利用光能和地力,从而获得最高生产力。

表 7-11 是不同种植密度对红花(*Carthamus tinctorius*)药材、种子产量及主要成分红花黄色素含量的影响。由表可见,干花亩产量在 8.34~15.01kg 之间,种子产量在 50~80kg 之间,表明红花种植密度对干花、种子的产量影响较大。以 30cm×15cm、45cm×5cm 和 45cm×10cm 三种处理较好,不同种植密度对红花黄色素有一定影响。种植密度过大,红花中红花黄色素减少,种植密度减小到一定程度时,其含量基本保持不变。

表 7-11 不同种植密度对红花药材、种子产量及主要有效成分红花黄色素的影响

小区处理 (cm)	干花亩产 (kg)	种子亩产 (kg)	红花黄色素含量 (mg/g)
20×5	8.34	49.80	21.41
20×10	10.84	51.19	21.07
20×15	11.46	63.69	22.86
30×5	10.42	50.40	24.49
30×10	12.51	74.21	23.68
30×15	13.76	77.98	25.10
45×5	13.99	69.44	26.58
45×10	15.01	79.96	22.30
45×15	11.46	56.15	22.82
60×5	13.13	67.46	22.54
60×10	14.30	68.65	22.74
60×15	11.88	54.56	21.68
30×60×5	9.38	70.44	22.28
30×60×10	12.30	62.10	23.44
30×60×15	12.92	59.33	23.67

引自刘超、王林等,2006。

本章小结

种群是占据一定地区的某个种的个体总和。物种在自然界中以种群为基本单位，生物群落也是以种群为基本组成单位。种群群体与个体是有区别的，种群虽然是由同种个体组成的，但不等于个体的简单相加，而是在种内关系下组成的有机整体。种群是物种存在的基本单位。

种群的数量特征主要是指种群有密度大小和数量增长，并随时间或年份以及环境条件的变化而发生动态变化和数量波动。药用植物种群的数量大小包括种群密度、种群出生率、种群死亡率、迁入率与迁出率、生命表。

种群生态学研究的核心是种群的动态问题。常常是建立数学模型。数学模型是现代生态学研究中广泛应用的一种方法，可帮助理解各种生物和非生物的因素是怎样影响种群动态。

种群的增长率包括存活和出生两个方面。自然界的环境条件是不断地变化的，对种群是在两个极端情况之间变动着。当条件有利时，种群的增长率是正值而种群数量增加；当条件不利时，其增长能力是负值而数量下降。因此种群实际增长率是不断变化的。

种群增长的模型较多，常见的有非密度制约型增长和密度制约型增长，同时植物种群具有构件增长特点。构件不仅是一个营养单位，同时也是一个繁殖单位，构件可具有独立或不独立的生存能力。植物的种群动态首先表现在构件种群的动态上。

影响植物种群增长的因素较多，主要有繁育系统、生殖年龄与生殖适应、生殖分配和生殖投资、种子与种子库、芽库或其他繁殖体、果实和种子传播与萌发。

药用植物种群大多数种群不会长期保持平衡，而是动态和不断变化。随着环境变化，环境容量就会改变，密度变化对出生率和死亡率产生影响。不规则波动是随环境的机变化形成的种群不可预测的波动。而种群平衡是种群较长期地维持在几乎同一水平上。种群数量一般是很稳定的。当种群长久处于不利条件下，其数量会出现持久性下降，即种群衰落，甚至灭亡。

外来生物入侵是指外来物种从自然分布区通过有意或无意的人类活动而被引入，在当地的自然或半自然生态系统中形成了自我再生能力，给当地的生态系统或景观造成明显损害或影响。其中影响最大的是外来物种的有意引入，引入的最初目的是想利用该物种特有的经济与生态价值，然而引入不当就有可能让外来物种形成优势种群，从而危害本地的物种多样性，造成外来生物入侵。

种群的结构特征包含种年龄结构、种群的性别结构、种群的空间结构。

生物进化的动力是与环境的相互作用，适应生存环境则是进化的结果，生态压力作用于生物而决定着进化的方向。种群内个体间的变异是普遍存在的，也就是说种群内个体之间具有一定的差异。这种生态分化是有一定遗传基础的。基因库是指种群中全部个体的所有基因的总和。基因库随着种群数量和基因突变而不断地变化。变异是自然选择的基础，如果没有变异产生，种群内个体之间没有形态、生理、行为和生态等方面的差异，没有存活能力和生殖能力上的区别，就不会有自然选择发生。种群数量越多，个体间变异程度越大，种群的基因库就越丰富，基因多样性就越高。

在大种群中，后代个体易于保持原来的遗传结构，不大容易发生偏离，如果没有其他因素干扰基因平衡，则每一基因型频率将世世代代保持不变。这就是所谓种群遗传平衡。这个定律称 Hardy-Weinberg 定律。影响基因频率变化的因素有基因突变、自然选择、遗传漂移、基因流动和迁移。

种群的进化伴随着种群的生态分化。在生物进化中一旦出现新种,标志着群体间生殖、变异的连续性出现间断。植物的进化不仅反映在高级分类阶元的大进化上,也可体现为种内的遗传分化过程,即小进化。

生物经进化而形成的适应环境的对策称为生态对策。这些对策要通过形成的特有的生活史表现出来,因此又称为生活史对策,具有明显的规律。一般将其划分为 r 对策者和 K 对策者两大类。

生物多样性的一个主要层次,指种以下水平遗传,物种以下基因的变化反映在亚种间、种群间、染色体间、DNA 核苷酸顺序间的多样性上,因此遗传多样性应当包含这几个层次的多样性。适合度综合了物种某一基因型个体的存活能力和生殖能力,某一基因型个体的适合度实际上就是下一代的平均个体数。适合度包括存活能力和生殖能力两个方面,在生物的自然选择中,生殖能力的强弱也是影响其生存的重要因素。假设有两种基因型的个体,即使其存活能力相似,但只要生殖能力有区别,自然选择照样能够进行。自然选择和遗传漂变均能促进物种的进化,是物种进化的两种动力。

同种植物的不同个体群,分布和生长在不同环境中,由于受到不同环境条件长期的影响,在生态适应的过程中,种内不同个体群之间发生了变异和分化,生态分化对品质产生影响,如不同野生种、栽培种对药材品质产生影响,药用植物种群数量对产量与品质也影响。

思考题

1. 什么是种群?有哪些重要的群体特征?
2. 解释名词

种群密度　　种群出生率　　种群的死亡率　　迁入率与迁出率　　生命表　存活曲线　　指数增长　　逻辑斯谛增长

3. 植物种群的分布有哪几种模型?试举例说明。
4. 简述植物种群生命表编制的主要方法。
5. 简述药用植物种群的数量增长模型。
6. 构件植物种群的增长有何特征。
7. 影响植物种群增长的因素有哪些?请详细说明。
8. 何为生物入侵?举例说明外来生物入侵对药用植物种群的危害。
9. 药用植物种群年龄结构模型分为哪 3 种基本类型?
10. Hardy – Weinberg 定律包括哪几点内容?
11. 说明种群数量与质量的关系。
12. 简述药用植物种群的生态分化与物种的形成。
13. 阐述药用植物种群数量对产量与品质的影响。

本章推荐阅读书目

周纪纶,郑师章,杨持. 植物种群生态学. 高等教育出版社,1992.

王伯荪，李鸣光，彭少麟．植物种群学．广东高等教育出版社。1995.
常杰，葛滢．生态学．浙江大学出版社，2001.
陈家宽，杨继．植物进化生物学．武汉大学出版社，1994.
曹凑贵．生态学概论．高等教育出版社，2002.
李博，等．生态学．高等教育出版社，2000.
林鹏．植物群落生态学．上海科技出版社，1975.
曲仲湘，吴玉树，王焕校，等．植物生态学．第2版．高等教育出版社，1973.
孙儒泳，李庆芬，等.基础生态学.高等教育出版社，2002.
沈银柱，等，进化生物学．高等教育出版社，2002.
尚玉昌．普通生态学．第2版．北京大学出版社，2004.
姜汉侨，段昌群，杨树华，等．植物生态学．高等教育出版社，2002.

第8章 药用植物的群落生态

由于药用植物在各种类型群落中所处的地位及其对群落的作用不同,因而药材质量在不同群落类型中差异较大。如暗紫贝母(*Fritillaria unibracteata*)是川贝母的主要来源,主要分布于绣线菊(*Spiraea cantoniensis*),金露梅(*Potentilla fruticosa*),珠芽蓼(*Polygonum viviparum*),窄叶鲜卑花(*Sibiraea angustata*) + 山生柳(*Salix oritrephaschneid*) + 毛蕊杜鹃(*Rhododendron websterianum* var. *websterianum*),委陵菜(*Potentilla supina*) + 条叶银莲花(*Anemone trullifolia* var. *linearis*),毛蕊杜鹃 + 棱子芹(*Pleurospermum camtschaticum*),金露梅 + 太白韭(*Allium prattii*) + 太白棱子芹(*Pleurospermum amabile*)等群落中,但药材品质以前三种群落类型中所产为最佳,颗粒多圆整均匀,体实而重。因此,研究药用植物的群落生态,对于科学保护和有效开发利用药用植物资源有重要的理论和实际意义。

8.1 药用植物群落及其基本特征

8.1.1 植物群落、药用植物群落的基本概念

群落(生物群落,biotic community)是指一定时间内居住在一定空间范围内的生物种群的集合。它包括植物、动物和微生物等各个物种的种群,共同组成生态系统中有生命的部分。植物群落是植物种群的有机结合,它具有一定的结构和组成,也具有其独特的动态特征。植物群落学研究得最多,也最深入。群落学的基本原理多半是在植物群落学的研究中获得的。植物群落学(phytocoenology)也叫地植物学(geobotany)、植物社会学(phytosociology)或植被生态学(ecology of vegetation),它主要研究植物群落的结构、功能、形成、发展以及与所处环境的相互关系。目前已形成比较完整的理论体系。

自然界中纯种群群落极少,即使是人工栽培群落,也不是栽培植物构成的单种群群落。在自然群落中,多种群群落更为普遍。群落内的种群成分按照其自身的生理生态特性占据一定的空间,执行一定的生态功能。优势种、建群种对群落的性质和结构有显著的决定作用,一般分布在群落的最上层;而伴生种虽然是群落不可缺少的组成成分,但对群落的性质和结构作用不如建群种和优势种那样显

著。如在落叶阔叶林中，群落垂直结构可分为乔木层、灌木层、草本层和地被层，苍术、芍药、九节菖蒲等分布于草本层中，而杜仲、厚朴等高大乔木则分布于乔木层中，还有一些特殊的植物，如北五味子、中华猕猴桃等藤本植物，依附于乔木向上生长，特称层间植物。药用植物群落是具有特定药效的植物群落，只有人工复合药用植物群落中各种植物种群都是纯粹的药用植物种类，但在自然条件下，药用植物群落很难与植物群落区分开来。

8.1.2 植物群落的结构特征

群落的结构又叫做群落的格局(pattern)，它是群落在环境中的分布及其与周围环境之间相互作用所形成的系统结构。包括形态方面和生态方面的结构，是一个有规律的、有机的系统。

群落形态方面的结构主要包括植物的生长型，分层结构及群落的外貌和季相等。生态方面的结构指成群落的物种多样性和相对多度、种间相互关系和演替等方面。其中，群落的形态结构起主导作用，部分决定了群落生态方面的结构。

8.1.2.1 植物的生活型(life form)

生活型是植物长期适应不同的生态环境而形成的固有外部形状，如大小、形状、分枝和植物生命期长短等。它的形成是植物对相同环境条件趋同适应的结果。植物群落的外貌很大程度上取决于构成群落植物种的生活型。

植物群落生活型的组成特征是当地各类植物与外界环境长期适应的反映。研究表明，一个大地域的典型植被，均有一定的生活型谱，而且一定的植被类型，一般都以某一两种生活型为主，每种植物类型拥有较丰富的植物种类。

Shimper 在 1903 年发现在世界不同地区的相似环境趋于重复地出现相似的生长型植物。一些学者建立了各种植物生活型分类系统。目前广泛采用的是丹麦植物学家 Raunkiaer 提出的分类系统，此系统以植物体在度过生活不利时期(冬季严寒、夏季干旱)，对恶劣条件的适应方式作为分类的基础，按休眠芽或复苏芽所处的位置高低和保护方式，把高等植物划分为五个生活型，在各类群之下，根据植物体的高度，芽有无芽鳞保护，落叶或常绿，茎的特点等特征，再细分为若干较小的类型。下面就 Raunkiaer 的生活型分类系统(图 8-1)进行介绍。

(1) 高位芽植物(phanerophytes)

休眠芽距地面较高，一般超过 25cm，又可根据高度分为 4 个亚类，即大高位芽植物(高度 >30m)、中高位芽植物(8～30m)，小高位芽植物(2～8m)与矮高位芽植物(0.25～2m)。每类又可分为常绿裸芽、常绿鳞芽和落叶等次一级类型。这类生活型在热带、亚热带地区的群落中占优势。

(2) 地上芽植物(chamaephytes)

更新芽位于土壤表面之上，25cm 之下，多为半灌木或草本植物。可分为 4 个亚类，有：矮小灌木地上芽植物，在雨季长出新叶；被动地上芽植物，由于枝条柔弱不能直立而平伏在地上；主动地上芽植物，幼枝是横向地形的；以及垫状植物，植物体积矮小，茎叶多毛。

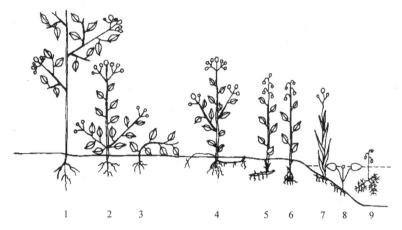

图 8-1 Raunkiaer 生活型图解
1. 高位芽植物 2、3. 地上芽植物 4. 地面芽植物 5~9. 地下芽植物
图中黑色部分为多年生,非黑色部分为当年枯死。
(引自 Raunkiaer,1934)

(3) 地面芽植物(hemicryptophytes)

更新芽位于近地面土层内,冬季地上部分全部枯死,大多为多年生草本植物。有3个亚类:原地面芽植物、半莲座状地面芽植物和莲座状地面芽植物。

(4) 隐芽植物(cryptophytes)

更新芽位于较深土层中或水中,多为鳞茎类、块茎类和根茎类多年生草本植物或水生植物。分为7个亚类:根茎地下芽植物,块茎地下芽植物,块根地下芽植物,鳞茎地下芽植物,无发达的根茎块茎鳞茎地下芽植物,沼泽植物和水生植物。

(5) 1年生植物(therophytes)

在良好季节生长,以种子越冬。

Raunkiaer 的生活型被认为是植物进化过程中对气候条件适应的结果,因此它们的组成可反映某地区的生物气候和环境的状况。

Raunkiaer 从全球植物中任意选择1000种种子植物,分别计算其上述5类生活型的百分比,其结果为高位芽植物(Ph.)46%;地上芽植物(Ch.)9%;地面芽植物(H.)26%;隐芽植物(Cr.)6%;1年生植物(Th.)13%。上述比例称为生活型谱。按下列公式计算:

某一生活型的百分率 = 该地区该生活型的植物种数/该地区全部植物的种数×100%

从不同地区或不同群落的生活型谱的比较,可以看出各个地区或各个群落的环境特点,特别是对于植物有重要作用的气候特点。

Raunkiaer 将不同地区植物区系的生活型谱进行比较,归纳得出4种植物气候(phytoclimate):①潮湿地带的高位芽植物气候;②中纬度的地面芽植物气候

(包括温带针叶林、落叶林与某些草原);③热带和亚热带沙漠1年生植物气候(包括地中海气候);④寒带和高山的地上芽植物气候。

在天然存在的状况下,每一类植物群落都是由几种生活型的植物组成但其中有一类生活型占优势。一般凡高位芽植物占优势的,反映了群落所在地生长季节中温热多湿的特征,如热带雨林群落;地面芽植物占优势的群落反映了该地具有较长的严寒季节,如亚高山草甸;地下芽植物占优势的,环境比较冷、湿,如寒温带暗针叶林;1年生植物最丰富的地区气候干旱,如温带草原。

以上只涉及生活型内所含种数的多少,进一步分析还需考虑它们在群落中的各种数量特征,才能判别其所起的作用。

上述Raunkiaer的生活型被认为是植物在其进化过程中对气候条件适应的结果,因此它们的组成可作为某地区生物气候的标志。

8.1.2.2 植物的生态型

(1) 生态型(ecotype)的概念

同种植物的不同个体群,分布和生长在不同环境中,由于受到不同环境条件长期的影响,在生态适应的过程中,种内不同个体群之间发生了变异和分化。这些变异在遗传性上被固定下来,而形成不同种群之间的差异,这样一个种内在形态、生理和生态上分化成不同的种群类型,称为生态型。

生态型这一名词和概念是瑞典学者杜尔松于1922年拟定的。最初的定义是:"一个种对某一特定生境发生基因型反应所产生的产物"。他认为生态型是与特定生态条件相协调的基因型集群;是植物同一种内表现为有遗传基础的生态分化;是同一种植物对不同环境条件的趋异适应。生态分布区域很广的种类,即生态幅很广的种类,所形成的生态型也多;生态幅狭窄的种类,所形成的生态型就少。有的植物种,其变异式样有部分的不连续性,所分化的生态型能够识别;也有许多广布种由于变异的连续性,虽然生态型性质有变异,却不能确切地识别出各个生态型。

研究生态型有助于分析植物种内生态适应的形式和了解种内生态分化的过程与原因,也可为选种、育种、引种工作提供理论根据。生态型已成为育种工作中发展的新动向之一,我们研究植物的不同生态型,是有目的地、定向地改造植物种,以及加速新种形成的途径之一。从中选择性状优良的生态型,可以发挥和利用其生产效能,使经济植物能获得优质高产。通过环境条件的控制和改造,可使植物定向改变,形成和应用更多优质的生态型,以发展农、林、牧业的生产。总之,生态型的研究,对研究物种的进化具有重要的意义,在生产上的应用也日益广泛。所以,目前种内的分化现象,已经越来越引起人们的重视。

(2) 生态型的类别

根据生态型形成的主导因子的不同,可分为下列不同的生态型。

①气候生态型 当种的分布区扩展或栽种到不同气候地区,主要由于长期受气候因子的影响所形成的生态型。

不同的气候生态型在形态、生理、生化上都表现有差异,如对光周期、温周期和低温春化等都有不同的反应。分布在南方的生态型一般表现短日照类型，北方的生态型表现长日照类型。海洋性生态型要求较小的昼夜温差，大陆性生态型则要求较大的昼夜温差。南方的生态型种子发芽对低温春化没有明显要求，北方的生态型如果不经低温春化，就不能打破休眠。在生化上，如乙醇酸氧化酶的活性也随气候类型（特别是温度）而异，大陆性生态型的酶的活性随气温升高而加强的程度比海洋性生态型明显。这些反应都与其所在地区的气候特点有关。

例如，温度和光周期可以分别地或结合地影响到植物的生长和休眠：芽休眠时间、叶形成时期、茎伸长时期、花期、果期、茎生长停止、落叶、休眠芽的形成等。许多药用植物的落叶、休眠、地下器官的形成以及种子的萌发等都与昼夜长短及其变化有关。根据药用植物开花对日照长度的适应，又可以将其分为长日照植物、短日照植物、中日照植物和中间植物。南方的短日照植物在北方生长，营养期将增长，往往要到深秋短日照来临时才能开花，因此容易受到低温的伤害。北方的长日照植物生长在南方的短日照条件下，经常会早熟或由于温度不适合而不能开花。因此，药用植物栽培必须根据其光周期的特点制定相应的栽培措施。在药材生产过程中应注意春化问题，以免造成不必要的损失。如将板蓝根在秋季播种，或春季过早播种，当归、白芷秋季播种过早而幼苗过大，均会引起开花结籽，造成根部空心不能药用。除此之外，药用植物在不同生长时期对光照的要求也不一致，如黄连的"前半期喜阴，后半期喜光"，西洋参春季的透光度应稍大于高温的夏季。不同的水分条件对植物的影响非常大，如繁缕在不同的水分条件下，形成了 4 种生态型。此外，生态型不仅影响形态上的差异，也影响到生态型本身的生理生化方面。虽然气候各因子对植物的作用是综合性的，但为了叙述方便还是经常采用各因子分别讨论的方式。

②土壤生态型　主要是长期在不同土壤条件的作用下分化形成的。如长于河滩地上和碎石堆上的牧草鸭茅，由于土壤水分情况不同，从而形成 2 种生态型。长于河滩地上的生长旺盛，高大，叶肥厚，颜色绿，刈草后易萌发，产量要比长在碎石堆上的高 3~4 倍。而长在碎石堆上的植株矮小，叶小，颜色较淡，萌发力极弱，产量低。此外，在生理上也有差别，如细胞液的渗透压不同等。

③生物生态型　主要是在生物因子的作用下形成的。有的生物生态型是由于缺乏某些虫媒授粉昆虫，限制了种内基因的交换，从而导致植物种内分化为不同的生物生态型。有的植物当长期生活在不同的植物群落中，由于植物竞争关系不同，也可以分化成为不同的生态型，如稗草生在水稻田中的和生在其他地方的是两种不同的生态型。前者秆直立，常与水稻同高，也几乎同时成熟；后者秆较矮，开花期也早迟不同。还有的是在牧场条件下形成为牧场区系生态型，有些植物种由于受放牧的影响，经常被一定动物种类所践踏、啃食，使植物产生了适应于这种生境条件的生态特征，植株矮小，丛生或成莲座状或匍匐茎，再生力较强，无性繁殖较盛，成熟期提前等。

对于药用植物来说，在各种生物因子中，人类因素的影响最大。例如，药用植物的品种生态型，就是在人为因素的影响下形成的。栽培作物生态型是很复杂的，也是因为植物受到强烈而繁复的人为因素影响所造成的。由于人类长期在不同气候带的地区或不同的土壤类型上扩大作物栽培，从而形成了不同的气候生态型或土壤生态型。

一切野生植物经过引种栽培，不断地起着分化定型的作用，产生新的生态型。栽培历史愈久的作物与野生类型之间的生态进化距离愈远，产生的生态型也就愈多。

8.1.2.3　群落的形态结构

(1) 群落外貌(physiognomy)

群落的外貌是指生物群落的外部形态或表相，是认识植物群落的基础，也是区分不同植被类型的主要标志。它是群落中生物与生物间，生物与环境相互作用的综合反映。陆地生物群落的外貌主要取决于植被的特征，是由组成群落的植物种类形态及其生活型(life form)和生态型(ecotype)所决定的。如森林、草原和荒漠等，首先就是根据外貌区别开来的。而就森林而言，针叶林、落叶阔叶林、常绿阔叶林和热带雨林等，也是根据外貌区别出来的。群落的外貌主要取决于群落中优势种的生活型和层片结构。

(2) 群落的季相(aspect)

群落外貌常常随时间的推移而发生周期性的变化，如发芽、生长、开花、授粉、结果等。这是群落结构的另一重要特征。随着气候季节性交替，群落中各种植物的生长发育也相应地有规律地进行，使得群落表现为不同的外貌，即为群落的季相。

季相变化的主要标志是群落主要层的物候变化，特别是主要层的植物处于营养盛期时，往往对其他植物的生长和整个群落都有着极大的影响，有时当一个层片的季相发生变化时，可影响另一层片的出现与消亡。温带地区四季分明，群落的季相变化十分显著，如温带的落叶阔叶林，早春由于乔木层的树木尚未长叶，林内透光度很大，林下出现春季开花的草本层，构成了春季季相。入夏以后，乔木枝叶茂盛，树冠郁闭，早春开花的草本植物在林下消失，代之而起的是夏季开花植物，又呈现另一片景色。秋季植物叶片由绿变黄，群落外貌又发生变化，呈黄色或红色。

群落季相研究的基本方法，是对群落中主要种类的物候观察记载。一般植物的物候期可分为休眠期、营养期、开花期、结实期。由于主要层片的控制作用，在选定观察种类时宜选择主要层片的植物，按照节令的变化，观察每一个种的物候期用文字记载并用图片说明。通过一年的观察后，把所观察的结果按日期顺序加以整理，并把每一种植物的物候进程编绘成一条物候带。谱带的长度与观察的月份相当，谱带的宽度结合物种在群落中的多度和盖度而定。如青海的仙米国家森林公园时空的分布变化万千，而且随着季节更替展露着迥异的风采，季相变化非常明显。春天，冰雪消融，大批植物开始萌发，随着在微微寒风中迎春花(*Jasminum nudiflorum*)的一枝独秀，报春花(*Primula* spp.)、山丹花(*Lilium concolor*)、金露梅、银露梅(*Potentilla glabra*)、百里香叶杜鹃(*Rhododendron thymifo-*

lium)、头花杜鹃(*Larix chinensis*)、烈香杜鹃(*Michelia chapensis*)、陇蜀杜鹃(*Rhododendron przewalskii*)、暴马丁香(*Syringa reticulata* var. *amurensis*)、紫丁香(*Syringa julianae*),从谷底到山坡,从阳山到阴山,渐次开放。冬虫夏草、党参、大黄各种名贵中药材悄然生长。夏季,山上冰雪明丽,山下古松云杉郁郁葱葱,林间灌丛,野草交茵,苔藓染绿,奇花异草点缀其间,异兽欢跃,珍禽齐鸣,空气清新,不热不燥;山下村民的油菜田呈现一片金黄芳香的花海。秋季,万顷红叶如染,硕果开始在枝头摇逸。冬季,松柏挺立,雪压枝头,银装素裹,一派苍茫的北国风光。

8.1.2.4 植物群落的层片

层片是植物群落的结构部分,具有一定的生活型组成和空间(或时间)分布特点,形成特殊的小环境。属于某一生活型的植物,有相当的数量,在群落中占据一定的空间,所形成的特定结构就叫做层片。植物群落的外貌取决于群落的层片结构,特别是取决于对群落生活起着重要作用的主要层片,如森林群落的乔木层。层片作为群落的结构单元,是在群落的产生和发展过程中逐步形成的。它的特点是具有一定的种类组成,所包含的种具有一定的生态生物学一致性,并且具有一定的小环境,这种小环境是构成植物小环境的一部分。

群落中层片结构也会随时间和季节而变化,例如,荒漠群落雨后迅速萌发的短生植物层片、落叶阔叶林春季树冠未长满新叶时的早春草本植物层片等,它们与种群物候变化共同决定群落的季相特征。此外,各种群年龄结构也随时间变化,而其幼年期与成熟期的植株密度和高度不同必然影响整个群落的结构。

群落地下成层现象也较普遍。植物的地下器官根系、根茎等在地下也是按深度分层分布的。一般说来,地上分层和地下分层是相对应的。森林群落中的乔木根系可分布到土壤的深层,灌木根系较浅,草本植物的根系则大多分布在土壤的表层。植物地下成层现象,也是充分利用地下空间,充分利用水分、养分的一种生态适应。在栽培群落中,往往根据植物地下分层分布的规律,配置不同深度根系的药用植物,以充分利用地力,获得高产。

某些由特定生活型构成的灌木和草类层片,表现出一定的独立性,即可参加不同类型的植物群落。例如,我国西南山地亚高山针叶林下的杜鹃层片,在上层乔木种类更换时仍然稳定不变,甚至林木采伐后仍能保持并形成亚高山灌丛。

群落中层片类型组成和分布面积所占比例,不仅制约群落的功能,也反映群落环境的基本特征。在实践中,通过划分层次以了解群落结构的特点是必要的,然而通过对层片的研究,才能从生态关系的实质着眼,深入到物质和能量转化的领域中去,并为药用植物的生产栽培提供依据。例如,阔叶杂木林内草本植物种类较多,各层次分布比较均匀,有多层次的物种结构,可以满足不同年龄阶段的人参生长所需的光照和养分条件,而且群落结构比较稳定,适合林下人参的生长等。

此外,应该注意层片与层次是不同的概念,前者强调群落生态学方面,后者则更注重群落的形态。落叶乔木与常绿乔木都属于同一层次,但二者却是不同的层片。有时当一个层片季相变化时，甚至能影响到另一层片的出现与消失。这种随季节出现的层片极大地丰富了景观的多样性。进行层片结构研究将有助于群落研究的简单化，层片的动态变化和空间分布对于整个群落具有一定的代表性。此外，由于其生活型的一致性，在进行数据测量时也便于统一。

例如，分布于大兴安岭的兴安落叶松纯林，兴安落叶松是该群落的落叶针叶乔木层片，同时又是乔木层的建群层片，此时，层片和层次是一致的。又如，在常绿阔叶林内，由壳斗科、山茶科、樟科的常绿种类组成的常绿阔叶高位芽植物层片，是森林的建群层片，这个层片相当于乔木层的第一、第二亚层，表现为相当于层的一部分；那里的层间植物一般具有两个藤本植物层片，一是常绿的，一是落叶的。在欧洲栎林中的草本层，则是由两个层片——春季草本植物层片和夏秋草本植物层片所组成。

8.1.2.5 植物群落的生态结构

(1) 群落结构的分析特征

分析特征指在一个群落（以一个样地为代表）中各植物种类数量上的表现，又称为群落的数量特征。群落结构的分析特征主要包括多度、密度、频度、高度、重量、体积等指标。对于药用植物，特别是人工栽培的药用植物群体来说，密度的影响较为显著，现以此为例进行说明。

药用植物的产量与光合作用密切相关，影响植物光合作用的所有因素对药用植物的产量都有一定程度的影响。同种植物的不同个体互为环境，它们之间也存在着相互作用。种群内各个体间的相互作用大小一般取决于种群密度。无论是自然群落还是栽培群落，种群密度对光能利用率，其他环境资源的利用率以及植物群落内各群落的生长发育都有一定的作用。在农业生产中，合理密植是增加光合面积，提高光合效率的主要途径之一。叶片是植物光合作用的主要场所，不同植物具有不同形状和大小的叶片，植物生理学中常用叶面积系数来表示密植程度。所谓叶面积系数就是指叶面积所占土地面积之比，适宜的叶面积系数能使植物充分利用光能和地力，从而提高植物的光合产量。不同种类的药用植物具有不同的最适叶面积系数，根据叶面积的定义，叶面积系数的计算步骤可归纳如下：

a. 根据叶片的几何形状推导出单叶面积的计算公式；

b. 校正系数的确定：实测叶面积与理论叶面积之比值，为校正系数；

$$实际叶面积 = 校正系数 \times 理论叶面积$$

c. 平均单株叶面积：为统计的单株叶面积总和的平均值；

d. 叶面积系数 = 平均单株叶面积 × 总株数/所占地面积。

下面以地黄为例说明叶面积系数的计算过程。

地黄(*Rehmannia glutinosa*)为玄参科植物，根茎入药，具清热降火，生津凉血（鲜地黄）和滋阴凉血（生地），补血滋阴（熟地）之功效。叶多基生，呈莲座状，叶片倒卵或长椭圆形。周成明(1987)根据地黄叶片的几何形状，推导了地黄单株叶面积和叶面积计算公式。

从图 8-2 中可以看出，单叶面积近似地等于两个三角形面积之和，即：

$$S = 0.5Ah_1 + 0.5Ah_2 = 0.5A(h_1 + h_2) = 0.5AH$$

式中 A，H，h_1 和 h_2 的含义见图 8-2。

植物的枝叶所覆盖的土地面积称为投影盖度，植物盖度的大小除了与植物体形有关外，还与植物密度有关，所以盖度的大小也被作为一个预测药用植物产量的指标。徐万仁等（1990）对甘草的种群盖度与产量之间的相关性进行了研究，结果表明，甘草的盖度与甘草的药用部位——根的产量有显著的相关性，经统计学处理，得出以下计算公式：

$$Y = 24.2X^{0.676}$$

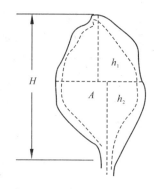

图 8-2 地黄叶轮廓示意图
（示各测定的含义）

式中 Y——甘草根的干重；

X——种群盖度，其相关系数为 0.997 32。

从甘草根的干重与其盖度之间的相关方程可以看出，X 的定义域为 (0, 1)，在此范围内，Y 为单调增函数，即随着盖度的增大，甘草根的干重呈指数增长。但是，有一点必须注意，就是种群的指数增长模式只有在环境资源（包括食物和空间）不受限制时才能成立，显然在实践中这种情况并不存在，在环境资源受到限制的情况下，单种群植物的增长呈现出逻辑斯蒂增长模式。逻辑斯蒂增长模式考虑了特定环境条件的最大负荷能力，随着种群数量向环境负荷量的逼近，种群增长也逐渐受到来自环境的阻力，从而使种群的增长呈"S"形曲线。

三七是一种常用中药，根入药，能活血散淤，具有止痛，消肿，止血等功效，现多以人工栽培来获得药材，据报道，三七密度对其根产量的影响不大，但随着种植密度的增加，存苗率和单株的重量直接影响着药材的产量，将三七苗控制在每公顷约 1 215 万株时，三七的产量和质量均达到最佳状态。田间密度对植物的分枝，开花及种子形成都有直接作用。通过实验，发现大田中以大行距小株距（50cm×150cm）为宜，在此密度下每公顷种子达 3 866.1kg，而且种子成熟早（张众，1995）。栝楼以果实和根入药，其最合理的种植密度是每公顷约 9 000～10 500 株（孔庆岳等，1989）。

药用植物栽培中，常常通过控制密度来增加药材的产量。

生态学理论认为，种群具有自我调节其密度的能力。种群中个体密度过疏或过密，对种群的发育和发展都是不利的。种群内个体之间存在着潜在的杂交能力，尤其有些种类的植物，如果种群密度过低，存活能力则大大降低。而对于过密的种群，因特定范围内，环境的承载能力有限，如果种群数量超过环境的承载能力，环境势必对种群的生长，发育造成压力。在这种情况下，种群往往发生"自疏"现象，以降低其密度，这也是密度制约效应的表现形式之一。在实践中，人们可以根据特定药用植物的生态生物学特征来合理控制栽培药用植物的种群密度，使植物最大限度地利用环境资源，以提高药材的产量和质量。

(2) 组成种类的性质分析

在植物群落研究中，常根据物种在群落中的作用而进行分类。物种组成是决定群落性质最重要的因素，在一定程度上能反映出群落的性质，也是鉴别不同群落类型的基本特征。可以根据各个种在群落中的作用而划分群落成员型。下面以植物群落研究中常见的群落成员型为例进行分类。

①优势种和建群种　优势种(dominant species)是在群落的每个层中占优势的种类，即个体数量多，生物量大，枝叶覆盖地面的程度大，生活能力强，并且对其他植物和群落环境产生很大影响的生物种类。优势种对群落的结构和群落环境的形成有明显控制作用。而建群种(constructive species)则指优势种中的最优势者，即盖度最大，占有最大空间，因而在建造群落和改造环境方面作用最突出的生物种，它决定着整个群落的基本性质，它们是群落中生存竞争的真正胜利者。

如果群落中的建群种只有一个，则称为单建群种群落或单优种群落；如果具有两个或两个以上同等重要的建群种，就称为共建群种或共优种群落。热带森林几乎全是共建种群落；北方森林、草原则多为单优种群落。

在森林群落中，乔木层中的优势种，既是优势种又是建群种；而灌木层中优势种就不是建群种，原因是灌木层在森林群落中不是优势层。

我国著名的秦岭山脉的主峰太白山，高山灌丛分布于南、北坡海拔3 300~3 767m。藏药头花杜鹃群系具有适应气候寒冷，风大的特点，植株低矮，一般高20~45cm，枝短缩，呈匍匐状或团状，在高山灌丛中分布最广，面积最大，为当地的建群种，其群落总郁闭度为0.8~0.95。

②亚优势种　亚优势种指个体数量与作用都次于优势种，但在决定群落性质和控制群落环境方面仍起着一定作用的植物种。在复层群落中，它通常居于下层，如大针茅草原中的小半灌木冷蒿(*Artemisia frigida*)就是亚优势种。

③伴生种　伴生种为群落的常见种类，它与优势种相伴存在，但不起主要作用。例如，肉苁蓉又名苁蓉或大芸，为多年生寄生肉质草本，生于荒漠沙丘，常寄于琐琐和白琐琐的根上，是典型的伴生种。

④偶见种或稀见种　偶见种是那些在群落中出现频率很低的种类，多半是由于群落本身稀少的缘故。偶见种可能是偶然由人们带入或随某种条件的改变而侵入群落中，也可能是衰退中的残余种。有些衰退种的出现具有生态指导意义，有些还可作为地方性特征种来看待。

(3) 群落的物种多样性及其测度方法

物种多样性是群落生物组成结构的重要指标，是研究物种水平上的生物多样性。它不仅可以反映群落组织化水平，而且可以通过结构与功能的关系间接反映群落功能的特征。

生物群落多样性研究始于20世纪初叶，当时的工作主要集中于群落中物种面积关系的探讨和物种多度关系的研究。1943年，Williams在研究鳞翅目昆虫物种多样性时，首次提出了"多样性指数"的概念，之后大量有关群落物种多样性的概念、原理及测度方法的论文和专著被发表，形成了大量的物种多样性指数，一度给群落多样性的测度造成了一定混乱。自70年代以后，Whittaker(1972)、Pielou(1975)、Washington(1984)和Magurran(1988)等对生物群落多样性测度方法进行了比较全面的综述，对这一领域的发展起到了积极的推动作用。

从目前来看，生物群落的物种多样性指数可分为 α 多样性指数、β 多样性指数和 γ 多样性指数三类。下面将群落的 α 和 β 多样性指数的测定方法予以介绍。

① α 多样性指数　是反映群落内部物种数和物种相对多度的一个指标，主要表明群落本身的物种组成和个体数量分布的特征。它包含两方面的含义：a. 群落所含物种的多寡，即物种丰富度；b. 群落中各个种的相对密度，即物种均匀度。一般情况下，群落多样性是指 α 多样性。物种丰富度指数包括：

Gleason(1922)指数

$$D = S/\ln A$$

式中　A——单位面积；
　　　S——群落中的物种数目。

Margalef(1951，1957，1958)指数

$$D = (S-1)/\ln N$$

式中　S——群落中的总数目；
　　　N——观察到的个体总数。

Simpson(1949)集中性概率指数

$$D = 1 - \Sigma P_i^2$$

式中　P_i——第 i 种个体占个体总数的比例。

根据实际应用，Simpson 指数对于普通种的作用较大。

种间相遇机率(PIE)指数

$$D = N(N-1)/\Sigma N_i(N_i-1)$$

式中　N_i——种 i 的个体数；
　　　N——所在群落的所有物种的个体数之和。

Shannon-wiener 指数

$$H' = -\Sigma P_i \ln P_i$$

式中　P_i——第 i 种个体占个体总数的比例，$P_i = N_i/N$；
　　　H'——多样性指数。

对于已知物种的群落，当所有的种以相同的比例存在时，多样性达到最大值。对于物种个体完全均匀分布的群体来说，有较多物种的群落多样性高。

Pielou(1966)均匀度指数

$$E = H/H_{max}$$

式中　H——实际观察的物种多样性指数；

H_{max}——最大的物种多样性指数；

E 的取值范围是 $0 \sim 1$。

从上面的公式可以看出，群落的物种多样性指数与以下两个因素有关，即种类数目（丰富度）和种类中个体分配上的均匀性。

② β 多样性指数　可以定义为沿着环境梯度的变化物种替代的程度。不同群落或某环境梯度上不同点之间的共有种越少，β 多样性指数越大。精确地测定 β 多样性具有重要的意义。这是因为：其一，它可以指示生境对物种隔离的程度；其二，β 多样性的测定值可以用来比较不同地段的生境多样性；其三，β 多样性与 α 多样性一起构成了总体多样性或一定地段的生物异质性。

Whittaker 指数（β_w）

$$\beta_w = S/m\alpha - 1$$

式中　S——所研究系统中记录的物种总数；

$m\alpha$——各样方或样本的平均物种数。

Cody 指数（β_c）

$$\beta_c = [g(H) + l(H)]/2$$

式中　$g(H)$——沿生境梯度 H 增加的物种数目；

$l(H)$——沿生境梯度 H 失去的物种数目，即在上一个梯度中存在而在下一个梯度中没有的物种数目。

Wilson 和 Shmida 指数（β_T）

$$\beta_T = [g(H) + l(H)]/2\alpha$$

该式是将 Cody 指数与 Whittaker 指数结合形成的。式中变量含义与上述两式相同。

③ γ 多样性指数　γ 多样性指不同地理地带的群落间物种的更新替代速率。主要表明群落间环境异质性大小对物种数的影响。

（4）群落物种多样性的梯度变化

群落物种多样性的变化特征是指群落组织水平上物种多样性的大小随某一生态因子梯度有规律地变化。

① 纬度梯度　从热带到两极随着纬度的增加，生物群落的物种多样性呈逐渐减少的趋势。如北半球从南到北，随着纬度的增加，植物群落依次出现为热带雨林、亚热带常绿阔叶林、温带落叶阔叶林、寒温带针叶林、寒带苔原，伴随着植物群落有规律的变化，物种丰富度和多样性逐渐降低。

② 海拔梯度　随着海拔的升高，在温度、水分、风力、光照和土壤等因子的综合作用下，生物群落表现出明显的垂直地带性分布规律，在大多数情况下物种多样性与海拔高度呈负相关，即随着海拔高度的升高，群落物种多样性逐渐降低。

③ 环境梯度　群落物种多样性与环境梯度之间的关系，有的时候表现明显，而有的时候则表现不明显。如 Gartlan（1986）研究发现土壤中 P、Mg、K 的水平

与热带植物群落物种多样性之间存在着显著的关系。Gentry(1982)对植物群落物种多样性进行的研究表明，在新热带森林类型，物种多样性与年降雨量呈显著正相关，而在热带亚洲森林类型，两者则不存在相关关系。

④时间梯度　大多数研究表明，在群落演替的早期，随着演替的进展，物种多样性增加。在群落演替的后期当群落中出现非常强的优势种时，多样性会降低。

另外，时间、空间、气候、竞争、捕食、生产力等因子对群落多样性也会产生影响，并且，这些影响不是孤立、分离的，它们相互作用，在不同群落中产生不同的影响。

(5) 物种多样性在生物群落中的功能和作用

物种以什么样的机制维持生物群落的稳定是一个非常重要的但是目前仍然没有解决的生态学问题，而且是生物多样性与生物群落功能关系中的核心问题。目前有关物种在生态系统中作用的假说有下列4种。

①冗余种假说(redundancy species hypothesis)　生物群落保持正常功能需要有一个物种多样性的域值，低于这个域值群落的功能会受影响，高于这个域值则会有相当一部分物种的作用是冗余的(Walker, 1992)。

②铆钉假说(rivet hypothesis)　铆钉假说的观点与冗余假说相反，认为生物群落中所有的物种对其功能的正常发挥都有贡献，而且是不能互相替代的(Ehrlich, 1981)，正像由铆钉固定的复杂机器一样，任何一个铆钉的丢失都会使该机器的作用受到影响。

③特异反应假说(idiosyncratic response hypothesis)　特异反应假说认为生物群落的功能随着物种多样性的变化而变化，但变化的强度和方向是不可预测的，因为这些物种的作用是复杂而多变的。

④零假说(null hypothesis)　零假说认为生物群落功能与物种多样性无关，即物种的增减不影响生物群落功能的正常发挥。

上述4个假说中都没有对每个物种的作用程度做出明确的说明。在生物群落中不同物种的作用是有差别的。其中有一些物种的作用是至关重要的，它们的存在与否会影响到整个生物群落的结构和功能，这样的物种即称为关键种(keystone species)或关键种组(keystone group)。关键种的作用可能是直接的，也可能是间接的；可能是常见的，也可能是稀有的；可能是特异性(特化)的，也可能是普适性的。依功能或作用不同，可将关键种分为7类。关键种的鉴定目前比较成功的研究多在水域生态系统，而陆地生态系统的成功实例相对较少(Menge 等，1994)。

为了更好地认识生物多样性与生物群落结构和功能的关系，有必要引入功能群的概念。功能群是具有相似的结构或功能的物种的集合，这些物种对生物群落具有相似的作用，其成员相互取代后对生物群落过程具有较小的影响。将生物群落中的物种分成不同的功能群的意义表现在：使复杂的生物群落简化，有利于认识系统的结构和功能，并弱化了物种的个别作用，从而强调了物种的集体作用。

根据研究的目的不同，划分功能者的标准会有较大的变化。一个功能群的物种数目没有明确的限制，可以是一个种，也可以是很多种。对于一个复杂的生物群落，最简单的划分法是将所有生物分为3个功能群，即生产者、消费者、分解者。植物功能群的划分可依据：生活型、形态结构、生理特点、外貌特点、叶片和根系等的水平和垂直分布格局和物候学特征等。

8.1.3 群落的动态特征

8.1.3.1 群落的形成

在群落的形成过程中，都在发生着植物的传播、植物的定居及植物间的"竞争"等方面的作用。群落的形成可以从裸露的地面开始，也可以从已有的另一个群落中开始（演替）。

(1) 裸地的形成

裸地(bare land)就是没有生长植物的地方。侵蚀、沉积、风积、干旱、严寒、狂风、雪及人为因素都会导致裸地的产生。裸地所具有的共同特征就是具有极端的环境条件，如干旱、盐渍、潮湿。裸地的存在会严重影响群落的形成速率及发展进程。因此，了解裸地形成的原因及其特点有助于我们在实践中采取正确的措施对裸地进行合理的应用。

(2) 植物繁殖体的传播

植物之所以随处可见，能够从一个地方传播到另一个地方。就是因为它可以借助各种方式传播，繁殖。植物繁殖体的传播也称为植物的扩散。通过扩散可以使种群内和种群间的个体得以交换，可以补充或维持在正常分布区以外的暂时分布区域的种群数量，扩大种群的分布区种群可能获得更多的可利用资源，种群也可能承担更大的风险。大量繁殖体的产生是植物进行传播的基础。

① 可动性 可动性是指繁殖体适宜迁移的特点，这是植物传播的首要条件。繁殖体的可动性取决于繁殖体本身的表面积、大小、重量及有无特殊构造。

② 传播因子 传播因子主要是指传播的动力。如风力、水流以及动物的活动，甚至植物自力传播等。

③ 地形条件 地形对于传播的影响主要作用于传播因子，例如，平原、丘陵、高山、河流、湖泊、海洋，等等，影响到传播的速度和方向。有的促进了繁殖体的传播，有的却阻碍了其传播。

④ 传播距离 植物从一个地点传播到另一个地点，往往需要很长的时间，并经过一系列过渡地点。若没有适合植物生长的过渡地点，则将会阻断植物的传播。因此，任何植物群落中的植物种类成分，不仅取决于该地的环境条件，而且，也与周围的环境条件及相应的植物群落相关。

(3) 植物的定居（发芽、生长和繁殖）

当一个植物繁殖体传播到新地点后，就开始了植物的定居生活。只有一个物种在新地点完成了发芽、生长和繁殖，才算是定居过程的完成。任何一块裸地上生物群落的发展，或是任何一个旧的群落为新的群落所替代，都必然包含有植物的定居过程。

(4) 植物之间的竞争

竞争在形成群落结构中的作用是毋庸置疑的，植物在定居以后将不断繁殖，同时新的物种也将不断增加，并为争夺资源而竞争，如植物间争光、争空间、争水、争土壤养分。例如，当两棵植物种在一起时，植物的根会努力生长，伸至竞争对手的地盘，一方面能保持自己的土地不那么拥挤，一方面与竞争对手争夺资源。

植物在长期生存竞争中，逐渐形成了各式各样的防御敌人的"武器"。毒素是植物最有效的防御武器。当植物被摸碰或被吃掉时，这种毒素便发挥作用了。有趣的是，植物毒素大部分集中在最易受袭击的部位，如植物的果实和花。富含汁液的植物多半有毒，如箭毒木(*Antiaris toxicaria*)的乳汁含有强心苷，合欢含有氰化物，除虫菊(*Pyrethrum cinerariifolium*)内含有除虫菊素等。特异气味是植物的又一武器。药用鼠尾草(*Salvia farinacea*)和百里香(*Thymus mongolicus*)的气味，使动物闻而生厌，更引不起食欲。还有些植物，如胡椒(*Piper nigrum*)、芥菜(*Brassica juncea*)和辣椒(*Capsicum frutescans*)的叶子，并没有很难闻的气味，它们的果实和种子也无毒，但含有各种不可口的或刺激性的物质，也使动物避而远之。

植物对病害的抵抗力是相当强的，它们受伤后，伤口会很快愈合，侵入的微生物也会被杀死。而且整株植物外面被角质层保护着，绝大多数病菌都不能透过这种角质层。许多植物还会产生抑制微生物生长的物质，如亚麻(*Linum perenne*)根分泌物中含有氰化物，燕毒叶中含有有毒的糖苷。同时，当细菌侵入植物体内时，植物会产生特殊的能杀死病原微生物的物质——植物保护素。人们已经发现多种植物保护素，如四季豆(*Lumnitzera littorea*)产生的菜豆素，豌豆产生的豌豆素。不少植物披针带刺，保护自己。如刺槐和仙人掌(*Nopalea cochenillifera*)身上都有由叶子变态而来的叶刺。某些植物把针和毒两组防御武器结合起来，从而产生更有效的保护作用，螫人荨麻即是这种植物。栓皮栎(*Quercus variabilis*)和软木栎(*Quercus rubra*)的树皮上都有一层厚厚的木栓层，它们的叶子也是又厚又硬，害虫极难攻入。藤本类茎细弱不能直立，需借助吸盘、吸附根、卷须、蔓条及干茎本身的缠绕性而攀附它物向上生长。如紫藤(*Wisteria sinensis*)、木香(*Rosa banksiae*)、凌霄(*Tecomaria capensis*)、五叶地锦(*parthenocissus quinquefolia*)、爬山虎(*Parthenocissus tricuspidata*)、忍冬等。

8.1.3.2 群落的发育

(1) 群落发育的主要阶段

根据植物群落发育的不同阶段，可把群落分成3个时期。

① 群落发育初期　种类成分不稳定，群落的结构尚未定型，层次分化不明

显，每一层中植物种类也不稳定。在生态方面，群落所特有的环境条件正在形成，特点还不突出。组成一个群落的物种在其内部以及物种之间都存在特定的相互关系。这种关系随着外部环境条件和群落内环境的改变而不断进行调整。当密度增加时种群内部的关系开始紧张化，竞争能力强的种群不断发展，而竞争能力弱的种群则逐步缩小自己的地盘，甚至被排挤到群落之外。这种情形常见于尚未发育成熟的群落。

②群落发育成熟期　优势种的"霸主"地位已经确立。群落盛期维持的长短，取决于优势种的耐荫性。

③群落发育末期　一个群落发育末期，孕育着下一个群落发育初期。在一个群落发育的过程中，群落不断地对内部环境进行着改造。

(2) 群落发育的变态——群落演替(succession)

植物群落被另一个群落所代替的现象，就称为群落的演替。它是植物群落动态的一个最重要的特征。按裸地性质分类，演替有 2 种类型：

①原生演替(primary succession)　原生演替指在原生裸地上开始进行的演替，一般需要上百年或更长时间才能达到顶极状态。根据基质的不同，原生演替可分为旱生和水生演替两个系列。

旱生演替系列是从岩石表面开始的，它一般经过以下几个阶段：地衣植物阶段、苔藓植物阶段、草本植物阶段、木本植物阶段，演替使旱生生境变为中生生境。

水生演替系列是从淡水湖沼中开始的，它通常有以下几个演替阶段：自我漂浮植物阶段、沉水植物阶段、浮叶根生植物阶段、直立水生植物阶段、湿生草本植物阶段、木本植物阶段，演替从水生生境趋向最终的中生生境。

②次生演替(secondary succession)　在以前存在过生物的地点上演替，则称次生演替，群落达到顶极状态要比原生演替快得多。次生演替的最初发生是外界因素的作用所引起的，比较典型的是森林的采伐演替。如云杉林被采伐后，要经过以下几个演替阶段：采伐迹地阶段、小叶树种(桦、杨)阶段、云杉定居阶段、云杉恢复阶段。

不管原生还是次生演替，其进展演替的最终是形成成熟群落(mature community)，或顶极群落(climax community)。对于顶极有 3 种学说：

单顶极学说　该学说认为一个地区的所有演替趋同于单一的顶极群落，该群落完全由气候决定，所以又叫气候顶极。

多顶极学说　该学说认为由于土壤水分、土壤养分、坡向、动物的活动等因素的影响，在一个地区可以区分出许多稳定的顶极群落。

顶极模式假说　该学说认为一个地区存在多种环境因素，共同组成一种环境梯度模式，生物群落也适应于这种模式，顶极类型沿环境梯度逐渐过渡。

8.2 药用植物群落分布的地带性

地域分异规律，也称空间地理规律，是指自然地理环境整体及其组成要素在某个确定方向上保持特征的相对一致性，而在另一确定方向上表现出差异性，因而发生更替的规律。一般包括纬度地带性和非纬度地带性两类。后者又包括因距海远近不同而形成的气候干湿分异和因山地海拔增加而形成的垂直带性分异两个方面。

前苏联学者道库恰耶夫在研究土壤的基础上，首先阐明了自然界的地带性是一种普遍存在的现象，并表现为水平分布和垂直分布。群落分布的地带性是多种生态因素相互作用的结果，其中，气候条件起着支配性的作用。地球上植被分布的模式，主要由气候条件，特别是水热组合状况，以及二者状况决定的。每种气候条件下都有其独特的植被类型。即在大尺度的宏观范围内，植被的分布规律遵循着纬向地带性、经向地带性和垂直地带性的规律，有人称之为三向地带性。

另一方面，不同的植被类型通过影响植被与大气之间的物质（如水和二氧化碳等）和能量（如太阳辐射、动量和热量等）交换来影响气候，改变的气候又通过大气与植被之间的物质和能量的交换作用对植被的生长产生影响，最终可能导致植被类型的变化，群落中的各种植物，在群落内占据一定的生存空间，而全部植物（按所属生活型）的分布状况，构成了植物群落垂直的和水平的结构，并将原有生境改变为特殊的群落内部环境（植物环境）。

另外，随着经度、纬度及海拔高度的变化，土壤类型及其性质也在发生规律性的变化。土壤是植物生存的基质，不同的植物对土壤理化性质的要求不同，所以土壤类型的变化也会引起植物分布的变化。一定的土壤类型上分布着一定的植被，土壤的垂直地带性分布与其基带即所在地区的土壤水平地带性的土壤类型有关。

药用植物资源的地域性是进行种群繁殖，扩大分布区和提高品种质量的主要因素，也是做好中药区划的重要依据。只有根据中药资源的地域分布差异，才能做到因地制宜，合理布局，在不同地域内发展优势种类。

根据自然区划，将中国的药用植物资源划分为东北区、华北区、华东区、西南区、华南区、内蒙古区、西北区、青藏区以及海洋区等9个中药区（表8-1）。以下简要地介绍各区的自然条件，重要药用植物资源及其开发前景。

表 8-1 我国药用植物资源的自然区划及其分布类型

区划名称	气候特点	主要中药材
东北区	本区包括黑龙江大部分、吉林和辽宁的东半部及内蒙古的北部。地貌上包括大、小兴安岭和长白山地区,以及三江平原。本区是中国最寒冷地区,热量资源不够充足,大部分地区属于寒温带和中温带的湿润与半湿润地区。全区覆被以针叶林为主的森林,覆被率达30%	全区的中药资源有 2 000 余种,其中植物类 1 700 种左右,动物类 300 多种,矿物类 50 余种。特点是野生的种群数量大,蕴藏量丰富。野生的关黄柏(*Phelodendron amurense*)、刺五加(*Acanthopanax senticosus*)、五味子、关升麻(*Cimicifuga dahurica*)、牛蒡子(*Arctium lappa*)、桔梗(*Platycodon grandiflorum*)、地榆(*Sanguisorba officinalis*)、朝鲜淫羊藿(*Epimedium koreanum*)、辽细辛(*Asarum herotropoides var. mandshuricum*)、槲寄生(*Viscum coloratum*)、芍药(*Paeonia lactiflora*)、草乌(*Aconitum kusnezoffii*)、关木通(*Aristolochia mandshuriensis*)等一批"关药",蕴藏量分别占全国同品种蕴藏量的 50% 以上 本区还是中国野山参及种植人参的最主要产地,产量占全国人参总产量 95% 以上
华北区	本区包括辽宁南部、河北中部及南部、北京、天津、山西中部及南部、山东、陕西北部和中部,以及宁夏中南部、甘肃东南部、青海、河南、安徽及江苏的小部分。地貌上西北高,东南低,夏季较热,冬季寒冷,大部分地区属于暖温带。植物种类以华北植物区系为主,森林植被是以松、柏为主的针叶林和以栎树为主的阔叶林	全区的中药资源有 1 800 余种,其中植物类 1 500 种左右,动物类约 250 种,矿物类约 30 种。野生资源中较丰富的有酸枣仁、北苍术(*Atractylodes lancea var. chinensis*)、远志(*Polygala tenuifolia*)、北柴胡(*Bupleurum chinense*)、黄芩(*Scutellaria baicalensis*)、知母(*Anemarrhena asphodeloides*)、连翘、葛根(*Pueraria lobata*)、侧柏(*Platycladus orientalis*)、银柴胡(*Stellaria dichotoma var. lanceolata*)、玉竹(*Polygonatum odoratum*)等。栽培药材产量较大者有地黄(*Rehmannia glutinosa*)、杏仁(*Armeniaca vulgaris*)、忍冬(*Lonicera japonica*)、黄芪(*Astragalus membranaceus var. mongholicus*)、党参(*Codonopsis pilosula*)、薯蓣(*Dioscorea opposita*)、怀牛膝(*Achyranthes bidentata*)、板蓝根、山楂(*Crataegus pinnatifida var. major*)、紫菀(*Aster tataricus*)、菊(*Chrysanthemum morifolium*)、栝楼(*Trichosanthes kirilowii*)、北沙参,以及近年得到飞速发展的栽培西洋参(*Panax quinquefolium*) 本区中药资源,除继续发展好一批传统产品如地黄、黄芪、怀山药、怀菊花、怀牛膝、潞党参、亳白芍、亳菊花、莱阳沙参、杏仁、山楂以及西洋参外,还可进一步将野生的远志、柴胡、黄芩、丹参等转为人工栽培。对有开发前途的沙棘(*Hippophae rhamnoides*)、杜仲等应进一步开展家种

(续)

区划名称	气候特点	主要中药材
华东区	本区包括浙江、江西、上海、江苏中部和南部、安徽中部和南部、湖北中部和东部、湖南中部和东部、福建中部和北部，以及河南及广东的小部分。全区丘陵山地占3/4，平原占1/4，雨量较充沛，属于北亚热带及中亚热带，前者的植被为常绿落叶阔叶混交林，后者主要为常绿阔叶林	全区有中药资源约3 000种，其中植物类2 500余种，动物类300余种，矿物类约50种。著名的地道药材有种植的浙八味：浙贝母(Fritillaria thunbergii)、麦冬(Ophiopogon japonicus)、玄参(Scrophularia ningpoensis)、白术、白芍(Paeonia lactiflora)、杭菊花(Dendranthema morifolium)、延胡索和温郁金。尚有产于安徽的霍山石斛、宣州木瓜(Chaenomeles speciosa)、铜陵牡丹皮(Paeonia suffruticosa)；江苏的茅苍术(Atractylodes lancea)；江西的清江枳壳(Citrus aurantium)；湖南的平江白术(Atractylodes macrocephala)；福建的建泽泻和建莲子(Nelumbo nucifera)。其他较著名的中药还有：山茱萸、茯苓(Poria cocos)、薄荷(Mentha haplocalyx)、太子参(Pseudostellaria heterophylla)、粉防己(Stephania tetrandra)、海风藤(Piper kadsura)、女贞子(Ligustrum lucidum)、栀子(Gardenia jasminoides)、夏枯草(Prunela vulgaris)等
西南区	本区包括贵州、四川、云南的大部分、湖北及湖南西部、甘肃东南部、陕西南部、广西北部及西藏东部。全区绝大部分为山地、丘陵及高原。属于北亚热带及中亚热带，前者的植被主要为常绿落叶阔叶混交林，后者则主要为常绿阔叶林	本区自然条件复杂，生物种类繁多，为我国中药材的主要产地。全区中药资源约5 000种，其中植物类约4 500多种，动物类300多种，矿物类约80种，且有众多的道地药材。例如，属川产地道药材：川芎、川附子、川牛膝(Cyathula officinalis)、川麦冬(Ophiopogon japonica)、川郁金(Curcuma sichuaensis)、川白芷(Angelica dahurica cv. Hangbaizhi)、黄柏(Phellodendron chinense)、川黄连(Coptis chinensis, C. deltoidea)、川贝母(Fritillaria unibracteata, F. cirrhosa)、川大黄(Rheum officinalis)、独活(Angelica pubescens f. biserrata)等。属云南产道地药材主要有：云木香、云南三七、云黄连(Coptis teeta)、云当归(Angelca sinensis)、云天麻(Gastrodia elata)等。属贵州产道地药材主要有：天麻、杜仲(Eucommia ulmoides)、半夏(Pinellia ternata)、吴茱萸(Evodia rutaecarpa)等。野生药材中占全国产量50%以上的主要品种有：茯苓(Poria cocos)、厚朴(Magnolia officinalis)、胡黄连、猪苓(Polyporus umbellatus)天麻、半夏、川续断(Dipsacus asperoides)、川楝子(Melia toosendan)、天门冬(Asparagus cochinchinensis)等 本区的中药资源，除应继续大力发展传统属于"川、广、云、贵"地道药材外，还应注意扩大川贝母、胡黄连、冬虫夏草、石斛(Dendrobium nobile)、云木香等的人工栽培 本区为多民族聚居地区，民族药十分丰富，因而也应注意继续对民族药的调查、整理、研究和开发

（续）

区划名称	气候特点	主要中药材
华南区	本区包括海南、台湾及南海诸岛、福建东南部、广东南部、广西南部及云南西南部。本区大陆部分的地势为西北高，东南低。气温较高，湿度也大，属南亚热带及中亚热带。植被为南亚热带常绿阔叶林、热带季雨林以及赤道热带珊瑚岛植被	全区有中药资源近4 000种，其中植物类3 500种，矿物药30种左右。区内多道地南药，著名的有：广藿香、巴戟天（Morinda officinalis）、钩藤（Uncaria rhynchophylla）、槟榔、诃子（Terminalia chebula）、肉桂（Cinnamomum cassia）、降香（Dalbergia odorifera）、胡椒（Piper nigrum）、荜茇（Piper longum）、沉香（Aquilaria sinensis）、安息香（Styrax tonkinensis）、儿茶（Acacia catechu）、广豆根（Sophora tonkinensis）、千年健（Homalomena occulta）、鸦胆子（Brucea javanica）、狗脊（Cibotium barometz），使君子（Quisqualis indica）以及一批姜南药，如干姜（Zingiber officinale）、阳春砂、益智仁、高良姜、草果（Amomum tsaoko）、山柰（Kaempferia galanga）、草豆蔻（Alpinia katsumadai）、郁金（Curcuma aromatica）、姜黄（Curcuma longa）、莪术（C. aeruginosa，C. kwangsiensis）以及大量引种的白豆蔻（Aomum compactum，A. kravanh）等。本区由于具有良好的热带及亚热带的自然环境条件，可选择适宜各种不同南药的小环境，继续扩大南药的引种和栽培，例如，马钱子（Strychnos nux-vomica）、檀香（Santalun album）、丁香（Eugenia caryophyllata）、胖大海（Sterculia lychnophora）、乳香（Boswellia carterii）、血竭（Dracaena cambodiana）、番泻叶（Cassia angustifolia）以及白豆蔻（Zingiberaceae）等 本区丰富的岭南草药使用经验，也应注意研究及开发
内蒙古区	本区包括黑龙江中南部、吉林西部、辽宁西北部、河北及山西的北部、内蒙古中部及东部。地势东部有山脉及平原，中部有山脉及高坝，南部地势也高，而北部则为大草原。大部分地区冬季干燥寒冷，而夏季凉爽。本区的北部及西部植被以蒙古植物区为主，东部及南部则有华北及长白山区系成分	全区有中药资源1 200余种，其中药用植物1 000余种，绝大部分为草本植物。著名的地道药材有：野生及栽培的内蒙古黄芪（Astragalus membranaceus var. mongholicus，A. membranaceus），产量占全国黄芪产量的4/5左右；多伦赤芍（Paeonia lactiflora）、关防风（Saposhnikovia divaricata）及知母（Anemarrhena asphodeloides）也是本区著名的大宗药材。其他产量较大的还有麻黄（Ephedra sinica）、黄芩、甘草、远志（Polygala tenuifolia）、龙胆（Gentiana manshurica，G. triflora）、郁李仁（Cerasus humilis）、蒲黄（Typha angustata，T. davidiana）、桔梗（Platycodon grandiflorum）、酸枣仁、苍术（Atractylodes lancea var. chinensis）、柴胡（Bupleurum chinense）、秦艽（Gentiana macrophylla）等
西北区	本区包括新疆全部、青海及宁夏的北部、内蒙古自治区西部以及甘肃西部和北部，本区内高山、盆地及高原相间分布，但高平原占绝大部分，沙漠及戈壁也有较大面积。本区日照时间长，干旱少雨，气温的日差较大。从北到南地跨干旱中温带、干旱南温带和高原温带	全区中药资源2 000余种，其中植物类近2 000种，动物类160种，矿物类约60种。不少种类的中药蕴藏量较大，其中在全国占重要地位的有：肉苁蓉（Cistanche deserticola，C. tubulosa）、锁阳、甘草（Glycyrrhiza uralensis，G. glabra）、麻黄（Ephedra equisetina，E. sinica）、新疆紫草（Arnebia euchroma）、阿魏（Ferula fukanensis，F. sinkiangensis）、枸杞子（Lycium barbarum）、伊贝母（Fritillaria pallidiflora）、红花（Carthamus tinctorius）、罗布麻（Apocynum venetum）、大叶白麻（Poacynum hendersonii，P. pictum）等，均有很大的产量。其他蕴藏量较大的中药材还有：雪荷花（Saussurea involucrata）、苦豆子（Sophora alopecuroides）、马蔺子（Iris lactea var. chinensis）、银柴胡（Stellaria dichotoma var. lanceolata）及沙棘（Hippophae rhamnoides subsp. sinensis）等 本区的中药资源，需要对一些重要的野生中药，采取人工引种栽培措施，以扩大产量，如肉苁蓉、锁阳、阿魏、新疆紫草等

(续)

区划名称	气候特点	主要中药材
青藏区	本区包括西藏大部分、青海南部、四川西北部和甘肃西南部。本区海拔高，山脉纵横，多高山峻岭，地势复杂。气候属高寒类型，日照强烈，光辐射量大。植被主要有高寒灌丛，高寒草甸，高寒荒漠草原，湿性草原以及温性干旱落叶灌丛	全区有中药资源 1 100 余种，多高山名贵药材。其中蕴藏量占全国 60%～80% 以上的种类有：冬虫夏草、甘松（*Nardostachys jatamansi*，*N. chinense*）、大黄（*Rheum palmatum*，*R. palmatum* var. *tanguticum*）、胡黄连 其他主要的药材还有：川贝母、羌活（*Notopterygium incisum*）、藏黄连（*Coptes teeta*）、天麻（*Gastrodia elata*）、秦艽（*Gentiana tibetica*，*G. crassicaulis*）
海洋区	本区包括中国东部和东南部广阔的海岸线，以及中国领海海域各岛屿的海岸线，总面积达 420 万平方千米。海底的地貌由西北向东北倾斜；气候由北至南逐渐由暖温带向亚热带再向热带过渡的特征	本区蕴藏着十分丰富的药用生物，总数近 700 种，其中海藻类 100 种左右。主要的海洋中药有昆布（*Ecklonia kurome*）、海藻（*Sargassum pallidum*，*S. enerve*，*S. hemiphyllum*）、石决明（*Haliotis diversicolor*，*H. asinina*，*H. discus hannai*，*H. ovina*）等

8.2.1 水平地带性

植被类型的变化实质上是组成植被的建群种和伴生种发生了变化。自然植被中，药用植物在群落中有以优势种身份出现的，如金露梅灌丛中的金露梅；也有以伴生种身份出现的，如北细辛、何首乌（*Polygonum mulitiflorum*）、党参、人参等，多生于林下草本层中。

随着各种环境因素的递增或递减，植被的分布呈现出一定的规律性。植被生态学中，将植被类型随经、纬度的变化而呈现出的分布规律性称为植被的水平地带性分布，而将植物类型沿海拔高度所呈现出的分布规律性称为植被的垂直地带性分布。在青藏高原上，随着经、纬度的变化，海拔高度也发生较大幅度的变化，这种情况下，垂直地带性和水平地带性分布同时出现，特称为高原地带性分布。如冬虫夏草则多分布于海拔 3000m 以上的高山地区，植被类型以高寒植被为主。

植被分布的水平地带性，主要包括热量变化所形成的纬向地带性和水分变化引起的海洋至大陆的经向地带性。

纬向地带性指植被沿纬度方向有规律地更替变化的现象。由于太阳辐射从南向北有规律的变化，因此从南向北形成了各个热量带，每一个带从东向西延伸又由北向南更替。与此相应，各种植被也呈带状分布。所有植物都有一定的分布范围，如荔枝（*Litchi chinensis*）、龙眼（*Dimocanpus longama*）都是常绿乔木，在我国主要分布于长江以南的部分地区；杜仲是落叶阔叶林中的成分，落叶阔叶林在我国主要分布于长江以南的部分地区、长江中游及秦巴山地等，超出这些区域，杜种在自然界分布都将消失。

以水分条件为主导因素，引起植被分布由沿海向内陆发生更替，这种分布方式称为经向地带性。在同一热量带范围内，由于海陆分布、大气环流和大地形等综合作用的结果，陆地上的降水量从沿海到内陆地区渐次减少，相应的植被类型也会依次更替。例如，我国温带地区，在沿海空气湿润，降水量大，分布夏绿阔叶林；离海较远的地区，降水减少，旱季加长，分布着草原植被；到了内陆，降水量更少，气候极端干旱，分布着荒漠植被。每一地区既具有地带性植被，也具有非地带性植被。

而中国植被水平分布的纬向地带性变化比较复杂，通常可以分为东西两个部分。在东部湿润森林区，即从黑龙江省的最北端一直到海南岛的最南端，自北向南依次分布着针叶落叶林（如各种落叶松）、温带针叶落叶阔叶林、暖温带落叶阔叶林、北亚热带含常绿成分的落叶阔叶林、中亚热带常绿阔叶林、南亚热带常绿阔叶林、热带季雨林、热带雨林，这8种类型的森林植被。但是在西部，由于位于亚洲内陆腹地，受强烈的大陆性气候即蒙古-西伯利亚高压气旋的控制，又有从北到南一系列的东西走向的巨大山系，打破了纬度的影响，从而导致从北到南的植被水平分布的纬向地带性变化为：温带半荒漠、荒漠带→暖温带荒漠带→高寒荒漠带→高寒草原带→高寒山地灌丛草原带。其中高寒荒漠带、高寒草原带和高寒山地灌丛草原带都分布在青藏高原。

对于药用植物来说，水平地带性不仅决定药用植物的分布地带性也决定其品质。如金银花（分析所用材料为灰毛忍冬）在不同产地，其有效成分绿原酸含量差异极显著，山东平邑所产为5.66%，山西太谷为3.88%，云南大理为1.81%。又如不同产地的芍药，不但化学成分种类不同，其有效成分含量也有差异，四川垫江所产芍药含芍药苷"C"，浙江东阳所产则不含芍药苷"C"，各地所产芍药其有效成分均随纬度降低而下降。

8.2.2 垂直地带性

地球上植被分布的地带性，不只表现在因纬度和经度的不同而呈现的水平地带性，而且还表现在因海拔高度不同而呈现出的垂直地带性。从山麓到山顶，随着海拔升高，温度逐渐下降，平均海拔每升高100m，温度下降$0.5\sim1℃$，而湿度则虽海拔升高而增大。风力、光照强度、水分、土壤条件等也随海拔的升高而发生变化。在这些因素的综合作用下，导致了植被随海拔升高依次成带状分布。这种植被带大致与山体的等高线平行，并且具有一定垂直厚度的分布规律，称为植被分布的垂直地带性。而山地植被垂直带的组合排列和更迭顺序形成一定的体系，这个体系称为植被垂直带谱或植被垂直带结构。药用植物的分布，也随着海拔的升高，而出现明显的成层现象，一般喜温的植物达到一定高度逐渐被耐寒植物所代替，从而形成垂直分布带。海拔高度不仅影响植物的形态和分布，而且还影响到植物有效成分含量的变化。

由于山体所处的地理位置和海拔高度不同，以及山地地形的变化，引起的气候垂直变化也并不均一的。一般在同一气候带内，根据距离海洋的远近不同，植被垂直带可以分为海洋型垂直带结构和大陆型垂直带结构。通常，大陆型垂直带结构中每一个带所处的海拔高度，比海洋型同一植被带的高度要高些，而且垂直带的厚度变小。若在不同的气候带，植被的垂直带结构差异就更大了。总的来说，从低纬度的山地到高纬度的山地，构成植被垂直带谱的带的数量逐渐减少，同一个垂直带的海拔高度逐渐降低。

中国是一个多山的国家，在不同的区域内分布着不同高度的山地。地形对植物群落分布影响相当深刻。环境的变化，形成了高海拔的山体，随着海拔高度的上升，从山麓到山顶，不断而有规律地更替着植被类型，并形成了垂直地带性分布和有一定顺序的演替系列山地垂直带谱。植物种类众多、植被构成复杂，受地形和其他自然条件的影响比动物群更大，因而垂直地带性分布也较动物群明显。

药用植物是植被的重要组成部分，多数的药用植物都分布在不同气候带的山地，具有山地植被垂直分布的规律性，由于所处的地理位置、地貌形态、水热条件、干湿程度和海拔高度的差异，每个山体都有其特定的植物垂直分布带谱。植物的垂直分布一方面受所在山体的水平地带的制约，另一方面也受山体高度、山脉走向、坡向、地形、基质和局部气候等的影响，但位于同一水平的山地，其植被垂直带谱总是比较近似的，可以将它们列入同一类型。

中药资源分布比较集中的山体，药用植物的垂直分布带谱与总的植物垂直分布状况是一致的，同样具有以下的共同特点。

（1）药用植物的垂直分布类型与山地海拔高度有密切关系，一般山体愈高，垂直分布的类型越多，种类的构成也越复杂。

（2）每一山地的药用植物垂直分布带谱的基底与该山体所在地的药用植物水平地带分布类型是一致的。在一个山地只能看到它所在的水平地带以北的包括药用植物在内的植被类型。

（3）从低温山地到高温山地，药用植物的垂直分布带谱由简变繁，垂直带的高度也逐渐由高到低。

（4）从东部的湿润地区到西部的干旱地区，药用植物垂直带谱逐渐由多变少，而垂直带的高度逐渐增高。

中国山地植被垂直分布带谱大致可分为东部湿润区和西北部干旱区两大类型。在东部湿润区山地植被垂直带，由于受到海洋性季风的影响，各类森林植物占有优势，高山植被则以低温中生的灌丛和草甸植物为代表。山地植被垂直带谱的系列特点取决于山地所处的纬度或水平植被带，带谱的结构从北向南趋向复杂，层次增多。

西北干旱区山地植被垂直分布带谱不同于湿润区的植被垂直带谱的结构和性质。森林植物在干旱区山地植被中通常居于次要地位，甚至全然消失，而以旱生的草原或荒漠占据主要地位，即使在高山植被中也带有明显的干旱气候烙印，一般来说，气候愈干燥，山地植被垂直分布带谱愈趋于简化。

8.2.3 分布过渡带

自然地带之间的热量和水分条件的变化不是截然的。温度从赤道到极地依次降低，雨量从海洋到内陆依次减少，加之地形变化所造成的局部生境，常会使得两个植被地带接触面的一定范围内形成过渡性的植被类型。

两个不同群落交界的区域，亦称生态过渡带或生态交错区（ecotone）。两群落的过渡带有的狭窄，有的宽阔；有的变化突然，有的逐渐过渡或形成镶嵌状。如在森林和草原的交界地区，常有很宽的森林草原带，在此地带中，森林和草原呈镶嵌状态。但水体与陆地群落间的边缘就很明显。在群落交错区中，生物生活的环境条件往往与两群落的核心区域有明显区别。例如，在森林和草地的交界处，林缘风速较大，水分蒸发加快，故较干燥，太阳的辐射也强。人类活动常形成许多交错区，群落交错区的环境特点及其对生物的影响，已成为生态学研究的重要课题。

群落交错区是一个交叉地带或种群竞争的紧张地带，发育完好的群落交错区，可包含相邻两个群落共有的物种以及群落交错区特有的物种，在这里，群落中物种的数目及一些种群的密度往往比相邻的群落大。群落交错区种的数目及一些种的密度有增大的趋势，这种现象称为边缘效应。但值得注意的是，群落交错区物种的密度的增加并非是个普遍的规律，事实上，许多物种的出现恰恰相反，例如，在森林边缘交错区，树木的密度明显地比群落里要小。

8.3 药用植物群落的种间关系

在自然界中，植物与植物之间的相互关系是普遍存在的，如空间的占有、资源的分配和环境的改变等因素影响，并且由此延伸到与其他生物的关系更为复杂。

种间关系根据其作用效应分为：促进效应、抑制效应和中性效应。E. P. Odum（1971）认为这三种效应在种群动态上的区别是：促进效应引起种群数量的增加（+）；抑制效应导致种群数量的减少（-）；中间效应则不表现明显的增加或减少（0）。由此将种间关系分为9种类型（表8-2）。

表8-2 种间相互作用的类型

类型名称	效应		种间相互关系的性质
	物种 A	物种 B	
中性作用	0	0	A 与 B 彼此无抑制与促进
直接竞争	-	-	资源竞争引发的直接抑制
间接竞争	-	-	资源竞争引发的间接抑制
偏害作用	-	0	A 受抑制，B 不受影响
寄生关系	+	-	A 为寄生，B 为寄主

(续)

类型名称	效应		种间相互关系的性质
	物种 A	物种 B	
捕食关系	+	−	A 为捕食者，B 为被捕食者
偏利关系	+	0	A 受抑，B 受损
原始合作	+	+	非专性的互利
互惠共生	+	+	专性互利

引自 E. P. Odum，1971。

植物的种间关系主要包括竞争排斥、化学他感、共生、寄生以及种间结合等生态现象。

8.3.1　竞争

竞争指两个或两个以上的有机体或物种彼此相互妨碍、相互抑制的关系。竞争通常分为种内竞争和种间竞争。低密度或者个体充分获得各自所需要的资源时，不会发生竞争，死亡率为 0；当密度上升后，资源不能满足个体植株的最大需要时，竞争便开始发生。由于植物不能移动，个体过密所导致的资源争夺以部分个体的死亡而结束。因此，在药用植物的栽培过程中，合理密植可以充分利用土地和光能，从而增加单位面积药材的产量与品质。

例如，崔明秀等在研究中发现，三七产量随群体的增加而明显增加，经济收益则先增加而后降低。通过综合分析认为，在中海拔产区，三七种植密度以每公顷 39 万 ~ 48 万株，即 $10cm \times 12.5cm$ 或 $10cm \times 15cm$ 为宜。

8.3.2　他感

生物之间的化学关系是自然界的普遍关系，甚至有一种说法，生物间的关系，其实就是化学关系。各种生态相互作用关系，直接或间接地也是一种化学作用关系。化学生态作用体现在生物的各个组织层次，包括个体、种群、群落和生态系统。

其实，很早以前我国劳动人民就已经掌握如何利用蒿草（Artemisia）的气味来驱避蚊虫，从贾思勰的《齐民要术》中可以了解到，我们的祖先 3000 多年以前就开始使用植物性的杀虫剂。300 多年前有人发现赤松林下的雨水和露珠对生长在林下的作物有害。胡桃树之所以毒害其树冠下的植物，是由于他感物质胡桃醌作用的缘故。苜蓿连作以后产量下降，是因为水溶性的自毒物质的存在，很多药用植物也存在连作产量下降问题，并都从这些作物和树种的活器官、残体以及生长的土壤中分离鉴定出起作用的自毒化感物质。凡此种种，在与人类生存发展相关的各类生态系统中化学生态关系纷繁复杂，而这类化学生态关系的基础研究和技术开发对于生态系统的管理是十分重要的。

现实世界中物种内部的自毒作用相当普遍，在自然生态系统中引起更新障碍，而在人工生态系统当中则引起连作或连栽障碍。目前，在栽培的药用作物中，根类植物占70%左右，而且存在着一个突出问题，即绝大多数根类药材忌"连作"，连作的结果是使药材品质和产量均大幅度下降。然而对连作障碍及其机制和调控研究甚少，而植物化感作用正是植物发生连作障碍的重要因素之一。在我国大力开展引种驯化、人工栽培的过程中，药用植物之间、药用植物与其他作物之间的合理的种群格局是至关重要的，而植物化感作用对其会有深刻的影响。

此外，对药用植物而言，由于是以利用其药效为目的，所以药材的质量比其产量显得更加重要。当前，我国正在推广实施中药材生产的GAP标准，为达到药材产品高效、安全、无污染的目标，采取生物控制将是不可缺少的手段和方法，而植物化感作用也正是这一研究领域的重要方面。

8.3.3 共生

共生主要有两种形式，单惠共生和互惠共生。单惠共生指有利于一种有机体而对另一种机体没有影响的相互关系。互惠共生则是一种专性的双方互利的相互关系，当两个种分离时，双方都会受到抑制。

8.3.3.1 附生

附生现象是指两种生物虽紧密生活在一起，但彼此之间没有营养物质交流的一种生态现象。一种植物借住在其他植物种类的生命体上，能自己吸收水分、制造养分。这种"包住不包吃"的现象，被称为附生，也叫做着生。附生现象是典型的单惠共生。

附生植物最普遍的特点是附生在寄主植物水平的枝干上及枝干的分叉点上，因为这些地方最容易堆积尘土，有的低等植物甚至附生在叶片上，除了叶片附生的植物会对寄主的光照条件造成一定的影响外，附生植物一般不会对寄主造成损害。

如温带及亚热带地区树皮上生长的地衣和苔藓就是一种常见的附生植物，附生现象的作用在热带雨林中更为常见，雨林中植物生长茂密，由于植物之间争夺阳光的竞争比较激烈，附生的植物就更容易获取来之不易的光源。附生植物在形态和生理上，已形成非常适应的特性，比如鸟巢蕨的形态似鸟巢状，可以截留尽量多的雨水及枯落物、鸟粪等，海绵状的枯落物可储存水分，并提供营养物质。

在生态系统中附生植物具有多方面的生态功能，对森林生态系统多样性的形成及其维持、养分和水分循环都有一定的作用，另外，附生植物对环境变化还具有指示作用等。人类活动会影响附生现象的存在，人类活动剧烈的地方，附生现象会大大降低，甚至消失。

8.3.3.2 共生固氮

豆科植物和根瘤菌是一个互利共生的的实例。根瘤菌存在于土壤中，是有鞭毛的杆菌。根瘤菌与豆科植物之间有一定的寄主特异性，但不十分严格，例如，豌豆根瘤菌能与豌豆共生，也能与蚕豆共生，但不能与大豆共生。在整个共生阶段，根瘤菌被包围在寄主质膜所形成的侵入线中，在寄主内合成固氮酶。豆血红蛋白则是共生作用产物，具体地讲，植物产生球蛋白，而血红素则由细菌合成。豆血红蛋白存在于植物细胞的液泡中，对氧具有很强的亲和力，因此对创造固氮作用所必须的厌氧条件十分有利。在这种环境下，细菌开始固氮。在植物体内，细菌有赖于植物提供能量，而类菌体只能固氮而不能利用所固定的氮。所以豆科植物供给根瘤菌碳水化合物，根瘤菌供给植物氮素养料，从而形成互利共生关系。

其他类型的共生固氮也比较普遍，如蓝细菌（蓝藻）中的许多种属除能自生固氮外，念珠藻属、鱼腥藻属等属的蓝细菌与部分苔类植物、藓类植物、蕨类植物、裸子植物和被子植物可建立具有固氮功能的共生体。从根际、菌根到根瘤，微生物和植物根之间的互惠共生关系越来越密切，形态结构越来越复杂，生理功能越来越完备，遗传调节越来越严密，这也是生物相互作用的高级形式。在共生体中，植物根是主导方面。共生体的建立促进了植物的生长，从生态学的观点可以看成是生物克服恶劣环境，抵抗环境压力达到生物和环境协调统一的一种手段。

8.3.3.3 内生真菌

Petrini(1991)将内生菌(endophyte)定义为那些在其生活史中的某一段时期生活在植物组织内（图8-3），对植物组织没有引起明显疾病害症状的菌，这个定义包括那些在其生活史中的某一阶段营表面生的腐生菌，对宿主暂时没有伤害的潜伏性病原菌(latent pathogens)和菌根菌，包括内生真菌和内生细菌。

有关植物内生菌的起源不外乎两种假设即内生说和外生说。内生说认为，内生菌是由植物细胞中的线粒体或叶绿体演变而来的，因此，它们与宿主植物具有相同或相似的遗传背景。而外生说认为，植物内生菌源于体外，一方面是植物体表，另一方面是根际，是通过自然孔口或伤口进入体内的。如果是这样的话，在可能进入植物体内的微生物中，只有那些竞争力强又不对植物造成伤害者，才能最终定植成功而逐渐成为所谓的内生菌。内生真菌为互利共生。

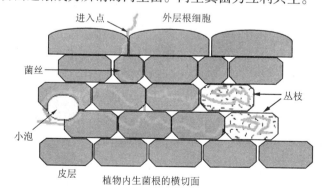

图8-3 内生菌（引自 Angela M. O'Callaghan, Ph. D.）

生活在植物体这一特殊进化环境中的内生真菌能产生与宿主相同或相似的具有生理活性的代谢产物。药用植物次生代谢产物是地道药材形成的重要指标。药用植物内生真菌与植株本身是典型的共生关系。

药材质量形成起始于药用植物生长发育，虽然影响药用植物生长发育的因素对药用植物生理活性成分的合成都有影响，但近年来，随着人们对药用植物内生真菌研究的不断深入，证实了药用植物部分内生菌具有合成和宿主药用植物相同或相似活性成分的能力，因此，药用植物内生真菌在影响药材质量形成上将起到关键性的作用。

有的内生菌不但可以自身合成药物活性成分，还具有促进宿主植物合成活性成分的能力。这种成功的研究例子也很多，如1993年美国学者Stierle等首次从短叶紫杉(*Taxus brevifolia*)的韧皮部中分离出一种新的内生真菌(*Taxomyces andreanae*)，可在半合成培养液中产生紫杉醇和紫杉烷类化合物；鬼臼毒素(podophyllotoxin)是存在于鬼臼类植物中的一类天然的木脂素(lignans)，能够抑制微管蛋白的解聚作用和阻断中期相细胞分裂，并具有抑制DNA拓扑异构酶活性，是合成多种抗癌药物的前体，其糖苷衍生物etoposide和teniposide毒性较低，对小细胞肺癌、淋巴癌等多种肿瘤疾病均有很好的疗效而被美国食品和药品监督管理局批准上市。李海燕等从桃儿七(*Sinopodophyllum emodi*)茎中分到一株能产生鬼臼毒素的内生真菌。曾松荣等又分别从南方山荷叶(*Diphylleia sinensis*)和川八角莲(*Dysosma veitchii*)中分离到了产生鬼臼毒素的内生真菌。

药用植物内生真菌的多样性、对宿主的专一性和具有促进宿主药用植物合成活性成分的能力等都会影响药用植物次生代谢产物的含量和组成，如何利用药用植物内生真菌所具有的这些特性案评价药材质量是中药学研究的新领域。

8.3.4 寄生

有些高等植物自身不能进行光合作用，必须寄生在其他绿色植物体上，从寄主植物体内获取植物生长发育所需要的营养物质，这种现象称为常寄生。如菟丝子必须寄生在豆科、菊科、唇形科、苋科、桔梗科等植物体上。与常寄生不同，还有一类植物虽然自身亦能进行光合作用，但也寄生于其他植物上，从中吸取无机盐和水分，供自身发育，这种现象称为半寄生。如桑寄生(*Loranthus parasiticus*)为长绿小灌木，寄生在杨、槐、榆、朴、八角枫等植物上；槲寄生(*Viscum coloratum*)常寄生于桦、柳、麻、栎等树上。它们与常寄生不同，自身能进行光合作用，制造有机物，仅从寄主植物体中吸取无机盐和水分。

无论是常寄生还是半寄生植物，它们对寄主植物的选择并不是随机的。锁阳和列当(*Orobanche coerulescens*)为名贵中药，常寄生在分布于荒漠戈壁上的矮灌木泡泡刺(*Nitraria sphaerocarpa*)、琵琶柴(*Reaumuria soongoricus*)等植物的根上。檀香(*Santalum album*)为半寄生植物，我国目前主要靠进口，其寄主植物主要有栀子、紫珠(*Callicarpa bodinieri*)、长春花(*Catharanthus roseus*)、紫茎泽兰(*Ageratina adenophora*)等。寄生植物和寄主植物之间的关系，也是植物长期进化过程中逐步形成的。

在寄生关系中，寄生植物必须依靠寄主植物而生存，寄主植物常因寄生的植物对其营养物质的摄取，往往会出现生长不良的情况。如菟丝子在农业生产中常作为恶性杂草被除去，但从药用植物的角度来考虑，种植菟丝子等药用植物时，选择适当的寄主植物是很关键的。

8.3.5 种间结合

自然群落中，不同种类的植物常常彼此贴近地生长在一起，而且有规律地重复出现，这种现象称为种间结合。种间结合包括正结合和负结合，前者表示不同种类的植物在对小范围的环境差异的反应上表现一致，它们的分布格局不是独立的；而后者表示一个种对另一个种有排斥作用，它们对环境差异的反应也不一致。

植物生态学中，常利用统计学方法对分布于自然群落中的植物进行 χ^2 检验，以判断不同植物之间结合状态（正结合或负结合）。如在草原群落中，红柴胡（*Bupleurum scorzonerifolium*）、木地肤（*Kochia prostrata*）、扁蓿豆（*Mellissitus ruthenicus*）等植物之间无明显相关性，即它们的分布是相互独立的，但木地肤与扁蓿豆在取样面积为 $0.06m^2$ 时呈负相关，而在取样面积为 $2.00m^2$ 时呈正相关。由此可见，植物间的结合状态在经 χ^2 检验时，往往受到取样面积大小的影响。

8.4 人工农林复合系统对药用植物产量与品质的影响

林（农）药复合系统，是运用生态学和经济学原理，把林木、农作物和药用植物栽培有机地结合起来，对光、热、水、肥、气、时间、空间进行合理互补与优化使用，以达到低投入高产出、维持生态平衡的目的。林（农）药复合种植模式是林业发展和中药材生产相结合的产物，是实现中药材可持续发展的重要途径。从形式和内容上看，林（农）药复合系统是农林复合系统的一个组成部分，林（农）药间作和混作是其重要的生产模式。

随着人口增加和人民生活水平的提高，中药材的社会需求量越来越大。由于过度的开发利用，我国野生药材资源的蕴藏量已经明显下降，有相当一批野生中药资源物种远远不能满足社会需求，有些物种已经濒临灭绝。林（农）药复合系统，在农业产业结构上促进了多种产业的协同发展，在生产经营时间上实现了长、中、短结合，在土地空间利用上实现了上、中、下配置，在效益上实现了生态效益、经济效益和社会效益的有机结合。因此，林（农）药复合系统在未来的农业产业结构调整、林区生产的转变和生态环境建设中都将发挥其独特的作用，西部大开发的植被建设，也为其发展提供了难得的契机。由此可见，林（农）药复合系统无论从它自身的特点，还是国内国际需求来看，都具有广阔的发展前景。

8.4.1 林(农)药复合系统及其特征

林(农)药复合系统是依据林业生产和药用植物栽培的特点,提出的一种优化的生产经营方式。林(农)药复合系统模式是林业发展和中药材生产相结合的产物,是实现生态林业和绿色中药材可持续发展和利用的重要途径。在生态环境保护意识和人类健康保健意识日益增强的今天,林(农)药复合系统越发显示出它强大的生命力。

林木(农作物)和药用植物拥有不同的生态位,两者在空间和时间利用上的互补作用,提高了土地和光能的利用率,实现了一地多用,解决了林、农、药争地的矛盾。多数药用植物具有一定的耐荫性,林冠的遮荫作用为药用植物提供了良好的生存环境,药用植物的介入丰富了林地的生物多样性,优化了林地的生态环境,促进了林木生长,两者相互依存,相得益彰。林(农)药复合系统将长周期的林业生产与短周期的中药材种植有机结合,以耕代抚,降低了生产成本,增加了产品的种类和数量,实现了"长短结合,以短养长",提高了经济效益。林木和药用植物的有机结合,增强了林分的稳定性,改善了林地及其周围地区的生态环境,减轻了自然灾害,具有良好的生态效益。林(农)药复合系统拓宽了农业生产途径,可以吸纳更多的劳动力,具有良好的社会效益。林(农)药复合系统是一种经济效益、生态效益和社会效益有机结合的新型农业生产模式。

林(农)药复合系统是一种多组分、多功能、多效益的人工复合生态系统。生态学原理说明,物种单一的生态系统结构稳定性差,抗干扰和破坏的能力差,对资源的利用率低,系统的生产力也低。林药有机结合,立体种植,既能弥补林木生产周期长、见效慢的缺点,获得较高的经济效益,又能解决药材生产与大田作物争地的矛盾,满足国内外市场对中药材的需求量,还能够增加生态系统结构的稳定性,提高生态保护功能。它在时间上长、中、短结合,在空间上上、中、下配置,在产业结构上合理布局、多种经营,使绿色植物的初级生物能沿着食物链的各个营养级,进行多层次、多用途的利用,大大提高了能量转化率和资源利用率,从而可以使人们在有限的土地上,持续而稳定地获得比单一土地利用方式更多更好的经济、生态和社会效益。因而近些年来备受关注,并迅速发展起来。

8.4.2 林(农)药复合系统的类型及其结构组成

林(农)药复合系统属于农林复合经营系统中的一个类型组,组内再划分的类型因分类依据不同而异。按组成复合系统的植物种类可以划分为林药复合类型、果药复合类型、林粮药复合类型、药农复合类型等。按复合系统的生产功能可以划分为以林为主前期林药间作型、以药为主林药长期间作型、林药生态经济复合型、药农兼顾型等。按种植形式可以划分为间作型、混作型、轮作型或林下种植型。按复合经营的时间可以划分为永久复合种植型和前期间作型。

8.4.2.1 以林(果)为主前期间作类型

造林或果园建造前期(林地或果园未郁闭前),在林间间种或套种药用植物,获得短期的经济效益；林地或果园郁闭以后以林业或果品生产为主，适量种植一些耐荫性药用植物。其最大的特点是充分地利用了土地资源，弥补了幼树不能对土地资源充分利用的缺陷。并通过对药用植物的经营管理实现以耕代抚，保证幼树的集约经营，降低抚育管理成本，缩短成林或成园的期限。林木或果树为药用植物的生存提供了良好的庇护作用，减少了自然灾害，为药材的稳产、高产、优质创造了良好条件。药用植物对土地的固着与庇护，增强了水土保持功能，维护了地区的生态环境。药用植物生长周期短，缩短了投资回收期，提高了林农营林的积极性。

本类型的田间配置方式以林木（果树）行间间作草本药用植物为主，间作期间形成幼树和草本两层水平镶嵌式复层结构。在结构设计上，利用了林木（果树）与药用植物在土地和光能资源利用方面存在的时空差异，如生长周期的长短、发育期的早晚、根系分布的深浅、叶面层的高低等，形成互补互利合理的群体结构。林木（果树）的行间距依据林果业生产的需要设计，一般不侧重考虑药材生产。本类型常用于平原地区和低山丘陵区的用材林（特别是速生丰产用材林）或结果期较晚果园的林（果）药复合经营。我国多数用材树种或果树都适于本类型，目前应用较多的用材树种有红松、落叶松、杨树、杉木等，经济林树种有苹果、梨、李、桃、毛竹、茶树、橡胶等。多数草本药用植物均可作为本类型的间作植物，应用较多的有桔梗、柴胡（*Bupleurum smithii*）、黄芩、知母、丹参、远志、防风、龙胆、穿心莲、苍术、补骨脂、地黄、当归、北沙参等。另外，有些药用乔木树种的人工林也可以与草本药材植物种类实行前期间作种植，从广义上也应该属于本类型，常用的药用树种有银杏、杜仲、黄柏、山茱萸、红豆杉、喜树（*Camptotheca acuminata*）等。

8.4.2.2 林(果)药长期间作类型

林木（果树）与药用植物间作种植长期共存，药材生产一般作为主要经营目的，通过药材栽培获取长期稳定的经济收益。其最大特点是大跨度的树木栽植行距或林带间距为药用植物长期生存提供良好的空间，在整个经营期内树木行间或林带之间不形成郁闭，药用植物可以获得充足的阳光。在复合经营系统内，林带或树木的庇护作用，改善复合系统的小气候和微域土地环境，使其更适合药用植物的生长，为培育优质、稳产、高产的中药材提供良好的保障作用，同时还可以获得一定数量的林果产品，既丰富了市场，又增加了药农收入。

在水平结构上，复合系统由相间的药材生产带和树木带构成，高层树木冠层与低层药用植物层构成高低错落的带状相间分布。系统结构以生产高产、优质、稳定的药材为设计依据，树木的配制呈单行或带状，树种的选择以及行距或带距大小，根据树木和药用植物生物学特性以及当地的生态环境而定。一般按大行距小株距配置，行距一般在10m以上，有的达到30m，甚至50m。本类型适于平原或低山缓坡地带，树木选择在注重其经济价值的前提下，主要考虑它在系统中的特殊作用，如防风固沙、水土保持等，根深冠窄的树木是较理想的选择树种。本类型适于多种药材生产，除少数喜耐荫种类外，绝大多数药用植物均可选用。

8.4.2.3 林下药用植物野生化培育类型

林下药用植物野生化培育，系指在具有某种药用植物自然生存环境的天然林或人工林中，实施适度的人工措施（如播种、栽植、抚育管理等）促进药用植物在林下自然生长，以获取较高中药材的产量和质量的一种生产方式。如红松林下种人参，杉木林中种植黄连，毛竹林下栽天麻等。其优越性在于不占用耕地，不改变药用植物的生长环境，通过人工辅助性培育措施，可以实现野生（或近似野生）药材的批量生产，同时使野生资源得到有效保护。

林下药用植物的野生化培育系统的结构，近似森林生态系统，一般为由乔木和草本形成的复层结构，也可以在高大乔木林中培育耐荫性木本药用植物（乔木或灌木），从而形成复层乔木林或乔灌复层林。如黄柏-刺五加复合经营、五味子-红松或落叶松复合经营。本类型仅适合于一些耐荫性药用植物，如人参、三七、阳春砂、石斛、天麻、绞股蓝、细辛、天南星、半夏、刺五加、五味子、穿山龙（*Daphnipnyllum oldhami*）等。

8.4.2.4 药农间作轮作类型

农作物与药用植物间作或轮作的栽培方式是我国农业地区生产上的一种药用植物种植方式。药用植物与农作物间作有多种情况，多数情况下是利用高秆农作物为耐荫药用植物遮蔽强烈的日光，形成适宜药用植物生产的优越环境。例如，半夏和玉米间作，芋头和广藿香间作，柴胡和冬小麦间作套种等。北方地区柴胡和冬小麦间作套种，春季柴胡出苗时小麦为柴胡幼苗遮荫，当小麦收割时柴胡已经能够适应夏季强光照射的自然环境。

农作物和药用植物的轮作栽培，是我国药用植物栽培中应用十分普遍的生产方式。轮作具有多种生产目的，其中恢复土壤肥力、防止病虫害严重发生最为重要。例如，种植三七的生长周期一般为3~5年，如果重茬种植，不仅病虫害较第一茬严重，常常造成大面积死亡，而且产量也会大幅度下降。根据云南文山地区药农的种植经验，种植一茬三七后至少要轮作其他作物10年以上，最好轮作20年才能使地力得到彻底恢复。人参、桔梗、地黄、山药等多种药用植物栽培都需要与其他作物进行轮作。

8.4.3 林（农）药复合系统的生产力和药材质量

8.4.3.1 促进药用植物生长增加药材产量

林（农）药复合系统明显地改善系统内的环境条件，为系统内各物种的生存和发展创造了良好条件，促进药用植物的生长，增加药材的产量，提高药材的质量。例如，橡胶与阳春砂间作研究结果表明，间作林内1.5m高处的光照强度仅是纯橡胶林的59%，空旷地的13%；地面平均温度、最高及最低温度也分别比空旷地低5.6℃、16.8℃、1.5℃，0~40cm的土壤含水率明显高于纯橡胶林和空旷地，间作地小气候因子变化平缓，变幅不大，有利于橡胶树和阳春砂的生长发育。同时还增加了间作地的空气相对湿度，改善了林内的生态环境。辽宁落叶松与细辛间作，林地内地面土壤温度比空旷地降低了4.2℃，林内光照是空旷地的

15%，空气相对湿度增加了 4.5%。林药间作对林内地温的影响比对气温的影响要大。

林木遮荫对林地环境因子及林下植物的生长发育、生物量、产量和质量都有一定的影响。研究表明，遮荫除了对光照强度有显著影响外，能够降低气温，增加空气相对湿度，0~20cm 的地温降低，0~60cm 土壤含水量增加。适度遮荫有利于林下耐荫性药材的生长和产量的增加。韩启定等通过对林草药牧人工生态系统的研究发现：林草间作林地内光照强度相当于对照的 55%~65%，而林药间作林地内的光照强度只相当于对照的 35%~42%；林内土温为空旷地＞林草间作＞林药间作；光能和有效光能利用率为林药间作＞林草间作＞对照；间作系统中的林木现存量为林药间作＞林草间作＞对照。林药间作能够有效地提高林地生产力。

间作条件下，林木和药用植物的产量由外部微生态环境和内部生理机制共同作用形成。河北 8 年生毛白杨与天南星、桔梗、甘草间作研究的结果表明，间作地的相对光强、地面温度、空气湿度及土壤含水率对药材产量的影响较大，而毛白杨的密度制约着这些因子的变化；3 种药用植物的产量随着毛白杨行距的不同变化趋势不同，天南星与行距为 6.4m 的毛白杨间作时产量最高，桔梗与行距为 10.7m 的毛白杨间作时产量最高，而甘草只适合在行距大于 15m 的毛白杨林地内间作。这是药用植物通过自身的生理反馈机制适应间作地环境梯度变化的结果。另外，周在知通过对橡胶与阳春砂的间作试验发现间作可以提高阳春砂的产量和质量。

8.4.3.2 增加系统的生产力提高经济效益

林（农）药复合系统的经济效益的提高可以体现在三方面，首先是间作影响到药材的生长，进而促进产量增加，增加药材的经济效益；其次是扩大了土地利用效率，提高了林木（果品或粮食）的经济收入，也使系统的经济效益增加；再就是系统提供了适宜药用植物生长发育的自然环境，为药用植物活性成分的形成和积累创造了优越的条件，由此而使药材质量效益增加。

多数研究结果都说明，药用植物与林木、果树、粮食、蔬菜等间作，其经济效益较种植单一作物的显著提高。陈光启等（1995）在红松、人参、桔梗间作试验中发现，间作的桔梗产量比荒地直播的产量高一倍以上，利用参后还林地栽培桔梗 2 年，每公顷可获利 2.5 万元，另外通过以耕代抚还能促进红松的生长。董兆琪等（1989）通过林药间作生态系统效益研究发现，落叶松与细辛间作，两个试验区的经济效益分别是人工落叶松纯林的 129.1% 和 58.2%。低产次生阔叶林间作细辛，两个试验区所创利润分别是对照区的 1 264.5% 和 1 156.9%。林药间作远较毁林种药的效益显著。过去田间栽培黄连，要搭荫棚，每栽 1 公顷黄连，需要木材 45m³。南方的杉木黄连复合经营，利用树冠遮荫，不仅节约了木材，降低了生产成本，同时以耕代抚，培育了速生丰产林，使间作林现存量及年均生长量比对照成倍增加。据刘晓鹰（1988）调查，杉木—黄连复合经营，栽连 5 年后即可收获，每公顷可产干连 1500kg，纯收益增加 162.4%，而黄连中的有效成分含量与搭棚栽培的无明显的差异。另外,东北地区在 8~12 年生林冠下栽培山参,不整地不搭棚,可产鲜参 60~105kg/hm², 按鲜参价格 1.6 万~2.4 万元/hm² 计算,可创产值 96 万~252 万元/hm²。南方毛竹林与天麻间种丰产性高,间种的竹林比未间种竹林平均增产竹材 42.2%,天麻产量比一般露地栽培高 13.3%~46.6%,每公顷净产值达 20.9 万元,投产比为 1:3.6。河北易县坡苍林场的杜仲和知母的间作模式经济效益显著,据统计这种间作模式比单纯经营刺槐纯林经济效益提高 20 倍。

8.4.3.3 改善生长环境稳定药材质量

目前中药材真伪优劣的鉴别标准,一般有外观形状和内在化学成分两方面,鉴定内容包括药材性状和其中某些指标性成分、有效成分的含量,以及农药残留量和重金属的含量等。中药材质量的形成,除了与自身的生物学特性有关外,在很大程度上还受气候、土壤等多种环境因素的影响,这不仅影响药材的生长发育,更重要的是限定药用成分、次生代谢产物和有益元素的种类和存在状态,也就是说药材质量与环境有着密切的联系。这就是很多地道药材引种后生长发育、产量都很好,但不能入药的原因。另外,在药材施肥、锄草、防治病虫等方面如果措施不当,也会对药材质量造成影响,致使药材中的农药残留量和重金属含量严重超标。

林(农)药复合系统对药材质量的影响,可以归纳为几方面,一是改善环境适宜药用植物的生长,从而改善和提高药材的外在商品形状和内在质量;二是可以利用系统内多个物种之间的相互作用,构建起仿野生药用植物生长和环境,以稳定药用活性成分的形成和积累过程;三是林(农)药复合系统优良的生态条件,可以自然控制病虫害的发生,提高土壤肥力,减少因病虫害防治和施肥对药材质量造成的影响。因此,选择合理的配置模式,采用科学的栽培管理技术,维持协调林药复合种植系统的稳定性,就能够切实保证绿色中药材的质量和产量,达到林(农)药复合系统获得最大生态、经济效益,以充分发挥林药复合种植系统的巨大潜力,将中药材生产和农林业生产以及生态环境建设有机结合。

林(农)药复合系统的最大优势,是拥有巨大的生态保护功能。中药材既是资源又是商品,只有有效地利用,才能在林药间作中发挥最大的经济效益,不利用反而是一种资源的浪费。但大多数的中药材是利用地下的根和根茎,在药材采收的同时也会对土壤和植被造成一定的破坏。目前实践中就存在着这样的问题,尤其是在自然条件恶劣的地区更为突出。解决好这一矛盾,对林(农)药复合系统的巩固和稳定具有重要的现实意义。中药材是一种再生资源,具有不断的自然更新和人为繁殖的能力。只要制定合理的开采制度,采取科学的抚育更新措施,发挥优势,趋利避害,就可以在采收的同时使一部分资源得到恢复,使采挖与再生保持平衡,形成良性循环,充分发挥林(农)药复合系统的生态、经济和社会效益。

8.4.4 林(农)药复合系统的应用前景和生产模式

8.4.4.1 林(农)药复合系统的应用前景

随着中药现代化、国际化发展,中药材的市场需求量也在不断增加。尤其是在我国加入世界贸易组织后,农业面临着产业结构调整的情况下,林(农)药复合、立体种植、多种经营的模式更能适应新形势的要求。我国中药材种类资源丰富,开发利用的潜力很大。西部大开发、生态环境建设的重要举措更为林(农)药复合种植的发展提供了难得的契机,这更能充分发挥林药复合模式集经济、生态和社会效益于一身的优势。因此,林(农)药复合模式无论是从它自身的结构来看,还是从国内国际的形势来看,都具有广阔的发展前景。

我国地域辽阔,地形复杂,气候条件多样。受气候、地形和土壤条件的影响,不同地域的林木(果树)资源各异,拥有适应其林地环境的药用植物类群。因此,不同地区适宜推广的复合经营模式不同。下面对我国部分地区目前生产上应用的复合经营模式予以介绍。

东北林区适宜的模式除林参复合经营外,还可选择西洋参、细辛、党参、平贝母、桔梗、龙胆、延胡索、天麻、五味子、刺五加、黄柏等药材植物种类用于林(农)药复合系统。东北西部地区农田防护林与药用植物进行间作、套作或轮作已经取得了良好的成效。杨树或落叶松组成的防护林带,幼林时可与黄芩间作,树高5m时可选牛蒡子,树高8m以上可与五味子等间作。除林带间的间作外,还可选红花、桔梗、知母等在树行里套种。第一茬药材采收后,下茬可选用红景天、龙胆草、桔梗、红花等进行轮作。

果药复合经营是华北、西北以及黄淮海平原地区应用较多的模式,杨树与药用植物的复合种植模式适宜在黄淮海平原地区的杨树速生丰产用材林中应用。天然次生林下栽培半夏或党参的试验在山东获得了成功,落叶乔木林内栽瑞香在河南取得了初步成效。太行山区的杜仲林下种知母的模式获得了很高的经济效益。新疆和硕县进行了大面积葡萄与麻黄间作。

在西北干旱和半干旱地区,选择耐旱的树种和药用植物种类,结合退耕还林还草进行林(农)药复合系统已经获得初步进展。在沙地和半固定沙地,采用具有良好固沙性能的乔、灌木树种与药用植物种类进行复合经营,可选择的药用植物有枸杞、沙棘、甘草、麻黄、肉苁蓉、苦豆子(*Sophora alopecuroides*)、沙苑子等。

西南地区是林(农)药复合系统模式最为丰富的区域,杉木—黄连、毛竹—天麻和五倍子林虫药复合经营模式都适宜在该地区应用。在四川盆地西缘山地,还可以发展杜仲、黄柏、厚朴等药用乔木树种与黄连进行间作的药药复合经营。结合退耕还林工作,在四川省海拔1200~1600m的山地,可发展具有当地特色的药用树种,如辛夷(*Magnolia liliflora*)、厚朴(*Magnolia officinalis*)、枣皮(*Cornus officinalis*)等,林下间作草本药材,实现生态效益和经济效益的有机结合。主要复合经营模式有,辛夷—厚朴—草本药材,辛夷—草本药材,枣皮—红豆杉。

可选用的草本药材有黄连、玄参、乌药(*Lindera aggregata*)、薯蓣、南五味子(*Kadsura longipedunculata*)、大黄等。采用环山水平带状整地，杜仲、厚朴株行距为2m×2m，辛夷为3m×3m，枣皮为1.5m×1.5m，灌木树种为0.6m×1.0m。

三峡建设工程中，库区的移民和移民的扶贫，以及库区生态环境的治理问题已成为世人瞩目的焦点。林(农)药复合系统对治理库区环境和发展经济具有独特的优势。适宜库区林(农)药复合系统的模式有两类，一是林药间作，如柳杉(杉木、水杉)黄连间作、麻柳黄连间作、油桐魔芋间作、杉木魔芋间作等；二是林木与药材树种混交，如杉木(柳杉、水杉)杜仲(黄柏、厚朴)混交，栀子盐肤木混交等。天麻、当归也是适于该地区林下种植的草本药用植物。

广西山区林(农)药复合系统的应用较普遍，主要模式有马尾松林下种高良姜，阔叶林下种灵香草，杉木林下种植阳春砂，杉木林下种绞股蓝，杉木林或毛竹林下间种罗汉果等。

在湖北山区，天麻为重要的林(农)药复合系统的药材植物种类。适于林下栽培天麻的林分有阔叶用材林、杂(灌)木林、防护林和竹林间边缘地段。桑园、茶园、药园(杜仲、银杏等木本药材园)、果园(板栗、核桃、苹果、柑橘、桃、李、猕猴桃、葡萄等果园)内均可栽培天麻。

浙江在湿地松林内栽种绞股蓝获得了良好的经济效益，每公顷投入不足3000元，收益可达7500元/hm^2。据林锦仪等(2000)研究，在福建省银杏与黄花梨的复合经营，以银杏黄花梨花生果药农复合经营模式生长效益最佳，值得推广。

热带地区可推广应用的有橡胶可可、橡胶阳春砂等林(农)药复合系统模式。

8.4.4.2 林(农)药复合系统的主要生产模式

(1)林参复合系统

人参为五加科人参属植物，是珍贵的药用植物，在我国的药用历史已达4000多年。据史料记载，我国的人参栽培已有1600多年历史。我国的野生人参主要分布在东北地区的红松阔叶林区，适宜在郁闭度0.5~0.8的林荫下生长。栽培人参，在强光下易受日灼害，光线不足时植株生长孱弱，单独种植人参需要搭建遮荫棚。林参复合经营能够提供适宜人参生长的自然生境，既满足了其生长需求，又减少了搭建遮荫棚的投资，还提高了药材质量。目前适合东北地区栽培的人参品种有大马牙、二马牙、长脖、圆芦、竹节芦、线芦和草芦等。

林参复合经营，依据生态学原理和人参的生物学和生态学特性，构建了有利于人参和林木共存和生长发育的生态系统，改善了生态环境，实现了林茂参丰。根据靖宇林场调查，林参间作对土壤化学特性没有产生不良影响，其腐殖质、全N和全P含量均有不同程度的提高。林参复合经营，以耕代抚增强了林业的集约化管理，使森林更新效果大大提高，林参间作地的林木保存率和生长量都得到了显著提高。据杨义波等(1994)研究，吉林临江林业局金山林场在红皮云杉、落叶松及樟子松林内间作人参，树木的高生长比采伐迹地更新林木提高48.6%，径生长提高52.1%，根系分布范围增加48.7%，主根长度增加44.7%，总生物量提高158.1%。在林下栽种人参不需要施肥，不需搭棚、盖帘，可节约大量资金。据夏绍忠等(1999)试验,在 8~12 年生林冠下栽培山参,不整地不搭棚,可产鲜参 60~105kg/hm^2,在不减少林木收益的同时增加了一笔可观的药材收入。靖宇林场 1984 年人参产量为 3976.5kg,总产值为 12.6 万元,净收入达到 9.5 万元。

林参间作为林木和人参生长提供了良好的生态环境,构成具有合理的水平结构和垂直结构的林参生态系统。林下种参,不砍伐树木,不破坏植被,有利于森林资源和生物多样性保护,有效地控制了伐树种参造成的水土流失。因此,发展林参复合经营,将林区单一的林业生产推进到森林资源的多目标利用的高度,促进了东北地区生态林业的发展。同时改变了历史上毁林种参、破坏生态环境的旧习,也为低价值疏林地的改造提供了一条经济实用的生产途径。另外,林参复合经营吸纳了林区大量的剩余劳动力,增加了林区群众的收入,促进了地方经济发展。

(2)果药复合系统

华北地区是暖温带果树的主要分布地区,也是多种常用大宗中药材的自然产区,又是我国粮食和经济作物的重要产区。该地区人口稠密,人均耕地较少,实行林果药复合经营,对提高土地利用率,改善生态环境,发展地方经济都具有重要意义。

该地区地貌类型多样,主要包括平原、低山丘陵、山地和黄土高原等类型。建设果园可利用的土地资源有农耕地、沙荒地、低山丘陵、矿山复垦土地等,其中农耕地又包括旱地和水地。因土地资源类型不同,果园树种的选择、基本建设工程、生产管理技术以及果药复合经营技术都存在较大差异。

果药复合经营具有良好的经济和生态效益。从经济效益分析,果树的土地利用面积不因间作药材而减少,果园所需要的中耕除草等抚育工序,基本上为中药材的经营管理所代替,降低了经营成本,促进了果树的生长,提高了经济效益。低山丘陵区果药间作模式,土地干旱瘠薄,种植农作物收益较低,遇到大旱之年则颗粒无收,种植药材的经济效益一般都比农作物高。据王文全等对太行山低山丘陵区果药复合经营系统研究,山地果园实行林药间作,土地利用率一般可提高 30%~50%,既增加了药材收益,又促进了果树生长,还增强了水土保持作用。在山杏、核桃、板栗等经济林下种植丹参、知母、黄芩、柴胡、远志等,均可获得很好的经济效益。每公顷山地果园,间作丹参 3 年可产商品药材 750~1250kg,间作知母 5 年可产商品药材(鲜)5000kg 左右,仅药材一项平均每年每公顷收入在 3000~6000 元,为间作农作物效益的 2~4 倍左右。平地果园土地肥沃,药材产量较山地果园更高,前期间作的经济效益更好。

(3)杉木-黄连复合系统

黄连为多年生草本,是我国重要的药用植物,其干燥的根和根茎是名贵的常用中药材。黄连在我国分布在东经 97°~122°,北纬 22°~33°,集中分布在西南中南地区。黄连自然生长在亚热带常绿阔叶林、落叶阔叶林和常绿落叶阔叶混交林中,喜高寒冷凉湿润的小气候,富含腐殖质深厚疏松的土壤,郁闭度 0.4~

0.7 的森林环境。传统的黄连种植,一般需要在采伐森林后的迹地上搭建遮荫棚。根据刘晓鹰(1986)调查,搭棚栽植 1hm² 黄连需要木材 150m³,毁林约 3×10⁴hm²。黄连采收后大约需要 30 年森林植被才能自然恢复。因此,黄连的单一种植对森林植被具有严重的破坏作用,如果控制不利,还会导致较严重的水土流失。而杉木与黄连复合经营,不需要毁林占地,也免去了伐木搭棚的工序,既避免了森林植被的破坏又降低了生产成本。杉木是优良的速生用材树种,其根系密集分布层在 30cm 以下的土层内。黄连属于浅根性须根植物,5 年生根系的垂直分布一般小于 15cm。选择杉木与黄连复合经营,既能为黄连提供阴凉湿润的生长环境,又不造成两者根系的激烈竞争,还可有效的利用地下空间,在生物和经济方面都不失林(农)药复合系统的良好组合。

杉木黄连复合经营,提供了黄连生长发育所需要的生态环境,利用树冠的遮荫,免去了搭棚工序节约了木材,降低了生产成本,以耕代抚促进了杉木的生长。其经济效益不仅大大高于杉木纯林,比传统的搭棚栽连的经济效益也有大幅度的提高,而且保护了森林植被减少了水土流失,维护了当地的生态环境和生物多样性。造林初期进行杉木和黄连间作,一般 5 年可采收第一茬药材,每公顷可产干黄连 1500kg,劳动生产率可提高 30.3%,减少用工 28.7%,纯收益可增加 162.4%。

(4)毛竹天麻复合系统

天麻为异养多年生草本,是我国重要的药用植物,其干燥块茎是名贵的常用中药材。天麻在我国大部分地区均有分布,其商品产地主要在西南、东北及长江流域等地。天麻自然生长在常绿阔叶林、落叶阔叶林、常绿落叶阔叶混交林以及竹林中。喜凉爽湿润的小气候,表层有枯枝落叶覆盖富含腐殖质深厚肥沃的沙土。天麻的野生变家栽技术开始于 20 世纪 50 年代,80 年代形成较成熟的配套栽培技术。70 年代初野生资源出现严重匮乏,人工栽培产品逐渐进入市场,到 80 年代开始大量供应市场。初期采用搭遮荫棚露地栽培和室内(利用房屋、地下室、防空洞)栽培,以后又发展到林下栽培。林下栽培天麻利用树冠的遮荫作用,节省了室内栽培的建筑设施投资或露天搭遮荫棚的投资,利用了林地条件提高了土地利用率,具有良好的经济效益和社会效益。多数阔叶用材林树种、果树(柑橘、苹果、桃、李、枣树、板栗、核桃等)以及杜仲、银杏等药用乔木树种的林(果园)中均可栽种天麻,在杉木林和竹林中也进行了天麻的栽培试验研究。根据曾流清等(1997)研究,毛竹林中栽培天麻是较好的复合经营模式。

毛竹林下栽培天麻改善了生态环境,增加了林内的有机物质,加速了竹蔸和竹林的枯落物分解,显著地提高了土壤肥力,促进了天麻和竹林生长。据曾流清等(1997)研究,毛竹林天麻的产量较杉木林和杂灌林分别提高 31.8% 和 11.8%,比一般露地栽培提高 13.3%~46.6%,年均产商品干天麻 1763.5kg/hm²,鲜种天麻 7770kg/hm²,年净产值达 20.9 万元/hm²。间作后新竹数量增加 125 株/hm² 左右,竹材平均增产 42.2%。毛竹天麻复合经营,有利于保持水土,也具有良好的生态效益。

(5) 杨树药材复合系统

杨树是北方地区重要的用材林树种,大量用于营造速生丰产林。行距在6m以下的杨树林,郁闭前可以在行间种植多数药用植物,郁闭以后也可以在林下种植耐荫药用植物。行距6m以上的林分可保持林药长期复合经营,并根据不同生长时期林分的郁闭程度选择适宜的药用植物种类。据王文全等研究,天南星在毛白杨速生丰产林(8年生)的林冠下和林冠外侧的药材产量,分别较无林对照地提高了62.4%和38.0%,距树行3.7m和7.5m处的产量与无林对照地没有显著差异。桔梗在林冠下和林冠外侧的药材产量,分别较无林对照地降低了25.0%和6.0%,距树行3.7m和7.5m处的产量与无林对照地没有显著差异。甘草在林冠下和林冠外侧的药材产量,分别较无林对照地降低了90.2%和51.5%,距树行3.7m和7.5m处的产量分别降低了27.2%和10.2%。由此可知,当树木达到一定年龄阶段后,可根据树木的遮荫程度,将行间林地划分成与树木行向平行的数条带状种植区域,分别种植不同耐荫程度的药用植物种类,以充分利用林地光能资源,获得最佳经济收益。

本章小结

植物群落学主要研究植物群落的结构、功能、形成、发展以及与所处环境的相互关系。我国的药用植物有超过10 000种,生长于全国各地的高山、平原、沙漠、海洋、草原等多种不同类型的生态区,具有不同的生态特征。而药用植物在各种类型群落中所受的影响,所处的地位和所起的作用,药材质量在不同群落类型中差异较大。因此,有必要把药用植物作为一个特定种群进行专门的学习和研究。药用植物群落分布的地带性,区域药用植物与中药材地道性的关系及农林复合系统对药用植物产量与品质的影响是药用植物群落学习的重点。药用植物群落生态学的研究对于保护濒危野生药用植物资源及野生种变家种扩大栽培面积、提高产量和质量等奠定了基础,并且有利于群落对环境资源的充分利用。

思考题

1. 什么叫植物群落?药用植物群落?群落外貌?季相?生活型?生态型?多度?密度?频度?
2. 群落有何结构特征,请举例说明。
3. 请举例简介Raunkiaer的生活型分类系统。
4. 生态型分为哪些类别,请举例说明。
5. 植物群落组成种类有何性质。
6. 什么叫物种多样性?
7. 植物的种间关系有哪几种类型?并以几种常见的药用植物为例进行说明。
8. 简要说明水平地带性和垂直地带性对我国药用植物分布的影响。

9. 什么是内生真菌？药用植物内生真菌如何影响地道药材的形成？
10. 农林复合系统对药用植物的栽培来说有哪些优点？对其产量与品质有哪些影响？

本章推荐阅读书目

生态学. 李博. 高等教育出版社, 2000.
普通生态学. 第2版. 尚玉昌. 北京大学出版社, 2002.
基础生态学. 孙儒泳, 李庆芬, 等. 高等教育出版社, 2002.
生态学. 林育真, 等. 科学出版社, 2004.
植物生态学. 姜汉侨, 段昌群, 杨树华, 等. 高等教育出版社, 2002.
生态学. 常杰, 葛滢. 浙江大学出版社, 2001.
生态学概论. 曹凑贵. 高等教育出版社, 2002.
植物群落生态学. 林鹏. 上海科技出版社, 1975.
植物生态学. 第2版. 曲仲湘, 吴玉树, 王焕校, 等. 高等教育出版社, 1983.

第9章 药用植物化学生态学与中药材质量

由于气候、土壤、地形等的不同，一些地区非常适合某些药用植物的生长，形成了传统的地道药材，如河南的怀地黄、重庆石柱的黄连、宁夏的宁夏枸杞、广西的三七、甘肃的当归、吉林的人参等。我国最早的药学著作《神农本草经》云："土地所出，真伪新陈，并各有法"，并指出中药的药性及功能的物质基础是"或取其气，或取其味，或取其色，或取其形，或取其质，或取其性情，或取其所生之时，或取其所产之地"，论述了中药材内在质量的物质基础是其产地的生态环境。中药材是药用植物在长期进化过程中形成的相当稳定的品系，种群的变异与对环境的适应是其形成的原因，如"地道药材（geo-authentic crude drugs）"是历代医药学家保证药材质量的成功经验，也是我国传统药物学的一大特色。为什么会形成所谓的"地道药材"呢？其形成过程受多种因素，如区系地理起源、气候土壤、地质背景、其所在群落以及生态系统的影响，并且这种影响并不是这些因素的简单加权，而是一种复杂的综合效应。因而，孤立地研究单个或几个因子对其影响，有其极大的局限性。而生态学研究的最大特点是从宏观上把握事物的本质，强调因素的相关性。因此，化学生态学对研究中药材的科学内涵和质量管理具有重要意义。

9.1 化学生态学的概念与发展

生物间的化学关系是自然界普遍存在的现象。雄蛾能够远距离找到雌蛾并与之交配；植食性昆虫有不同的食性；连作有时影响到下茬作物的生长，这些都是生物间化学联系的实例。

9.1.1 化学生态学的产生背景

20世纪化肥、农药和除草剂的发明和应用，根本性地改变了农业生产和病虫草害的防治方式，引发了第一次绿色革命。人们由此认为病虫草害的问题已经解决。然而，化肥农药引起的土壤退化、病虫草害抗性和环境污染等问题也日益困扰着农业的可持续发展。1962年，Carson出版了著名的《寂静的春天》(Silent Spring)一书，描述了春天没有鸟鸣、一切归于肃杀的景象。于是，人们开始进行反思，重新审视自然界。如何在生态安全的条件下提高农业产量和达到对病虫草害的有效控制，成为 21 世纪的焦点问题。事实上，无论是自然生态系统还是人工生态系统，生物和生物、生物和环境之间都普遍存在着通过化学物质为媒介的相互作用关系。探讨、发现并充分利用这些自然的化学作用规律，对实现 21 世纪的可持续发展农业具有十分重要的现实意义和理论价值。

既然生物间的化学联系是一种普遍规律，尤其是次生物质在生物间相互关系中的作用，人们就应当对这种现象、规律和机制进行研究，从而缓解人类与自然界的矛盾，解决已经存在的环境问题。因此，为建立人与自然和谐发展的新型社会，化学生态学孕育而生。

1970 年，美国的 Sondheimer 和 Simeome 主编出版了第一本《化学生态学》。6 年后，法国化学家 Barbier 在《化学生态学导论》中首次提出化学生态学的规范定义：研究活着的生物间，或生物世界与矿物世界之间化学联系的科学。同时，Barbier 认为，化学生态学是最完整的生态学，研究种内和种间的关系，类似于生物群落学。1975 年，国际化学生态学会主办的《化学生态学杂志》（*Journal of Chemical Ecology*）创刊，标志着化学生态学已经成为生态学的一个分支学科。

目前，国际上有关化学生态学的研究异常活跃。其中，昆虫信息素的研究最为成熟并进入商业化应用阶段；植物与昆虫关系的研究是化学生态学中的热点之一；由于植物之间相生相克问题在农业生态系统中举足轻重，所以备受关注；化学物质信号转导的分子机制研究是化学生态学的前沿领域。

我国的化学生态学研究，紧跟国际发展趋势，令人瞩目。主要工作集中在昆虫性信息素的提取、鉴定、合成和局部田间实验，以及生物合成机制等方面。关于蛇毒、蜂毒、蝎毒、植物毒素的研究，有的已经进入应用阶段；植物次生物质的研究，如棉酚、川辣素、丁布等方面的研究也开展得非常活跃；作物化感作用的研究也引起国际同行的关注；转基因植物的化学生态学研究，目前已经与国际同步。

9.1.2 化学生态学与中药材质量研究

中药材的质量主要取决于与药效相关的活性成分的组分和含量。大量的研究表明，药用植物化学成分的差异是由其生长的生态环境差异所引起的。例如，何新新等对来自河南、山西、陕西、山东、河北、内蒙古的 14 份连翘样品进行有效成分含量测定，连翘酯苷含量最高为 0.63%，最低为 0.28%，相差 2 倍多；连翘苷最高 0.316%，最低为 0.087%，相差近 4 倍。药用植物的药效活性成分，大多是药用植物次生代谢化合物，而药用植物的次生代谢物是药用植物在长期进化过程中与环境（生物的和非生物的）相互作用的结果。次生代谢产物在植物提高自身抗性和生存竞争能力、协调与环境关系方面充当重要的角色，其产生和变化比初生代谢产物与环境有着更强的相关性和对应性。因此，药用植物的产品品质与生态因子之间的相关性的化学生态学研究，日益受到化学生态学家的关注。伴随着现代生物技术、现代仪器分析技术、遥感技术、计算机技术和数理统计学方法的发展，对药用植物化学生态学的研究，正处于由定性描述向定量模型分析发展的阶段。

长期以来，人们注意到生态环境对药用植物的质量有重要影响，广泛开展了生态环境与地道性的研究。如陈兴福等通过对味连、白芷、麦冬、款冬花等川产地道药材的地道产区生态环境（地理分布、地形地貌、气候、土壤）和药材生长状况的调查，揭示了它们地道产区生态环境的特点。林寿全等通过对甘草产地土壤生态因子和气象因素调查研究，认为气候因素是甘草生存的先决条件，而土壤因素则影响甘草药材质量的优劣。

首先，运用化学生态学有助于揭示生态因子与中药材质量之间错综复杂的化学生态学关系。定性描述并不能从根本上阐述它们之间的规律。近年来，对中药材质量的生态学研究日益增多，且正在从定性研究向定量研究过渡。受控实验和自然实验是目前定量研究生态因子与药材质量间关系的主要方法。受控实验主要包括实验室实验、受控野外实验（田间实验，盆栽实验）。譬如，李春斌等用银杏愈伤组织在不同光照强度下进行悬浮培养，在光强低于 200 lx 时，培养物中黄酮的含量和培养细胞的增长均随光强的加大而增强；在光强高于 200 lx 时，培养细胞的增长随光强的加大有下降的趋势，培养物中黄酮的含量却一直随光强的增加而增加，揭示了光照与黄酮的合成和积累密切相关。此外，唐新莲等应用田间施肥实验探讨氮、镁对银杏叶黄酮含量的影响，以黄酮含量为依变量，氮、镁含量为自变量建立回归方程，通过回归方程预测最佳施肥方案为：氮 560g/株、镁 150g/株，目标黄酮含量 2.48%。自然实验主要是用数理统计方法对自然环境下药用植物进行研究，揭示药材质量与生态因子之间的关系。实验室受控实验有助于揭示主导因子与药用植物质量之间的量化关系，但它在选择主导因子方面具有盲目性。自然实验结果不仅有助于揭示影响药用植物品质的主导因子及其量化关系，而且有助于我们认识生态因子作用的综合性和复杂性。

其次，运用化学生态学有助于揭示药用植物病虫害发生与生态因子之间的关系。药用植物病虫害的发生、发展与流行取决于寄主（药用植物）、病原或害虫及环境因素三者之间的相互关系。药用植物体内合成的部分次生代谢物具有抵御天敌侵害、增强抗病性等作用。如白车轴草能合成生氰糖苷，生氰糖苷被水解形成氰化氢，能使取食者呼吸受到抑制而死亡，因而能有效地阻遏其天敌如蜗牛的侵食；百合科植物抗病性均较强，这很可能与它们含有山慈姑苷有关，而山慈姑苷的水解产物山慈姑啉具强烈的抑菌作用。药用植物体内的这些化合物的合成和积累，受到生态因子的影响。药用植物的病原有非侵染性病原和侵染性病原两类，前者包括温度、湿度、光照、土壤和空气等生态因子，后者有真菌、细菌、寄生性种子植物等。非侵染性病原和侵染性病原的协同作用，是药用植物发生病害的主要原因，如颠茄在光照过弱情况下易引起植株黄化，从而极易遭受病原物侵染。害虫的发生与气候、土壤等生态因子密切相关。

此外，运用化学生态学有助于揭示药用植物连作障碍的机制。Guenzi 研究指出植物化感作用在连作障碍中扮演重要角色，而化感作用是作为一种复杂的化学生态学现象正日益受到化学生态学家的关注。

总之,药用植物的化学品质与药用植物生长的生态环境密切相关。从药用植物的有效成分(次生代谢产物)含量分析入手,进行药用植物化学生态学研究,揭示影响药材有效成分的主导因子及其与药材质量之间的量化关系,对确定中药材的适生区域,实现中药材生产质量管理规范(GAP)和制定标准操作规程(SOP)具有重要的现实意义。

9.2 药用植物的化学成分与中药材质量

药用植物是在长期进化过程中,通过对环境的不断适应而形成的较为稳定、具有药用价值的植物品系。《新修本草》认为:"离其本土,则质同而效异;乖于采摘,乃物是而实非"。从目前认识来看,药用植物的活性成分大多是基因在一定条件下的表达产物,即次生代谢产物(小分子的化学物质),它不仅与遗传基因有关,对环境也有相当大的依赖性。随着现代中医药的不断发展以及中药材GAP的全面实施,人们对中药材的质量问题越来越重视。特别是药用植物的化学成分与中药材质量之间的相关性研究成为药用植物化学生态学研究的热点之一。

9.2.1 中药材质量的内涵

中药材的质量,直接关系到中药的质量及其临床疗效。评价中药材的品质,一般采用以下指标。

9.2.1.1 化学成分

化学成分主要指药用成分或活性成分的多少。众所周知,药用植物产品的功效是由所含的有效成分或活性成分作用的结果。其含量多少,各种成分的比例等,是衡量药用植物产品质量的主要指标。中药防病治病的物质基础是其所含化学成分。目前已明确的药用化学成分种类有:糖类和苷类(含此类成分的药材,如苦杏仁、大黄、黄芩、甘草、洋地黄等);皂苷类(三萜皂苷和甾体皂苷两大类,主要分布在豆科、五加科、毛茛科、伞形科、葫芦科、鼠李科、报春花科、薯蓣科、百合科、玄参科和龙舌兰科等植物中);强心苷类(该类化合物主要分布于夹竹桃科、玄参科、百合科、十字花科、毛茛科、萝藦科、卫矛科等植物中);生物碱(广泛分布于植物界约100余科的植物中,如粗榧科、毛茛科、小檗科、防己科、罂粟科、豆科、马钱科、夹竹桃科、茄科、菊科、百合科和石蒜科等植物);醌类化合物(主要有苯醌、萘醌、菲醌、蒽醌4种类型);香豆素类化合物(邻羟基桂皮酸的内酯,具有芳香气味,主要分布在伞形科、豆科、菊科、芸香科、茄科、瑞香科、兰科等植物中);黄酮类化合物(主要分布于高等植物的水龙骨科、银杏科、小檗科、豆科、芸香科、唇形科、菊科和鸢尾科等植物中,在菌类、藻类、地衣类等低等植物中少见);萜类化合物(以异戊二烯为基本单位的聚合体及其衍生物,广泛分布于高等植物的腺体、油室和树脂道等分泌组织中）；挥发油（常温下具有挥发性、可随水蒸气蒸馏、与水不相混溶的油状液体，主要分布于松科、柏科、马兜铃科、木兰科、樟科、芸香科、蔷薇科、瑞香科、桃金娘科、伞形科、唇形科、菊科、姜科等植物中。存在于腺毛、油室、油细胞或油管中）等。

除了以上介绍的生药主要活性成分类型外，还有一些其他类成分，如有机酸类、蛋白质、氨基酸、肽类、脂质类、芳香族化合物、鞣质和一些无机微量成分等。药材中所含的药效成分因种类而异，有的含2~3种，有的含多种。有些成分含量虽微，但生物活性很强。含有多种药效成分的药材，其中必有一种起主导作用，其他是辅助作用。每种药材所含成分的种类及其比例是该种药材特有药理作用的基础，单看药效成分种类不看比例是不行的。因为许多同科同属不同种的药材，它们所含的成分种类一样或相近，只是各类成分比例不同而已。

药材的药效成分种类、比例、含量等都受环境条件的影响，也可说在特定的气候、土质、生态等环境条件下形成不同种类、比例、含量的代谢（含次生代谢）产物。有些药用植物的生境独特。我国幅员辽阔，但完全相同的生境不多，这可能就是药材地道性的成因之一。在栽培药用植物时，特别是引种栽培时，必须检查分析成品药材与常用药材或地道药材在成分种类上，各类成分含量比例上有无差异。这也是衡量栽培或引种是否成功的一个重要标准。

9.2.1.2 有害物质含量

如化学农药、有毒金属元素的含量等，残留物超过规定者禁止作药材。

9.2.1.3 物理指标

主要是指产品的外观性状，如色泽（整体外观与断面）、质地、大小、整齐度、形状等。色泽是药材的外观性状之一，每种药材都有自己的色泽特征。许多药材本身含有天然色素成分（如五味子、枸杞子、黄柏、紫草、红花、藏红花等），有些药效成分本身带有一定的色泽特征（如小檗碱、蒽苷、黄酮苷、花色苷、某些挥发油等）。从此种意义来说，色泽是某些药效成分的外在表现形式或特征。药材是将栽培或野生药用植物的入药部位加工（干燥）后的产品。不同质量的药材采用同种工艺加工或相同质量的药材，采用不同工艺加工，加工后的色泽，不论是整体药材外观色泽，还是断面色泽，都有一定的区别。所以，色泽又是区别药材质量好坏，加工工艺优劣的性状之一。

此外，药材的质地既包括质地构成，如肉质、木质、纤维质、革质、油质等，又包括药材的硬韧度，如体轻、质实、质坚、质硬、质韧、质柔韧（润）、质脆等。坚韧程度、粉质状况如何，是区别等级的高低的特征性状。药材的大小，通常用直径、长度等表示，绝大多数药材都是个大者为最佳，小者等级低下。个别药材（如平贝母）是有规定标准的，达不到规定标准的平贝母列为二等。分析测定结果表明，二等平贝母生物碱含量偏低。药材的形状是传统用药习惯遗留下来的商品性状，如整体的外观形状——块状、球形、纺锤形、心形、肾形、椭圆形、圆柱形、圆锥状等，纹理，有无抽沟、弯曲或卷曲、突起或凹陷等。随着中药材活性成分的揭示，测试手段的改进，将药效成分与外观性状结合起来进行分级才更为科学。

9.2.2 药用植物生态环境的控制是提高中药材质量的关键

我国古代就有关于药用植物的生态环境与中药材质量关系的论述。如明代伟大的药学家李时珍，认为："凡药有酸、苦、辛、咸、甘、淡六味，又有寒、热、温、凉四气，寒热温凉四气生于天，酸、苦、辛、咸、甘、淡六味成于地"，指出了中药性味和品质与产地气候土壤等生态因子的关系。认为药材是各种生态因子相互制约的产物。在其药学巨著《本草纲目》中，大量列举了这种影响的实例，如"当归川产者刚而善攻，秦产者力柔而善补；黄芪出陇西者温补，出白水者冷补；黄连蜀道者粗大，味极浓苦，疗渴为最，江东者节如连珠，疗痢大善；五味子南产者色红，北产者色黑，用滋补药必用北产者乃良"。

现代人们注意到不同的生态环境对药材的化学成分有重要影响。研究表明气候生态型、生物共栖生态型、土壤生态型与中药材品质之间存在密切的关系，且植物生态型是地道药材形成的生物学实质。例如通过对吉林西洋参栽培产地的生态环境进行分析，确立了以 1 月份平均温度、年空气相对湿度、无霜期为栽培西洋参气候生态因子数学模型，将西洋参气候生态分为最适宜区、尚适宜区、适宜区和可试种区。虽然中药材的质量受其植物自然生长环境中各个地区的土壤、水质、气候、日照、雨量、生物分布等生态环境的综合影响，但其中以土壤成分对其内在成分的质和量影响最大。如远志的主要成分为皂苷，山西运城产的含总皂苷 11.9%，吉林的 14.1%，而陕西产的仅 5.46%。同一种元胡，泰山产的含生物碱量高于浙江金华产的。不同产地的石菖蒲挥发油明显不同，广西桂林产的含 96.67% 的甲基丁香油酚，不含细辛醚；福建闽候的含甲基异丁香油酚达 32% 以上；浙江宁波、杭州产的含 5.0% 左右的细辛醚，而不含甲基异丁香油酚。国外对这一领域也有报道，日本有学者发现，乌头的强心成分 higenarnine 存在与否取决于采集地区和植物年龄。Redaelh 等报道阿根廷、埃及、意大利和保加利亚产的甘菊、花巾伞形花内酯和赫尼来林(hemiarin)含量有较大差异，前两国产的较高(分别为 10%~16% 和 55%~81%)，后两国产的较低(7%~11% 和 39%~44%)。现代的研究表明，植物所处生态环境的生态因子会通过对调控体内生化反应酶的制约，产生不同的化学成分。由于化学成分的差异，进而影响到药理作用，如生长在潮湿沼泽地区的缬草可失去其疗效；黑龙江、内蒙古、吉林、辽宁、甘肃产的大叶柴胡和另一种南方大叶柴胡有毒，不可作柴胡用，乌头(*Aconitum napellus*)在寒冷环境中可变为无毒，而生长在温暖气候条件下的地中海地区就变为有毒。有人对产于广东、广西、云南和海南产的萝芙木的降压作用和毒性比较，证明 4 处的萝芙木都具有明显的降压作用，其副作用广东产的最大，云南次之，广西最小。

因此，药用植物的区域分布与土壤、气候表现出来的地带性密切相关。药用植物的地理分布既表现在地球上的空间分布，也显示其种群发生、发展与分布的时间概念(漫长种群的发展历史)。当一个地区的生态环境与某一生物的生态相匹配时，这一生物就能生存，其分布区域就是生态适宜区的范围、分布区域中心，耐性限度处于最适范围，即生态最适区。但是，药用植物生长发育的适宜环境条件与次生代谢物的积累并不一定是同步(平行)的。有些是在胁迫(逆境)条件下形成和积累的，所以选择产地除了考虑适宜性外，还应分析研究药材产地与活性成分积累的关系。传统地道药材的药效作用，从中医药理论角度看是其全部活性组分的综合效应。因此，异地质量对比时，不能仅以个别成分为指标，而应依其指纹图谱为基础判断产地适宜性。只有在建立不同植物来源或不同产地中药的指纹图谱的基础上，通过药效学和指纹图谱之间相关性的比较，在确定其指纹图谱差异的前提下，根据指纹图谱数据所提供的有关该中药化学成分的种类和含量的信息，寻找其质量优劣的确切依据，并据此指导今后的临床用药。

9.3 药用植物的次生代谢与生态环境的关系

许多植物药的活性成分是其所含的次生代谢物质，也就是说，药材质量及有效性的基础是植物的次生代谢。而次生代谢又与环境密切相关，即次生代谢物质的产生是发育程度、组织分化及外界刺激因素综合作用的结果。现代药理学研究表明，许多植物药的药理作用与其所含的次生代谢物质有关。这类药用植物人工种植时其产量取决于初生代谢产物的积累，而其质量就取决于次生代谢产物的积累，保持其药材质量及有效性的基础是植物的次生代谢。次生代谢与初生代谢一样是植物体内重要的生理代谢，次生物质在协调与环境的关系上充当着重要角色。当植物面临环境胁迫时，次生代谢产物能提高植物自身保护和生存竞争能力。认识药用植物次生代谢有效成分变化的规律，以及药用植物种植时有效成分控调控的措施是中药材生产管理的理论基础。

9.3.1 次生代谢产物合成与积累的环境诱导作用

一些植物不论环境如何，都会合成、积累次生代谢物质。然而，对大多数植物而言，次生代谢产物的合成与积累往往受制于所处环境的变化。它们根据所处环境的变化来决定合成次生代谢产物的种类和数量，只有在特定的环境下才合成特定的次生代谢产物，或者显著地增加特定的次生代谢产物在体内的产量。碳同位素技术研究已证明，棉花中的驱虫挥发性次生代谢产物是在受到昆虫刺激后才合成的，而不是先合成储存这些挥发性物质。植物体内次生代谢产物的合成与积累需要环境条件的诱导。

可诱导或影响次生代谢产物合成积累的环境因子很多，有生物因子、非生物因子。生物因子如病虫害的侵袭、个体密度等；非生物因子如水分、温度、养分、光照、土壤理化性质、空气污染等。环境因子对植物体内次生代谢的影响和作用非常复杂。一种次生代谢产物的合成、积累往往受几种环境因子诱导，一种环境因子可诱导几种次生代谢产物合成积累，同一环境因子对不同植物的诱导作用可能不同。自然界中任何一种因子都可能影响植物体内的次生代谢，只是对于不同的物种、在不同的自然条件下，影响的程度不同而已。

有关次生代谢物合成、积累的环境诱导作用，在细胞和分子水平也已得到一些证明。植物细胞内控制次生代谢生物合成过程中相关酶合成的基因，只有在特定的环境刺激诱导下才能表达。其过程为：环境刺激细胞外部的信号受体，激活次生代谢信使，发出信号分子，通过信号传递途径转入细胞，启动相关基因表达，并合成关键酶，酶催化次生代谢的生物化学合成过程，增加体内次生代谢产物的生成。已发现了多种信号分子，如多胺、钙、茉莉酸盐、水杨酸盐、一氧化氮和乙烯等。植物受到昆虫、病原菌攻击或生境胁迫时，体内信号分子明显增加。如植物受到病原菌胁迫时体内茉莉酸增加，茉莉酸的积累达正常水平的50倍以上时，控制次生代谢生物合成的关键酶的基因转录启动，合成次生代谢物质。也就是说，次生代谢产物在植物体内的合成和积累是在植物具有相关基因的基础上，一定的环境条件诱导作用下的结果。

由于环境条件在次生代谢产物合成积累中具有重要诱导作用，所以在植物药材种植中为了保证和提高中药材的质量，选择优质种源和适宜的种植环境条件及采用恰当管理措施都是同等重要的。并且，由于自然界中任何一种因子，包括栽培管理措施都可能影响次生代谢产物的合成积累，人工种植药用植物要保障其药材的质量，必须采用规范化栽培。

9.3.2 环境诱导次生代谢产物合成积累的作用机制

目前，环境条件对植株体内次生代谢产物形成和积累诱导作用的生理机制存在不同的认识，提出了不同的诱导机制假说来解释不同环境条件下植物次生代谢的变化。主要的诱导机制假说有：碳素/营养平衡（carbon/nutrient balance，CNB）假说，生长/分化平衡（growth/differentiation balance，GDB）假说，最佳防御（optimum defense，OD）假说和资源获得（resource availability，RA）假说等。这些假说揭示或解释了不同环境条件下植株体内代谢产物合成和积累规律，不仅是次生代谢的基础理论，也是药用植物种植中质量控制的重要理论基础。

9.3.2.1 碳素/营养平衡假说

植物体内以C为基础的次生代谢物质，如酚类、萜烯类和其他一些仅以C、H、O为主要结构的化合物，与植物体内的C/N（碳素/营养）比呈正相关；而以N为基础的次生代谢物质，如生物碱等含N化合物，与植物体内C/N比呈负相关。该假说是建立在植物营养对植物生长的影响大于其对光合作用影响的理论基础上。认为在营养不足时，植物生长的速度大大减慢，与之相比光合作用变化不大，植物会积累较多C元素，体内C/N比增大；而光合作用则使过多积累的碳用于合成酚类、萜烯类等以C为基础的次生代谢物质，含N次生代谢产物则相应减少。当生境养分充足时，植物营养生长旺盛，植物体内C/N比降低；光合作用固定的碳被用于生长，酚类、萜烯类等不含N次生代谢物质数量降低，生物碱数量增加。

碳素/营养平衡假说已在某些植物中得到了验证。桉树叶片中以C为基础的次生代谢物质与 N 的量呈反比。在营养受到胁迫时，桉树叶片含的酚类物质较多。但有些植物的次生代谢产物的变化与该假说不一致。如在实验室条件下，欧洲千里光(*Senecio vulgaris*)头状花中的吡咯烷类生物碱在包括 N 在内的养分胁迫下并没有明显变化。桉树叶片中桉树脑含量并不受生境中 N 的影响。有些研究发现，植物内的 N 与生境中的 N 的丰富程度不完全一致，有时生长在 N 缺乏生境中的植物的 N 与 N 丰富生境中的差异不大。因此，碳素/营养平衡受到了一些质疑。总的来看，碳素/营养平衡假说的预测与酚类物质和鞣质的变化较一致，而与萜类的变化不太一致。按这一假说，植物体内的 N 与以 C 为基础的次生代谢物质的量成反比，土壤中的 N 对植物次生代谢有显著的影响。人工种植药用植物，施用 N 肥使植株健壮，生物量增加的同时，酚类等次生代谢物质的量则会下降。如在人工种植忍冬的过程中，随着 N 肥施用量的增加，植株中绿原酸的含量有所下降。

9.3.2.2 生长/分化平衡假说

植物的生长发育从细胞水平上可分为生长和分化两个阶段。前者主要包括细胞的分裂和增大，后者主要包括细胞形态结构的特化和生物生化功能转变。细胞生长和分化都依赖于光合产物，但光合产物在它们之间的分配不是平均的。光合产物对细胞生长投入过多，就会减少对分化的投入，细胞生长与分化呈负相关。次生代谢物质是细胞特化和功能转化过程中生理活动的产物。在资源充足的情况下，植物以生长为主；而在资源匮乏的情况下，植物的生长和分化都减少；中等资源水平时，如轻微干旱、适当的养分胁迫或温凉的生境中植物以分化为主，伴随着更多的次生代谢产物合成积累。该假说认为，任何对植物生长与光合作用有不同程度影响的环境因子，都会导致次生代谢物质的变化，对植物生长抑制作用更强的因素将增加次生代谢产物。对比生长在土壤 N 丰富和 N 相对较低的 2 种生境的欧洲千里光发现：生长在 N 丰富土壤的欧洲千里光，植株相对较高，单株鲜重也较高，叶片也较多；但生长在低 N 土壤生境的植株头状花的数量是 N 丰富土壤的 2 倍，植株中吡咯烷类生物碱的量更高，再如高海拔温凉生境灯盏花中黄酮的量较高。这些结果与生长/分化平衡假说预测的完全一致，但也有一些实验得出与生长/分化平衡假说不一致的结果，尤其是萜类次生代谢物质的变化与该假说预测的不一致。

9.3.2.3 最佳防御假说

次生代谢产物在植物体内的功能是防御，但防御是有成本的，防御与其他功能，如生长和繁殖之间存在对立平衡关系。植物次生代谢物质的产生是以减少植物生长为"机会成本"，植物只有在其产生的次生代谢物质所获得的防御收益大于生长所获得的收益时，才产生次生代谢物质。在环境胁迫条件下植物生长减慢，产生防御性次生代谢物质的成本较低，植物合成更多的次生代谢物质。此外，植物受损害后的补偿能力较差，面临威胁时次生代谢物质的防御收益增加。因此，在环境胁迫条件下，植物会产生较多的次生代谢物质。由于植物的各器官受到攻击的可能性不一样，防御投入在器官间的分配是不均匀的。对植物生存贡献大的器官比贡献小的器官含有更多的防御性次生代谢产物。最佳防御假说可以解释次生代谢产物在一些植物体内不均匀积累的现象,作为物种延续的重要器官,植物繁殖器官中也常含有较高的具防御或保护功能的次生代谢产物。虽然,最佳防御假说在一些植物中得到了验证,但由于最佳防御假说是建立在只考虑次生代谢物质在植物体内的功能是防御的基础上,不考虑次生代谢物质的其他作用,如提高植物对一些胁迫物理环境因子的适应能力的作用等方面。因此,最佳防御假说只适宜用来解释一些具防御功能的次生代谢物质在植物中的变化。

9.3.2.4 资源获得假说

所有植物的生长发育都依赖于光、热、水、营养等必需资源的获得。然而,自然界中的环境条件多种多样。在许多情况下,次生代谢产物在植物体内的作用是用于防御被捕食,而生境中资源的丰富程度是影响植物次生代谢物质类型及其数量的重要进化因素。由于自然选择的结果,在环境恶劣的自然条件下生长的植物,具有生长慢而次生代谢物质多的特点。这是因为植物在环境胁迫条件下生长的潜在速度较慢,受到损害时,其损失的相对成本较高,必然会产生较多的防御性物质用于防御。而在良好自然条件下,生长快的植物更具竞争能力,生长投入多而次生代谢物质投入少。该假说认为,当植物的潜在生长速度降低时,植物产生用于防御的次生代谢物质的数量就会增加。在适宜的环境条件下生长的植物,其生长速度较快,产生次生代谢物质的相对成本较高,因而其数量就少。

资源获得假说从进化的角度,解释了不同物种之间次生代谢物质类型及其数量差异的内在机制和原因。而在资源供给水平不同的环境中,同种植物不同个体次生代谢物质数量的变化却常与资源获得假说预测的结果不同。

以上这4个假说各自都有试验与它们预测结果一致,但也有试验得出与之相反的结果。同一物种中的不同次生代谢物质随环境的变化,分别与不同假说预测的结果一致。次生代谢与环境的关系除了这4个假说外,还有其他的假说或解释。如有些研究认为,植物次生代谢物质对环境中强光危害和低温危害产生进化适应。目前,关于次生代谢与环境关系的这些假说或解释都具有一定的局限性,还没有一个假说被发现具有普遍意义。这可能一方面是由于人们尚未认识到次生代谢产物合成积累与环境的内在、本质的关系,另一方面也反映出次生代谢及诱导机制的多样性、复杂性。尽管这些假说都存在缺陷或不足,但对探讨药用植物次生代谢有效成分的变化规律仍具有重要的指导或参考意义。

9.3.3 植物生长与次生代谢产物积累的关系

影响次生代谢的环境因子,同时也影响初生代谢。研究发现,两类代谢对环境因子的影响有很大不同,甚至是相反。如N、P等无机养分贫乏的乌干达热带森林中的16种植物叶片中酚酸和鞣质的量高于无机养分较高的喀麦隆热带森林中14种植物中的含量。一种生长在土壤养分较高的千里光植株,其高度和生物量均高于生长在养分贫瘠土壤的植株,但体内吡咯烷类生物碱的含量却低于后者,生长与吡咯烷类生物碱积累之间存在明显的负相关。此外,尽管对次生代谢产物在植株体内合成和积累的环境诱导生理机制有多种不同的解释，有些解释之间差异很大，甚至是相互矛盾的，但几乎所有的解释都认为，在环境胁迫的条件下，植株生长下降，次生代谢产物数量增加；而在良好环境条件下，植株生长快，次生代谢产物数量少；但当环境严重胁迫时，植株生长和次生代谢又都受阻碍。信号分子的生理效应研究也发现，信号分子的生理效应是多方面的。如茉莉酸盐类物质一方面能够抑制根、幼苗和组织培养物的生长，对光合作用也具有抑制作用；另一方面却具有诱导生物碱合成的作用。信号分子的生理多效性也从一个侧面支持胁迫生境下生长下降、次生代谢物质增加的论断。

目前，各方面的研究都认同有利于初生代谢的环境条件不利于次生代谢，不利于初生代谢的条件反而增加次生代谢，也就是相对于生长的胁迫环境可提高次生代谢。初生生长与次生代谢存在一定的平衡关系，生物量过高时单位质量植物体中的次生产物的量下降；单位质量植物体中的次生产物的量升高，生物量则下降。

按照现有的次生代谢理论和已取得的研究结果来看，以次生产物为有效成分的药用植物种植时，难以做到既高产又优质。提高栽培药用植物中次生代谢物质的量，要以牺牲一定的生物量为代价。在药用植物的种植中，不能完全照搬传统农作物的管理技术措施，尤其是以植株生长健壮、快速生长作为优质药材栽培的田间管理标准。

次生代谢产物积累与生长环境条件需求方面存在矛盾，这是以次生代谢产物为有效成分的药用植物种植的难题。有效地解决这一难题是药用植物人工种植成功的关键。在药用植物组织培养生产次生代谢产物中，常通过适当因子的胁迫刺激诱导或利用激发子诱导作为增加次生产物的量的有效措施，但增加次生产物的量都会牺牲一定的生物产量。孙视等通过对银杏叶中黄酮类成分积累规律的研究，提出了通过选择具有一定环境压力的次适宜生态环境，来解决药用植物栽培中生长和次生产物积累的矛盾。

9.4 药用植物的地道性与化学生态学特性

地道药材是我国传统药物学的一大特色，是我国历代医药学家在长期医疗实践中经过反复对比总结出来的，特指那些具有中国特色的、传统公认的、久经中医临床验证的、来源于特定产区的名优正品药材。国内学者胡世林通过整理《二十六史医学史料汇编》《华阳国志》《元和郡县志》《大清一统志》《清宫医案研究》《全芳备祖》等，认为地道药材的学术思想是《内经》"天人相应"理论的延伸，动物、植物、矿物药材的形成无不依赖于环境（地质背景、土壤、气候、水文、地貌、植被、生物圈和驯化技术等），是生物在长期的物种进化和生态适应过程中，不断分化、演变，原物种、变种、生态型或品种适应于特定的生态地理环境条件所形成。我国土地广阔，由于地理环境的不同，形成了不同的生态区域；而生态系统的多样性，使同一植物在不同的生态环境中产生了质量差异。历代医药学家早有所悟，如梁·陶弘景曰："诸药所生，皆有境界"。宋·寇宗奭《本草衍义》曰："凡用药必须择土地所宜者，用药力具，用之有据"。唐·《新修本草》序云："动植形成，因方舛性，春秋节变，干气殊功。离其本土，则质同而效异"。在国外地道药材也享有盛誉，国外企业进口我国中药材时，常指明产地，如秦当归、凤丹皮、浙贝母、怀地黄、蜀椒等。它是传统的质量概念，具有深刻的科学内涵。因此，研究药用植物品质形成的化学生态学特性，对于保护和有效利用地道药材有重要的理论和实际意义。

9.4.1 地道药材的形成因素

广义的地道药材指的是特定地区出产的药材。中医药文化源远流长，而中国地域广阔、资源丰富，各个地区对中药的使用品种、使用习惯有所不同，以产地来指代和限定不同来源的、代表不同质量的药材是比较有效的方法。因而在药材前冠以产地名称即是地道药材名称的由来，其中有很大一部分指的是作用相近而来源种属不同的药材，如：川木通和关木通，川黄柏和关黄柏，川牛膝和怀牛膝等。有些来源迥异的品种已被列为不同的药。但严格意义上的地道药材特指某一地区出产的品质优良的药材，区别于其他地区的同一来源药材，如怀地黄、东银花、岷当归等，它们才是当前备受重视、并予以重点研究和保护的类型。构成地道药材的特殊性是多种多样的，如栽培的地道药材，有些仅选择性地生长在特定的生态环境下，改变生长环境后，往往生长不良或质量下降，有的类型在某一地区有悠久的栽培历史，在栽培过程中，有的形成了特定的品种，有的发展出特定的栽培和加工技术，还有的选择了特定土壤和水肥条件等；野生的地道药材情况则由于特定的种下变异或居群差异，或者生长于特别的生态地理环境。然而不容忽视的是，在地道药材的形成过程中，一直有着各种各样的人为因素，如政治、经济、文化、交通、地方习俗、市场倾向和认知的局限性等。在千余年的进程中，大多数药材的地道产区几经变迁，变迁原因复杂而难以考证，有择优选取的必然过程，也有多种人为因素作用的偶然过程，因而当前的许多地道药材在品质上可能没有特定的含义，地道药材不完全与优质药材具有等同的意义，但反过来地道药材的特性却又常常被确定为优质的标准，这些标准多是外在的，如大小、形状、颜色、质地等，不能反映内在质量，形成了地道药材和优良品质错误地互相印证的现象。

9.4.1.1 生态条件

天然药材的分布和生产，离不开一定的自然条件。每种植物都在长期进化过程中形成了各自需要的生态条件，如甘草是钙性土壤的指示植物，它的分布基本上限于北纬40°线两侧，东起东北、内蒙古，向西直指地中海沿岸，以内蒙古的杭锦旗、阿拉善旗等地产者最好，为地道药材。生态条件的改变，生物体会发生2种情况，一是产生变异而适应新的环境条件；二是不能适应而被淘汰。如丹参所含丹参酮等有效成分的含量随产地不同而含量有差别（表9-1），有些相差数倍。川续断引种到上海结籽率低，究其变化的原因，均为生态因子改变所致。药材是治病的物质,故应注意由于生态条件的改变而引起的有效成分含量的差异,所以要重视地道药材的医疗价值。许多药用植物种内存在各种变异类型,各变异类型间的有效成分往往相差较大。化学变型可能是遗传因子产生的多态现象,也可能是由于地理-生态因子形成的。如栽培在沈阳的蛔蒿(Artemisia cina)在形态上分离很大,有黄花、红花;植株有灰绿色、绿色等,其化学成分也有差异,经单株测定,发现 α-santonin 与 β-santonin 这 2 种异构体,并不同时存在于一株植物中,即有的植株含 α-体,有的则含 β-体,形态的变异与化学成分差异不平行。这种化学性状看来不是因环境变化而产生,而是受基因控制,属于群体多态现象。而生长在东北三省、苏、皖、浙、鄂的一叶楸(Securinega suffruticosa)含有左旋一叶楸碱(l-securinine),生长在北京近郊县多为右旋(d-securinine),承德附近 6 个县一叶楸碱具有左右 2 种旋光性。从野外和标本观察,没有看到旋光性和植物形态的必然联系,这可能是由于地理-生态因子的关系而形成的不同的化学型。

表 9-1 不同产地中丹参中各种化学物的含量测定 %

项目	山西东垆（无花）	山西永乐（白花）	山西大王（紫花）	四川（紫花）	山东（紫花）	陕西（紫花）	甘肃	陵川
醚浸出物	2.95	2.61	1.90	2.08	3.08	3.59	3.17	2.48
水浸出物	61.08	33.95	57.62	58.24	57.41	51.64	52.96	36.79
丹参酮ⅡA	0.30	0.09	0.15	0.02	0.13	0.26	0.12	0.10
总酚酸吸光度	0.565	0.780	0.588	0.605	0.490	0.597	0.174	0.305
总酚酸含量	3.64	5.04	3.77	3.83	3.11	3.79	1.09	1.96

引自代云桃等,2006。

9.4.1.2 栽培的历史与技术

地道药材的优质是与悠久的栽培历史和成熟的栽培技术分不开的。如地黄,明代陈嘉谟已提到怀地黄的名称,其优良品种"金状元"在怀庆府培育成功已有 60 多年的历史。怀牛膝在《本草纲目》中就已提到栽培问题,虽未直接提及怀庆府,但说到北土栽培者。安徽亳县的亳菊,其栽培历史至少在数百年以上。以贝母论,浙贝母在浙江的栽培已近 200 年;平贝母在东北栽培已近 50 年;川贝母则以野生为主。云南栽培三七已逾 200 年;四川彰明县种植乌头已达 400 年之久,这些都是栽培的地道药材。谢宗万从地道药材的成因角度认为:地道药材是指在一定自然条件、生态环境的地域内所产的药材,且生产较为集中,栽培技术、采收加工也都有一定的讲究,以至较同种药材在其他地区所产者品质较佳、疗效好,为世人所公认而久负盛名者称之。因此,在药名前多冠以地名,以示其地道产区。

9.4.1.3 种质与品种

由于药用植物的种类不同,其有效成分的形成、组成和转化、积累也不相同。如金银花为忍冬科忍冬属植物的花蕾,我国忍冬属植物分布有 98 种,其中有 10 多种植物的花蕾做金银花用,含有绿原酸、异绿原酸、木犀草素、忍冬苷及肌醇等多种有效成分，如表9-2所示。忍冬属植物的花蕾，即金银花药材中所含的主要有效成分绿原酸、黄酮、环烯醚萜苷，随其物种来源不同而异。这充分说明，地道药材是由该品种的优良性质决定的。如大黄，其原植物主要有掌叶大黄、唐古特大黄、药用大黄，这3种品质优良，是地道药材西宁大黄与凉州大黄的原植物来源。冯学锋、胡世林等在分子水平上对黄芩种群遗传多样性进行了初步研究。研究发现黄芩居群间的遗传变异占总变异的18.83%，居群内变异占81.17%，种内差异远大于种间差异。郭宝林、林生等在对丹参主要居群的遗传关系及药材地道性的初步研究中得到同样的结论：种内差异远大于种间差异。由于遗传和生态2个因素长期复杂的相互作用，中药材原物种往往不是一个均一的不变的群体类型，而是由多个在地理、形态和化学等方面具有稳定差异的生态型（ecotype）、地理变种（geographical variety）或栽培变种和变型所组成，指出地道药材应包括5个内容：适宜的生态环境、优良的种质资源、合理的栽培技术、科学的采制方法和传统的认识观念。

表9-2　不同物种忍冬金银花药材主要化学成分分析　　　　　　　　　　%

植物名	忍　冬 *Lonicera japonica*	红腺忍冬 *L. hypoglauca*	山银花 *L. confusa*	毛花柱忍冬 *L. dasytyla*
绿原酸	6.01	2.60	13.28	3.40
总黄酮	2.14	0.67	1.48	0.52
环烯醚萜	1.30	1.47	0.70	0.82

引自张重义等，2004。

共同的研究结论认为：优良的种质资源是地道药材形成的内在因素，适宜的生态地理条件是地道药材形成的外界条件，而地道药材更是人工选择的结果，即是中医在长期的临床实践中择优而立的品质好、疗效佳的一类中药材。实际上，同一物种的不同居群，由于分布区（地理位置）及生长所处的生态环境（土壤、温度、日照、水分、海拔）的差异，产生了相应的变异和分化，从而引起品质和产量的差异。中药材所含的化学成分十分复杂，每一种中药材还会因产地、品种、采摘季节、气候条件、炮制等多种因素的影响而不同。中药材所含化学成分的种类多样性、种内多型性（化学型），不同物候期（采收期）化学成分含量的变化等，势必影响中药材的药效物质。产地生态环境包括气候、气象、地势、地貌、地质、土壤等诸多因素都可影响药用植物的生长过程。

9.4.2　地道药材与非地道药材的相对性

有些地道药材，一经确立，经久不变；也有很多药材的产地，时有变动，其原因如下。

首先，随着用药经验的积累，对不同药材的认识有变动。如地黄，《名医别录》称："地黄生咸阳，川泽黄土地黄者佳"，《本草经集注》："今人以泽地子黄最好"，宋·苏颂谓："今处处有之，以同州者为上"，明·陈嘉谟说："江浙壤地种者，质虽光泽而薄，怀庆府产者，皮有疙瘩而力大"，李时珍总结说："今以怀庆府地黄为上，亦各处兴废不同尔"。近有学者认为，东北辽西和河北承德县是延胡索的故乡，该地区的齿瓣延胡索应是药材中的正品，有效成分总生物碱的含量远远高于浙江。

其次，新产地之产品的质量超过原产地的产品，那么产地就会随之变动。在宋以前，各朝代建都均在黄河以南，文化包括医药的兴盛也主要在黄河流域及南边地区。尤其唐代以前，药材的采集，药书所载，大多限于蜀道、河西、河东及川广、云贵等地，药材来源局限较大。明清以后，政治中心北移，文化及医药也随之扩大。如黄芪，宋以前记载均限于西北及西南地区，记载的地道产区限于"宪州、原州、宜州、宁州"，而今认为山西及内蒙古一些地区的锦黄芪质量最好，为地道药材。

再者，一些药材随着引种扩种，野生变家种及栽培技术的改进和新的优良品种的培育，会出现新的产地。

地道药材在我国有200种左右，在全国各地有分布。历史形成的地道药材主要有"四大怀药""浙八味""川广云贵地道药材"等。后来又发展到川药、广药、云药、贵药、关药、北药、西药、南药等。

9.4.3 地道药材的化学生态学特性

9.4.3.1 地道药材品质形成与环境条件的关系

现代科学研究证明，地道药材的形成与环境条件关系极为密切，诸多生态因子，如水、土、光、温、大气、生物等均在地道药材的形成中具有一定作用。特别是生境（habitat）中的微环境（micro-environment）和内环境（inner-environment），是药用植物生存的小气候、土壤（根系周围）等条件，直接影响到植物体内生命活动所需条件（如温度、水、空气等）。这些环境中诸因子的综合效应影响了地道药材的形成。例如，适宜的温度和高湿土壤环境，有利于植物的无氮物质（糖、淀粉等碳水化合物和脂肪等）的合成，而不利于蛋白质、生物碱的形成；高温、低湿条件有利于生物碱、蛋白质等含氮物质的合成，而不利于碳水化合物和脂肪的形成。又如热带植物所含甘油酯的碘化、挥发油的比重及生物碱的平均相对分子质量，均比温带科植物所含的低。因受生态环境的影响，同种植物所含各种化学成分的比例亦有很大差别。张重义等人（2006）分析不同产地金银花的化学成分如表9-3、表9-4所示。金银花地道药材中环烯醚萜苷、常春藤皂苷元、齐墩果酸、绿原酸、总黄酮等主要有效成分的含量均高于非地道产区；非地道产区云南昆明的金银花绿原酸含量高于地道产区，这与该地区地处高海拔区，紫外线辐射的增强有利于酚类化合物的合成有关。利用植物生态学原理，分析环境中的光热、水、土、地形、大气和生物因子对地道药材质量形成的影响，是地道药材资源研究的重要内容。

表 9-3　不同产地金银花中几种化学成分含量

产　地	绿原酸 (%)	总黄酮 (%)	常春藤皂苷 (mg/g)	齐墩果酸 (mg/g)
河南封丘	6.01	2.14	8.96	2.52
河南新密	6.81	2.24	6.41	2.04
山东平邑	5.68	1.75	6.03	痕量
江苏南京	2.99	0.65	5.31	未检出
云南昆明	6.69	1.59	7.25	痕量
广西桂林	4.10	0.18	6.12	痕量

引自张重义等, 2006。

表 9-4　不同产地金银花中几种化学成分含量　　　　　　　　　　　　　μg/g

产　地	7-epi-loganin	獐牙菜苷	马钱素	7-epi-vogeloside	环烯醚萜苷
河南封丘	2.64	2.82	痕量	3.88	3.31
河南新密	2.23	3.78	未检出	4.37	3.04
山东平邑	2.36	4.25	0.657	3.21	3.56
江苏南京	未检出	未检出	未检出	未检出	未检出
云南昆明	未检出	未检出	未检出	未检出	1.39
广西桂林	1.13	未检出	未检出	未检出	痕量

引自张重义等, 2007。

进一步分析表明, 在影响地道药材形成的因素中, 气候和土壤条件是其中最为重要的因素。气候因素对生物活性成分的影响, 主要与气候中的温度、光、水、空气等因素有关。它们对植物生长发育的作用很大, 其中以温度具有最大影响。温度可影响植物体内某些化学成分的含量。如藏红花(*Crocus sativus*)雌蕊中α-藏红花素的含量随着春化温度降低而升高, 以 11℃ 为最高。金鸡纳树皮中的生物碱含量随温度增高而增高, 亚麻(*Linum usitatissimum*)中的不饱和酸则气温越低其含量越高。绿色植物体内有机物的形成和转化都离不开光照。据报道穿心莲(*Andrographis paniculata*)在全日照下, 花蕾期叶内总内酯含量较遮荫条件下的高 10%~20%。颠茄的光生态型的阿托品含量为 0.73%, 而蔽荫生态型仅含 0.38%。藏红花给 8h 光照处理, 其 α-藏红花素含量(15.14%)比对照组(7.95%)高。又如甘草是强喜光植物, 光照不足或长期遮荫会使甘草死亡, 会使甘草酸含量显著降低。由此可见, 阳光的强弱可直接影响植物的生长, 也影响其生物活性成分的含量。

土壤湿度可直接影响植物体内生物活性成分的形成和积累。例如薄荷从苗期至成长期都需要一定的水分, 但到开花期, 则要求较干燥的气候, 若阴雨连绵, 或开花初期久雨, 都可使薄荷油含量下降。东莨菪在干旱情况下的阿托品含量高达 1%, 在湿润环境下仅含 0.4% 左右。在高温干旱条件下的金鸡纳树体中, 奎宁含量较高, 而土壤相对湿度为 90% 的条件下含量则显著降低。

9.4.3.2 地道药材化学品质与微量元素含量的关系

微量元素对生命而言比维生素更重要,许多维生素可从体内合成而微量元素只能从外界摄取。而中药中微量元素的选择性富集和微量元素的络合物对疾病部位特异亲合的药理作用也已证实,分析药材微量元素的含量与富集状况,对研究地道药材形成具有重要意义。近年来,人们还越来越注意到微量元素在地道与非地道药材中含量的差异与产地环境密切相关。中药中含有多种微量元素并可能与其疗效有关。许多研究表明,地道药材与非地道药材之间,微量元素含量有明显差异。岩石体是植物微量元素的天然供应库,地道药材中的微量元素含量必然受到产地地质背景的控制和影响。许多研究表明,土壤中微量元素含量与药材中微量元素含量有密切的关系,地道产区样品的微量元素含量有高于非地道产区的趋势。张重义等人在系统研究金银花地道性形成的规律中,分析了不同产地金银花中的微量元素,如表9-5、表9-6所示,6个产地金银花中微量元素含量之间的差异比较明显,但由于土壤(地质)的不均衡分布导致某种元素的变异较大。就平均数比较,地道药材中Sr和Fe的含量分别是非地道药材的2.4倍、1.36倍。非地道药材Cr和Pb的含量明显高于地道产区,t检验达显著水平;地道药材金银花中Sr和Fe的含量高,Cr和Pb的含量低,可作其标识特征之一。较低的Cr和Pb,表明地道药材的安全性好,说明传统上地道药材产区形成有其一定的科学道理。

表9-5 不同产地金银花药材微量元素含量 (μg/g)

产地	Ba	Co	Cr	Cu	Mn	Ni	P	Pb
河南封丘	11.8	0.15	0.95	13.5	27.9	1.8	2640	0.31
河南新密	10.8	0.25	0.63	15.3	32.5	2	4010	0.33
山东平邑	22.3	0.23	0.96	14.7	52.5	8.1	3690	0.23
江苏南京	9.6	0.21	2.1	16.8	61.4	6.2	3460	0.52
云南昆明	28.7	0.38	7.7	20.47	52.5	5.16	3041	10.95
广西桂林	11.1	0.31	7.48	12.54	78.8	2.5	3702	1.31

引自张重义等,2003。

表9-6 不同产地金银花药材微量元素含量 (μg/g)

产地	Sr	Ti	Zn	K	Na	Al	Fe	Mg	Ca
河南封丘	34.9	7.9	13	22720	14.4	211	476	2520	2850
河南新密	11.1	3.5	20.8	22580	0.3	146	290	2530	4550
山东平邑	24.7	4.9	22.6	22260	0.3	65.6	286	2760	3800
江苏南京	12.3	5.2	25.9	33310	2.2	81.9	364	2830	4200
云南昆明	25.05	29.47	30.71	29168	41.48	352.8	274.2	2770	6716
广西桂林	6.61	7.89	30.93	31392	51.56	236.0	138.0	3661.6	6572

引自张重义等,2003。

9.4.3.3 地道药材品质形成与地理背景系统的关系

地质背景能够对植物的群落分布、生长发育起直接或间接的制约和影响等作用。地质构造、地形地貌、岩石种类、岩性特点及所衍生的土壤特性等地质特征，对地道药材的形成都会构成一定影响。植物受地质背景控制是一种普遍现象，地道药材质量的形成无疑也受地质背景的控制和影响。如味连的地道产区石柱县黄水乡，其土壤来源于长石砂岩风化母质，形成了山地黄壤；川芎地道产区灌县石羊乡，土壤则为近代河流冲积母质形成砂土。地质背景系统对于药用植物的分布、品质、产量及所含微量元素的影响是深刻的，如表9-7，从它对金银花的制约效应则说明，药用植物与地质背景系统间存在着某种必然的内在联系，对生态环境中的各种化学元素的反应是极其复杂的，吸收量、容纳量、受害症状及受害程度，表现都有所不同。这与地理环境的化学物质有关，也与植物的生物学、生态学特性有关。生态环境和植物生物学、生态学特性不同，其化学元素吸收和累积也往往不同，说明环境对地道药材的影响是十分复杂的化学生物学与分子生态学过程。因此，近年来，国内不少学者主张应用分子生态学的观点和方法，研究地道药用植物品质形成的化学生态学机理，并取得重要进展。

表 9-7　金银花不同产区地质背景系统(GBS)比较

产区	地质	地貌	成土母质	土壤类型	黏土矿物组分	植被区划	水文区划	气候区划	气候类型
江苏南京	第四系黄戈壁及冰渍	湖积冲积及侵蚀山地	长江冲积物及山地侵蚀风化物黄土状母质	黄棕壤	高岭石、蒙脱石型	北亚热带常绿、落叶阔叶混交林区	长江中下游地带（秦巴-大别区）	北亚热带湿润大区	北亚热带季风性气候
重庆武隆	寒武系海相	岩溶化山地	酸性结晶岩、泥质岩类、石英砂岩类风化物及部分红色黏土	黄壤	蛭石为主，另含水云母、高岭石	中亚热带常绿阔叶林区	贵州地带（西南区）	中亚热带湿润大区	中亚热带季风性气候
山东平邑	寒武系形成的碎屑岩类	侵蚀平原	母岩的风化物及均质黏土	棕壤	水云母、蛭石为主，另含高岭石	暖温带南部落叶栎林区	豫西淮北山东地带（华北区）	南亚热带湿润大区	暖温带季风性半干旱气候
河南新密	蓟县型浅变质岩类	侵蚀山地	黄土性沉积物石灰岩、泥质岩类风化物	石灰性褐土	主含水云母	暖温带南部落叶栎林区	豫西淮北山东地带（华北区）	南亚热带湿润大区	暖温带季风性半干旱气候
河南封丘	第四系冲积、湖积、风积	沉积、冲积平原	各时期黄河冲积物	黄潮土	水云母为主另含蒙脱石绿泥石、高岭石	暖温带南部落叶栎林区	豫西淮北山东地带（华北区）	南亚热带湿润大区	暖温带季风性半干旱气候

引自张重义等，2003。

9.5 药用植物的化感作用与根际生物学

我国是世界上药用植物资源最丰富的国家之一，也是使用植物药、栽培药用植物历史最悠久的国家。从1982年开始的历时10年的全国中药资源普查结果表明，我国药用植物有11 146种，其中常用的约500种，主要依靠栽培的中药约有250余种，栽培面积约$33.5 \times 10^4 hm^2$，年产量约$25 \times 10^4 t$，其产量占中药材收购总量的30%左右，所以中药材栽培生产已成为我国国民经济中重要的产业之一。随着中国加入世界贸易组织，农业产业结构发生了巨大变化，具有中国特色的中药材生产正走向世界，并产生巨大的经济效益。

然而，目前在栽培的药用植物中，根茎类植物占70%左右，并且存在着一个突出问题——连作障碍，是指在正常的管理措施下，同一块地连续多茬种植相同作物(连作)造成作物产量降低、品质变劣、生育状况变差、病虫害发生频繁的现象。目前连作问题成为制约中药材进一步发展的瓶颈，也成为药用植物生态学研究领域最具有挑战性课题和热点。

9.5.1 药用植物化感作用

连作障碍是作物栽培普遍存在的问题，许多学者对蔬菜、果树、水稻、小麦等植物的连作障碍做了大量的研究工作，但有关药用植物的研究还很少。目前对药用植物连作障碍问题的探讨主要集中在连作障碍形成的机制及其调控技术研究两个方面。人们认为药用植物连作障碍的原因主要有：①土壤肥力下降。特定的药用植物对土壤中矿质营养元素的需求种类及吸收的比例具有特定的规律，尤其是对某些微量元素更有特殊的需求。同一种植物的长期连作，易造成土壤中某些元素的亏缺，当这些元素无法得到及时补充时，将直接影响下茬作物的正常生长，造成植物抗逆性下降，病虫害发生严重，最终导致中药材产量和品质下降；②药用植物根系分泌物的自毒作用。植物在正常的生命活动过程中，会向环境释放一些影响其他植物生长的次生代谢物质，这些分泌物中有一些有机酸、酚类等分泌物在土壤中积聚，对植物自身具有毒害作用；③前作茎、叶及根茬残留土壤中，其所含有的毒性物质对后作发生毒害；④病原微生物数量增加，病虫害严重。同种植物长期连作，造成了土壤微生物区系发生变化，如有益微生物的减少和某些病原菌数量的增殖，从而影响植物的正常生命活动。著名的地道药材生产中，连作障碍已成为制约地道药材发展的主要问题之一。其中，对植物根系分泌物造成的自毒作用及其与环境其他作用的互作愈来愈引起重视。

自1937年H. Molish提出植物化感作用(allelopathy)的概念后，Rice又在他的专著中进行了补充。植物化感作用是指一种活体植物(供体donor)产生并以挥发(volatilization)、淋溶(leaching)、分泌(excretion)和分解(decomposition)等方式向环境释放次生代谢物而影响邻近伴生植物(如杂草等受体，receiver)生长发育的化学生态学现象(Rice，1980)，包括抑制和促进两个方面。植物化感作用的研究受到世界各国研究人员的重视,研究也逐渐由对表型性状的评价深入到植物化感作用的分子机理。在许多生态系统和生态位点上化感作用从始期经盛期到末期始终存在。在生态系统内,植物间、植物内的相互作用形式可分为他感作用、竞争作用与自毒作用。能从其他关系中分离出化感作用的方法很少,且远未达到阐述清楚的阶段。当然起抑制效应的化感作用本身就是一种消极的竞争干扰。它完全不同于资源匮乏下的竞争,但有一些情况下,化感物质会在资源匮乏下的竞争中发生变化。比如化感物质通过影响根系的微生物来促进植株吸收营养。Grime 强调自毒作用的存在使化感作用难以在生态理论中拥有合适的位置。他认为自毒作用是植物在营养生长时期积累了大量的毒素,之后供体物种进入休眠,导致植物表型产生的差异。这种机制要求在第二个生长季节来临之前要从土壤中移除化感物质。Whittaker 和 Feeny 以这种机制解释了早期物种演替过程中一些物种的现象。所以,有必要去研究毒素在 1 年或更长的时期中的产生、相互作用和积累行为。在有些地方,人们发现 1 个星期内自毒作用变化的幅度超过 40%。大多数的学者认为化感作用是源于植物在其他生态进程中的副产物,但它有助于生存竞争,特别是在生存条件艰难的情况下。有些次生代谢物在非常低的浓度下仍有相当高的活性,但在大多数情况下并不会释放到生态系统中,而有些次生代谢物虽只有很低的活性,但却能释放到环境中。正常情况下,这些化感物质并不是特异化的,它们的效果与环境因子相关联。M. J. Reigosa 认为化感作用是生物合成的众多分子在行使其他效应时的附带结果,这有利于供体物种通过影响周围其他植物或微生物的生存和生长而提高其自身对环境的适应性。在自然界,几种化感物质能协同作用导致生长的抑制或促进效应。因此,大多数的化感效应都是一些化感物质共同作用的结果,它们中没有一种是单独对其他植物的生长起到抑制或促进作用的。这被称为"化感物质鸡尾酒"。一些次生代谢物与商业杀虫剂一样有效,但通常它们并不合成并被释放到良好的生长环境中以产生化感抑制效应。最常释放的化感物质其特异性较低,它们的作用较那些不常释放的高毒性次生代谢物更含糊,更具综合性和易变性。

许多研究表明,植物化感作用是一种复杂的化学生态学现象,其形成受遗传特性和环境条件双重因素影响;同时,化感作用是各种化感物质综合作用的结果,而这些化感物质是多种次生代谢的产物。药用植物区别于其他植物的特征在于:它们含有特定的生理活性物质,而这些化学物质又往往是植物的次生代谢物质,并分布在药用植物的各个器官,如根、茎、叶、花、果实、种子中等,这一特点与植物能产生化感作用是一致的。所以药用植物更易产生化感物质,从而发生化感作用,出现连作障碍。有关自身毒害及其与土壤环境关系以及根茬与根系分泌物与药用植物连作障碍的研究报道较少。因此,植物化感作用无疑将是揭示药用植物连作障碍机制的一把钥匙。而植物化感作用研究的核心是化感植物的根际生物学,也就是根系分泌物的研究。

9.5.2 根际生物学

关于根系分泌物的研究，始于20世纪的德国微生物学家Himer提出的"根际"概念。随后这个概念被应用于土壤学、植物病理学和土壤微生物学等学科研究中。早期的研究偏重于根际环境对土壤微生物区系分布和土壤养分生物有效性研究，至20世纪50年代，有些研究者对根土界面根系分泌物进行了系统研究，推动了土壤学、微生物学、植物营养学、植物病理学等交叉学科的研究，揭示了根系活动对根际土壤的物理、化学和生物化学的物质转化与动态变化，以及与微生物和病原菌的关系。在70～90年代期间，国际上关于根际微生态学的研究已相当活跃，根土界面的化学过程研究已成为前沿领域。根系分泌物的研究则是根际微生态系统中的重要组分。

根系在其生长过程中向土壤释放的渗出物、分泌物、植物黏液、胶质和裂解物被许多学者统称为根系分泌物。这些物质是植物化感物质的主要来源之一，它们进入土壤后会对受体植物产生化感作用，即使是微量的化感物质也能显著地影响植物对营养物质的吸收、植物周围微环境等因素，从而影响植物的生长发育。这些根系分泌物将直接影响土壤的物理、化学和生物学性质，影响土壤养分有效性、腐殖质及土壤微生物活动。根系分泌物中的许多物质能够产生自毒作用，或对其他植物产生有益或有害的化感作用，这对生态系统中植物优势种群的形成、群落演替以及药用植物的生产力等方面的影响相当大。

根系分泌物主要包括低相对分子质量的有机酸可溶物、高相对分子质量黏液物质以及细胞和组织的脱落物。其中低相对分子质量的有机酸可溶物与连作障碍过程中的化感作用密切相关。由于所占比重很小，相关研究尚少。低相对分子质量根分泌物除了一般的可溶性糖和氨基酸，主要包括有机酸、酚类物质和植物的载体，这些物质对矿质养分的活化、缓解或消除重金属毒害以及植物间的化感互作均起着非常重要的作用。根分泌物中的有机酸大部分是三羧酸循环的中间体，对根际pH、矿质养分的活化、根际微生物活性影响较大，某些有机酸（如柠檬酸、酒石酸等）是一类很好的金属螯合物，它们在活化和吸收根际难溶性养分方面起着十分重要的作用。根分泌物中的酚酸是重要的化感物质，Chou等在研究水稻连作减产的原因时发现，水稻秸秆腐解以及根分泌物作用可释放大量的酚酸物质，其中包括对羟基苯甲酸、香豆酸、丁香酸、香草酸、杏仁酸和阿魏酸等。Tang等研究了*Bigalta limpograss*根系分泌物的化感作用时指出，根分泌物中的作物生长抑制剂主要是酚类化合物，并用气-质联用仪分离检测出了苯甲酸、苯乙酸、肉桂酸等16种酚类化合物。张辰露等通过对1～4年不同连作年限地块丹参生长发育情况进行的连续调查分析，结果表明，连作严重危害丹参生长，主要表现在6～9月，丹参生长期的枯苗率大幅度上升，地上、地下部生长量下降，根系数量、直径和长度减小，产量降低。同时由于有效成分含量降低，根系外观畸形，造成商品率下降，从而影响丹参质量。通过对土壤pH测定发现，丹参连作障碍可能与土壤酸性增加有关。由此可见，根分泌物中的有机酸和酚酸在植物的根际营养和植物间的化感作用中起着重要的作用。

关于植物根系分泌的机理，许多学者的观点并不一致。但从代谢角度来考虑，基本是 2 条途径，即植物的代谢途径和非代谢途径。代谢途径产生的根分泌物又可分为初生代谢和次生代谢产生的分泌物。初生代谢为植物的生长、发育和生殖提供物质能量及信息，在代谢过程中会有部分物质以根分泌物的形式释放到根际，其释放强度与根的生长能力、根际微生态环境有关。当根系处于逆境胁迫下，如盐害、营养胁迫等，植物为适应环境胁迫，可以通过自身的调节，分泌专一性的物质。如白羽扁豆在缺磷条件下，根分泌大量有机酸，诱导根系成簇生根，其产生的柠檬酸降低了根际 pH 值，并溶解土壤中难溶性磷酸盐。次生代谢的产物不直接参与植物的生长、发育和繁殖，酚类物质是最重要的次生代谢产物，过去人们常常认为次生代谢产物是代谢过程的副产品，由于不参与植物的生命过程，被认为是一种能量浪费。但现在人们发现次生代谢产物特别是酚类物质，在植物抵制不良环境的侵袭、防御外来因素干扰方面具有重要的生态学意义。越来越多的证据证明，根系的次生代谢产物酚酸是重要的化感物质，这些酚酸物质主要是通过莽草酸途径产生的。非代谢途径产生的根系分泌物主要是不受植物代谢调控释放的分泌物，这些分泌物主要是指细胞间隙的渗透物、根细胞的分解产物和细胞内含物的释放，当细胞膜的透性和完整受到损伤时，细胞中的有机物会大量泄漏释出，使根系分泌物的量迅速增加。根系的分泌物是通过生长活跃部位进行，根尖是分泌的主要场所，顶端区域是根分泌作用的主要位点，侧根也可分泌较多的物质，有些物质则从根毛分泌。

虽然上述内容从代谢角度分析了根分泌物产生的途径，但人们对根系分泌的机理并不十分清楚，其分歧焦点在于主动释放和被动释放问题上。笔者认为，植物根系分泌物的产生和释放，起初是植物在环境胁迫的选择压力下形成的，是植物在进化过程中产生的一种对环境的适应性机制，是一种被动过程，然而经过长期的适用性胁迫以后，植物形成稳定的可以遗传的性状，此时的分泌与释放是一种主动的过程。

从前面的论述不难看出，根系分泌物在连作障碍中起到了直接或间接的作用。越来越多的试验证明，作物包括药用植物的连作障碍与根分泌物中的化感物质密切相关。黄瓜是一种广泛种植的蔬菜作物，当连续种植时，黄瓜的生长受到抑制而造成减产。喻景权等研究证明，豌豆、番茄、黄瓜、西瓜和甜瓜植物根系分泌物均具有自毒作用，通过影响细胞膜透性、酶活性、离子吸收和光合作用等多种途径影响作物的生长。最有代表性的例子是台湾的双季稻连作，一般减产25%，十几年的研究证明，从土壤养分状况和生理指标方面不能完全解释减少的原因，而是双季稻的化感物质引起的自毒作用是主要原因。水稻的根系分泌以及秸秆腐解可释放大量酚酸物质，其中包括对羟基苯甲酸、香豆酸、丁香酸、香草酸、杏仁酸和阿魏酸，杏仁酸在 25 mg/kg 时产生严重毒害，而水稻秸秆腐解时可产生 0.10mol/L 的杏仁酸（羟基苯乙酸），从而使下季水稻减产。大量的试验表明：酚酸和某种脂肪酸对植物的生长能产生抑制作用，特别是酚酸类物质已成为公认的化感物质。由此可见，根系分泌物特别是低相对分子质量的有机酸和酚类物质具有特别重要的生态学意义，与连作障碍关系密切。

然而连作障碍的机制在药用植物中的研究还很少，而连作障碍恰恰是很多药用植物进行仿野生栽培时面临的最大困难。借鉴其他作物根系分泌物的研究方法，应用在药用植物连作障碍机制的研究必将具有广阔而诱人的应用前景。此外，根系分泌物在连作障碍中到底处于什么地位？根际微生物在连作中扮演什么样的角色？植物为什么分泌和在什么条件下分泌化感物质？种类和数量有什么不同？所有这些工作都有赖于对植物化感作用机制特别是根际生物学的研究。

9.6 药用植物的引种驯化与野生抚育

药用植物的引种驯化和野生抚育对我国有着特殊的意义。我国是世界上使用和出口中草药最多的国家之一，而中草药的80%来自于药用植物。随着"人类回归自然"思想的普及，新世纪医疗模式的转变和医疗体制的多样化，以天然植物来源为主的健康产品越来越受到喜爱。然而，长期以来，我国药用植物一直依靠野生资源。随着中草药市场的扩大和野生资源的减少，已经无法满足医药市场原材料的需求，而药用植物体内的某些药用有效成分无法用人工方法合成，因此，要解决医药市场中药材的原料问题，唯一的方法是进行引种驯化和野生抚育。

如前几章所述，中草药的质量与药用植物的品种、生长环境、生长年限、采收时间等密切相关。由于药用植物在长期的自然进化过程中形成了对特定生长环境的适应性，其生长发育以及体内药用有效成分的含量与温度、光照、水分和土壤等生态因子密切相关。在确定所要引种的药用植物以后，生长环境就成为影响其质量的重要因素，因此，在药用植物的引种驯化和野生抚育过程中，应根据不同品种对环境的特殊要求，为其提供适宜的生长环境。

9.6.1 药用植物引种驯化

药用植物的引种驯化，就是通过人工培育，使野生植物变为家栽植物，使外地植物（包括国外药用植物）变为本地植物的过程。也就是人们通过一定的手段，使植物适应新环境的过程。

药用植物引入新地区后，会出现2种情况：一种是原分布地区地与引种地自然环境差异较小，或者药用植物本身的适应范围较广泛，不需要特殊处理及选育过程，只要通过一定的栽培措施就能正常的生长发育，开花结实，繁衍后代，即不改变药用植物原来的遗传性，就能适应新环境，这叫"简单引种"，亦称"归化"；另一种是分布区与引种地区之间自然环境差异较大，或者药用植物适应范围较窄，需要通过各种技术处理、选择、培育，改变它的遗传性，使之适应于新环境，叫"驯化引种"，或"驯化"，包括"风土驯化""气候驯化"等。驯化引种强调以气候、土壤、生物等生态因子及人为对药用植物本性的改造作用使药用植物获得对新环境的适应能力。因此，引种是初级阶段，驯化是在引种基础上的深化和改造阶段，两者统一在一个过程之中。通常将两者联系在一起，称为"引种驯化"。

药用植物引种驯化，大致有以下几种情况：①野生药源不能满足需要，迫切需要人工驯化培育，进行栽培生产。如细辛、巴戟天（Radix morindae）、川贝母、金莲花、龙胆、冬虫夏草、秦艽、七叶一枝花（Puris polypylla）和金荞麦（Rhizoma fagopyri）等。②药物生长年限较长，需要量大，必须有计划地栽培生产。如山茱萸、黄连、五味子、厚朴等。③野生药源虽有一定分布，但需要量大，不能满足供应的。如射干、何首乌、桔梗、丹参等。④野生药源尚多，但较分散，采集花费劳力多，在有条件的地方可适当地进行人工栽培或半野生半家栽。如甘草、麻黄、金钱草、半夏、薯蓣（药材 Rhizoma dioscoreae，原植物薯蓣 Dioscorea opposita）、沙棘等。但对野生群丛也要加以保护。⑤已引种成功的药用植物，需扩大繁殖，以满足药用。如水飞蓟（Silybum marianum）、颠茄、番红花（Stigma croci）、西洋参等。⑥历来依靠进口之药材，急待引种、栽培以逐步满足药用的需要。如乳香（Boswellia carterii）、没药（myrrh，原植物为没药树 Commiphora myrrha）、爱伦堡没药树（Balsamodendron ehrenbergianum）、血竭（Sanguis draconis）、胖大海（Semen sterculiae）等。

自古以来，我国人民就对药用植物的引种驯化极为重视，并取得很大成就。20世纪90年代以后，有了迅速的发展，全国许多地方引种栽培了许多名贵中草药，建立了中药材试验场、药用植物园等。在药用植物引种驯化工作中，发掘出具有特殊疗效的抗癌药、心血管药、强壮药、神经系统药及一般常见病药物资源，如铃兰（Convallaria majalis）、金莲花（Trollius chinensis）、月见草（Oenothera biennis）、猕猴桃等。药用植物的引种驯化成就与在经济建设中的作用可以归纳为以下3个方面：①国外药用植物引种。20世纪60年代以来，已引入白豆蔻（Amomum kravanh）、越南肉桂（Cinnamomum cassia cv. vietnem）、丁香（Syringa oblata）、檀香（Santalum album）、番红花（Crocus sativus）、西洋参等，并投入大批量生产，为国家节约了外汇。②国内药用植物的引种，如山西的党参在闽粤有大量种植，白术、元胡（Corydalis yanhusuo）等已在全国引种，满足了社会用药需求。③野生变栽培，如东北的五味子、刺五加、华东的山茱萸，华南的巴戟天等，已经大面积栽培。

9.6.2 药用植物的野生抚育

目前我国仍有80%左右的中药材来自野生。保证野生中药资源的可持续利用，保证野生药材采集与生态环境保护的协调，实现人与自然的和谐共处，是中医药可持续发展必须解决的关键问题之一。另一方面，如何提高栽培药材质量，使其与野生药材相近，保证生产药材的天然性，具有重要意义。而药用植物化学生态学理论为药用植物的野生抚育奠定了理论基础。近几年来，药用植物野生抚育发展势头良好，成为中药材农业产业化生产经营的新模式。如川贝母、甘草、麻黄的围栏养护，人参、黄连、天麻的林下栽培，雪莲、冬虫夏草的半野生栽培，都是药用植物野生抚育的成功实践。其优势表现在：提供高品质的地道野生药材；能较好保护珍稀濒危药材，促进中药资源可持续利用；有效保护中药资源生长的生态环境；有效节约耕地，以低投入获高回报。

9.6.2.1 药用植物野生抚育的概念与特征

陈士林等学者认为，药用植物野生抚育(wild medicinal plants tending)是根据药用植物生长特性及对生态环境条件的要求，在其原生或相类似的环境中，人为或自然增加种群数量，使其资源量达到能为人们采集利用，并能继续保持群落平衡的一种药材生产方式，也称半野生栽培(semi-wild cultivation)。

药用植物野生抚育具有如下特征：①具有明显的经济学特点。抚育的目的是增加目标药用植物种群数量，给人类提供可采集利用的中药资源，由此区别于单纯的生物多样性保护、自然保护区建设或植被恢复；②药用植物野生抚育的场地是植物原生环境，不同于在退耕还林等人工林下栽培；③野生抚育种群数量增加可以在种群遭到破坏或没有遭到破坏的基础上进行，而植被恢复指已遭到破坏的植被重新生长和恢复；④野生抚育种群数量的增加方式有2种，一是人工栽植，二是创造条件，令原有野生种群自然繁殖更新；⑤野生抚育增加了目标药用植物种群的数量，改变了群落中各物种的数量组成，但群落的基本特性未改变。

9.6.2.2 药用植物野生抚育的基本方式

药用植物野生抚育的基本方式有封禁、人工管理、人工补种、仿野生栽培等。在生产实践中，因药材种类、药材所处的自然社会经济环境及技术研究状况不同，采用其中的1种或多种方法。封禁(enclosing)指以封闭抚育区域、禁止采挖为基本手段，促进目标药用植物种群的扩繁。即把野生目标药用植物分布较为集中的地域通过各种措施封禁起来，借助药用植物的天然下种或萌芽增加种群密度。封禁的措施有划定区域、采用公示牌标示、人工看护、围封等各种方式。典型的药材有甘草、麻黄的围栏养护。人工管理指在封禁基础上，对野生药材的基源植物种群及其所在的生物群落或生长环境施加人为管理，创造有利条件，促进药用植物种群生长和繁殖。人工管理措施因药材不同而异，如五味子的育苗补栽、搭用天然架、修剪、人工辅助授粉及施肥、灌水、松土、防治病虫害等；野生大叶白麻(罗布麻)(*Poacynum hendersonii*)的管理措施有清除混生植物、灭茬更新等；刺五加采用间伐混交林的方式；冬虫夏草采用寄主昆虫接种等。人工补种(additional seeding)指在封禁基础上，根据野生药用植物的繁殖方式和繁殖方法，在药用植物原生地人工栽种种苗或播种，人为增加药用植物种群数量。如野生黄芪抚育采取人工撒播栽培繁育的种子，刺五加采用带根移栽等。仿野生栽培(wildmimic cultivation)指在基本没有野生目标药材分布的原生环境或相类似的天然环境中，完全采用人工种植的方式，培育和繁殖目标药用植物种群。仿野生栽培时，药用植物在近乎野生的环境中生长，不同于中药材的间作或套种。如林下栽培人参、天麻等。

9.6.2.3 药用植物野生抚育的应用范围

与药用植物栽培和野生药材采集相比，药用植物野生抚育存在独特优势，代表了药材生产的一个新方向。但在考虑是否采用野生抚育生产药材时,应注意以下几点:①野生抚育技术研究要有一定基础;②采用自然繁殖或人工补种,可以较快增加种群数量;③抚育措施能明显增加药材产量或提高药材质量;④抚育措施现实可行;⑤能有效控制抚育基地药材的采挖。据此,野生抚育较适合如下种类的药材:①目前人们对其生长发育特性和生态条件认识尚不深入、生长条件较苛刻、种植成本相对较高的野生药材,如川贝母、雪莲、冬虫夏草等;②人工栽培后药材性状和质量会发生明显改变的药材,如防风、黄芩(枯芩)、人参等;③野生资源分布较集中,通过抚育能迅速收到成效的药材,如连翘、龙血树(*Daemonorops draco*)等。

本章小结

化学生态学的产生和发展为药用植物生态学提供了科学的研究策略和手段,形成了药用植物化学生态学。药用植物的化学成分与中药材质量直接相关,而药用植物的化学成分又与其所在的生态环境密切联系,药用植物次生代谢的途径和次生代谢产物的积累,是确保中药材质量安全、有效、可控的理论基础。同时,药用植物化学生态学的研究对探索在药用植物的栽培过程中连作障碍的形成,也具有重要意义。而药用植物的化感作用和根际生物学研究不仅有助于揭示连作障碍的机制,克服连作障碍,提高中药材产量和质量,而且为药用植物的引种驯化和野生抚育提供理论依据。

思考题

1. 如何利用化学生态学的原理理解中药材的地道性?
2. 简要阐述药用植物次生代谢与生态环境的关系。
3. 如何运用植物化感作用原理和根际生物学理论研究药用植物的连作障碍?
4. 简述药用植物引种驯化与野生抚育的理论基础和方法。

本章推荐阅读书目

药用植物与环境. 郭继明. 中国医药科技出版社,1997.
水稻化感作用. 林文雄. 厦门大学出版社,2005.
植物逆境生理生态学. 赵福庚,何龙飞,罗庆云. 化学工业出版社,2004.

第10章 药用植物资源的可持续利用

我国的药用植物种类繁多，分布广泛。但是近年来随着中药产业的快速发展，人类对药用植物资源的巨大需求和大规模的开采消耗，已导致药用植物资源的削弱、退化以至枯竭。确保药用植物资源的可持续利用，将成为当今所有国家在药用植物行业发展过程中所面临的一大难题。处于快速工业化、城市化进程的中国，药用植物资源相对不足；同时，单纯消耗药用植物资源的传统发展模式，正在严重地威胁着我国药用植物资源的可持续利用。本章系统地讲述了我国药用植物资源的种类、利用概况及其开发与利用中存在的问题，并提出了药用植物资源可持续利用的相应措施。

10.1 我国药用植物资源的利用概况

10.1.1 我国药用植物资源

我国药用植物种类多、分布广。据全国中药资源普查统计，我国的药用植物有383科2309属11 146种，已鉴定的药用植物有5136种。因此，研究药用植物的种类、蕴藏量、地理分布、时(间)空(间)变化，可为合理开发利用和科学管理药用植物资源，为保健事业和制药工业不断提供充足而优质的植物性药源，具有极其重要的意义。

10.1.1.1 药用植物资源的概念及研究范围

药用植物资源是指含有药用成分，具有医疗用途，可以作为植物性药物开发利用的一类植物的总和。广义的药用植物资源还包括人工栽培和利用物技术繁殖的个体及产生药物活性的物质。

药用植物资源的研究范围主要有以下几个方面：

(1)调查药用植物的种类、分布和蕴藏量，研究其更新、消长的动态规律，为合理开发利用提供科学理论依据。

(2)研究药用植物资源的最佳收获期及合理采收方法。药用植物的有效成分含量、药用部位收获时的产量、加工生产率等综合指标都较高的生育阶段为最佳收获期。

(3) 研究药用植物有效成分含量，有效成分的提取、分离、提纯技术，以及把药用植物资源的原料变为优质高效新产品或其他产品的工业技术。

(4) 研究药用部位形成与更新，种群与群落的生境及演替规律，有效成分与生态因子的关系，地道药材的特点及其形成因素等药用植物资源的动态规律，保护与发展种质资源，提高科学的经营与管理方法。

(5) 药用为主，多方面多层次合理利用。如用作保健品、饮料、添加剂以及多种维生素、多种微量元素、氨基酸、脂肪酸、色素、调味品、甜味剂、花粉蜜源、香料、化妆品、鞣料、淀粉、树脂、树胶、农药、驱避剂、饲料等。多层次的开发利用是指针对紧缺、贵重、稀有的药用植物，进行引种驯化与人工栽培，或者针对需求量大的常用药用植物，特别是滋补和其他保健用途的药品及饮料的精加工，进行制药工艺或轻化工业的研究开发；也可以针对药用价值与经济效益较高的药用植物，进行新药源的寻找与新品种的开发。

(6) 通过药用植物资源调查，从近缘植物和民族药用植物中寻找与开发植物性药材的新品种与新资源。

(7) 将现代生物技术手段应用于药用植物的研究当中，扩大药用植物资源研究的新途径。主要有细胞工程、发酵工程、酶工程、基因工程和分子标记技术。

10.1.1.2 药用植物资源种类

药用植物资源(resources of medicinal plants)包括藻类、菌类、地衣类、苔藓类、蕨类及种子植物等植物类群。

目前，我国药用植物资源有383科2309属11 146种(包括9933种和1213种下单位)。藻类、菌类、地衣类同属低等植物，有91科188属459种；苔藓类、蕨类、种子植物类为高等植物，有292科2121属10687种。也就是说，约95.8%的药用植物资源属于高等植物，其中种子植物占91.4%以上，而藻类、菌类、地衣类、苔藓类、蕨类等孢子植物仅占8.6%。显然，种子植物是中国药用植物资源的主体(表10-1)。

表10-1 药用植物分类统计结果

类别	科	属	种	种比例(%)
藻类	42	56	115	1.0
菌类	40	117	292	2.6
地衣类	9	15	52	0.5
苔藓类	21	33	43	0.4
蕨类	49	116	456	4.1
种子植物类	222	1972	10188	91.4

引自《中国中药杂志》，1995年第20卷第7期：我国的中药资源种类。

(1) 藻类

我国藻类植物有数千种,其中药用藻类资源有42科56属115种。药用藻类中较重要的是红藻、绿藻和褐藻,占种数的88%。红藻门药用植物中种数较多的有江篱科(1属8种)、石花菜科(2属7种)、红毛菜科(2属7种)、松节藻科(3属4种)、红翎菜科(2属4种)、仙菜科(2属4种)等。绿藻门主要有石莼科(2属11种)和双星藻科(1属5种)。褐藻门半数以上的药用种集中在马尾藻科(1属12种),该科也是药用藻类中最大的科。

目前,药用藻类植物主要分为海洋藻类、淡水藻类和陆生藻类,其中药用种数最多的是海洋藻类(表10-2)。

表10-2 我国主要的药用藻类植物及其种类

海洋藻类	石花菜(*Gelidium amansii*) 蜈蚣藻(*Grateloupia filicina*) 海蕴(*Cladosiphon decipiens*) 石莼(*Ulva lactuca*) 海萝(*Gloipeltis furcata*) 鹿角菜(*Pelvetia siliquosa*) 裙带菜(*Undaria pinnatifida*) 鸡毛菜(*Ptorocladia tenuis*) 皱紫菜(*Porphyra crispata*) 海黍子(*Sagassum kjellmanianum*) 萱藻(*Scytosiphon lomentarius*)	海洋藻类	肠浒苔(*Enteromorpha intestinalis*) 美舌藻(鹧鸪菜)(*Caloglossa leprieurii*) 海人草(*Digenea simpiex*)
		淡水藻类	脆轮藻(*Chara fragilis*) 普通水绵(*Spirogyra communis*) 小球藻(*Chlorella* spp.)
		陆生藻类	念珠藻(葛仙米)(*Anabaena flos-aquae*) 发状念珠藻(发菜)(*Nostoc flagelliforme*)

(2) 菌类

药用植物资源所涉及的菌类只限于真菌。药用真菌有40科117属292种,是药用低等植物中种数最多的一类。药用真菌中比较重要的是子囊菌和担子菌两个纲。担子菌纲尤为突出,药用种数约占药用真菌的90%。担子菌中70%的药用种集中在6个较大的科,即多孔菌科(27属74种)、口蘑科(18属45种)、红菇科(2属33种)、牛肝菌科(5属16种)、马勃科(6属13种)和蘑菇科(2属12种)。子囊菌中的药用种主要集中在麦角菌科(5属10种)、肉座菌科(4属4种)。

(3) 地衣类

中国地衣植物有200属2000种。药用地衣种数较多的有梅衣科(4属17种)、松萝科(3属13种)和石蕊科(1属12种),约占药用地衣种数的77%。

(4) 苔藓类

苔藓植物有108科494属2181种。药用资源有21科33属43种(包括2个变种)。其中,苔类4科5属6种;藓类17科28属37种,苔藓类药用种数比较多的有泥炭藓科(1属6种)和金发藓科(3属5种);此外真藓科、曲毛藓科及柳叶藓科各有3种,其他科均含1~2种(表10-3)。

表 10-3　苔藓类药用植物分类统计

类别	科	属	种
苔类	4	5	6
藓类	17	28	37
总计	21	33	43

(5) 蕨类

蕨类植物 52 科 204 属 2600 种。其中药用蕨类资源有 49 科 116 属 446 种，包括 12 个变种、5 个变型 (表 10-4)。

表 10-4　药用蕨类分类统计

类别	科	属	种
石松亚门	3	7	50
松叶蕨亚门	1	1	1
楔叶蕨亚门	1	2	8
真蕨亚门	44	106	387
总计	49	116	446

引自《中国中药杂志》，1995 年第 20 卷第 7 期：我国的中药资源种类。

真蕨亚门的药用种类约占药用蕨类种类的 87%。药用种类主要集中于水龙骨科 17 属 86 种，鳞毛蕨科 5 属 60 种，铁角蕨科 4 属 25 种，凤尾蕨科 1 属 21 种，金星蕨科 9 属 19 种，蹄盖蕨科 7 属 18 种，中国蕨科 6 属 16 种；石松亚门所属 3 个科均为药用资源，卷柏科有药用植物 1 属 25 种，石杉科 2 属 16 种，石松科 4 属 9 种。

(6) 种子植物类

种子植物有 237 科 2988 属 25 734 种，其中药用种类有 10 188 种 (含种下单位 1103 个)，分属 222 科 1972 属 (表 10-5)。

表 10-5　药用种子植物分类统计

类别		科	属	种
裸子植物亚门		10	27	126
被子植物亚门	双子叶植物	179	1606	8632
	单子叶植物	34	351	1432

引自《中国中药杂志》，1995 年第 20 卷第 7 期：我国的中药资源种类。

种子植物包括裸子植物和被子植物 2 个亚门，其中裸子植物 11 科 42 属 243 种，而药用种类有 10 科 27 属 126 种，包括 13 个变种、4 个变型。裸子药用植物 80% 的种类集中于针叶树种，最主要的是松科，有 8 属 47 种，其次为柏科，有 6 属 20 种。被子植物亚门的药用种类十分庞大，约占药用总数的 99%，共 226 科 2946 属约 25 500 种，而药用种类有 213 科 1957 属 10 064 种 (含 1063 个种以下等级),其中,双子叶药用植物有179科1606属8632种;单子叶药用植物有34科351属1432种。含100种以上的主要有33科(表10-6)。

表10-6 药用被子植物大科(含100种以上)种类统计

科　名	中国属数/种数	药用属数/种数	科　名	中国属数/种数	药用属数/种数
菊　科	227/2323	155/778	毛茛科	41/737	34/424
豆　科	163/1252	107/484	蔷薇科	48/835	39/361
唇形科	99/808	75/477	伞形科	95/340	55/239
玄参科	60/634	45/233	五加科	23/172	18/112
茜草科	75/477	50/214	龙胆科	19/358	15/109
大戟科	66/364	39/159	桔梗科	15/134	13/106
虎耳草科	24/427	24/157	石竹科	31/372	21/106
罂粟科	19/284	15/136	忍冬科	12/259	9/106
杜鹃花科	20/792	12/127	芸香科	28/154	19/100
蓼　科	14/228	8/121	百合科	67/401	46/358
报春花科	12/534	7/121	兰　科	165/1040	76/287
小檗科	11/280	10/119	禾本科	228/1202	85/172
荨麻科	23/253	18/115	莎草科	33/668	16/110
苋苣苔科	43/252	32/114	天南星科	35/197	22/106
樟　科	20/1400	13/114	姜　科	19/143	15/103

引自《中国中药杂志》,1995年第20卷第7期:我国的中药资源种类。

10.1.1.3 我国药用植物资源种类分布

药用植物资源的分布有经向地带性、纬向地带性和不同海拔高度的垂直分布规律,并形成了对当地气候和地理条件的依赖性和自身特有的品质。在种类和数量方面,黄河以北地区的药用植物资源相对较少,长江以南地区的药用植物资源种类相对较多;北方地区的药用植物资源蕴藏量相对较大,而东南沿海地区的药用植物资源蕴藏量相对较少。通过普查,基本上摸清了我国不同区域的30个省(自治区、直辖市)及所属市、县药用植物资源种类,行政区划所属6大区的种类数量的排列顺序为:①西南区;②中南区;③华东区;④西北区;⑤东北区;⑥华北区。其中西南和中南两区的药用植物资源种类占全国总数的50%~60%,所属省、自治区一般有3000~4000种,最多达5000种;华东和西北两区的种类约占全国的30%,所属省、自治区一般有1500~2000种,最高达3300种;东北和华北两区的种类较少,约占全国的10%,所属省一般有1000~1500种,最高达1700种(表10-7)。

表 10-7　各省(自治区、直辖市)药用植物资源的种类

大区	行政区	药用植物 科数	药用植物 种数
华北	北京	148	901
	天津	133	621
	河北	181	1442
	山西	154	953
	内蒙古	132	1070
东北	辽宁	189	1237
	吉林	181	1412
	黑龙江	135	818
华东	上海	161	829
	江苏	212	1384
	浙江	239	1833
	安徽	250	2167
	福建	245	2024
	江西	205	1576

由于第三次全国中药资源普查距今已 20 多年，人们对天然药物的需求量已翻了三番以上，许多药用植物资源的种类、分布、蕴藏量、人工栽培的面积、栽培种类，以及资源管理和保护措施等情况已发生了较大的变化。因此有关专家提出要利用卫星遥感、计算机等新兴技术开展新一轮的药用植物资源调查或重点药用植物资源调查，以适应中药现代化和时代发展的需要。

10.1.2　我国药用植物资源利用概况

目前对药用植物资源利用的研究不论国内国外都非常重视，在深度和广度上都有了很大进展。不仅对现有药用植物资源在药化、药理及合理而科学地开发利用与保护等方面有广泛的研究，还通过调查、引种和多学科的综合研究，不断扩大新的和高疗效的资源，更好地为人类健康服务。

10.1.2.1　我国传统药用植物资源的利用概况

我国是世界生物多样性最丰富的国家之一，也是药用植物资源生物多样性最丰富的国家；同时，也是开发利用药用植物资源最早、最完善的国家。我们的祖先在原始时代，在以野生植物为食的过程中，发现了植物有防病、治病的作用，经过古代医药学家的实践和整理逐渐形成了本草学，这是我们中华民族极为宝贵的遗产。

我国古代本草书籍较多，有的已经失传，现存的尚有 400 余种。本草虽然包括部分动物和矿物中药，但均以药用植物为主。我国历代较重要的本草著作有东

汉的《神农本草经》、唐代的《新修本草》、宋代的《经史证类备急本草》、明代的《本草纲目》、清代的《本草纲目拾遗》《植物名实图考》等。应当指出的是我国伟大医药学家李时珍以《证类本草》为蓝本，参考了 800 多部有关书籍，深入研究，身历深山僻壤，走遍湖广等 8 个省（自治区），边行医，边考查，经过 27 年的实践和长期的努力，终于完成了近 200 万字的药学巨著《本草纲目》，这是我国 16 世纪以前药学知识的全面总结，书中载药 1892 种，其中有 1000 多种药用植物资源在我国医药史上占有重要地位，也是世界医药学的一部经典巨著，目前有拉丁、日、法、德、英、俄等译本，对世界药用植物的开发利用产生了巨大影响。自清朝末到新中国成立前的 100 多年里，由于帝国主义的不断侵略，国内政治动乱，中医中药事业处于奄奄一息的悲惨境地，药用植物资源的研究和开发也处于停止状态。

新中国成立后，国家开展了多次全国性的药用植物资源的普查工作，编写了《中国药用植物志》和一些地方植物志，成立了中医中药管理局，各省（自治区、直辖市）还成立了中医中药研究院或研究所，有关大专院校成立了药用植物专业或中药资源专业。近年来，随着现代科学技术在药用植物资源领域内的应用，我国药用植物资源的研究与利用取得了一些显著的成绩，主要有以下几个方面。

(1) 扩大了药用部位，增加了新品种，使药用植物资源的研究向综合利用方面发展

在中医药的传统应用中，对药用植物的利用往往仅采用某一个部位。但经研究发现，同一种药用植物的其他部位也含有类似的药用成分和相同的药理作用；药用植物往往含有多种药理活性物质，开展多种医药用途的综合利用明显地提高了药用植物利用率，降低了成本。此外，对药用植物的综合利用也带来了医药外的其他经济用途。

(2) 野生种变家种及引种驯化研究初见成效

药用植物栽培是保护、扩大、再生药用植物资源的最直接、有效的手段。加强人工优良品种选育与提纯复壮、杂交育种、多倍体育种以及无性繁殖育种等技术的研究和推广，并通过人工栽培来满足市场需求，缓解了药源紧张状况。在过去的许多年，我国从国外引进天然药物有 30 多种，如西洋参（*Panax quinquefolium*）、番泻叶、萝芙木、菊叶薯蓣、甘薯西蒙 1 号等；引种驯化成功的有 50 余种，如地黄、玄参、白术、白芍、茯苓、北沙参、贝母、延胡索、大麻、丹参、徐长卿（*Cynanchum paniculatum*）、龙胆、升麻（*Cimicifuga foetida*）和苍术等。

(3) 药用原料植物资源的研究与利用有了新的进展

近年来突出的工作是对生产激素的甾体原料植物的野生资源进行了分布、生态、蕴藏量、资源的保护与更新等研究。通过调查分析，从国产约 80 种薯蓣属植物中，发现甾体皂苷元类成分主要集中分布在根茎横走的根茎组种类中。综合比较认为，盾叶薯蓣和穿山龙薯蓣是较理想的原料，值得开发。

(4) 寻找替代品及近缘优良物种，不断发现和进一步开发药用植物新药源

在药用植物资源开发利用中，对珍稀、濒危野生物种可以按照植物化学和植物分类学知识，去寻找近缘的优良物种，来扩大药源。目前我国已研究的种类有小檗属、杜鹃属、人参属、薯蓣属、千金藤属、细辛属、鼠尾草属、葛属、苍术属、乌头属、黄连属、大黄属、萝芙木属、甘草属、三尖杉属、鬼臼属、石蒜属、延胡索属、五味子属、丹参属、金银花属、紫草类、蒿类、柴胡属、淫羊藿属、苦参属、山楂属、厚朴类等植物。

人们在研究如何开发利用和保护药用植物资源的同时，发现了一些新药源，其中具有抗肿瘤和抗衰老作用的药用植物，引起了科学工作者的极大兴趣。如无花果(*Ficus carica*)、黄花蒿、女贞(*Ligustrum lucidum*)、雷公藤、茵陈蒿(*Artemisia capillaris*)、黄芩、茜草、紫草(*Lithospermum erythrorrhizon*)、苦瓜(*Humulus scandens*)、刺五加、天南星、猫爪草(*Ranunculus ternatus*)、东北红豆杉、红景天、龙葵(*Solanum nigrum*)、大叶小檗、苦马豆、苦参(*Sophora flavescens*)和蛇床子(*Cnidium monnieri*)等一批药用植物具有抗肿瘤作用；一批富含 SOD 的药用植物发现为人类抗衰老药物的研究开发提供了广阔的前景，如刺五加、五味子、草苁蓉、当归、淫羊藿、祁州漏芦(*Rhaponticum uniflorum*)、马齿苋(*Portulaca oleracea*)、蛇床子、黄芪、老鹳草(*Geranium sibiricum*)和悬钩子等植物具有抗衰老作用。

(5) 进口药代用品国产资源的研究利用有了突破

很多国外重要的生物，在我国有同科属的近缘种，并有一定的蕴藏量。通过植物、生药、化学、药理及临床等方面的比较研究，已成功地在我国植物区系中找到了一批进口药的国产资源开发新药及进口药的代用品(表10-8)，它们大部分已经投产或试生产。

表10-8 进口药代用品国产资源研究利用种类

进口药	国产资源
安息香(*Styrax benzoin*)	国产安息香(*S. macrothyrsus*, *S. subnivens*, *S. hypoglauca*)
马钱子(*Strychnos nuxvomica*)	国产马钱子(*S. wallichiana*)
阿拉伯胶树(*Acacia senegal*)	国产金合欢属植物的树胶(*A. farnesiana*, *A. decurrens*, *A. decurren* var. *mollis*)
胡黄连(*Picrorrhiz kurroa*)	国产胡黄连(*P. scrophulatiaeflora*)
大风子(*Hydnocarpa anthelmintica*)	国产大风子(*H. hainanensis*, *Gynocardia odorata*)
蛇根木(*Rauvolfia serpentine*)	国产萝芙木(*R. verticillata*, *R. latifrons*, *R. yunnanensis*)
沉香(*Aguilaria agallocha*)	国产白木香(*A. sinensis*)
阿魏(*Ferula asa-foetida*)	国产新疆阿魏(*F. sinkiangense*)

引自戴宝合，2003，野生植物资源学。

(6) 中药现代化与无公害化规范化示范栽培基地建设

为加快我国中药产业现代化、国际化进程，国家启动了"中药现代化科技产业行动计划"，标志着我国中药产业步入了新的发展阶段。中药现代化首先要原料生产现代化。因此，野生药用植物资源的驯化栽培，以及中药材无公害化、规范化栽培基地的建设显得尤为重要。所谓无公害化是指原料生产过程中，在土壤和空气环境质量、施肥质量、灌溉水质、农药残留等方面符合国家环境质量标准。所谓规范化是指原料生产过程中，在选种质量、田间管理、采收加工和运输贮藏等方面实现规范化。无公害化和规范化的最终目标是保证中药材质量，促进中药标准化和现代化，保护野生药用植物资源，坚持"最大持续产量"原则，实现资源的可持续利用。

（7）利用生物技术生产药物有效成分，缓解药用植物资源压力

对于活性强、含量低、原植物资源匮乏以及化学方法难以合成的植物次生代谢产物，可以利用组织细胞培养技术来进行大规模生产或利用转基因植物来生产。以细胞培养生产有效成分为例，迄今为止，全世界已对近1000种植物进行过细胞培养方面的研究，生产的天然产物包括药品、香料、色素、食品、化妆品等500多种。许多植物的细胞培养已完成实验室研究阶段，向中试阶段过渡；有的已完成工厂化生产规模的实验。例如人参、紫草、洋地黄、烟草、肉桂（$Cinnamomum\ cassia$）、迷迭香等的细胞培养就进入了中试或商业生产阶段。

（8）利用药用植物的有效成分、有效部位开发新的药物品种

天然药用植物的有效成分、有效部位开发具有广阔的前景，是当代国内外开发天然药物的主要途径之一。自发现甾体激素类药物用于治疗风湿性关节炎、心脏病、阿狄森氏病、红斑狼疮，抗肿瘤及用于避孕药之后，我国科学工作者在深入调查中发现了资源极为丰富、甾体激素含量高的原料植物薯蓣，最主要的种类为盾叶薯蓣。

目前，从穿山龙薯蓣中提取的甾体化合物已开发为新药，主要用于治疗冠心病、心绞痛，能降低总胆固醇、甘油酸三酯胆固醇，提高高密度脂蛋白-胆固醇水平，对纠正脂质代谢紊乱，防治动脉粥样硬化起到有益的作用，并能降低全血及血浆黏度，有利于改善冠心病的高黏状态，该药物现已广泛应用于临床。再如抗癌新药三尖杉酯碱、异三尖杉酯碱、高三尖杉酯碱等生物碱在植物体内含量很低，因此采取先从三尖杉中获得三尖杉碱，再通过人工合成途径得到三尖杉酯碱的差向异构体的混合物，而用来开发新药。又如从山莨菪中提取阿托品类生物碱，其母液中含有大量无药用价值的红古豆碱，将此碱还原为红古豆醇，再与苦杏仁酸酯化，得到的红古豆醇酯，有解痉、止痛、安眠和治疗消化道溃疡等方面的作用，已作为商品生产。

10.1.2.2 我国民族药用植物资源的利用概况

民族药用植物资源作为我国药用植物资源的一部分，新中国成立后得到了较快的发展，主要表现在以下几个方面。

（1）发掘、整理和翻译了很有价值的民族药用植物古籍文献

民族传统医药文化得到了比较系统的整理，出版了一批代表性的古籍，有蒙医药经典《观者之喜》《方海》《珊瑚验方》《豪药正典》，维吾尔医药经典《金钥匙》《益方精要》《医疗精要》，傣医药经典《档哈雅》等数十种经典著作；藏医药经典《四部医典》《月王药珍》《晶珠本草》等还有了汉译本。有关部门还组织对少数民族药用植物资源进行了深入调查，初步摸清了资源分布、种类及其鉴别方法等，例如《中国民族药志》《贵州苗族医药研究与开发》等一批民族药用植物研究专著相继出版。

(2) 民族药科研、教育事业取得较大发展

西藏藏医学院、青海藏医学院、内蒙古蒙医学院、新疆维吾尔医学专科学校、成都中医药大学藏医专业、甘肃医学院藏医专业和云南中医学院藏医专业等院校培养了大批的民族药科研人员。各地区还设立了少数民族医药研究机构15个。此外还有一些民族药企业或民办的科研机构，对加快民族药科研、教育的发展起到了重要作用。

(3) 民族药的开发与提高取得可喜成果

研制开发了一批疗效确切、社会知名度较高的民族药，如藏药"洁白胶囊""六味能消胶囊""十味龙胆花颗粒""七十味珍珠丸"，傣药"傣肌松"，彝药"云南白药""灯盏花素"等系列制剂等。一些民族地区在民族药的研究开发和标准化等方面开展了一系列工作，相继制订了民族药地方标准，部分民族药品经国家审批收入国家药品名录。

(4) 民族药工业迅速崛起，成为许多民族地区的支柱产业和新的经济增长点

西藏、青海、贵州、四川、甘肃、内蒙古等地陆续出现了一批颇具规模的现代化民族药生产企业，完全改变了过去那种小手工业作坊式的生产模式，生产能力和药品质量大幅度提高。据有关资料显示：贵州省1998年民族药品生产企业70余家，产值达到7.8亿元，占全省医药工业总产值的40%以上。西藏自治区1999年民族药品生产企业22个，产值3亿元，现已有70%以上的县建立了藏药厂或藏药制剂室，藏药在全区医疗用药的比例占70%以上。

属于农业副业范畴内的中药材，在新时期的变化和趋势为：从重视数量转向重视质量，发展绿色中药材；野生向栽培或家养发展；无序化生产向规范化生产发展；资源的单一利用向综合利用转化等。

10.1.2.3 生药资源的利用概况

生药即天然药物，指利用自然界三大自然物（植物、动物、矿物）的整体或部分，将其经过简单的加工与合成以后作为医疗用途的中药材。药用植物作为主要的生药资源，是以开发药物为主，并进行其他如保健品、饮料、化妆品、香料、色素、矫味剂、农药等多方面、多层次的开发和综合利用的植物。

随着人们日益增长的物质生活需求以及文化素养、科学水平的不断提高，医疗模式逐步由治疗型向预防保健型方面转变，生药资源开发利用的领域也在不断扩大，逐渐渗入到人们日常生活的各个方面，如保健食品、美容化妆品、药膳、药浴、天然香料、天然色素、矫味剂、卫生用品等。

(1) 保健药品和保健食品

保健药品和保健食品是保障和维护人体处于健康状态的产品，其作用大多是非特异性的。我国古代很早就创制了各种扶正固本、扶正祛邪、攻补兼施的成药和药膳食品。20世纪80年代以来，我国研制生产的以生药为主要成分和主要添加剂的保健药品和保健食品，发展极为迅速，并大量出口。预计将来生药在这方面的开发利用将会更为广大和深化。

用于保健药品和保健食品的生药，多为"药食同源"的种类，既富有营养，又能提高机体免疫功能且无毒副作用，如人参、西洋参、黄芪、党参、五味子、当归、山药、枸杞、地黄、麦冬、山茱萸、山楂（*Crataegus pinnatifida*）、百合、茯苓、大枣（*Ziziphus jujuba*）、沙棘（*Hippophae rhamnoides*）等。

（2）天然疗效化妆品

当前化妆品已从单纯的化妆目的转向对人体的保健、营养和治疗为目的，出现了化妆品医药化的趋势。化妆品的分类由从皮肤清洁类、护肤类、美容类增加到了药物类，即疗效化妆品。由于化学合成的化妆品，包括合成原料、合成色素、合成香精含有铅、汞等不少有害物质，从20世纪80年代中期国际上出现了化妆品原料天然化的倾向。

国内外对加有生药有效成分的化妆品研究十分活跃。目前我国生产的生药化妆品已大量上市。它们都具有较明显的美容护肤、抗皮肤衰老及治疗某些皮肤病的作用。因而生药化妆品是一种有着广阔前途和市场需求的新型产品。

（3）天然色素

在我国丰富的天然色素原料中有许多为药用植物，如从姜黄根茎中提取的姜黄色素，红花中提取的红花黄色素，栀子果实中提取的栀子黄色素，由紫胶虫的分泌物中提取的紫胶色素以及核黄素、胡萝卜素、叶绿素等均可广泛用于饮料和食品着色，其特点是色调自然、安全性高，有些还具有一定的营养保健与治疗疾病的功能。

此外，有些植物的提取物还可作为热量低、安全性高、甜味浓、风味独特的天然甜味剂，还有不少生药的加工品可用于纺织、制革、烟草、建筑、化工等多种工业部门。因此，生药资源的开发利用，不仅有利于医药事业的发展，还有利于人类生活水平的提高。

10.2 我国药用植物资源利用存在的问题

近年来，随着对药用植物价值的认识，人们对中药，特别是中草药的需求量越来越大，从而对其进行大量的发掘和利用。而传统的中草药获取方法是以采集和消耗大量的野生药用植物资源为代价的，当采集和消耗量超过自然资源的再生能力时，必然会导致物种濒危甚至灭绝，出现药用植物资源利用的不可持续现象。另外，自然生态环境的日益恶化，也进一步导致药用植物资源的匮乏，出现了野生资源严重枯竭、药材生产水平降低、中药材品质下降和传统药用植物资源的流失等现象；许多种类由丰富转为稀少，甚至到了濒危的境地。

我国各族人民利用药用植物资源的历史已有数千年，中国有着"世界之最"的药用植物资源。目前，药用植物发展正处在自身命运的十字路口，药用植物资源保护和利用的问题已成为药用植物发展中最为重要的问题之一。可以说，保护与利用和谐有度，药用植物资源将会迎来可持续发展的春天；利用无度，保护不利，就可能成为药用植物资源发展的最大障碍。

10.2.1 药用植物野生资源过度消耗

在 1992 年公布的《中国植物红皮书》中收载的 398 种濒危植物中，药用植物达 168 种，占 42%；我国目前共有 169 种药用植物被列入《野生药材资源保护条例》、《濒危动植物国际公约》和《国家野生植物保护条例》，在贸易和利用上受到相应的管制和限制；在我国处于濒危状态的近 3000 种植物中，具有药用价值的约占 60%～70%。

"我国药用植物资源蕴藏量大幅下降，生物多样性遭到破坏"。20 世纪 60 年代，藏民用 0.5kg 虫草仅可换得一包价值 0.3 元的香烟，而现在 0.5kg 虫草要 3 万~5 万元才能买得到。虫草价格成几何级数飞涨的背后，折射出的是资源匮乏的辛酸现状。与虫草面临同样境遇的药用植物还有很多。有关资料表明，我国药用植物甘草、羌活、蔓荆子（*Vitex trifolia*）、肉苁蓉、三叶半夏（*Pinellia ternata*）、紫草等 100 多种资源量普遍下降，影响 60 多个药材品种的医疗用药；峨眉野连、八角莲、凹叶厚朴、杜仲、野山参等 30 多种植物，因野生资源稀少而无法保证商品需求。川贝母、川黄连、麻黄等资源破坏严重。在三七主产地云南，近 30 年来竟然找不到 1 株野生三七个体。

不合理的开发应用是引起上述现象的主要原因。由中国科技信息研究所中医药发展战略课题组进行的一项研究表明，我国每年消耗药用植物 40 万 t 以上，其中已经引种驯化栽培成功的只有 400 种，只占常用商品中药材的 1/3 左右。在被开发利用的药用植物资源中，约 80% 为野生药用植物，只有不到 20% 的药用植物被人工栽培。可以这样说，长期以来，我国的中药业一直在采用一种以"吃资源"换取低成本的生产方式。

10.2.2 药用植物基因资源流失

目前的高新技术还不能创造基因，只能在生物体之间转移、复制或修饰。因此，基因资源已成为一种非常规的重要战略资源，基因功能的研究（功能基因组学和蛋白质组学的研究）也已成为后基因组时代生命科学最重要的前沿领域。

药用植物多样性基因资源存在于多种多样的物种（品种）及其亲缘植物中，包含了在漫长的时间和广阔的空间里积累下来的多种变异，是创造未来财富的源泉，是人类赖以生存和发展的重要物质基础。但现实表明，我国的药用植物基因资源有可能面临流失的危险。

一方面，由于野生植物资源的破坏十分严重，已构成对基因资源的威胁。因为，物种的灭绝意味着其所携带的遗传基因也将随之消失。另一方面，由于从种质资源中分离出的基因或者用种质资源育成的品种具有知识产权，因而世界各国均将研究重点放在种质资源的基因鉴定与分离方面，基因资源的争夺已拉开序幕,具有专利注册号的药用植物基因或 DNA 片段也越来越多。而这些基因一旦被注册,再对其进行研究就会颇感掣肘。对 1996~2002 年的美国专利进行初步检索,发现长春花、红豆杉均有功能基因专利公开;而与 $P450$ 有关的基因和核酸顺序有 40 项之多,分别与植物脂肪酸羟基化、黄酮化合物羟基化、柠檬烯羟基化等多种羟基化反应有关;另外用基因工程方法改变花朵颜色(花青素含量)的方法也被申请了专利。

目前,在 6 种植物中有 274 条基因片段申请了专利注册号,其中大部分与黄酮代谢有关。功能基因克隆注册最多的几种植物是长春花、青蒿、甘草和红豆杉。注册基因最多的国家是日本、中国、德国和美国。

10.2.3 药用植物资源无序开发

药用植物资源的无序开发导致大面积植被被毁,生态环境日益恶化。内蒙古、新疆、宁夏的荒漠地区盛产甘草、麻黄、防风等固沙药用植物,防风固沙作用极为显著。由于管理无序,乱挖滥采,导致甘草空前浩劫,在宁夏甘草收获季节,每天数千人上阵,每挖 1kg 甘草就要破坏 $60m^2$ 的植被,40 多天破坏了 800 万亩的草原,1.5 万亩草场千疮百孔,造成草原严重沙化,损失难以估量。

更为可怕的是,药用植物资源的无序开发与生态环境的破坏之间,形成了一种恶性循环。一方面,由于管理无序和过度开发,药用植物生态系统近年来正以前所未有的速度被破坏。另一方面,药用植物原生环境被破坏,又加速了物种的灭绝。而一个物种的消失会导致 15~30 个物种的危机。任何一个物种或基因一旦从地球上消灭,是不能用任何方法再创造出来的。这将大大增加自然生态环境的脆弱性和降低自然界满足人类需求的能力,人类就不可避免地在改善生态环境和持续发展工农业生产的进程中遭受一个又一个灾难性的打击。生物物种资源若不及时保护和合理利用,必将威胁到人类自身的生存。

10.2.4 药用植物资源污染严重

长期以来,由于忽视药用植物种植环境的选择,缺乏植保常识,致使滥用农药、化肥的现象十分严重,从而使得药用植物病虫抗药性增加、防治成本和防治难度越来越大,同时也造成了农药和化肥中的有毒有害物质在药用植物产区周边环境中的残留,形成了难以逆转的恶性循环,药材质量越来越差,给药用植物生产带来了持续性的危害。2000 年美国加州卫生厅抽验 260 种由我国进口的中成药,其中有 123 种存在混有农药、化学物质、重金属含量超标及含有毒性物质的污染问题。对全国 300 多种药用植物的农药残留量进行调查后发现,全部样品均有有机氯类农药的残留。药用植物重金属含量过高、农药残留量超标、有效成分缺失等问题,不仅严重影响了药用植物向欧美发达国家的出口,更严重影响了我国人民的身体健康。

10.2.4.1 药用植物污染的途径

当环境中的污染物含量超过药用植物的忍耐限度时,就会引起药用植物的吸收和代谢失调。一些污染物在植物体内残留，还会影响植物的生长发育，甚至导致遗传变异和死亡。然而，药用植物的受害程度还与其自身的遗传特性、主动吸收功能和对有害物质的富集能力及生长的环境、污染物种类和药用部位等因素有关。药用植物污染的途径主要有大气污染、重金属污染、农药残留污染等途径。

(1) 大气污染

随着工业的发展，煤炭、石油、化工燃料的大量使用，大气污染日趋严重，空气中二氧化硫、氮氧化物的含量迅速增加，酸雨频繁出现，严重破坏了药用植物资源，使药用植物叶片枯黄，病虫害加重。有资料统计，1960～1990年间，全球丧失了 $4.5 \times 10^8 \mathrm{hm}^2$ 的热带森林，亚洲同期损失了大约1/3的热带森林，热带雨林中的动、植物物种正以每年 $460 \times 10^4 \mathrm{hm}^2$ 的速度消失，大量生长于热带雨林中的珍稀药材由此而受到威胁，如具有抗癌活性的美登木、粗榧、裸实、嘉兰等及成分相类似的不同亚种或变异型。而空气中二氧化碳、氟利昂、甲烷等温室气体含量的迅速增加，导致全球气候变暖，臭氧层破坏，海平面上升，洪涝干旱加剧，自然生态系统在较短的时间内发生较大的变化。一些对气温、光照、降雨量等气候条件比较敏感的中药材品种正在逐渐发生变异，如生长于高寒地带的消炎药雪乌、降压药雪茶、止血药雪三七及壮阳药雪莲花等。而大量生长于高原草原上的野生宝贵药材品种也在因气候的变化而逐渐变异，如锁阳、肉苁蓉、蓝花龙胆、冬虫夏草、贝母、大黄、羌活等。同时，气温、降雨量、光照时间与强度等条件的改变也会改变植物的生长周期，因而使大量的药用植物体内各种化学成分的生物合成受到抑制而导致有效成分含量降低。如温度是药用植物生长发育必不可少的生态因子之一，药用植物需要在一定的温度条件下才能很好地生长，而全球温度升高的现象使其生长所必需的温度条件遭到破坏，药用植物生长失调，导致有效成分含量发生改变，从而影响了药材的地道性。

此外，污染物的直接毒害，以及其在生态系统中的富集和积累既会直接影响药用植物的正常生长，又可以通过渗入土壤及进入水体，引起土壤和水体酸化、有毒成分溶出，从而对生长在其上的药用植物产生危害。研究表明，大气污染物 SO_2 可使药用植物叶片的脉间呈不规则的点状、条状或块状坏死区，当其经过气孔进入叶组织后，可诱导产生自由基(特别是 O^{-2})，从而引起膜脂过氧化，伤害膜系统；大气氟化物可导致叶片失绿、叶尖和叶缘坏死和过早落叶现象，使生长受抑制，同时，还对花粉粒发育和花粉管伸长有抑制作用，对结实过程产生不良影响；大气中的氧化剂可破坏质体，抑制酶的活动和光合磷酸化，使膜的选择透性发生变化，严重时会使细胞分隔作用解体，引起代谢紊乱；酸雨可直接损害药材的新生叶芽，使药材中蛋白质、多糖类成分含量下降。

(2) 重金属污染

机动车尾气的排放，使大气中铅的含量猛增，加上造纸、冶金、化工、采矿、印染等行业的工业废水、固体废弃物和城市生活垃圾等重金属污染源通过各种途径进入地表水体，渗入土壤，造成地表水、地下水重金属污染。植物因发育、遗传以及生理特性按特定比例主动吸收不同的金属离子参与自身活动，同时,对环境中含量高的某元素也会相应被动吸收,其被动吸收是导致中草药中重金属超标的重要途径。实验证明,随着施镉量的增加,植物体内镉含量增高,产量降低;当土壤中含砷量较高时,会阻碍树木的生长,使树木提早落叶、果实萎缩、减产。

重金属可通过土壤系统被药用植物根系吸收,从而直接影响到药用植物的生长发育,导致其产量和品质的改变。几种重要金属对植物的毒性强弱顺序为:汞>镉>铜>锌>铅>钴>铬,一般根部的含镉量可超过地上部分的2倍。但这并不是绝对的,不同的药用植物受金属离子的影响顺序可能有变化,且很大程度受重金属在土壤中活动性的影响。一般情况下,土壤中有机质、黏土矿物含量越多,盐基代换量越大,土壤的pH越高,则重金属在土壤中活动性越弱,对植物的有效性越低,即植物对重金属的吸收量越小。

重金属被药用植物根系吸收后可在植物体内累积,从而干扰植物吸收其他营养成分,破坏植物超微结构和正常生理代谢,导致生物酶失活和能量状态降低,影响植物光合作用、呼吸作用以及物质的合成和运转。

此外,重金属还会影响植物的水分代谢、蒸腾作用及生长素的含量。如砷能阻碍植物中水分的输送,使植物地上部分营养和水分的供给受到限制,造成植物枯黄。镉可经钙离子通道进入保卫细胞后,通过脱落酸(ABA)途径引起气孔的关闭,抑制植物的蒸腾作用。高浓度锌可使丝氨酸浓度下降,色氨酸含量增加,吲哚乙酸酶活性升高,从而使吲哚乙酸含量急剧下降。

(3) 农药残留

为了消灭害虫,提高药用植物产量,现代农业生产使用了大量的农药。而各种杀虫剂的使用,使大气、水体、土壤中有机氯、有机磷等有害物质增多,进而影响到药材,尤其以种子类、果实类及花叶类药材受污染更为严重。

农药在土壤中受物理、化学和微生物的作用,按照其被分解的难易程度可分为2类:易分解类(如2,4-D和有机磷制剂)和难分解类(如2,4,5-T和有机氯、有机汞制剂等)。按其危害程度可分为3类:①我国禁用的高毒高残留农药,如DDT、杀虫脒等;②长期使用可能在人体内蓄积而产生毒性的农药,如大多数有机氯农药、对硫磷等;③高效低毒农药,如苏云金杆菌制剂、除虫菊酯等。难分解的农药成为植物残毒的可能性很大,现在大多已经禁止使用。农药在土壤中可以转化为其他有毒物质,如DDT可转化为DDD、DDE,它们都能成为植物残毒。

农药污染药用植物后,可渗透其表皮蜡质层或组织内部,进入到细胞中,造成活性氧防御能力降低,短期内产生大量的氧自由基,包括超氧阴离子、过氧化氢(H_2O_2)、羟自由基。活性氧(reactive oxygen species,ROS)对机体的损伤主要是氧化脂类、蛋白质、酶和DNA,最后导致生物膜的损伤、蛋白变性、酶失活和DNA复制错误,对细胞极为有害。

植物对农药的吸收率因土壤质地不同而异,其从砂质土壤吸收农药的能力要比从其他黏质土壤中高得多。不同类型农药在吸收率上差异较大,通常农药的溶解度越大，被植物吸收也就越容易。例如，植物对六六六的吸收率要高于其他农药，因为六六六的水溶性大。不同种类的植物，对同一种农药中的有毒物质的吸收量也是不同的。一般说来，块根类作物比茎叶类作物吸收量高；油料作物对脂溶性农药如 DDT、DDE 等的吸收量比非油料性作物高；水生作物的吸收量比陆生植物高。

另外，在药用植物采收、加工、贮存和运输过程中造成的农药污染也十分严重。如一些药用植物产区，在施用农药后不久就开始采收；药材炮制过程中加入的辅料，加工机械设备或晾晒场所含有较高的农药和重金属残留；用农药、化肥的包装作药材的包装，运输农药化肥的车辆未加彻底清洁就运输药材等；为防止霉变、虫害和鼠害，使用农药或含重金属制品的仓储熏蒸剂对库存药材进行熏蒸，如氯化苦为一种杀虫剂，其结构中含有 $-NO_2$，熏蒸后如果残留于药材中，即有致癌的可能。

10.2.4.2 药用植物污染的特点

目前我国药用植物的化学污染有以下特点。

(1) 药用植物的农药残留和重金属污染具有普遍性

农药对药用植物的污染主要集中在六六六及 DDT 的残留上，该类农药在人体内具有浓缩、累积及胚胎转移现象，其在土壤中残留期也较长。农药残留含量低的为 $0.0001\mu g/g$，高的可达 $0.3\mu g/g$。

药用植物重金属的污染程度远高于过去，且一种药用植物中通常含有 1 种以上的重金属。根据我国《药用植物及制剂进口绿色行业标准》，国内不同产地的白茅根(*Imperata cylindrica*)、狗脊、厚朴等 19 种药用植物中，砷的总超标率是 17.07%，汞的总超标率是 34.15%，镉的总超标率是 14.63%，铅的总超标率是 21.95%，铜的超标率是 11.54%。

(2) 同种药用植物的污染物含量因产地和其自身的特殊性有所不同

同种药用植物因产地不同，体内的污染物种类和含量也不同，如贝母因产地不同，其含铜量最大相差了 6 倍，铬含量相差 5 倍；不同产地的麦冬中的铝含量从 122.3～738.3 mg/kg，铬的含量从 0～1.228 mg/kg，变化幅度相当大。各种药用植物中重金属含量常会呈现出明显的地域性特点。通常若本地区某种重金属污染严重或该地土壤中含有某种重金属矿源，那么该地区所产的中药材也会出现相应重金属含量高的现象。如贵州由于汞、砷、铅等重金属矿产资源丰富，其矿区所产的中药材中该几种重金属含量也比非矿区高出十几甚至二十几倍。川产药材的铜、砷和镉的含量普遍不同程度的超标，这与当地的相应的重金属污染状况有关。所以选择适宜的种植基地是提高中药材质量的根本所在。

此外，同一药材不同部位的农药残留量和重金属含量也有较大的差异。鲜人参样品的芦头、皮、干中的六六六相对含量分别是 1.0、1.5、0.02 $\mu g/g$；六六六含量在桔梗植株各部位分布由多到少依次为：须根、韧皮部、木质部、叶、茎；板蓝根中百菌清在植株各部位中残留量依次为叶＞花＞果＞根、根茎；秦当归头中的铜、锰含量是归身或归尾的 1.5～6.8 倍，归尾中的铁含量高，为归身或归头的 1.5~2 倍。

(3) 中成药污染程度一般较低

由于中成药生产过程中一般将药材用水提取，大多有毒有害物质留在药渣里，成药中残留较少。如摩罗丹等中药的有机氯农药残留量符合日本农产品的规定。

(4) 栽培药用植物农药残留量和重金属污染较高，野生药用植物污染较低

由于耕作区土壤中农药残留和重金属含量较高或种植时又施入农药、化肥，采自同一地区的种植金银花和野生金银花样品中，DDT 含量在种植药材中为 $0.18\mu g/g$，野生药材中为 $0.007\mu g/g$。

(5) 药材炮制前后农药残留量无显著差异

如山药、白芍、半夏、柴胡、当归等 10 余种药材中有机氯农药残留在炮制后有升有降，统计无显著差异。这可能是有机氯农药很稳定，不易降解，而在炮制过程中引入的辅料如酒、醋、米糠等的农药残留较高，反而使有的样品炮制后农药残留升高。

10.3 我国药用植物资源的可持续利用

药用植物资源的可持续利用，是 21 世纪中药产业生存与发展的前提。但是，由于国际市场上大量的药用植物提取物贸易和人类的工业化活动加速，诱发过度地采挖和利用野生药用植物资源，造成了大量的药用植物种类濒临灭绝；致使我国野生药用植物资源逐步匮乏，药用植物濒危资源的供求矛盾愈加突出，严重制约了中医药产业的发展。因此，采取积极的对策和措施，实施药用植物濒危资源可持续利用战略，保护濒危野生药用植物资源，对促进中医药产业的可持续发展具有重要意义。

10.3.1 药用植物资源可持续利用的措施

2002 年 10 月国家颁布了《中药现代化发展纲要》，要求"在充分利用资源的同时，保护资源和环境，保护生物多样性。特别要注意对濒危和紧缺药用植物资源的修复和再生，防止流失、退化和灭绝，保障药用植物资源可持续利用和中药产业的可持续发展。"这就明确指出，要以可持续发展战略解决药用植物资源保护和利用问题，使中医药事业保持良好的发展势头，实现中医药现代化，不仅造福于我国人民，而且造福于全人类。

10.3.1.1 控制药用植物及其产品污染

严格控制中药材中的农药残留量，是维护中药及中成药的声誉、开拓市场和维护人民群众健康的客观需要。近年来，我国在这个领域已做了大量工作。但是由于历史原因，药用植物及其产品污染问题非常普遍。要彻底解决其污染和有毒有害物质超标的问题，要做好以下几方面的工作。

(1) 药用植物种植的环境选择

药用植物在不同地区的生长发育随各地的地质条件、气候、土壤、生物等环境生态条件的差异，会相应表现出产量、外观、有效成分含量的差异变化。因此，在选择药用植物的种植基地时，应在尊重中药材产区形成的历史基础上，对种植基地的大气、土壤、水质进行监测和分析，使其符合我国 GAP 第二章规定："中药材产地的环境应符合国家相应标准：空气应符合大气环境质量二级标准；土壤应符合土壤质量二级标准；灌溉水应符合农田灌溉水质量标准；药用动物饮用水应符合生活饮用水质量标准。"做到预防第一。

(2) 应用生物修复技术

积极面对可能存在的地道产区重金属元素超标问题，对于已污染的土壤采用客土法、翻土法、施用改良剂或应用生物修复技术等方法来降低其重金属和农药残留本底。其中，生物修复技术指利用某些特定的动植物和微生物以较快地吸走或降解环境中的污染物，达到减少或最终消除环境污染的受控或自发过程。该方法成本低、可操作性强、不会带来二次污染，是今后研究的重点。

生物修复的基础是自然界中生物对污染物的富集或代谢作用。它一般分为植物修复、动物修复和微生物修复 3 种类型。此外，也可根据生物修复的污染物种类分为有机污染物生物修复、重金属污染物的生物修复和放射性物质生物修复。微生物修复即利用微生物将环境中的污染物降解或转化为其他无害物质过程。在药用植物的重金属污染治理方面，可以通过使用有机肥来产生大量的微生物，降低重金属污染。

植物修复技术就是利用植物根系吸收水分和养分的过程来吸收、转化污染体（如土壤和水）中的污染物，使其达到清除污染，修复或治理的目的。植物修复技术包括 6 种类型：植物萃取、植物稳定、根际修复、植物转化、根际过滤、植物挥发等技术。

目前，植物修复技术的运用方法主要有 2 种。一是先行栽种超富集植物，当土壤达到标准要求后再行栽培药用植物；二是超富集植物与药用植物的间种与套种。根据中药规范化种植的实际情况，第一种方法的修复周期往往较长，可用于重金属元素较高的土壤改造，而对于土壤超标不严重的种植基地，往往采用超富集植物与药用植物间种的方法。如成都中医药大学"川芎生产质量管理规范课题组"采用植物修复法已筛选出 2 种植物进行间种和套种。

(3) 建立 GAP 生产基地

中药材 GAP(Good Agriculture Practice for Chinese Crude Drugs)标准是世界公认的农作物栽培标准，用 GAP 标准规范药用植物的栽培种植，使其重金属含量、农药残留量均符合国际标准，是我国中草药业走向国际市场的必由之路。

GAP 的内容包括硬件与软件两大部分，硬件是指栽培药用植物的土壤、气候、水源、自然环境，基本的种植与收获加工设备、贮存环境等；软件包括组织、制度、工艺、操作、卫生标准、记录教育培训等。这就要求在中药材生产过程中，药用植物种植基地的选择标准，使用农药的种类及使用农药的人员和设备情况，药用植物采收、加工方法和仓储条件，中药中农药残留量的检测方法和限量规定以及监督措施等都应建立详尽的法规性文件（GAP 文件），并采取处罚措施等各种手段保证其贯彻实施，保证"绿色药材"的生产。目前，扬子江药业集团已先后在江苏、邳州、宜兴、内蒙古建成银杏、黄芪种植基地。

（4）选育抗病虫品种

农药的使用是为了防治病虫害以提高产量，但是，长期的实践证明，不科学不合理的施用农药不仅危害人类，而且污染环境。现代生物技术的发展为防治病虫害、减少农药污染提供了有力的武器。如利用花药培养可进行单倍体育种，胚乳培养可进行多倍体育种，组织培养可进行细胞无性系育种，原生质培养可用于体细胞杂交育种，基因工程可用于远缘杂交育种，这些手段的应用都有可能培养出更多抗病虫害新品种。因此，利用现代生物技术培育出品质好且能抵抗病虫害的药用植物新品种，就可以从根本上杜绝农药的污染。现在利用分子生物技术使植物自身获得抗病虫害的能力已成功地应用在农作物上，我国科学家已成功选育出抗虫棉，利用转几丁质酶基因获取抗纹枯病和稻瘟病水稻，这种技术也可以在药用植物上进行实验研究。

目前，药用植物生产品种多数是混杂群体，每种类型的特性、抗性都有不同。因此，应根据药用植物品种的抗性特征来进行品种培育，尤其要利用现代生物技术培育出品质好且能抵抗病虫害的品种，并从中选择综合效益好的品种作为基地发展的主导品种，建立起良性的品种体系，使药用植物增强抗病虫害能力，不再需要大量的各类农药，使中药材真正成为低农残、高质量的绿色中药材。如利用脱毒技术快速繁殖怀地黄，应用分子育种技术选育人参抗病品种等。

（5）病虫害综合防治

药用植物病虫害的综合防治是从生物与环境的整体观点出发，利用物理的、农业的、生物的防治措施，将各种防治病虫害的技术有机地联系起来，形成一个防治体系，把有害生物的数量控制在经济阈值以下，尽量减少化学农药的施用。

①加强田间管理，合理轮作和间作　清理田间、及时除草、修剪枯枝落叶，结合深耕细作、冬耕晒土等田间管理措施可大大减少病虫害的发生率和危害程度。如通过水分田间管理既可调节药用植物生长，减少生理性病害发生，增强药用植物抵御病原菌的侵袭，又可控制致病微生物繁殖；通过耕作可破坏蛰伏在土内休眠害虫的巢穴和病菌越冬的场所。此外，合理的轮作和间作也可降低病虫害的发生，如浙贝母和水稻隔年轮作，第二年灰霉病发病率降低 60%~65%；附子（*Aconitum carmichaeli*）与玉米间作，可减轻附子根瘤病。同时，施肥也是中药材优质高产的关键一环，但目前对药用植物的施肥技术的研究还相当薄弱，不合理施肥时有发生，而不合理施肥容易导致药材营养失去平衡，这是其产生生理病害的主要原因。

②生物防治　以虫治虫、以菌治虫，保持田间的生物群落动态平衡。尽量利用寄生、捕食性昆虫等有益生物消灭或抑制有害生物，不用或少用农药。如利用捕食性螨防治柑橘红蜘蛛和全爪螨，平腹小蜂防治荔枝蝽象，肿腿蜂防治菊天牛

及玫瑰多带天牛,赤眼蜂防治玉米螟等都取得一定效果。

③发展无公害农药和使用生物农药　利用昆虫病原菌和植物病菌的颉颃菌及微生物代谢产物防病治虫。如木霉属真菌可用于防治白术、菊花的白绢病及人参、西洋参立枯病;青霉素可用于控制川芎根瘤病;新多养酶素可用于防治人参黑斑病;农抗120可用以抑制人参根疫病;昆虫病原线虫可用于防治枸杞负泥虫、射干钻心虫和细胸金针虫等,其室内感染率达90%,田间防治效果达50%左右。此外,也可研究开发植物质农药,提取植物中的天然化学产物用于防治病虫害,这在我国也有悠久的历史,印楝、苦皮藤制剂就有良好的效果。

④合理使用化学农药,减少农药的污染途径,加强绿色中药材工程的实施　在使用化学农药时,应按照《中华人民共和国农药管理条例》的规定,采用最小剂量并选用高效、低毒、低残留农药,以降低农药残留和重金属污染,严禁使用剧毒、高残留或致癌、致畸、致突变的"三致"农药。同时,还要掌握合适的使用时期、施用方法,对症下药,要对病害或虫害的发生特性和农药特性进行全面分析,在对杀伤害虫最有力的虫龄阶段进行防治,并根据农药残留的时间长短,最后一次施药要保证在收获前产品中无残留。

⑤改进加工与贮藏技术,改善中药材的微生物污染状况　对生药使用合适的炮制方法可有效降低中药材的农药残留。如研究表明,水浸出物农药的残留量大大减低,因为农药大多留在药渣里。用真空包装保存中药材,抑制微生物的繁殖,就能有效地解决药材虫蛀、霉变等中药材贮藏中的常见问题,而不必使用喷洒农药、烘晒、烟熏等传统方法。此外,还应对中药材被微生物污染的状况及原因进行深入系统的研究,进一步阐明不同种类的中药材在生产、加工和贮藏等不同阶段污染微生物的概率及原因,不同种类的中药材被污染的微生物种类、状况及原因,同一种中药材在不同条件下(如产地、加工条件等)污染微生物的种类、状况及原因,不同种类的中药材在常用贮藏条件下的动态带菌状态,及常见污染菌污染中药材后,对其有效成分含量的影响等,以彻底改善中药材的微生物污染。

⑥加强中药材质量标准的研究　中药现代化是一个系统工程,内容包括药材生产的质量控制;国际市场可接受的中药现代化的制剂;符合国际通行的药品质量标准;用现代医学技术解释的药效作用、物质基础和作用机制;符合国际上普遍认可的疗效和安全性评估标准,等等。其中,绿色药材质量安全标准的建立是中药走向世界的众多工作中的第一步。因此,必须尽快制定出各种中药材中有毒有害物质的限量标准和检测标准,做到有法可依,才有可能使优质无污染的药材有好的经济效益,使高农药残留的药材没有市场。

制定中药材质量标准,必须以中医药理论为基础,充分考虑中医药注重整体性和中药材活性成分多靶点的特点,对药材的资源、生产及市场情况进行考察,尽量提供植物来源、资源分布、市场品种及其主产地情况,尽量选择地道药材品种进行研究;对药材样品进行基源鉴定,同时注明产地、采收时间及加工方法;建立主产区药材的指纹图谱,并在建立单指标成分含量测定基础上,探讨多指标成分综合评价体系；研究包括显微、理化及色谱法等具有专属性和重现性的鉴别方法，以有效成分或指标成分、对照药材为参照，提供鉴别特征；应用现代化分析技术进行重金属和农药残留物的检测分析，使其符合各限量标准。

10.3.1.2　加强生物技术在药用植物资源研究中的应用

由于生物技术的应用可使药材的生产在人为控制条件下进行，通过调控培养方式极大地提高生产率，排除病虫害的侵扰，严格控制药材质量，通过加入或删除基因而改变药材的遗传特性，筛选抗逆性新品种，使药材增加抗病毒、抗虫害、抗重金属、抗污染等能力。如目前应用生物技术已开展了石斛、金线莲等多种濒危中药材的生长发育机制和繁育技术研究，近年更有采用根瘤农杆菌感染植物组织，形成毛状根，扩增速度十分快速，已发展成一种新的培养系统，如用20t 发酵罐生产的人参毛状根已可商品化生产；用根瘤农杆菌感染丹参无菌苗已成功地获得了丹参的冠瘤组织以及高产株系的扩大培养，丹参酮的含量可达生药的 3 倍以上。

(1) 利用高新技术再生药用植物资源

进行药用植物的人工栽培和饲养是保证药用植物资源的一个有利手段，目前已运用杂交、诱变、多倍体、试管受精、原生质融合、生药培养等生物学技术获得浙贝母、延胡索、地黄、吴茱萸(*Evodia rutaecarpa*)、薄荷、枸杞、草乌头(*Aconitum kusnezoffii*)、百合、猪苓、虫草等高产优质的新品种。进行资源再生工作，主要包括如下两个方面：

① 通过地道药材与非地道药材的比较研究，明确同种药材优质品种及其最佳生长条件　地道药材是人们传统公认的来源于特定产区的质优药材。众多实验已阐明，同种药材不同产地，质量差异很大。其本质是作用的物质基础——化学成分的种类或含量的差异。化学成分的差异可能是由遗传因子产生的(种质)，也可能是地理生态因子产生的(生长环境)，还可能是由其他因素如传媒等产生的。各种因素对地道药材形成的作用是不一致的，因而，利用多学科手段和分子生物技术对常用的著名的地道药材与非地道药材进行系统比较研究，明确同一药材的优质物种及其最佳生长条件，为药用植物的栽培提供科学依据。

② 应用生物技术选育抗病毒、无污染药用植物　重组 DNA 技术的发展，已可将动物、植物、微生物的基因相互转移。自从 1983 年首次获得转基因烟草、马铃薯以来，国际上已获得转基因植物 60 多种。利用这一技术，将某些优良性状基因导入本不具备这些性状的植物体内，达到改良植物品种的目的。如抗病毒抗虫害基因的导入，获得抗性植株；控制植物次生代谢产物合成酶的合成基因的导入，获得有效成分含量高的植株等。在抗病毒方面，烟草花叶病毒(TMV)的外壳蛋白(CP)基因已在烟草中成功表达，转基因烟草对 TMV 表现出明显的抗性，已用于大田的栽培。在抗虫害方面，能杀死鳞翅目害虫的 δ 内毒素基因已在烟草中表达，用这种方法已获得了抗虫的番茄和马铃薯。相信这些技术用到药用植物上，将对中药材及无污染中药材的生产起到重大作用。

(2) 利用生物技术生产有效成分

一是利用组织细胞培养等技术生产有效成分。对于那些活性强、含量低、原植物资源匮乏以及化学方法难以合成的植物次生代谢产物，可以利用组织细胞培养技术进行大规模的生产。至今，进行组织细胞培养的药用植物已达2000多种。另外，随着植物基因工程的发展，出现了基于发根农杆菌的毛状根培养的和基于根瘤农杆菌的冠瘿组织培养的转基因器官培养技术，将传统药用植物细胞培养推向了新的阶段。目前，已在长春花、紫草、人参、曼陀罗、颠茄、丹参、黄芪、甘草、绞股蓝和青蒿等10余种药用植物中建立了毛状根培养系统，人参毛状根已开发出商品投入市场。

二是利用转基因植物生产有效成分。继利用转基因动物生产药用蛋白质获得成功后，利用植物作为生物反应器获得外源基因表达产物的研究正在兴起，已有一些来自细菌、动物和人类的某些抗原、抗体和特异基因编码的蛋白质在转基因植物中得到表达。目前，最成功的例子是把莨菪胺生物合成的关键酶——莨菪胺 6-β-羟化酶(hyoscyamine 6-β-hydroxylase)基因导入具有丰富底物天仙子胺的颠茄中，转基因中天仙子胺绝大部分都转化为莨菪胺。随着植物次生代谢产物合成途径的深入研究，将会有更多在植物体内合成的次生代谢产物被发现。

自1992年联合国环境与发展大会以来，可持续发展概念已被学术界、科技界和决策界普遍接受。在《"九五"计划和2010年远景目标纲要》中，可持续发展战略被放在了突出地位。药用植物资源是自然界留给我们及子孙后代的宝贵财富，我们必须做到合理开发与有效保护、生态效益、社会效益与经济效益的和谐统一，为中药现代化及其产业的可持续发展奠定坚实的物质基础。

10.3.1.3 开展资源普查，确立保护等级

(1) 周期性开展药用植物资源的普查

为了有效保护和持续利用药用植物资源，应当周期性开展药用植物资源的普查。只有摸清我国目前中药资源蕴藏量的"家底"，知道"袋"中到底有多少"粮"，才能为保护和利用濒危野生药材资源制定出科学、有效的方针，保护才能事半功倍。新中国成立以来，我国分别于20世纪50年代中期、70年代初期和80年代中期进行了三次较大规模的中药资源普查(调查)工作，为历史上这三个时期中药的大发展奠定了基础。随着我国的中药产业的发展，中药材市场的开放，各地产业结构的调整，野生中药资源量、中药材的需求量、药材质量、产量及主要产区分布等，与前期比较都会发生巨大变化，因此资源的普查和统计工作应具有周期性和长期性，才能不断丰富我们的药用植物资源信息库，随时了解药用植物资源的濒危状况，从而及时启动药用植物资源的濒危状况的预警系统，制定出相应的保护措施。

(2) 确立保护等级

在资源普查的基础上，确定当前亟待保护的稀有、濒危药用植物种类。药用植物稀有、濒危按程度不同可分为濒危种、稀有种和渐危种3类。

①濒危种　指那些在分布区处于有绝灭危险的药用植物。这些种类居群不

多，数量比较稀少，地理分布有很大的局限性，仅生存在特殊或脆弱的生态环境或有限的地方。其生境和环境的自然或人为改变，都会直接影响种群的大小、存亡，并使一些适应能力差的种类的数量骤减或消亡。

②稀有种　指那些并不是立即有绝灭危险的、稀有的、特有的单型科、单种属和少数种属的代表种类。这些种类居群不多，数量也稀少，分布于有限地区，或虽有较大的分布范围，但只是零星分布。

③渐危种　目前虽还有一定数量的野生资源，但因森林砍伐和植被破坏、过度开发利用使生态恶化，造成分布范围和居群植株数量减少，如不及时加以保护，控制采伐，很有可能成为濒危或稀有种。

要优先保护各地地道药材品种和有较重要药用价值的种类；对那些野生种群和个体数量较少，稀有濒危程度较高的药用植物种类应重点保护；应着重保护那些单型科、单型属及少型属的药用植物；确定保护的药用植物分布频度，其分布频度愈小，越应受到保护；某种药用植物野生资源减少速度的快慢，是衡量一种药用植物在进化过程中的进化趋势和对人为干扰敏感度的指标，应注意保护那些野生资源减少速度较快的药用植物种类，如《中国珍稀濒危保护植物》(红皮书)(第一册)、《野生药材资源保护管理条例》等规定的保护种类。

10.3.1.4　加强药用植物资源的就地保护

(1)建立国家级专项药用动植物保护区

虽然我国大大小小的自然保护区有1000多个，但目前为止，我国还没有一个专门的国家级药用动植物保护区，急需建立并健全专项国家级中药资源保护区。

(2)根据生态环境差异合理利用和保护中药资源

我国东部地区经济发达，中药资源的开发历史悠久，但中药资源蕴藏量相对较少；而西部地区中药资源丰富，蕴藏量大，待开发品种多。根据我国自然、经济、技术条件和中药资源分布特点以及各类资源的开发现状，加之野生药材的分布和生产受降水、土壤、气候、日照等生态环境的影响，有一定的地域性，且其产量、质量与产地都有密切关系，因此为了充分发挥区域优势，大致可分为以下区域：

①栽培药材主区　成都平原、江浙太湖平原等地区生态环境优越，药材生产应以巩固提高为主；江南丘陵山地及山间盆地水土流失比较严重，栽培药材应与营造药用林相结合，挖掘增产潜力；晋南山间谷地、陇东高原，原始植被稀少，生态破坏严重，这些地区的中药资源和药材生产有特定的优势，应稳定产量，保护植被。

②野生药材主区　大小兴安岭、长白山中药资源蕴藏量丰富，对此类地区的资源要合理利用，保护其再生能力；豫西、太行、冀辽山地药用资源优势种群较多，应合理开发利用，对常用的中药资源组织有计划地野生变家种；秦巴山地和长江以南丘陵山地、南方山地的开发应采、护、育并重，注意采挖强度，搞好人工种植；准噶尔盆地及西北荒漠草地，今后要合理利用甘草、麻黄等草地资源，

封沙育草，进一步开发利用地方草药和民族药资源。

③南药开发区　海南岛、西双版纳药用动植物资源种类繁多，品种独特，但生态环境破坏比较严重，开发利用和资源保护的矛盾比较尖锐。因此，要建立主要药用品种的生产基地，进行人工培育。

④海洋药用资源开发区　海洋药用资源开发区为渤、黄、东、南四海滩涂和近海水域，利用近海药用资源和海水养殖是目前海洋区域药用资源开发的方向，我国沿海滩涂耐盐碱的药用资源很有开发潜力。

10.3.1.5　积极寻找替代品及发掘民族药

对珍稀、濒危野生物种如铁皮石斛、川贝、紫杉等，可按照植物化学和植物分类学知识，寻找近缘种的优良物种，以扩大药源。另外，我国的民族药资源丰富，种类繁多，其中藏药有 2805 种，蒙药有 1340 种，壮药有 2076 种，维药有 1917 种，具有极大的发掘潜力，已从中开发出一批疗效突出的新药，如从灯盏细辛中研制成功灯盏乙素片、灯盏细辛注射液来治疗脑血管意外偏瘫，利用青阳参制成的青阳参片来治疗癫痫等；亦发现数十种可以代替进口的国产中药材资源，如萝芙木、毛诃子(*Terminalia billerica*)、荜茇、胡黄连等。但总体上讲，民族药的开发利用仍处于较低水平，一些疗效奇特、蕴藏量大的物种仍养在深山无人识，亟需进行有效开发利用。

10.3.1.6　建立药用植物及常用中药材栽培品种种质基因库，加强优良品种的选育和中药资源物种实时动态监测

随着生态环境破坏的加剧，濒危的药用植物品种越来越多，故需对珍稀濒危品种进行重点培育、活体引种保存；建立低温、低湿的人工种质资源库，对植物种子、果实、花粉、无性繁殖体等活性材料进行保存已迫在眉睫。由于 DNA 分子作为遗传信息的直接载体相对比较稳定，因而可以选择合适的 DNA 分子遗传标记技术，如 RFIP (限制性内切酶酶切片段长度多态性)、RAPD (随机扩增多态性 DNA) 等方法，所得结果再结合形态、生化、染色体等多方面的研究，能对中药基源植物"种"及"种内等级"的划分得出更科学和客观的评价，例如贝母、白芷、黄芪等可利用该项技术保持种群的稳定性；同时加强中药材栽培技术的研究也是实现中药可持续发展的根本保证，如人参、麻黄、甘草等的人工栽培，既保证了人们防病治病的需求，又可遏制草场的沙漠化，实现生态环境与药材资源的双重作用。由于不同产地栽培品种的生物学特性、产量等都有很大差异，就必须从众多的种质中进行筛选。实行种源规范化并建立良种繁育基地，可提高单位面积的药材产量，同时制定标准中药材种子、种苗生产的标准操作规范 SOP 和建立检测中心，从而保证临床疗效和中成药质量的可控。另外，还要开辟亲缘关系相近、治疗作用相似的植物种类，如五加属、杜鹃属、小檗属等新品种、新资源的研究应用领域，以扩大中药材新的品种和不同药用部位，降低对单一植物的使用压力。

种质库和基因库可以保存大量的植物种以及以下单位的植物，也可以保存植物体一部分的组织，既有利于物种种质资源的利用，保护了生物多样性，又能在

物种受到威胁时备用。在原有基因库基础上，加强物种资源的鉴定和研究，利用现代化的信息分析系统、网络技术、监控技术和生物技术，实行动态监测，对濒危品种建立预警监控系统。

10.3.1.7　保护生态环境，建立生态药业的发展模式

保证生态系统和生物物种的持续利用，用生态平衡的自然规律和经济规律全面指导中药经济发展。避免药用植物生产对生态平衡的各种破坏，建立生态药业模式，使中药产业与药用植物资源共同协调发展。目前我国已经成功对川贝母、冬虫夏草、刺五加进行野生抚育，并建立了中药材抚育基地，为缓解药用植物濒危资源做出积极贡献。

10.3.2　加强药用植物资源保护与利用研究的立法支撑

我们已于20世纪的80和90年代相继出台了《中华人民共和国森林法》《野生药材资源保护管理条例》《中华人民共和国水生野生动物保护实施条例》《中华人民共和国野生植物保护条例》等法规，这些法规为保护国家野生药材资源保护的法律体系初步建立起到了非常重要的作用。然而随着时代的进步和我国加入WTO，这些制定于几年甚至十几年前的法律法规在执行过程中与现实的碰撞给管理和企业的生产经营带来了不少困难。

此外，我国至今还没有针对野生动植物的国内贸易立法，也未能按《濒危野生动植物种国际贸易公约》（CITES）的要求制定一部相应的国内法。比如石斛，根据《野生药材资源保护管理条例》，石斛属国家三级保护野生药材物种，可以限量出口；而根据《濒危野生动植物种国际贸易公约》，其贸易几乎是全部禁止的，法规的冲突和不健全导致至今 CITES 公约秘书处仍将我国列为野生动植物贸易国内立法不完善的Ⅱ类国家。

建立健全和不断完善管理法规，是搞好中药资源保护与利用的根本保障。目前法规中的一些条款已不适应中药发展的需求，应出台中药资源保护条例，并逐步建成中药资源保护的法规体系，才能为中药资源保护与利用奠定良好的基础。有关部门应对涉及保护和管理野生资源的法律法规进行研究，需要修订的重新修订，以适应客观变化的需要。

10.3.2.1　对药用生物物种资源量进行全国性的调查

目前，我国所引用的中药材资源各项数据缺乏科学性和客观性，急需进行第4次中药资源普查工作，为我国大规模实施的中药各项发展规划、计划和大型综合性项目提供真实的中药材资源基础数据支撑。药用植物濒危状况调查，现在只能列出一个"可能濒危"的物种目录，没有具体数据，制定政策缺乏可靠的基础。建议国家每10年对野生药用植物资源普查一次，并出台《中药资源保护条例》，列出保护目录，一方面对列入国际公约的濒危物种要重点保护，另一方面根据我国的实际情况，对目录所列的物种要实行科学地划分保护等级和动态管理，每隔一定周期要进行修正。

10.3.2.2 加强对生产植物提取物企业的监控

生产植物提取物的企业不直接生产药品,但经营的浓缩原料多数销往国外。这种生产方式造成了资源的浪费和流失,后果是野生资源特别是濒危物种毁灭性的破坏。国家要制定政策,禁止生产植物提取物的企业利用濒危野生资源,规定只能用种植的原料。对濒危植物实行栽培原料市场准入制度。对含有濒危植物的产品实行查验为栽培原料后的市场准入制度,海关对出口产品也实行同样的查验放行制度。

10.3.2.3 严格管理药用濒危资源的生产经营

根据国家生态环境保护和濒危动植物种管理的有关法规和国际公约规定,对濒危动植物种的经营要严格管理,有效控制,实行许可证管理。由国家医药行业主管部门指定专业中药经营机构实行限量收购、定向使用、专业经营和规范化管理,其他任何单位和个人(含药材专业市场)不准收购经营濒危动植物药材。地方重点保护动植物药材由地方实行许可证管理,研究制定具体实施的管理办法或实施细则,并将有关实施管理办法和规定措施纳入《野生药材资源保护管理条例》作为实施细则。对国家重点保护的二、三级野生动植物药材的收购经营由国家医药主管部门审批颁发生产经营许可证,并下达年度收购计划;对省级重点保护的野生动植物药材的收购经营由省级医药主管部门审批颁发生产经营许可证,并下达年度收购计划;对国家和地方重点保护的野生动植物药材,实行国家和地方两级专营管理。

10.3.2.4 对濒危的野生和栽培的药用植物要实行双重标准和双重政策

任何一个物种的野生资源的蕴藏量是不能从根本上满足人们日益增加的需求量的,最根本的解决办法就是发展药用资源的种养业。CITES 公约规定凡是在人工栽培或养殖 2 代以上的 CITES 公约附属物种,不作为野生动物、野生植物对待,给予豁免待遇。制定法规时,必须对野生物种和种养物种实行双重标准和双重政策,使我们既不违反国际公约,也能促进中医药事业的可持续发展。2003 年 11 月 1 日,国家药品食品监督局(SDA)正式受理中药材种植管理规范(GAP)的认证申请,天士力药业、吉林西洋参集团、北京同仁堂等八家企业的中药材基地通过 GAP 检查。

10.3.2.5 培养专业人才,扩大药用植物研究的专业队伍

药用植物资源的科学发展,需要有一批多学科的人才,如植物分类、环境、生态、自然地理、计算机人工智能,中医中药等领域,但恰好我国十分缺乏这方面的专门人才,建议应尽快通过实践来培养能胜任这一任务的科技队伍。

10.3.2.6 开展全民教育,加大宣传力度,增强公众保护意识

我国资源保护意识和法律观念淡薄,要更新观念,转变中药资源用之不竭的旧观念,增强中药资源、生态环境保护的意识,树立新资源观,把保护自然资源放在重要的战略地位。还需树立专利知识产权保护意识;培养多学科的人才,建立一支中药资源研究队伍和专家;提高中药资源利用率,减少浪费;实现中药资源管理的规范化操作和法制化;通过建立各种生产技术规程和质量标准,逐步达

到技术规范化和质量标准化。在立法方面，政府要制定和修订有关中药资源生物多样性保护的法律、法规，制止和打击破坏中药资源及生长环境的违法活动，进一步加强和完善中药资源的法制建设和法制管理，加大立法与执法力度；统一有效管理，建立旨在消除中药资源生物多样性保护、机构组织、部门的条块分割障碍的新机制等。持久地对公众开展人与自然和谐发展观念的教育，提高全民族自觉保护和文明利用野生动植物资源的素质。保护野生动植物资源，不仅是政府和中医研究人员的事，而且是全中华民族的事。要利用各种媒介和教育手段，教育公众不能只顾眼前利益，对野生资源实行用光、卖光和占光（土地）的"三光政策"。一个有前途的民族，一定会为了当代和后代的长远利益，以可持续发展的战略眼光，规范自己的生产活动，制约自己各种行为，实现自然和社会发展的双赢。

10.3.2.7 加强国际交流、合作，促进中医药产业现代化

中西方文化的差异以及传统中医药理论是阻碍中医药国际化发展的瓶颈。广泛开展药用植物资源保护的政策法规的国际交流、技术交流，通过信息沟通，对促进相互之间的了解、理解以及管理水平的提高，促进资源保护的立法和执法能力，促进中医药产业现代化，提升国际贸易比例和加速中药的全球化进程具有重要意义。

本章小结

药用植物资源是指含有药用成分，具有医疗用途，可以作为植物性药物开发利用的一类植物的总和，分属于藻类、菌类、地衣类等低等植物和苔藓类、蕨类、种子植物类等高等植物。

目前，我国对药用植物的利用与研究在以下方面已取得了一定的成效：(1)扩大了药用部位，增加了新品种，使药用植物资源的研究向综合利用方面发展；(2)野生种变家种及引种驯化研究初见成效；(3)药用原料植物资源的研究与利用有了新的进展；(4)寻找替代品及近缘优良物种，不断发现和进一步开发药用植物新药源；(5)进口药代用品国产资源的研究利用有了突破；(6)中药现代化与无公害化规范化示范栽培基地建设；(7)利用生物技术生产有效成分，缓解药用植物资源压力；(8)利用药用植物的有效成分、有效部位开发新的药物品种。同时，我国民族药用植物资源和生药资源也取得了可喜的成绩。但是，我国药用植物资源仍然存在：药用植物野生资源过度消耗；基因资源流失；无序开发破坏生态环境以及药用植物污染日益严重。

药用植物资源的可持续利用的措施：控制药用植物及其产品污染；加强生物技术在药用植物资源研究中的应用；开展资源普查，确立保护等级；加强药用植物资源的就地保护；积极寻找替代品及发掘民族药；建立药用植物及常用中药材栽培品种种质基因库，加强优良品种的选育和中药资源物种实时动态监测网络；保护生态环境，建立生态药业的发展模式；同时要加强药用植物资源保护与利用研究的立法支撑。

思考题

1. 试述我国药用植物资源种类及其利用情况。
2. 根据药用植物污染的途径和特点，你认为造成其污染的原因主要有哪些？
3. 药用植物如何适应人类活动所造成的环境污染？
4. 控制药用植物及其产品污染的主要措施有哪些？

本章推荐阅读书目

野生植物资源学. 第 2 版. 戴宝合. 中国农业出版社，2003.
生药资源学. 郑汉臣. 第二军医大学出版社，2003.
中草药生物技术. 唐克轩. 复旦大学出版社，2005.

第11章
药用植物生态学研究方法*

药用植物生态学属于应用生态学的一个分支学科，随着人口的增长，生活水平和质量的提高，药用植物的自然生态系统正越来越被人类的活动所干扰、调节、控制和驯化，已列入为人类当前和长远利益服务的范畴。随着驯化技术的提高，规模的扩大，药用植物生态学正呈现出融入农业生态学研究范畴的趋势，但对药用植物的研究还只是站在植物化学的角度，从生态学的角度去研究药用植物还处于起步阶段。用生态学研究中系统的思维去研究药用植物的地道性、有效成分和连作障碍等方面的定性和定量问题，具有较强的指导性意义。

药用植物生态学主要运用生理生态学、化学生态学、分子生态学的研究方法和技术平台对药用植物的种质资源、地道性、品质性状等进行研究，以期从分子水平揭示地道性的机理，为野生种质资源的保护与驯化、药用植物有效成分的调控提供技术支撑与保障。

药用植物生态学的研究是一个多学科交叉与融合的过程，还正处于萌芽阶段，必须广泛借助于其他相关生态学的研究思路，引导药用植物从植物化学研究的思维向生态学的思维转换，这任重道远，但也是一个蕴藏着巨大理论和实践前景的课题。

11.1 药用植物资源的生态学研究方法

近些年来我国中医药产业的迅速发展导致药用植物资源过度开发，已有相当一部分珍稀药用植物资源濒临枯竭。为寻求药用植物资源的可持续利用之路，人们围绕"保护现有种质资源，寻找新药源，创造新种质"进行了多方面的研究。

11.1.1 药用植物资源保护研究

11.1.1.1 药用植物资源调查内容
(1) 野生药用植物和栽培药用植物资源普查

以现场调查、路线调查、访问调查和野外样方调查技术为基本方法，结合引

---
* 注：本章为选学内容。

进"3S"技术和计算机数据库等现代技术方法进行调查，根据不同药用植物的特性实施合适的调查统计方法。在部分适用药用植物资源量和野生抚育药用植物基地调查中，可通过计算不同药用植物对光谱的贡献率，研究利用卫星遥感平台调查目标药用植物的生态环境条件及该药用植物分布的主要群落植被类型，利用中高分辨率卫星遥感数据调查植物种群的分布区域特征，并分析其光谱特征，从而划分出野生药用植物资源的产区分布，结合具体实地样方调查数据推算其分布面积、产量，分析其资源的蕴藏量及其变化特征、资源的最大可利用量等；并在此基础上建立野生资源濒危预警机制保护种质和遗传资源。

（2）栽培的药用植物资源调查

以产区调查为主，包括产区的分布、种质资源、年产量、单位面积产量、种植面积、栽培技术、病虫害种类、农药使用及污染情况分析、药材质量状况等项基础数据。结合统计及卫星遥感调查分析、地理信息系统技术、数据库技术等，建立药用植物栽培基地的数据库应用系统和资源量分析体系。

（3）重要药用植物种质资源调查、收集和评价

中药材质量不稳定和某些中药材质量下降的原因之一与药用植物种质不确定有关，大宗栽培品种存在着类型混杂、种质退化和变异的问题，如川郁金的两个栽培变种之间总姜黄素的含量相差近 10 倍，革叶银花是勺叶银花绿原酸含量的 1.54 倍。种质资源是中药材生产的源头，种质的优劣对药材的产量和质量有决定性的影响，因此，对种质的收集、鉴定、评价和创新是更好利用中药资源所必须的。通过建立中药数据库、种质资源库，收集中药品种、产地等相关数据，保存药用植物种质资源。调查内容包括生产中种源来源、品种退化情况、不同种源之间形态差异性、农艺性状差异性和质量主要指标差异性。

（4）药用植物栽培技术的调查

泛栽滥种、不适当地盲目引种、不规范不科学的栽培方法也是造成药材质量不稳定的重要原因。对重要中药材特别是地道药材的栽培技术调查，有利于了解种植方法与质量形成的关系，有利于中药材生产现状的了解和科学管理，有利于 SOP 的制定和评价。调查应该包括栽培历史、繁殖方法、育苗管理、中期田间管理、最佳收获期等。

（5）病虫害危害及农药使用情况调查

野生药用植物和栽培药用植物在生长过程中均会受到各种病虫害的危害，这些病虫害种类各异、发生危害规律不同，对野生药用植物生长量及蕴藏量、药用植物中药材的产量及质量都会产生严重影响。调查的具体内容有：野生药用植物病虫害种类、天敌种类及发生危害程度调查；栽培药用植物病虫害种类、发生危害程度及植保工作现状调查；中药材农药残留及重金属污染状况调查；对我国大宗常用中药材农药残留及重金属污染状况进行调查、测定，分析污染原因，为药材生产及基地建设提供依据。预期完成我国野生及栽培药用植物病虫害、天敌资源名录，并建立数据库；建立我国中药材生产农药使用现状、药材农药残留及重金属污染状况数据库。

11.1.1.2 药用植物资源调查方法

传统的资源调查方法难以反映药用植物多样性和环境因子在多维空间上的内在联系和对药用植物资源的有效评估，不能适应种质资源保护研究和中医药产业发展的需要。引进"3S"技术(遥感RS、全球定位系统GPS和地理信息系统GIS)和计算机数据库等现代技术方法进行调查，根据不同药用植物的特性实施合适的调查统计方法，不仅可以快速、方便地检索药用植物的相关信息(如名称、形态特征、地理分布、生态环境、药用成分等)，而且还可以利用Internet/Intranet技术实现信息共享，有利于药用植物资源的开发利用和保护研究。这将是我国药用植物种质资源管理的新模式。

(1) 植物信息提取及植被分类

植物信息提取和植被分类是药用植物资源生态研究的基础。借鉴植被及农作物研究的经验，运用RS和GPS提取中药材遥感信息，可以研究药用植物的长势、生物量等；对于野生中药材，还可以研究其所处群落的植被类型甚至伴生植物。2001年以来，中国医学科学院药用植物研究所首次运用遥感技术对人参、甘草等中药资源进行了调查。

方法学上的研究，取得了一定进展。利用遥感技术对人参种植区域的人参种植面积进行调查，建立了人参资源遥感调查的技术路线和方法，并通过抽样调查对人参进行了产区面积测算和估产。人参调查样区的人工判读精度，Landsat7ETM图像(15m)达90%，ETM与Spot融合图像(5m)达97%，Quick Brid图像(0.61m)达100%。采用中等分辨率的卫星影像ETM(15m)量测，计算出甘草分布的面积和蕴藏量，判读精度高于90%。这为遥感技术在中药资源调查中的应用摸索了方法。

(2) 药用植物资源的土壤水分监测

土壤水分监测是遥感的常规工作之一，不少学者结合精确农业，利用遥感技术对作物土壤水分含量进行监测，结果证明遥感对大面积农田土壤水分宏观动态的监测方便、快捷、精度高。李建龙等利用RS和GIS，初步建立了典型试验区遥感信息与土壤含水量之间的遥感光谱相关监测模型，并同地面实测土壤水分进行了精度校正，结果表明，其模型监测0~20cm土层含水量的精度达到90%以上，实际监测土壤水分精度达到72.3%；在遥感监测20~50cm土层土壤含水量中，利用遥感模型监测土壤水分精度达到80%以上，实际遥感监测精度达到60%左右，其结果可有效指导干旱半干旱农业区春耕时间和动态监测大面积土壤墒情。王晓云等对土壤水分卫星遥感监测结果的分析能力进行了探讨，并提出了一批具有一定物理意义和应用价值的遥感模式。李亚春等介绍了土壤水分热红外遥感监测的热惯量模式及国外在这一方面所取得的主要成果，阐述我国利用热惯量模式监测土壤水分的应用性试验的现状，以及在模式研究方面所取得的进展。总之，将日趋完善的"3S"技术用于药用植物资源，尤其是用于栽培药用植物土壤水分监测，建立卫星图像资料接收系统和快速处理分析及传输系统，将会提高大面积栽培药用植物土壤水分监测和控制的能力。

(3) 药用植物资源的土壤养分监测

养分缺乏是影响植物生长的最主要限制因子之一，及时准确监测或诊断出作物养分状况，对提高植物水肥管理水平和水肥利用效率，减少过度施肥带来的环境污染具有重要意义。近年来，"3S"技术用于农田养分监测的研究层出不穷。随着高分辨率卫星的出现(1~3m)，遥感光谱信息与土壤性质、作物营养关系的研究和应用将得到进一步地深化和推广。针对目前我国土壤养分管理和施肥技术的现状，从与土壤肥力、施肥、作物有关的因素着手，采用"3S"等技术手段，以精准农业的理念为指导，在药用植物栽培种植中进行合理施肥，具有很好的实用性和推广价值。

(4) 药用植物资源病虫害监测

不同类型的药用植物资源往往感染不同的病虫害，而不同的病虫害所引起药用植物资源受损症状不同，有的病虫害导致药用植物资源反射光谱的显著变化，有的则导致中药资源大量失叶、减产。因此，对不同病虫害的遥感监测方法不同。路桂珍研究发现，根据健康植物与受害植物在近红外波段反射率的明显不同，可利用红外遥感图像上的色调变化来判读健康植物和受害植物及其受害程度，并能比肉眼早期发现，从而达到大面积监测并防治病虫害的目的。杨存建等探讨了"3S"技术在森林病虫害监测管理中的应用模式，以及整个系统的集成。利用"3S"技术及时掌握中药资源发生病虫害情况，在中药资源病虫害还没有发生严重危害与大面积蔓延的情况下及时采取防治措施，将病虫害及时消灭，从而可以降低损失，提高产量。从长远角度看，利用"3S"技术监测中药资源病虫害的前景广阔。

总之，以"3S"集成技术系统和国家中药资源及环境数据库为基础，对中药资源及环境数据库进行定期的同步更新，建立反馈和综合协调机制，可提高对资源与环境的宏观调控能力，为社会提供全方位的中药资源及环境信息，为中药资源的合理开发和利用提供科学依据。这一切对中药资源的可持续利用具有深远意义。

11.1.1.3 药用植物资源的保护

(1) 建立自然保护区

建立自然保护区是保护天然药用植物资源，实现保护和开发利用有机结合的有效途径，是就地保护药用植物资源的主要方式。根据国家环保总局发布的全国自然保护区统计情况显示，截至2004年底，我国自然保护区数量已经达到2194个，其中主要的药用植物资源保护区有青藏高原藏药植物资源自然保护区、新疆荒漠沙生药用植物资源自然保护区、吉林长白山北药植物资源自然保护区、海南南药药用植物资源自然保护区、广西龙虎山药用植物资源自然保护区和云南西双版纳药用植物资源自然保护区，这在一定程度上保护了我国面临严重压力的药用植物资源，尤其是保护了药用植物的"地道性"。我国有些药用植物由于其自身的特殊生境，对于水源、土壤、气候等因子都具有独特的要求，人工移植、人工栽培等由于生境变化，或者采用栽培、育种、防治病虫害等技术措施而使其种质资源发生变化或者退化，药用植物成分随之变化。对于一些因为生境特殊而稀有的名贵药用植物更是如此。在药材天然产区建立以保护药用植物资源为目的的自然保护区，则可以实现天然中药材的保护，保持种质资源的天然状态。

同时，可以保护药用植物资源的多样性及实现药用植物资源的可持续利用。建立自然保护区有助于多级生态位的形成，有利于生态系统的稳定，使物种多样化。药用植物物种作为生态系统的一部分，通过能量流、物质流、信息流与基因流与各级物种发生复杂而有序的生态关系，这种关系不是单个物种与单个物种之间的简单相加，而是作为整体而存在，使物种成为密切联系的一个整体，从而保持药用植物种在整个生态系统中的平衡。而对药用植物资源实行不同程度的保护是为了更好的开发利用，就是将保护与开发利用有机的结合起来。在保护区的核心区建立严格的管理措施，除了非用不可的科研采挖外，严禁任何干扰、采挖，不能破坏与药用植物有关的其他生境、物种因素，保证这部分种质资源的纯洁性，而在缓冲区、过渡区作适当开发，开展区内药用植物的抚育、栽培；同时，可以在此区内采用间歇保护、轮流保护的措施，缓解人们对药用植物的采挖压力。政府部门、生产单位、制药企业、大专院校、科研单位应加强合作，发挥各自的优势，加强科学技术的转化、应用，增加产品的科技含量，这样就会使药用植物资源真正地做到合理开发使用，实现自然保护区内药用植物资源的长期可持续利用。

(2) 建立自然保护区的方法

建立自然保护区是生物多样性保护的主要途径，然而关于建立自然保护区的原理、方法仍很不完善。20世纪70年代中期，Diamond依据岛屿生物地理学的"平衡理论"提出了一套自然保护区设计原则，据此形成的自然保护区圈层结构（核心区、缓冲区、过渡区或实验区）的功能区划模式成为现代自然保护区设计的基础。

①核心区　是选择保存完好的天然状态的生态系统以及珍稀、濒危动植物的集中分布地而设立的，禁止任何单位和个人进入。其面积必须大于保护对象的繁殖最小面积(PVA)或最小景观。

②缓冲区　在核心区外围，是为维护繁殖最小面积或最小景观的一个外加部分，只准进入从事科学研究观测活动。其宽度（面积）则要根据自然保护区所在区域外界干扰的类型及强度来确定，缓冲区的最小面积应不小于最小景观面积。

③实验区　在缓冲区外围，可以进入从事科学试验、教学实习、参观考察、旅游以及驯化、繁殖珍稀、濒危野生动植物等活动。

外围保护地带，原批准建立自然保护区的人民政府认为必要时，可以在自然保护区的外围划定一定的面积。

(3) 建立药用植物园及其方法

1987年，国务院发布了《野生药材资源保护管理条例》，并公布了《中国珍稀濒危护植物名录》。我国已先后在不同地区建立了100多个植物园或树木园，通过就地保护、迁地保护，对一些珍稀药用植物资源的保护起到了一定的作用。表11-1列出了50余种较为重要的引种保护药用植物。

表 11-1　有关植物园引种保护的重要野生药用植物

药效	植物名称	拉丁学名	繁殖材料
抗衰老、滋养、强身	黄芪	*Astragalus mambranaceus*	种子
	蒙古黄芪	*A. mambranaceus* var. *mongholicus*	种子
	淫羊藿	*Epimedium brevicornum*	种子
	绞股蓝	*Gynostemma pentaphyllum*	种子、茎枝
	光叶绞股蓝	*G. laxum*	种子
	刺五加	*Acanthopanax senticosus*	种子
	人参(三七)	*Panax* spp.	种子
	野大豆	*Glycine soja*	根茎
	五味子	*Schisandra chinensis*	种子
	兴山五味子	*S. incarnata*	种子
安神、促进微循环、抗癌	泡囊草	*Physochlaina physaloides*	种子
	粗榧	*Cephalotaxus fortunei*	苗木
	海南粗榧	*C. mannii*	苗木
	红豆杉(紫杉)	*Taxus* spp.	种子、苗木
	八角莲	*Dysosma* spp.	苗木
抗风湿	穿龙薯蓣	*Dioscorea nipponca*	种子、根茎
	鹅掌楸	*Liriodendron chinense*	种子
	杠柳	*Periploca sepium*	苗木
	五加	*Acanthopanax gracilistylus*	苗木
	土当归	*Aralia cordata*	苗木
	雷公藤	*Tripterygium wilfordii*	种子
止痛	山乌龟	*Stephania* spp.	块根
降压	罗布麻	*Apocynum venetum*	苗木
	海南狗牙花	*Ervatamia hainanensis*	种子、苗木
	萝芙木	*Rauvolfia verticillata*	种子
	海南萝芙木	*R. verticillata* var. *hainanehsis*	种子
	云南萝芙木	*R. yunnanensis*	种子
清热解毒	黄芩	*Scutellaria baicalensis*	种子
	甘肃黄芩	*S. rehderiana*	种子、苗木
	半枝莲	*S. barbata*	种子
抗菌消炎	黄连	*Coptis* spp.	苗木
	核桃楸	*Juglans mandshurica*	种子、苗木
	黄柏	*Phelladendron amurense*	种子、苗木
退热疏肝	柴胡	*Bupleurum chinense*	苗木、种子
	窄叶柴胡	*B. scorzonerifolium*	种子

(续)

药效	植物名称	拉丁学名	繁殖材料
止咳平喘	贝母	*Fritillaria* spp.	种子
	麻黄	*Ephedra sinica.*	苗木
	木贼麻黄	*E. equsetina*	苗木
	远志	*Polygala tenuifolia*	种子
	卵叶远志	*P. sibirica*	种子
	北沙参	*Glehnia littoralis*	种子
抗眩晕	天麻	*Gastrodia elata*	块茎
芳香健胃	阳春砂	*Amomum villosum*	种子
	海南砂	*A. longiligulare*	根茎
	红壳砂	*A. aurantiacum*	种子，苗木
收敛止泻	珙桐	*Davidia involucrata*	种子
泻下	掌叶大黄	*Rheum palmatum*	种子
	唐古特大黄	*R. tanguticum*	种子
活血化瘀	丹参	*Salvia miltiorrhiza*	种子
	白花丹参	*S. miltiorrhiza* f. *alba*	种子

11.1.2 新药用植物资源的发掘与利用

多数药用植物由于长期的野外开采导致资源溃乏，或由于人工栽培中发生种质退化，主要表现为药材的有效成分含量和质量下降等。因此，为了满足社会发展的需要，必须寻找新的药用植物资源。

11.1.2.1 寻找新药用植物资源的途径

除利用育种或引种手段复壮外，通过资源调查研究发现现有资源中有价值的变种或变型是寻找新药源和改良种质的有效途径。如丹参、淫羊藿等均在现有栽培种中筛选出了优良类型。亲缘关系相近的药用植物往往具有相似的化学成分，因此研究药用植物种的近缘种可能找到优质药源。

植物内生真菌与植物建立一种共生的关系，在长期的生态演变中，协同进化，某些药用植物内生真菌具有合成寄主的重要活性物的基因。宿主体内的个别真菌产生与宿主相同或相似的生理活性成分是由于两者的长期共生关系导致宿主可能将其遗传物质或信息传递至内生真菌，使之具有与宿主相同或相似的代谢途径，植物内生真菌的这种遗传特性具有重大的潜在应用价值。由于内生真菌具有个体小、生长周期短、条件易控制、不受季节限制等优点，在珍稀药用植物资源保护和稀有活性物批量生产方面具有重要意义。

另外，民族药用植物是一个尚待深入研究开发的药用植物资源宝库。我国绝大多数少数民族有自己的民族药物且自成体系也互相交融，如藏族药、蒙族药、壮族药等。深入研究其活性成分极有可能发现治疗疑难病症的新药。民族药用植物学研究在我国只有10多年的历史,尚未形成系统的方法。药用植物种质资源的研究一般分3个阶段:描述阶段、解释阶段和应用阶段。我国民族药用植物资源的研究现多处于第一阶段。民族药的药用价值和医药知识尚没有得到系统研究。深入研究这些资源可以大大降低新药的研发周期和成本。

11.1.2.2 寻找新药用植物资源的主要研究方法——药用植物亲缘学

植物在漫长的演化过程中,形成了或远或近的亲缘关系。亲缘相近的种不仅体现在形态上的相似,同时,还体现在生理生化特性的相似,因而所含的化学成分作为植物次生代谢产物,往往也比较相似。药用植物亲缘学的特点是多学科的交叉和渗透,其研究范围必须是多学科的渗透和配合,利用不同学科的各种研究方法,来总结和探索药用植物内在联系。其主要的研究方法和关键技术有以下几种。

(1) 选择合适的数学模型,建立智能数据库

借助人工智能和数据库知识发现(knowledge discovery in databases, KDD)的方法,选择合适的数学模型,开发相应的软件,对上述实验数据进行分析整理。结合我国悠久的中医药临床实践经验和现代研究成果,建立植物类群-化学成分、化学成分-药理作用(传统疗效)、植物类群-药理作用(传统疗效)、植物类群-分子生物学特征等多种智能化的数据库,分析隐含于智能化数据库庞大信息量中植物亲缘关系-化学成分-疗效(药理作用及传统疗效)三者间的内在相关性,总结药用植物的化学成分、药理作用和传统疗效在植物系统演化过程中的内在规律,完成信息的再挖掘,探索建立药用植物亲缘学的虚拟模型。

(2) 实验分类学、分子分类学、数量分类学的应用

结合计算机技术对重要药用植物类群的系统发育进行系统、深入的研究,涉及类群较多,跨度较大(从被子植物基部类群,如五味子科,到"核心"真双子叶植物类群,如唇形科),因此在研究过程中可采取分阶段进行,以点带面逐步推进,最后实现总体目标的方案。每个分类群的研究程序如下:①计算机信息技术和智能系统的运用;②实验分类学(experimental taxonomy)细胞分类学(cytotaxonomy)和分子系统学(molecular systematics)的有机结合;③数量分类学(numerical taxonomy)的应用。

(3) 现代分离分析技术在生理活性物质研究中的应用

以点带面的方式,对药用植物类群中重要品种,在活性跟踪和植物系统学的指导下,利用各种现代分离技术,如各种色谱技术,分配色谱(partition chromatography)、吸附色谱(adsorption chromatography)、离子交换色谱(ion chromatography)、细胞膜固相色谱(membrane immobilized chromatography)、亲和色谱(afinity chromatography)、逆流色谱技术(countercurrent chromatography)和各种光谱(UV, IR, MS, NMR)鉴定技术,进行植物化学分离和结构鉴定,确定类群植物的特征性成分和主要成分。其次,利用现代分析手段(GC, HFFLC, HPLC, GC-MS, LC-MS),利用已知结构的化合物为参照,分析每种植物中化学成分分布;并结合聚类分析,中药化学指纹图谱(HPLC-MS等色谱指纹图谱)和中药生物指纹图谱、中药基因组学指纹图谱、中药蛋白组学指纹图谱分析等以及统计学和计算机知识，探索该类群植物化学成分的相似性和亲缘关系，以及化学成分的分布规律。

(4) 细胞技术、基因技术为基础的现代药物资源筛选体系的导入

药效成分生理活性的研究涉及两方面的内容，一是选择分布规律性强的化学成分特征群，配合植物化学的分离提取，从整体、器官、细胞和分子水平开展神经精神、免疫、心脑血管、内分泌和肿瘤等药理研究；二是结合历史记载的民间疗效，利用现代药物筛选技术，高通量筛选（high throughput screening，HTS）体系，超高通量筛选系统，基因芯片技术，组合化学、基因组学、生物信息和计算机药物筛选等先进技术，对药用植物进行大规模筛选，总结民间疗效与现代药理作用的关系，植物系统和疗效的关系，最终建立有效成分生物活性和疗效数据库。

(5) 多学科信息的整合

在实现信息增值的基础上，通过知识工程、模糊信息处理和信息智能集成处理等技术，对重点药用植物类群的化学成分与传统疗效、药理作用的关联规律进行研究，探索植物亲缘关系-化学成分-疗效（药理作用及传统疗效）三者的内在规律。为大规模筛选、设计及开发中药新药提供强有力的技术支持，发展形成传统中药验方与现代适用高新技术相结合的中药新药开发新模式，建立适合中医药特点的新药研发理论和方法奠定基础。

11.1.3　药用植物种质资源研究

药用植物种质资源是中药生产的源头，是进行药用植物品种改良、新品种培育及遗传工程的物质基础。尤其是野生近缘植物和古老的地方种是长期自然选择和人工选择的产物，具有独特的优良性状和抵御自然灾害的特性。如人参、地黄、浙贝母在长期的人工种植过程中，由于自然选择及长期的生态适应形成了一些地方品种、农家品种，是极其宝贵的自然财富。种质资源越丰富，研究越深入，对药用植物品种改良、新品种培育越有针对性和预见性。因此，所掌握的种质资源数量和对其性状表现及遗传规律的研究是十分重要的。

11.1.3.1　药用植物核心种质及其构建方法

随着对药用植物种质资源的调查研究及优良种质的评价与利用研究的深入，如何利用现有的条件有效地保存种质资源成为下一步开展种质资源研究的关键和基础。为此，借鉴农作物成功的经验，对药用植物核心种质及其构建进行探讨，对核心种质进行研究是药用植物种质资源发展的必然趋势。药用植物核心种质的研究内容与方法主要包括以下4个方面。

(1) 数据的收集整理

这些数据包括药用植物种质资源现有的基本数据、评价鉴定数据和特征数据。基本数据是指有关材料收集地、起源地的生态地理状况或分类体系等有关信息；评价鉴定数据包括质量、产量及抗性等信息；特征数据是指包括形态、生化、分子标记在内的表征某材料特征数据。数据的收集要求尽可能全面,以满足研究的需要。

(2)数据分析

将具有相似特点的种质材料分组,例如可以根据分类学、地理起源、生态类型、遗传标记、农艺性状等数据来分组。

(3)样品的选择

按照分组的材料,以合理的取样方法和比例选取核心种质。

(4)核心种质的管理

核心种质建立后,要制定科学的管理制度和利用体系,并根据需要不断调整、充实、完善核心种质,以保证核心种质的有效利用。

种质资源的保存与研究利用,应构建种质资源的四级结构:保留种质、初级核心种质、核心种质和核心应用种质。应该指出,核心种质建立后并非一劳永逸,而要随着研究的深入、对资源认识和进一步收集以及应用的新需求,及时对其内容和结构进行调整和充实。

11.1.3.2 药用植物种质资源分类学研究方法

(1)遗传多样性的研究方法

遗传多样性(genetic divesity)是药用植物种质鉴定、育种和活性物质筛选的基础。它具有形态结构、染色体核型、DNA 随机片段多态性、生理生化和生长发育等多层次的遗传多样性。常规分类方法对一些疑难种难以区分,现代生物技术如 DNA 指纹技术(RAPD、AFLP、PCR-RFLP、DNA 探针杂交、微卫星指纹分析等)用于药用植物种质资源遗传多样性研究和中药品种鉴定,可在分类等级以下发现种群之间甚至个体之间的细小遗传差异。利用显微分类法、化学分类法、染色体分类法、DNA 分子杂交法等可作进一步鉴别。化学分类法在药用植物种质资源分类研究中尤有应用价值,它是从药用植物的有效成分的角度研究各类群间的亲缘关系,从而指导药用植物资源开发。根据药用植物有效成分(如糖类、黄酮类、生物碱类等)、生物信息大分子(DNA、RNA、蛋白质等)和微量元素含量等方面的差异,已经发展出色谱、光谱、免疫学等技术。

①分子标记技术 分子标记技术在遗传学的建立和发展过程中有着举足轻重的作用,是检测种质资源遗传多样性,构建核心种质的有效工具。利用分子标记对种质资源的分类、遗传多样性、优异基因的定位及核心种质的构建等研究具有重大的理论和实践意义。目前,用于作物种质资源鉴定及育种的分子标记主要有限制性片段长度多态性(restriction fragment length polymorphism,RFLP)、随机扩增多态性 DNA(random amplified polymorphic DNA,RAPD)、扩增片段长度多态性(amplified fragment length polymorphism,AFLP)、微卫星 DNA(microsatellite DNA),又称简单重复序列(simple sequence repeat,SSR)以及原位杂交(in situ hybridization)等。有人提出在种质资源保存研究过程中,对于核心种质构建、基因性状鉴定、品种指纹图谱建库时,用 SSR 技术进行分子标记为最佳,该方法优点是多态性高,易于观察比较。

②DNA 序列分析 由于遗传信息储存在染色体和细胞器基因组的 DNA 序列中，故染色体水平和 DNA 水平的遗传多样性就显得格外引人注目。DNA 测序是检测遗传多样性最彻底的方法，早期都用放射性标记。近来，PCR 应用于测序提高了灵敏度。各种新的基因克隆方法的发明，使生物 DNA 全序列分析成为可能，用于药用植物有效成分的生物合成进行相关的基因进行分析与测序，为细胞学和分子生物学提供了新证据。利用现代生物技术建立药用植物种质资源基因库，对世界范围的植物分类也是很有意义的。

③近亲交配 自交（即近亲交配，inbreed）是最常被使用的育种方法，以这种方法得到的子代以 F_n 来表示，F 的原文意义为"子代的世代数"（filial generation），其用意在于：由少数的亲本即可展开育种；近亲交配可将基因纯化，以选择带有优良基因型的个体。但是，自交（累代）数目增加会产生一些问题，包括畸型的产生及个体小型化等，所以自交次数建议不要大于 6。遗传育种工作十分强调自交或近亲交配，因为只有在自交或近亲交配的前提下才能使供试材料具有纯合的遗传组成，从而才能确切地分析和比较亲本及杂种后代的遗传差异，研究性状遗传规律，更有效地开展育种工作。

随着生物技术的不断运用与发展，人们将不仅能更加充分的利用现有种质资源，还可以通过基因重组创造新的种质类型，极大地丰富药用植物的种质资源，实现药用植物资源的长期可持续发展战略。因此，只有利用先进的分子生物技术对种质资源进行研究，扩大繁殖，促进其更新，才能保证资源的永续利用。种质资源是药用植物育种的物质基础，没有优异的种质资源很难培育出优良的新品种。进一步寻找和创造出更多具有特殊价值的种质资源将是今后生物技术运用的一项重要内容。

（2）化学成分多样性的研究方法

中药指纹图谱（finger printing）借用 DNA 指纹图谱发展而来。最先发展起来的是中药化学成分色谱指纹图谱，特别是高效液相色谱（HPLC）指纹图谱。HPLC 具有很高的分离度，可把复杂的化学成分进行分离而形成高低不同的峰组成一张色谱图。这些色谱峰的高度和峰面积分别代表了各种不同化学成分和其含量。整个色谱图表征了该样品所含化学成分的多少和量的大小。目前，中药指纹图谱的研究已如火如荼地展开，是中药研究的热点之一，可以在药用植物核心种质的构建中得到有效的利用。

11.2 药用植物生理生态学研究方法

药用植物生理生态学（medicinal plants ecophysilology）主要研究生态因子和药用植物生理现象之间的关系，研究的范畴为：①药用植物与环境的相互作用和基本机制；②药用植物的生命过程；③环境因素影响下药用植物代谢作用和能量转换；④药用植物适应环境因子变化的能力。研究的主要内容为光合生理生态、水分生理生态、矿物质营养生理生态以及自然环境与药用植物适应的生理生态学，主要测定的指标为植株体营养状态、光合作用能力、抗逆性、根系活力,以及所涉及的调控大分子(DNA、RNA、蛋白质)。

11.2.1 肥料营养生理的研究方法

植物营养诊断是评价、预测肥效和指导施肥的一项综合技术,它包括缺素症状诊断、土壤分析、叶片分析、盆栽和田间实验。

(1) 组织分析法

1967年Ulrich明确提出"临界百分比浓度"为作物生长量或产量比最大生长量,或产量减少10%(或5%)时植物体内的浓度;之后,Chapman建立了植物营养元素浓度与生长量或产量的关系模型,这是继Liebig的"最小因子定律"后对植物营养学提出的具有推动性的理论;而1973年Beaufils等从植物营养平衡的角度出发,建立了"营养诊断与施肥建议综合法(diagnosis and recommendation integrated system,DRIS);以及Walworth 1986年的"适宜偏差百分数法"也进一步发展了植物营养学的理论。计算机和人类处理数据能力的发展,为诊断的精确性和预测的精辟性开辟了广阔的道路,并成为衡量一个国家农业生产技术和科学技术现代化的标准之一。除此之外,对于一些容易生理失活的元素,如钙、铁、锌、锰、硼等金属元素,只分析其总量还不能说明问题,往往还要对除了叶的其他器官进行分析,以及组织化学、生物化学分析和生理测定手段。

(2) 土壤分析诊断法

土壤分析可提供土壤的理化性质及土壤中营养元素的组成与含量等诸多信息,从而使营养诊断更具针对性,也可以做到提前预测。但土壤肥力并不是与土壤生产力是直线关系。但是作为一种快速的诊断方法,它是植物营养研究分析时的首选指标,在其他分析手段的配合下也能为植物营养诊断提供参考意见。

(3) 外观诊断法

外观诊断法是我国大多数农民习惯采用的方法,但它对于综合缺素症和缺素症早期判断不能提供很好的意见,因而这种方法存在一定的误导性和局限性。

(4) 生理生化及组织化学分析

通过生理生化及组织形态分析,可以判断植物的营养平衡状况。如可利用植物叶各组织形态检验钾、磷、锌等元素营养水平,也可以利用解剖学与组织化学相结合的方法来检验植物铜的营养平衡状况。

在生理生化研究方面,对于生理指标最简单的方法是,在田间直接对所怀疑对象的叶片喷施某种元素的溶液,有助于说明是否缺乏该种元素。这种方法适用于微量元素铁、锰、锌的缺乏症,特别是缺铁症。另一类实验方法,就是将控制培养条件下,把某种元素缺乏或逆境所造成的生理反应,以及对植物补还所缺元素后发生的反应作为诊断依据。在生化指标方面,第1类是1952年Brown和Hendricks最先提出的以酶活性强弱为指标;第2类是酶法中酶被再度活化的反应,如铁-过氧化物酶,钼-硝酸还原酶,铜-抗坏血酸氧化酶,氮-硝酸还原酶。这些专性反应消除了环境条件变化的多方面影响,而且也不需要建立"标准值",

所测得的是植株在恢复元素供应后，体内酶的直接反应，这是生化测定优于叶分析之处；第 3 类是代谢产物的浓度变化。元素缺乏时植物体内酶反应失常而造成某些代谢产物的过度积累或减少以至消失。其中研究最多的是氨基酸的变化，可惜的是这些变化缺乏专一性，只有少数的几种氮代谢中间产物可被用作诊断指标。这些指标用来弥补叶分析的不足，但目前尚未建立十分成熟的可在生产上应用的生理生化检验指标，还需要在不同的元素比例下，检验其平衡点的临界水平，以提高营养诊断的效率。

(5) 植物组织液分析诊断法

植物组织液分析是 Guernsey Horticultural Advisory Service 首先开发利用的，即利用新鲜组织液的养分含量快速诊断养分缺乏或过量，以提供信息调整施肥项目。目前在数个国家积极应用，包括荷兰、法国、英国、美国、日本等。该技术能提供养分的常规监测，尤其对岩棉栽培植物比较有效。我国在部分农作物的营养诊断上利用该方法，取得了很好的效果。

(6) 无损测试技术

无损测试技术(non-destructive measurement)是指在不破坏植物组织结构的基础上，利用各种手段对作物的生长和营养状况进行监测。这种方法可以迅速、准确地对田间作物氮营养状况进行监测，并能及时提供追肥所需要，主要包括：肥料窗口法(fertilizer window)、叶色卡片法(color card)、基质淋洗液法(pour-trough)和叶绿素计读数法(SPAD)，这些方法均属于定性或半定量的方法。

(7) 根际微生物学检测法

土壤是植物生长的营养来源，养分因子与植物化感作用之间的相互影响已受到关注。已有研究表明土壤养分缺乏可以使植物产生和释放次生物质的能力发生变化。Rice 对美国中南部俄克拉荷马草原中废弃地的植物演替的研究表明，某些植物能产生有毒物质抑制土壤固氮微生物的生长，而使土壤的含氮量维持在很低的水平，从而限制对氮素要求较高的植物的生存，这可能是植物竞争的策略之一。从目前的研究来看，土壤微生物在土壤微生态系统中扮演重要角色，它既是土壤有机物转化的执行者，又是植物营养元素的活性库。土壤微生物担负着土壤生态平衡的"稳定器"、物质循环的"调节器"和植物养分的"转换器"等多方面的功能。

目前研究土壤微生物生态学仍然主要采用培养法，该方法虽能提供关于微生物多样性的有用信息，但土壤中可培养的微生物只占其很小的一部分，方法的局限性十分明显。近年来，随着现代分子生物学技术的发展特别是多聚酶链式反应(PCR)的广泛应用，使直接扩增 DNA 的多态性成为可能，这为研究微生物多样性提供了新思路。在此基础上产生了许多种新型分子标记，诸如扩增片段长度多态性(AFLR)、单链构型多态性(SSCP)PCR、随机扩增多态性 DNA(RAPD)、变性梯度凝胶电泳(DGGE)、温度梯度凝胶电泳技术(TGGE)、末端限制性片段长度多态性(T—RFLP)等。其中 T—RFLP 技术是一种新兴的研究微生物多态性的分子生物学方法。

11.2.2 化学调控的研究方法

化学调控主要是指应用植物生长调节剂，通过影响植物内源激素合成、运输、代谢、与受体的结合以及此后的信号转导过程，进而调节植物的生长发育过程，使其生长发育朝着人们预期的目标、方向和程度发生改变。在打破休眠，促进种子萌发上，人参、三七应用非常普遍。用赤霉素处理发芽缓慢的人参、三七种子后，在恒温22℃及变温15~22℃条件下，可显著加速它们种子的后熟作用。赤霉素处理种子后，显著影响了种内酶的活性，促进种子的新陈代谢，加速种子内含物的转化，加快种子的生理后熟进程，使得种子在适宜的温度和湿度条件下提前萌发。人参、三七还是多次开花的多年生名贵中药材，它们的营养体与生殖体可以同时生长和长期并存。三七栽培第二年就开始开花，生殖体占了上风且对营养体有显著的抑制作用，对根系的有机物质的分配也显著减少，从而影响根部产量。广西药用植物园在三七出苗期，就用 MH 抑制剂对三七进行叶面喷施，能够有效地控制三七的生长发育进程，使其不能如期转入生殖生长，确保了大量的营养物质在根部积累。

应用生长素类植物生长调节剂如 NAA、IBA、ABT 等处理山豆根插条，这些调节剂能够促进插条内部的新陈代谢和呼吸作用，提高水分的吸收能力，促进内储物质的迅速分解，转化形成大量的生理生化活动所必需的中间产物（即可塑性物质）在插条下部积累。同时，这些调节剂还能高效促进形成层细胞迅速分裂，加速插条形成大量的愈合组织，促进插条生根，提高扦插成活率。安息香树的割脂化控是利用化控促进次生代谢活动的典型例子，未受伤的安息香树干无分泌组织，亦不含树脂；只有当树干受伤后，才能形成创伤树脂道；树脂道是由紧挨形成层的次生木质部薄壁细胞经裂、溶生方式形成的；连续切割能增加刺激量，并促进树脂道的更新，当最初形成的树脂道衰老后，可形成新的树脂道；在连续切割下，外施乙烯利有效地阻止了伤口的愈合，加速了树脂道形成的过程；另外膨压是安息香树排脂能力的一项指标，乙烯利处理有提高膨压的作用，促进树脂道的产脂潜力得到了发挥。罗汉果花果期喷施含促进剂类的微肥进行保花保果；桔梗花期喷施 1000 mg/kg 的乙烯利进行疏花疏果；延胡索块茎膨大期利用 50 mg/kg 的赤霉素对植株进行喷雾能有效延长生长期、提高产量等，都是化控技术在药用植物栽培上的成功应用。

11.2.3 光合生理的研究方法

光合作用（phytosynthesis）指绿色植物通过叶绿体，利用光能，把二氧化碳和水转化成储存着能量的有机物，并且释放出氧的过程。对光合生理的研究目前主要研究光合作用能力、荧光动力学以及相关酶的活性。

光合作用能力的测定主要基于植物光合作用放出氧气、吸收 CO_2 的气体交换原理。对于气体交换的测定最初使用方法为半叶法，即使一半叶片照光，一半不照光，然后比较一定时间后的叶片重量的差异。仅仅适于室内少量样品的测定，数据粗糙且变异较大，需要配套仪器测定并手工记录环境参数（光照、温度、湿度等）。

约在20世纪40年代发展了气流法，即通过测定流入、流出叶室（含植物样品）气流的CO_2浓度差而计算光合速率，但对CO_2变化量的测定用酸碱滴定法，比较费时费力。

从20世纪50年代开始，红外CO_2气体分析仪法（或光合作用测定仪法）得到充分发展，但植物叶室（或样品室）与红外分析仪分离不易携带。这些方法因仪器笨重（体积与重量较大）或辅助器较多或适应范围限制（如受交流电源限制）等因素，不能够对大范围内的大量植物快速测定。

近年来，国际上开发了便携式的光合作用测定系统，则在测定速度、精度、适应范围、数据的自动记录与存储等方面做了革新，成为非常流行的光合作用研究仪器。这些新开发的光合作用测定系统可同时测定光合作用（Pn）、蒸腾作用（E）、气孔导度（gs）、胞间CO_2浓度（C_i）、暗呼吸作用（Rd）、水分利用效率（WUE）等，并可以在野外自然状况下控制叶室内的环境条件，测定植物叶片的气体交换参数及叶温、气温、相对湿度、光照强度、CO_2浓度等生态因子参数，测定光合作用的日变化季节变化曲线，光合作用-光响应曲线，光合作用-CO_2响应曲线，研究植物叶片的气体交换参数与生态因子参数间的关系。

光合机构吸收的光能有3个可能的去向：一是用于推动光化学反应，引起反应中心的电荷分离及后来的电子传递和光合磷酸化，形成用于固定、还原二氧化碳的同化力（ATP和NADPH）；二是转变成热散失；三是以荧光的形式发射出来。由于这三者之间存在此消彼长的相互竞争关系，所以可以通过荧光的变化探测光合作用的变化（图11-1）。部分的能量以叶绿素荧光或热量的形式释放出去。叶绿素分子在接收到一定波长的光照辐射后处于激发态，激发态的叶绿素分子能发出短时间内以能量形式存在的波长较长的荧光，这种效应称为荧光效应。波长较长的光称为叶绿素荧光。

实际上，以荧光形式发射出来的光能在数量上是很少的，还不到吸收的总光能的3%。在很弱的光下，光合机构吸收的光能大约97%被用于光化学反应，2.5%被转变成热散失，0.5%被变成红色（在体内，叶绿素的荧光发射峰在685nm左右）的荧光发射出来；在很强的光下，当全部PSII反应中心关闭时，吸收的光能95%~97%被变成热，而2.5%~5.0%被变成荧光发射。在体内，由于吸收的光能多被用于光合作用，叶绿素a荧光的量子产额（即量子效率）仅仅为0.03~0.06。但是，在体外，由于吸收的光能不能被用于光合作用，这一产额增加到0.25~0.30。

叶绿素荧光分析技术是一种以光合作用理论为基础、利用体内叶绿素作为天然探针，研究和探测植物光合生理状况及各种外界因子对其细微影响的植物活体测定和诊断技术。它在测定叶片光合作用过程中光系统对光能的吸收、传递、耗散、分配等方面具有独特的作用，与"表观性"的气体交换指标相比，叶绿素荧

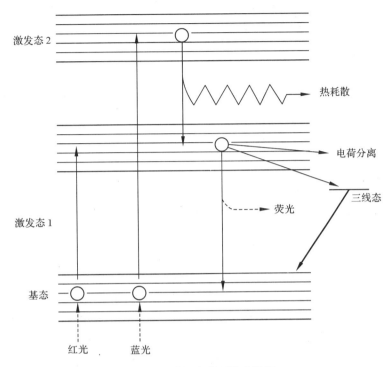

图 11-1 叶绿素分子的光激发

光更具有反映"内在性"的特点。处于激发态的叶绿素分子,其能量在适当的条件下可以进行光化学反应,若不能进行光化学反应则以较长的波长,能量较小的荧光发射出去。因而植物光合作用速率的改变会大大影响叶绿素荧光的释放。在稳定的光源下,植物的光合作用强度大,激发能力,荧光少,反之则荧光多。因此,荧光产率的变化已成为了解光合作用机理,特别是原初反应中色素能量传递的一个重要监测手段。

叶绿素荧光测定的原理如图 11-2 所示。在暗适应条件下,测定的 F_o 表示 PS Ⅱ 反应中心处于完全开放时的荧光产量,称为最小荧光产量,也叫固定荧光、初始荧光、基础荧光、0 水平荧光,F_o 的大小主要取决于 PS Ⅱ 天线色素内的最初激子密度、天线色素之间以及天线色素到 PS Ⅱ 反应中心的激发能传递几率的结构状态,它与叶片叶绿素浓度有关;最初的荧光 F_o 照光开始后即可达到,这是植物完全适应黑暗环境后的基础荧光水平。在这种状态下,大多数光系统 Ⅱ 反应中心是开放的,且原初电子受体 Q_A 库被大量消耗,光合作用强度降低所致(叶绿素捕获的未被利用的能量以荧光形式释放)。光照越强,Q_A 库减少越快,直到可变荧光 F_v 达到最大值,植物处于光饱和状态,此时的荧光峰值定义为 F_m。F_m 表示 PS Ⅱ 反应中心处于完全关闭时的荧光产量,称为最大荧光产量;F_v($F_v = F_m - F_o$)称为可变荧光;F_v/F_o 常用于表示植物叶片 PS Ⅱ 潜在活性;F_v/F_m 是 PS Ⅱ 最大光化学量子产量,反映 PS Ⅱ 反应中心内禀光能转换效率,也叫最大 PS Ⅱ 的光能转换效率,在非胁迫条件下,该参数的变化极小,不受物种和生长条件的影响;胁迫条件下该参数明显下降。在光照条件下,测定实际荧光产量

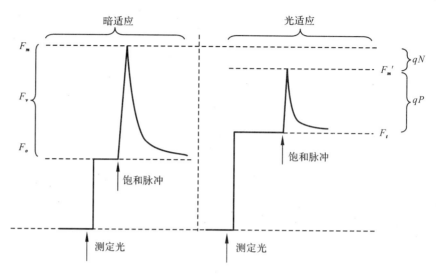

图 11-2　饱和脉冲光照射下叶绿素荧光的变化

(F_t)和最大荧光产量(F_m)。$\Delta F/F_m$ 表示 PSⅡ实际光化学量子产量,它反映开放的 PSⅡ反应中心在有部分关闭情况下的实际原初光能捕获效率,其中 $\Delta F = F_m - F_t$,叶片不经过暗适应在光照下直接测得。ETR 是表观光合电子传递速率,即 $ETR = \Delta F/F_m \times PAR \times 0.5 \times 0.84$,其中 PAR 为光合有效辐射[$\mu mol/(m^2 \cdot s)$],系数 0.5 表示传递 1 个电子需要吸收 2 个光量子,系数 0.84 表示在入射的光量子中被吸收的占 84%。荧光猝灭分 2 种:光化学猝灭和非光化学猝灭。光化学猝灭以光化学系数表示,即 $q_P = (F_m - F_t)/(F_m - F_o)$。非光化学猝灭反应 PSⅡ天线色素吸收的光能不能用于光合电子传递而以热的形式耗散掉的光能部分,有 2 种表示方法,即 $NPQ = F_m/F_m' - 1$;$qN = 1 - (F_m' - F_o')/(F_m - F_o)$。

确切测定 F_o 及 F_m 需要一种快速转变的测定装置及强光刺激。这样,可变荧光 F_v 就计算出来($F_v = F_m - F_o$),比值 F_v/F_m 也因此得出,其代表光系统Ⅱ量子产量或量子效率。

F_v/F_m 与光化学作用的产量成正比,并且与净光合的产量也密切相关,而净光合速率是验证光能有效性的最好方法。相反,在黑暗条件下,F_v/F_m 下降程度的差异,能够指示逆境条件(如干旱、盐分胁迫及环境污染植物等)对植物光合作用系统抑制的程度。测定叶绿素 F_o 荧光与 F_m 曲线之间的面积,还可提供光系统Ⅱ中电子受体库信息。当反应中心到质体醌库之间的电子传递被堵塞时,该面积将大大减少,这种情况可见于环境污染及施用除草剂后植物的荧光反应。因此测定叶绿素荧光,实际上是对植物生理生态性能的综合诊断。

对田间栽培和温室培养的人参不同生育时期的光合作用变化的研究表明,净光合速率(P_n)在尚未形成生殖器官的 1 年生人参叶片完全展开后即达最大值,此后缓慢下降;2~6 年生人参叶片完全展开后达第 1 个高峰,开花期略有下降,绿果期出现第 2 高峰,此后持续下降。去掉花蕾的人参植株叶片在对照植株的绿果期没有出现第 2 高峰,但在红果期和黄叶期净光合速率下降缓慢。弱光(10%

透光荫棚）和适宜光（30%透光荫棚）下人参叶片绿果期后 P_n 下降缓慢，强光（50%透光荫棚）下降较快，过早出现变黄早衰。强光和高温可使植株生育期缩短、叶片早衰、P_n 快速下降，而弱光和低温使植株生育期延长，下降时间推迟。叶片表观量子效率（AQY）、气孔导度（G）和蒸腾作用（T）自展叶期至绿果期变化不大，红果期和黄叶期持续下降。胞间 CO_2 浓度（C）在展叶期至绿果期较低，红果期和黄叶期持续增加，说明生育后期 P_n 下降是由非气孔限制因子引起。叶片 P_n 与比叶重呈负相关，推测叶片光合产物的积累和消耗与 P_n 的生育期变化有关。绿果期 C 最低，同时水分利用效率（WUE）较高，是人参叶片光合作用对水分需求的关键时期。

与光合作用能力相关的酶也是光合作用研究的热点。研究较多的是 1,5-二磷酸核酮糖（RuBP）羧化酶和磷酸烯醇式丙酮酸羧化酶。

11.2.4 水分生理的研究方法

植物一生中不断地与环境进行水分交换。植物从土壤中吸收水分，水分通过植物体最后散发进入大气，所以土壤-植物-大气为一连续系统，在此系统中水分的流动，取决于本身的自由能，水分沿着自由能减少的方向发生流动，即从自由能高的一方朝着自由能低的一方移动。对土壤、植物体和大气而言，在没有任何水分胁迫的情况下，水势大小应该为土壤＞植物体＞大气。但如果遇到干旱或盐胁迫的情况下，土壤中的水势会变得非常低，低于植物体能吸收的最低限。这时我们称植物处于水分胁迫。对水分胁迫的忍耐力越强的植物，植物体组织的持水力越强，其抵抗干旱的能力也越强，反应在植物组织的水势上，则水势越低。植物的水势因植物类型、植物种、植物的组织和器官的不同而变化很大，也与植物的发育状况以及环境条件的影响有关，因此水势是植物水分状况以及水分胁迫程度的基本度量。

水势是植物水分状况的重要标志之一，它不仅反映植物组织水分的能量大小，而且可以作为一个统一的物理量确定植物-环境体系中水分的能量分布状况。水势的测定单位是兆帕（MPa）。测定植物水势通常用的仪器有压力室（英、美多种型号或国产 2S-1 型）和露点仪（型号为 WP4）。

11.3 药用植物化学生态学研究方法

药用植物的地道性取决于其生态性，其有效活性成分决定了化学生态学研究在药用植物生态学研究中的重要地位。而化学生态学（chemical ecology）是在 20 世纪 60 年代前后形成起来的边缘学科，最早它是以研究植物动物生化交互作用为主的，因此曾被称为生态生物化学（ecological biochemistry）、植物化学生态学（phytochemical ecology）等。化学生态学是生态学和化学相结合而产生的交叉学科。它的产生使人们得以从分子水平上来研究生物间的交互作用即开展生物间交互作用的生物化学研究，也就是说，它是通过对介入生物群体内或介于生物群体间的天然化学物质的起源、功能及重要性进行研究,以求得对宏观生态现象的透彻理解。化学生态学主要是研究生物(植物、动物、微生物)与环境中化学因子之间相互作用关系的科学。生态环境对药用植物药的影响主要表现为中药材的地道性和化感作用。使用现代多学科的方法、手段进行药用植物地道性研究一直是确保优质中药材质量,提高中药材产量的关键。而在同一块产地上,大部分药用植物都表现出强烈的连作障碍,即明显的化感效应,药用植物中草药强烈的自毒作用严重影响了它的经济效益。因而运用化学生态学的研究手段和方法探明其机理一直是药用植物研究者们所关注的问题,它主要包括运用指纹图谱对中药材的质量和产量进行监控,以及运用色谱对其药用成分进行定性或定量研究。

11.3.1 中药材地道性的指纹图谱分析

指纹识别技术是一种重要的生物特征鉴别技术,指纹的唯一性是指决定指纹的遗传物质本身同样具有唯一性。以遗传物质分析为基础的遗传指纹图谱技术(包括种子蛋白、同工酶和 DNA)可用于进行物种鉴定。基于中药所含化学成分的多样性而提出的"中药指纹图谱"是用来标示中药化学物质特性,并力图使化学成分的色谱/光谱具有"指纹"特异性,从而用于评价中药及其产品质量。中药材不同于化学药品,中药中 90% 以上来自生物体,而其中的 90% 是来自于植物。与中药材化学成分特性相对应的另一特性——生物特性就必须标示,只有这样才能实现对中药材药效特异性的化学表述和中药材自身特异性的表述。通过化学指纹图谱的"量(表现型,phenotype)"控制中药材产品的"质(等效性,equivalence)";通过基因指纹图谱的"质——生物本质(基因型,genotype)"控制化学指纹图谱的"量",从而实现中药材"指纹"控制的整体性和特征性。

基因指纹图谱是指采用分子标记技术得到的某一中药材品种的 DNA 指纹图谱,它主要利用聚合酶链反应从不同生物样品中人工合成 DNA 片段,而这种 DNA 片段的大小、数目可因不同的生物而异,故称之为 DNA 指纹图谱。该技术具有重复性好、灵敏度高的优点。地道药材的质量除了与药材特定的生长环境和特殊的采收加工技术有关外,还与该地道药材产区内这一物种的地方种群或居群中遗传上的特殊性有关。针对生物体内 DNA 分子不同区段遗传的保守性和变异性不同,选择适当的方法,利用 DNA 的遗传标记技术研究 DNA 分子中保守性较低的区段,便可准确区分出地道与非地道药材,从而制定出标准 DNA 指纹图谱。DNA 分子标记直接分析生物的基因型而非表现型,所以可用中药品种鉴别。自 1994 年 Cheung 首次将任意引物 PCR(arbitrary primer polymerase chain reaction,AP-PCR)技术用于区别西洋参和人参后,近年来大量的研究结果表明,通过基因指纹图谱可以有效地鉴别中药的品种,尤其适合于同属不同种类或同种不同变种、变型、品系的鉴别。Kohjyouma 等用 RAPD 技术比较了苍术属(*Atractflodes*)5 种植物茅苍术(*A. lancea*)、北苍术(*A. chinese*)、单叶苍术(*A. lancea* var. *simplicifolia*)、关苍术(*A. japonica*),基因指纹图谱分析所得到的多态性可通过聚类分析,从而实现基因指纹图谱与化学指纹图谱的有机结合。

基因指纹图谱在中药方面的应用还在于揭示化学成分变化的遗传本质。Sangwan 等对引种 10 年的印度艾属植物黄花蒿（*Artemisia annua*）中的青蒿素进行 RAPD 分析，结果显示出明显的差异，RAPD 和化学分析数据表明了化学多样性是包含在遗传多样性之中的。Baum 等对 50 个以上紫锥菊（*Echinacea purpurea*）栽培样品进行 AFLP 分析，同时采用 HPLC 测定菊苣酸（cichoric acid）的含量变化，结果证明化学成分的变化与 DNA 多态有极强的关联性，指出 DNA 指纹可以作为定量的化学标示。可见，将基因指纹与化学指纹相结合，对于中药的品种鉴定、质量评价、药用优良品种的选育都具有重要的意义。

我国中药化学指纹图谱的研究已有相当的基础，最早可以追溯到 20 世纪 60 年代，如采用薄层色谱、紫外光谱、红外光谱法制定中药材的指纹图谱。迄今，研究方法涉及了高效液相色谱、高效毛细管电泳、核磁共振等。然而，总结、制定出适合于中药材的化学指纹图谱的技术标准是当务之急。目前在人参、黄连、高良姜、厚朴等中药材上都成功地开展了指纹图谱的研究，一些中药注射剂特征指纹图谱也被建立。还有学者认为，在药效学指导下进行中药材指纹图谱的研究，能够保证指纹图谱反映化学成分包括中药材中有效部位所含绝大部分成分，或有效成分的全部，将其综合分析可以对中药材的优劣和真伪做出判断；更为重要的是可以在没有药效学实验佐证的情况下，以中药材的指纹图谱峰为特征，进行数学分类处理，并与生药学鉴定结果相比较，可以对其质量进行分类。指纹图谱作为一项新技术用于中药尚有许多有待解决的问题，最为突出的是如何将学术成果转变成产业界可实际应用的技术。

中药化学指纹图谱相比基因指纹图谱也有其自身的优势：① 通过指纹图谱的特异性，能有效鉴别样品的真伪或产地；② 通过指纹图谱主要特征峰的含量或比例的制定，能有效控制样品的质量，确保质量的相对稳定，是一种直接的鉴定方式，常用的有以下几种指纹图谱。

(1) 薄层色谱指纹图谱

薄层色谱具有选用范围广、重现性好等优点。用固定波长对薄层展开的各斑点作薄层扫描图谱比目测的层析图谱更为客观准确，因而具有更好的指纹鉴别意义。黄连样品的薄层色谱中可检出包括微量生物碱在内的 9~11 个斑点，其荧光及紫外扫描轮廓图可作黄连药材的指纹图谱，对不同品种的黄连作比较鉴别。

(2) 高效液相色谱指纹图谱

高效液相色谱因分离效能高，分析速度快，广泛用于中药材及其制剂的定性定量分析。

(3) 气相色谱指纹图谱

气相色谱具有高效能，高选择性，高灵敏度等优点，多用于含挥发性成分药物的分析。

(4) 高效毛细管电泳指纹图谱

毛细管电泳技术在药材鉴定中的应用是近年来发展起来的一种新技术。该法适于直接分析水溶液，大小分子可同时分析，且毛细管极易清洗，得到的指纹图谱能更多的反映产品的成分特性，而且柱效高，分析速度快，进样体积小，优于高效液相色谱法，因此特别适于中药指纹图谱的研究。

(5) 紫外光谱指纹图谱

由于不同中药中所含成分的不饱和程度有异，导致其紫外吸收曲线的不同而达到鉴别的目的。但由于并非所有成分均具有紫外吸收，因此全面评价中药内在质量，还需结合红外光谱色谱-质谱等其他技术。

(6) 红外光谱指纹图谱

红外光谱鉴别特征性强，已愈来愈多地用于中药材的鉴别研究。此法是对整个化合物分子的鉴别，专一性更强，其关键是把具有差异性的化学成分富集起来，使其表现在红外图谱上，只需考虑红外光谱指纹图谱之间的相似度，比较其差异性，即可达到鉴别效果。

(7) 核磁共振指纹图谱

质子核磁共振指纹法鉴定植物类中药的方法是根据鉴定方法的要求，对植物中药的2个假设和质子核磁共振谱的特点而建立起来的。假设每种植物中药都有其特征的化学成分(或化学成分组)，这些特征的化学成分相对之间的含量比例基本固定，具有单一性、全面性、定量性和易辨性等特点，同时还具有高度的重现性和特征性，易于解析和进一步分析研究。在规范的提取分离程序下，植物中药特征总提取物的核磁共振图谱与植物品种间存在严格的对应关系，非常适用于植物中药的品种鉴别和化学分类研究。

(8) 质谱指纹图谱

将中药提取液置于质谱仪中进行电子轰击电离，可获得提取液中化学成分的质谱指纹谱。不同中药提取液所含成分不同，所得质谱图显示的分子离子峰及进一步的裂解碎片峰不一致，可供鉴别。质谱法对提取液中主要成分的含量要求较高(需达一定浓度)，在实际中应用还需进一步研究。

(9) X-线衍射指纹图谱

X-线衍射图谱是20世纪70年代末发展起来的结构分析方法，单晶X-线衍射分析法为中药有效成分的结构测定和开发研究做出了巨大贡献。粉末X-线衍射分析法在中药分析领域中的运用则是一大突破，本法是建立在传统中药鉴定学基础上，既能反映中药材整体特征又能提供中药质量评价标准的有效分析方法。该法具有图谱指纹专属性强、信息量大、所需样品量小等诸多优点，在中药分析领域中必将具有广阔的应用前景。

11.3.2 药用植物化感作用的研究

药用植物化感现象是一个很普遍和特别突出的问题，大多表现为自毒作用，如人参、地黄等，也有小部分表现为自我促进作用，如牛膝，种的年数越多，它的根膨大得越好，但对其机理的研究却还停留在起步阶段。目前，在对其他植物如水稻等的化感作用研究的带动下，研究者对西洋参、丹参等具有强烈化感自毒作用的药用植物的浸提液和分泌物也进行了生物测定。在药用植物的栽培过程中，内生菌被提到了一个相对高的地位。

常用的化感作用种质资源的评价方法有迟播培法、植物箱法、田间抑制圈法、化学指纹法等。已有研究表明，地黄、太子参有较强的自毒作用，但是在种丹参后再种地黄，这种抑制作用会明显减少。对种植多年地黄的土壤浸提液的进行生物测定，研究还发现石油醚萃取相能强烈抑制莴苣种子根的伸长。但牛膝是药用植物中比较特殊的耐连植物，它表现为特别明显的自我促进作用。

内生菌主要指在其生活史的某一阶段存在于健康植物的组织中、不形成明显侵染的一类微生物。内生菌可以促进宿主的生长、发育，增强对不良环境的抵抗力，甚至会促进宿主植物某些代谢产物的形成。深入研究中药内生菌，对研究药用植物栽培技术和有效成分代谢具有重要意义。内生真菌与宿主植物的某种共生关系与植物体内活性成分的形成有密切关系，对于不同地方的相同物种来说，其内生真菌类群是不同的，这可能是形成中药材地道性的原因之一。例如，开唇兰小菇、石斛小菇、兰小菇等3种小菇属内生真菌，对兰科濒危药用植物铁皮石斛、金线莲的生长有促进作用。接种3种内生真菌后，铁皮石斛苗的生长量高于对照3~5倍，石斛小菇、兰小菇对铁皮石斛原球茎增殖也有明显促进作用；接种3种真菌的金线莲苗，侧芽及侧根数均显著高于对照。在植物试管苗培养基中分别加入20%真菌菌丝及10mg发酵液的醋酸乙酯提取物，3种菌的菌丝体及兰小菇的醋酸乙酯提取物能显著提高铁皮石斛原球茎的增殖率；石斛小菇的菌丝体对金线莲的生长和侧芽增殖有显著促进作用；开唇兰小菇和兰小菇的醋酸乙酯提取物分别对金线莲侧芽发生数及生长有显著促进作用，说明3种内生真菌对铁皮石斛、金线莲的促生长作用与菌丝内及分泌到菌丝外的代谢产物有关。

菌根是植物和真菌的共生体，是植物普遍存在的现象。菌根菌能促进菌根植物吸收矿质营养和水分，通过刺激或增加寄主植物产生次生代谢物，如抗生素、植保素、酚类化合物、苯丙烷类代谢酶系、木质素、过氧化物酶、水解酶等，提高寄主植物的抗病和抗逆能力。用VA菌根真菌接种韭菜进行试验，结果接种株比未接种株的株高、鲜质量、干质量、叶绿素质量分数都增加，抗冻性增强。但在药用植物栽培研究中应用菌根技术报道的文献比较少，需引起足够的重视。

11.3.3 不同环境条件下中药材指标成分的定量分析

随着高科技潮流的出现，特别是进入20世纪90年代以来，新技术在药物分析方面的应用层出不穷，促进了药用植物有效成分定量分析研究的发展。除了应用较为广泛的紫外光谱法、LC法、GC法、TLC法和荧光光谱法外，还相继出现了毛细管电泳法(CE)、高效毛细管电泳法(CE)、毛细管电色谱(capillary electrochromatography，CEC)、薄层扫描法、流动注射化学发光法、电化学法和质谱法等。

毛细管电泳法及其派生出的其他新技术，不但使其在定量测定的方法上容易操作，测定的准确度高、灵敏以外，同时以进样量少、污染小为分析工作者所青睐，在药物分析中的应用也得到了长足的发展，现在已成为药物分析方法研究的热点。毛细管电泳法是从传统的电泳发展而来的，它以高压（可达 30 kV）下产生的强电场为驱动力，以小内径的石英毛细管（常用直径为 20~70 m，有效长度为 50~75 cm）为分离通道，依据各组分之间电泳淌度或分配系数的差异实现分离，借助荧光、化学发光、电化学和质谱等高灵敏度检测方法使 CE 的在柱检测灵敏度提高到 10 mol/L。在实际工作中，结合传统电泳的工作方式与色谱技术的特点形成了以下几种分离模式：毛细管区带电泳（capillary zone electrophoresis，CZE），胶束动电毛细管色谱（micellar electrokinetic capillary chromatography，MECC），毛细管等速电泳（capillary isotachphoresis，CITP），毛细管凝胶电泳（capillary gel electrophoresis，CGE），毛细管等电聚焦电泳（capillary isoelectric focusing，CIEF）及毛细管电色谱。这些方法在药物分析中发挥着巨大的作用，特别是在中草药的有效成分分析中，取得了可喜的成绩，例如生物碱、黄酮类、蒽醌类、香豆素类、酚酸类、苷类、氨基酸类等都能在较短的时间内进行有效的分离，以较高的灵敏度和准确度进行定量测定。

毛细管电色谱（CEC）是近 10 年来综合现代分析技术 HPLC 和毛细管电泳（CE）的优势而发展起来的高效电分离微柱液相色谱技术，它在药物分析方面的一大特点就是手性分离。CEC 进行手性药物对映体拆分主要有 3 种方式：①非手性固定相结合手性添加剂流动相，手性选择作用依靠流动相中添加手性选择剂产生；②手性固定相上键合手性选择剂，如环糊精、蛋白质等；③手性分子烙印固定相，进行记忆性、专一性手性分离。例如，Mayer 等在 50μm 开管柱内壁涂布键合了 7-CD 或 B-CD 的二甲基聚硅氧，在中性条件下，较好地分离了 NSAIDs（布洛芬，氟联苯丙酸，芬丙酸，乙哚乙酸）和 1-苯乙醇的对映体。Lelieve 等用填充法分别制备 30μmODS 普通电色谱柱和 5μm 键合 HP-B-CD 的硅胶颗粒手性电色谱柱，进行了手性固定相手性分离的比较，在拆分氯噻酮时，手性固定相方式显示出分离时间短，选择性高和分辨率高的优势。Li 等用 J3-CD 手性固定相拆分了环己巴比妥、安基香、脱氧核糖蛋白（DNP）-蛋氨酸、DNP-乙硫氨酸和 DNP-正亮氨酸的对映体。这些方法借助适当的检测器已运用于地道药材与非地道药材或不同条件下药用植物中特定成分的定量分析与比较之中。

总之，药用植物的化学生态学的研究是一个发展相对较慢却又十分重要的领域，需要多学科的融合，只有对其药用活性成分进行了明确的定性和定量，中药材作为我国的传统瑰宝才能在全世界的市场份额中占据一席之地。

11.4 药用植物分子生态学研究方法

药用植物的生态性决定了它的地道性，地道性是种与地域性互作的产物。研究不同地域性即不同生境对药用植物有效成分的影响是生态学研究的重要内容。长期以来，药用植物的地道性研究一直属于药用植物栽培学所研究的内容之一，但即使是从传统的作物栽培的角度而言，对于环境是怎样影响作物的生长发育的，它大多都只能定性的解释，对于其分子机理则是作物分子栽培学所研究的重要内容。相对于作物的处方栽培而言，药用植物现在还是靠天收，其研究深度是完全不能与之相比较的，因而如何用分子生态学的手段研究其地道性是对于提高药用植物有效成分是一个非常急迫的任务。以下重点介绍药用植物分子生态学的研究方法。

11.4.1 应用差异蛋白质组学研究方法

随着对蛋白质组学的深入理解和具体工作的开展，人们逐渐认识到在短时间内建立人类蛋白质组学"完整的"数据库和实现网络资源共享是难以实现的。于是差异蛋白质组学研究着重于寻找和筛选任何有意义的因素引起的2个样本之间的差异蛋白质谱，揭示细胞生理的进程与本质、对外界环境刺激的反应途径，以及细胞调控机制，同时获得对某些关键蛋白的定性和功能分析，就应运而生。差异蛋白质组学的方法在临床医学上已被广泛应用，主要用于药物作用前后其靶标位点的差异蛋白质点的变化研究以及正常组织和病变组织的蛋白质表达谱差异分析。但对于环境是如何协调药用植物的代谢，药用植物是如何在其分子行为上进行应答，国内外现在都研究得较少。而对于基因型相同的同一种药用植物在不同的生境下采取的应答机制，运用差异蛋白质组学研究则是一个十分有效的手段。

差异蛋白质组学研究需要完成三大步骤：①完全有效地对所有蛋白质组分进行提取分离；②准确区分差异蛋白质位点，建立差异蛋白谱；③通过计算机网络资源和质谱分析差异表达蛋白的结构功能和实际意义。蛋白质样品的制备有很多种方法，其主要目的在于提高其样品的溶解和解聚，现已发展得相对较成熟。而蛋白质的分离目前正处于蓬勃发展之中，主要包括蛋白质的电泳技术和层析技术。本章将主要针对的蛋白质分离技术作详细介绍。

11.4.1.1 高效液相色谱技术

高效液相色谱技术（high performance liquid chromatography，HPLC）经由普通液相层析和气相色谱适当改进发展而来。它既可在常温下分离制备水溶性物质，又具有高温、高效、高分辨率和高灵敏度等特点，可用于很多不易挥发、难以热分解物质的全自动定性、定量分析。但由于层析填充物对许多蛋白质组分有吸附作用，且难以实现多组分蛋白质样品的多维层析，所以仅适用于研究单一蛋白质或简单样品蛋白质组，对差异蛋白质组学研究而言，可比性不强。

11.4.1.2 双向凝胶电泳技术

双向凝胶电泳技术（two-dimensional polyacrylarnide gel electrophoresis，2D-PAGE）由O'Farrell于1975年创立，依据蛋白质两个相互独立的特性——等电点和分子量对蛋白质组分进行分离。此技术的局限之处在于不易分离强疏水性、低溶解度、极酸或极碱的蛋白质；常规凝胶上的蛋白质点一般只有数千个，不足以满足需要；蛋白质进入凝胶的能力存在差异等，这些都使2D-PAGE分离存在一定的偏向性。但由于该技术保证了不同样本在同等理化条件下的分离，具有可重复性强、高分辨率等优点，因此有利于不同样品间的平行比较及定量分析。

11.4.1.3 毛细管电泳技术

毛细管电泳技术（capil-lary electrophoresis，CE）在20世纪80年代由Joenson和Lukacs提出。即在高电场强度作用下，对毛细管中的待测样品按相对分子质量、电荷、电泳迁移率等差异进行有效分离。该技术实现了常规电泳无法实现的高效、快速自动化监测，灵敏度可达1011 mol，并具有区带电泳、电动力学色谱、凝胶电泳、等电聚焦等多种研究模式，各有侧重，可用于弥补传统电泳技术的某些不足。但是由于管径太过纤细，特大分子蛋白质易受阻。毛细管电泳技术与质谱分析相结合可用于研究差异表达蛋白的具体功能结构，对单一纯品尤为适用，而对不同种族对照样本则呈现出较大差异。综上所述，该方法目前仍不能在研究工作中被广泛应用，需进一步对该技术的应用进行探索。

11.4.1.4 蛋白质芯片技术

从样品制备到蛋白质分离再到质谱鉴定，这一系列过程耗时费力，蛋白质芯片技术（protein chip）的诞生将可望改变这一状况。蛋白质芯片应用微阵列技术，将不同处理的样本在同等参照背景下进行同步分析，大大提高了差异蛋白检出的精确性。但作为一个新兴的技术目前尚缺乏大规模、集成化、整体获取生物信息的有效手段，且相应的数据处理和分析能力不足，而且还没有一个国际公认的统一标准，因而存在分析结果可重复性和可比性不强的弊端。

用差异蛋白质组学技术所获得差异蛋白，这只是差异蛋白质组学研究的内容之一。差异蛋白质的结构和功能才是研究者们所感兴趣的问题。对所鉴定的蛋白质的结构、性质、功能进行研究不仅可以实现利用分子生物学技术对中草药植物本身进行改造，而且也丰富现有蛋白质数据库，甚至建立某种中草药自身的蛋白质数据库，进而展开功能蛋白质组学的研究，这个过程属于蛋白质组生物信息学研究的范畴。差异蛋白质组学的研究必将引导蛋白质从成分鉴定向蛋白质结构和功能的方向发展。

虽然差异蛋白质组学研究目前还处在一个初期阶段，在蛋白质分离和鉴定技术上还存在着诸多不足，但随着科学的发展，更多实用性的新技术和网络资源、应用软件、检索数据库也在蓬勃兴起之中，如荧光二维差异凝胶电泳技术（fluorescent two-dimensional difference gel electrophoresis）、瑞士蛋白质数据库（Swiss protein database，SWISS–PROT）、PIR（protein information resource）、PDB（protein databank）等。随着差异蛋白质组学的不断自我发展和完善，必将在探索生命活动中具有广阔的应用前景。

11.4.2 应用抑制消减杂交技术

1996年Diatchenko等以抑制性PCR为基础、并结合标准化与消减杂交技术，建立起一项筛选与分离未知差异表达基因的新技术，并称之为抑制消减杂交（suppression subtractive hybridization，SSH）。SSH既利用了差减杂交技术的差减富集，又利用了抑制PCR技术进行高效率的动力学富集具有快速、简便、灵敏、特异、高效、所需起始样本量较少等特点。经过一轮SSH过程后稀有cDNAs可以富集至 1000~5000 倍，使某些低丰度表达的 mRNA 能够被成功检出。有报道 SSH 的阳性率高达 60%~95%，可以同时分离出几十至上百个差异表达基因。所需 mRNA 仅 50 ng~1 g，可在 mRNA 总量较少的情况下通过预扩增获得足够高质量的 cDNA，消减的 cDNA 混合物可被用作杂交探针，且消减过程不需 cDNA 单、双链分离的物理过程。它的另外一个特点就是在一次实验中只能对遗传背景一致的材料进行分析，基于此 SSH 技术在环境调控生物体方面得到了广泛的应用，不同生境下的药用植物的差异表达基因分析也因而受益。环境因素对其基因表达的调控，与自毒作用相关的 EST 的揭示是解决当前药用植物栽培瓶颈的一个急迫的问题。目前已运用 SSH 技术，构建 4 年和 1 年生人参根组织 mRNA 群体间正向差减 cDNA 文库，获得了 40 个阳性 cDNA 克隆，其中 6 个为新基因序列。

11.4.3 应用代谢组学技术

近年来，随着生命科学研究的发展，尤其是在完成拟南芥（*Arabidopsis thaliana*）和水稻（*Oryza sativa*）等植物的基因组测序后，植物生物学发生了翻天覆地的变化。人们已经把目光从基因的测序转移到了基因的功能研究。在研究 DNA 的基因组学、mRNA 的转录组学及蛋白质的蛋白组学后，接踵而来的是研究代谢物的代谢组学。代谢组学的概念来源于代谢组，代谢组是指某一生物或细胞在一特定生理时期内所有的低分子量代谢产物；代谢组学则是对某一生物或细胞在一特定生理时期内所有低分子量代谢产物同时进行定性和定量分析的一门新学科。它是以组群指标分析为基础，以高通量检测和数据处理为手段，以信息建模与系统整合为目标的系统生物学的一个分支。

代谢物是细胞调控过程的终产物，它们的种类和数量变化被视为生物系统对基因或环境变化的最终响应。植物内源代谢物对植物的生长发育有重要作用，植物中代谢物超过 20 万种，有维持植物生命活动和生长发育所必需的初生代谢物，还有利用初生代谢物生成的与植物抗病和抗逆关系密切的次生代谢物，所以对植物代谢物进行分析是十分必要的。对于中草药而言大多数药用成分都属于次生代谢产物，而且对于引起强烈自毒作用的物质可能也主要是由于次生代谢物质引起的。从代谢组学的角度考虑中草药次生代谢的变化是一个中草药研究较为完善领域，从中草药的指纹图谱到药用成分的分离以及单体的获得都运用到了代谢组学的方法和手段，但对于大多数研究中草药次生代谢的研究来说，他们更是在中草药的植物化学，而不是从代谢组学的角度研究的次生代谢。从代谢组学的观点出发，它研究内容的各个成分之间是相互联系在一起的，它强调的是联系，是"组"，而现在很多的中草药的次生代谢的研究是追求某些化学成分的分离以及单体的制备，是一种孤立的研究，没有将化合物作为一个生命体的一部分来分析和解决问题，从而将中草药的研究推向纯化学的领域，而掩盖了其生命体的本质，这也是长期以来，中国只是作为一个传统中草药的大国，而不是中草药强国的一个主要原因之一。

从代谢组学的角度研究中草药，不仅仅是强调对于其代谢产物的分析，更重要的是对于其代谢途径的描述。在对某一代谢途径中所有代谢物进行了系统研究后，下一步工作就是对代谢途径的描述。在找到该途径一系列底物、产物、中间体和关键酶的基础上，阐明这条代谢途径的调节机制和关键调节位点。用代谢组学手段可以方便地找到调节位点，因为在该处，底物和关键酶的浓度将会发生相反的变化。Tiessen 等用 HPLC 对马铃薯块茎进行了代谢组分析，检测了淀粉合成途径中的一系列底物、中间物、酶及产物量的变化，再通过对野生株和含有异源腺苷二磷酸葡萄糖焦磷酸化酶（AGPase）转基因株马铃薯进行对比研究，提出了淀粉合成途径中一种新的调节机制——在离开母体情况下，马铃薯块茎中淀粉合成关键酶 AGPase 的催化亚基 AGPB 会发生可逆的氧化还原反应形成二聚体，使 AGPase 失活，从而抑制淀粉生成。目前，代谢组学应用于此方面的研究报道尚不多见，主要原因是确定代谢途径比测定代谢物更为困难，往往只能进行间接的定性估计，从一个个点的代谢物到一条完整的代谢途径还有很长的路要走。在研究代谢途径方面，生态学研究中系统的思想尤其重要。一条完整的代谢途径往往是一系列的酶（蛋白质）在各个节点上相互配合，不断催化反应的结果。从这个角度上传统的只研究关键酶、限速酶是不适于研究代谢途径的，系统的思想必将引入组学的概念，因而运用各种技术研究蛋白质组学将是一个十分重要的技术平台。

代谢产物是基因表达的终产物，基因表达上极微小的变化也可导致代谢物的大幅改变。以前往往通过可见的表型改变来判断基因表达水平的升降，耗时较长，且有时候基因表达变化无法引起表型改变，而此时植物体中某些代谢产物的含量却会发生变化。这时，利用代谢组学方法检测代谢物的变化就可以判断基因表达水平的变化，这也为其他分子生物学的方法在中草药上的应用提供了一个有力的检测方法。

目前，关于代谢组学的研究工作虽开展得还不多，但是越来越多的研究者正投身于此领域。

当然，用分子生态学的方法和手段去研究药用植物还有一段很长的路要走，只有充分借助于其他学科先进成熟的研究思路，才能将药用植物的研究在更短的时间内推向一个新的台阶。

本章小结

本章介绍了药用植物生态学常用的研究方法，包括药用植物资源生态学、生理生态学、化学生态学、分子生态学的研究观点与方法，着重阐明了应用现代系统生物学的理论与技术研究药用植物化学生态学过程与机制，指出应用分子生态学方法研究地道药用植物的生态性与品质形成的分子机理是该学科的重要发展方向。

思考题

1. 中药材的质量控制体系还存在哪些问题，应如何改进？
2. 针对我国中草药的大国而非强国这样一种局面，你认为应该借鉴其他植物的哪些方法？
3. 长白山现在还有多少种濒危植物，我们应如何对它们进行保护？
4. 运用代谢组学的观点和思路去研究中草药有哪些优缺点？

本章推荐阅读书目

中草药生物技术．唐克轩．复旦大学出版社，2005．
植物生理生态学．Hans Lambers et al. 著．张国平，周伟平译．浙江大学出版社，2005．
分子生物学技术与中药鉴别．王培训．广东世界图书出版有限公司，2002．

参 考 文 献

曹凑贵. 2002. 生态学概论[M]. 北京：高等教育出版社.
曹仪植，等. 1998. 植物生理学[M]. 兰州：兰州大学出版社.
陈阅增. 2005. 普通生物学[M]. 北京：高等教育出版社.
戴宝合. 2003. 野生植物资源学[M]. 第二版. 北京：中国农业出版社.
郭继明. 1997. 药用植物与环境[M]. 北京：中国医药科技出版社.
黄爽辑. 1982. 神农本草经[M]. 北京：中医古籍出版社，342.
姜汉侨，等. 2004. 植物生态学[M]. 北京：高等教育出版社.
蒋高明. 2004. 植物生理生态学[M]. 北京：高等教育出版社.
康延国. 2003. 中药鉴定学[M]. 北京：中国中医药出版社.
李博. 2000. 生态学[M]. 北京：高等教育出版社.
李景文. 1999. 森林生态学[M]. 北京：中国林业出版社.
李时珍. 1983. 本草纲目点校本[M]. 北京：人民卫生出版社，57-58.
曲仲湘，吴玉树，王焕校，等. 1983. 植物生态学[M]. 第二版. 北京：高等教育出版社.
尚玉昌. 2002. 普通生态学[M]. 第二版. 北京：北京大学出版社.
唐克轩. 2005. 中草药生物技术[M]. 上海：复旦大学出版社.
王德群. 2006. 药用植物生态学[M]. 北京：中国中医药出版社.
王焕校. 2002. 污染生态学[M]. 北京：高等教育出版社.
王文全，沈连生. 2004. 中药资源学[M]. 北京：学苑出版社.
吴征镒. 1985. 西藏植物志[M]. 第四卷. 北京：科学出版社.
薛建辉. 2006. 森林生态学[M]. 北京：中国林业出版社.
杨持. 2003. 生态学实验与实习[M]. 北京：高等教育出版社.
张素琴. 2005. 微生物分子生态学[M]. 北京：科学出版社.
张正斌. 2003. 作物抗旱节水的生理遗传育种基础[M]. 北京：科学出版社.
赵扬景. 2002. 药用植物营养与施肥技术[M]. 北京：中国农业出版社.
郑汉臣，蔡少青. 2003. 药用植物与生药学[M]. 北京：人民卫生出版社.
郑汉臣. 2003. 生药资源学[M]. 上海：第二军医大学出版社.
安春志，刘莉，刑学锋，等. 2005. 中药指纹图谱的现状和研究进展[J]. 第一军医大学分校学报，28(2)：197-201.
陈宏伟，殷鸣放. 2005. 辽东山区林下人参种植地草本层片群落特征研究[J]. 西北林学院学报，20(2)：61-63.
陈健，姚成. 2006. 中药材中挥发油化学成分的气相色谱—质谱研究[J]. 分析科学学报，22(4)：485-486.
陈士林，魏建和，黄林芳，等. 2004. 中药材野生抚育的理论与实践探讨[J]. 中国中药杂志，29(12)：1123-1126.
陈士林，魏建和，孙成忠，等. 2006. 中药材产地适应性分析地理信息系统的开发及蒙古黄芪产地适应性研究[J]. 世界科学技术－中医药现代化, 8(3): 47－53.

陈士林, 肖小河. 1989. 暗紫贝母的群落生态研究[J]. 中药材, 12(11): 5－8.

陈兴福, 丁德蓉, 卢进, 等. 1996. 白芷生态环境和土壤环境特征的研究[J]. 中草药, 27(8): 489－491.

陈兴福, 丁德蓉, 卢进, 等. 1996. 生态环境对味连生长发育的影响[J]. 中药材, 27(6): 362－365.

陈瑛, 李先恩, 张军, 等. 1991. 药用植物种子的萌发温度[J]. 中国中药杂志, 16(3): 142－145.

陈章和. 1990. 热带湿润森林种子及幼苗生理学研究[J]. 热带亚热带森林生态系统研究, (6): 153－163.

丁海, 黄泰康, 吴春福. 2005. 中药现代化发展的进程和趋势[J]. 中草药, 36(1) 147－149.

范俊安, 等. 1991. 四川地道药材与微量元素相关性的初步研究[J]. 中药材, 14(1): 3－6.

范俊安, 王继生, 夏永鹏, 等. 2005. 分子生物学技术在中药领域的应用及其对中药新药研究的影响[J]. 重庆中草药研究, (1): 36－40.

冯建灿, 胡秀丽, 毛训甲. 2002. 叶绿素荧光动力学在研究植物逆境生理中的应用[J]. 经济林研究, 2002, 20(4): 14－19.

付福友, 李敏, 白志川. 2003. 中药材重金属污染的原因和治理方法初探[J]. 世界科学技术——中医药现代化, 5(4): 69－72.

郭良栋. 2001. 内生真菌研究进展[J]. 菌物系统, 20(1): 148－152.

郭巧生, 吴传万, 刘俊, 等. 2001. 白花蛇舌草种子萌发特性[J]. 中药材, 24(8): 548－550.

何水林, 郑金贵, 王晓峰, 等. 2002. 植物次生代谢: 功能、调控及其基因工程[J]. 应用与环境生物学报, 8(5): 558－563.

何新新, 吴忠, 林敬明. 2000. 不同产地连翘有效成分及质量评价[J]. 中药材, 23(6): 332－333.

何迎春, 吴新正. 2003. 我国中药材农药污染状况研究[J]. 江西中医药学院学报, 15(3): 41－44.

胡坪, 罗国安, 赵中振, 等. 2005. 中药材定量分析中测量不确定度的评定方法及其影响因素的研究[J]. 药物分析杂志, 25(4): 455－460.

黄泰康, 陈建伟. 1996. 中国珍贵植物药生态分布研究[J]. 生态学报, 16(4): 425－439.

黄振英, 等. 2001. 光照、温度和盐分对梭梭种子萌发的影响[J]. 植物生理学报, 27(3): 275－280.

贾恩礼, 孔宪波, 李彦. 2005. 浅谈中药质量现代化[J]. 时珍国医国药, 16(3): 252.

蒋三员, 陈浩桉, 张振娟, 等. 2004. 植物药材荧光与薄层鉴别研究[J]. 现代中药研究与实践, 2004, 18(2): 17－19.

金晓芬, 杨肖娥, 冯英. 2005. 蛋白质组学及其在植物营养学研究中的应用[J]. 植物生理学通讯, 41(6): 705－709.

黎万奎, 胡之璧. 2005. 内生菌与天然药物[J]. 中国天然药物, 3(4): 193－199.

李春斌, 王关林, 姜波. 2003. 培养条件对悬浮培养细胞黄酮合成影响研究[J]. 大连理工大学学报, 43(3): 287－289.

李广骥. 1981. 中草药栽培与植物生态学研究[J]. 中药材, (1): 3－7.

李会军, 李萍. 2001. 药用植物资源与中药产业的可持续发展[J]. 世界科学技术——中药现代化，3(2)：55-56.

李卫建，李先恩. 2005. 药用植物生态学研究进展[J]. 时珍国医国药，16(6)：551-552.

李先恩. 1989. 药用植物的生态研究[J]. 中国中药杂志，14(2)：14-17.

李子辉. 2004. 黄姜（盾叶薯蓣）根茎折干率与皂苷元含量相关性研究[J]. 中药材，27(7)：475.

林凯，蔡庆，卞修武，等. 2003. 正加速度重复暴露大鼠脑差异表达基因的筛选[J]. 第三军医大学学报，25(11)：956-960.

林寿全，林琳. 1992. 生态因子对中药甘草质量影响的初步研究[J]. 生态学杂志，11(6)：17-20.

刘峰，贺金生. 1999. 生物多样性的生态系统功能[J]. 植物学通报，16(6)：671-676.

刘志民. 2001. 大气污染对野生药用植物重金属含量及植物形态的影响[J]. 中药研究与信息，3(2)：19-22.

马梅芳，高宇源. 2002. 浅谈环境污染对中药材资源的影响[J]. 山东医药工业，21(2)：19-20.

缪剑华. 2006. 药用植物资源管理系统的研究[J]. 广西医学，28(6)：784-787.

聂红. 2002. 浅谈中药资源的开发与可持续利用[J]. 江苏中医药，23(6)：4-6.

邱德有，黄璐琦. 2004. 代谢组学研究——功能基因组学研究的重要组成部分[J]. 分子植物育种，(2)：165-177.

荣维广，郭华，杨红. 2006. 我国中药材农药残留污染研究现状[J]. 农药，45(5)：302-305，308.

苏文华，张光飞，李秀华，等. 2005. 植物药材次生代谢产物的积累与环境的关系[J]. 中草药，36(9)：1415-1418.

孙昌高，方坚，徐秀瑛. 1999. 蓼科药用植物种子发芽的研究[J]. 资源开发与市场，15(3)：131-141.

孙昌高，方坚，徐秀瑛. 1999. 芸香科药用植物种子发芽的研究[J]. 基层中药杂志，13(2)：24-26.

孙昌高，方坚，徐秀瑛. 2001. 毛茛科药用植物种子发芽的研究[J]. 天然产物研究与开发，13(3)：8-13.

孙昌高，高方坚，徐秀瑛. 2000. 百合科药用植物种子发芽的研究[J]. 中草药，31(2)：127-129.

孙儒泳. 1993. 群落组织问题[J]. 生物学通报，28(5)：6-7.

谭勇，梁宗锁，董娟娥，等. 2006. 水分胁迫对菘蓝生长发育和有效成分积累的影响[J]. 华北农学报，21(5)：20-22.

谭勇，梁宗锁，王渭玲，等. 2006. 氮、磷、钾营养对膜荚黄芪幼苗根系活力和游离氨基酸含量的影响[J]. 西北植物学报，26(3)：0478-0483.

唐菁，杨承栋，康红梅. 2005. 植物营养诊断方法研究进展[J]. 世界林业研究，18(6)：45-48.

唐新莲，白厚义，陈佩琼. 2000. 氮、镁对银杏叶黄酮含量的影响[J]. 广西农业生物科学，19(3)：165-167.

田雨，陈建华，周容佳. 2000. 植物生态学方法在中药材质量研究中的应用与发展[J]. 生态学杂志，19(6)：51-53.

王昶，马少娜，魏大鹏，等. 2005. 中药材中重金属污染分析以及防治措施[J]. 天津科技大学学报,20(3):12-16.

王长城,张鹏. 2004. 影响"道地药材"质量的因素[J]. 首都医药,2:47-48.

吴祥松,等. 2001. 光照对药用植物有效成分含量的影响[J]. 江西林业科技,4.

小营卓夫(贺良等译). 1976. 具有生物活性的天然成分的寻找[J]. 国外医学参考资料(药学分册),2(1):37.

肖忠海,洪欣,尹昭云. 2005. 抑制消减杂交技术研究进展及其在环境医学上的应用[J]. 环境与健康杂志,22(6):497-499.

邢俊波,张重义,等. 2003. 金银花质量与生态系统的相关性研究[J]. 中医药学刊,8.

许国旺,杨军. 2003. 代谢组学及其研究进展[J]. 色谱,21(4):316-320.

薛健,杨世林,陈建民,等. 2001. 我国中药材农药残留污染现状与对策[J]. 中国中药杂志,26(9):637-640.

阎秀峰,王洋,等. 2004. 温室栽培光强和光质对野外栽培高山红景天生物量和红景天苷含量的影响[J]. 生态学报,23(5):841-849.

颜贤忠,赵剑宇,彭双清,等. 2004. 代谢组学在后基因组时代的作用[J]. 波谱学杂志,21(2):263-271

伊雄海,陆贻通. 2004. 我国中药材化学农药残留污染现状与防治方法[J]. 上海交通大学学报(农业科学版),22(4):423-427,431.

喻景权,杜尧舜. 2000. 蔬菜设施栽培可持续发展中的连作障碍问题[J]. 沈阳农业大学学报,31(1):124-126.

张辰露,孙群,叶青. 2005. 连作对丹参生长的障碍效应[J]. 西北植物学报,25(5):1029-1034.

张惠源,赵润怀,袁昌齐,等. 1995. 我国的中药资源种类[J]. 中国中药杂志,20(7):387-389.

张南平,肖新月,张萍,等. 2005. 中药材质量评价与标准研究进展[J]. 中国药事,19(1):47-50.

张重义,李萍,李会军,等. 2006. 地道与非地道产区中药材金银花质量比较研究[J]. 中国中药杂志,31(23):20-23.

张重义,李萍,齐辉,等. 2003. 金银花道地与非道地产区地质背景及土壤理化状况分析[J]. 中国中药杂志,28(2):114-117.

赵阿娜,丁万隆. 2005. 利用拮抗微生物防治中药材土传病害研究进展[J]. 中国中药杂志,30(7):485-487.

赵春景,罗天浩,王方村. 1990. 中药资源开发的途径[J]. 中医药图书情报,(5):13.

赵会杰,高红梅,郭文英,等. 2006. 钾肥对盾叶薯蓣产量的效应[J]. 中药材,(6):528-530.

郑育平. 2004. 补益中药材药效计算机分类法研究[J]. 广东微量元素科学,11(3):31-36.

朱再标,梁宗锁,卫新荣,等. 2006. 柴胡氮磷钾吸收特性初步研究[J]. 中药材,(6):525-527.

宗良纲,李嫣玲,郭巧生. 2006. 中药材中重金属污染及其研究综述[J]. 安徽农业科学,34(3):495-497,499.

Hans Lambers et al. 著. 张国平,周伟平,译. 2005. 植物生理生态学[M]. 杭州:浙江大学出版社.

Robert F W. 2001. Molecular biology[M]. McGraw-Hill companies. 北京:科学出版社.

Aharoni A, Ric de Vos CH, Verhoeven HA, Maliepaard CA, Kruppa G, Bino R, Goodenowe DB. 2002. Nontargeted metabolome analysis by use of Fourier transform ion cyclotron mass spectrometry. Omics[J]. A Journal of Integrative Biology, 6: 217 - 234.

Blingly R, Douce R. 2001. NMR and plant metabolism[J]. Current Opinion in Plant Biology, 4: 91 - 196.

Charoenpan P, Muntarbhorn K, Boongird P, et al. 1994. Nocturnal physiological and biochemical changes in sudden unexplained death syndrome: a preliminary repo ~ of a case control study [J]. Southeast Asian J Trop Med Public Health. , 25(2): 335 - 340.

Chou C H , Leu. L. L. 1992. Allelopathic substances and activities of Delonix regia [J]. Raf. Chem. Ecol, (18): 353 - 367.

Christine Q, Todd A S, Susan L. 2002. Hsp90 as a capacitor of phenotypic variation[J]. Nature, (417): 618 - 625.

Chua EL, Young L, Wu W M, et al. 2000. Cloning of TC - 1 (C8orf4), a novel gene found to be over expressed in thyroid cancer[J]. Genomics, 69(3): 342 - 347.

Ciccotelli M, Crippa S, Colombo A. 1998. Bioindicators for toxicity assessment of effluents from a wastewater treatment plant[J]. Chemsphere, 37(14 - 15): 2823 - 2832.

Collins G, Niex L, Sahveit M. 1995. Heat shock proteins and chiling sensitivity of mung bean hypocotyls[J]. J Exp Bot, 46(288): 795 - 802.

Diatchenko L, Lukyanov S, Lau YF, et al. Suppression subtractive hybridization: a versatile method for identifying differentially expressed genes[J]. Methods Enzymol. 1999, 303: 349 - 380.

Diatehenko L, I YF, Campbell AP, et al. 1996. Suppression subtraetive hybridization: a method for generating differentially regulated or tissue specific cDNA probes and libraries[J]. Proc Natl Acad Sci US A, 93(12): 6025 - 6030.

Doyle A, Garcia-Hernandez M, et al. 2003. The Arabidopsis informationresource (TAIR): a model organism database providing a centralized, curated gateway to Arabidopsis biology, research materials and community[J]. Nucleic Acids Research, 31: 224 - 228.

Fallsehr C, Zapletal C, Kremer M, et al. 2005. Identification of differentially expressed genes after partial rat liver ischemia/reperfusion by suppression subtractive hybridization[J]. World J Gastroenterol, 11(9): 1303 - 1316.

Ferrario - Mery S, Hodges M, Hirel B, Foyer CH . 2002. Photorespiration dependent increases in phosphoenolpyruvate carboxylase, isocitrate dehydrogenase and glutamate dehydrogenase in tobacco plants deficient in ferredoxin-dependent glutamineaketoglutarate amino transferase[J]. Planta, 214: 877 - 886.

Fiehn O, Kopka J, Dormann P, Altmann T, Trethewey RN, Willmitzer L . 2000. Metabolite profiling for plant functional genomics[J]. Nature Biotechnology, 18: 1157 - 1161.

Fiehn O. 2002. Metabolomics - the link between genotypes and phenotypes[J]. Plant Molecular Biology, 48: 155 - 171.

Fiehn O. 2003. Metabolic networks of Cucurbita maxima phloem. Phytochemistry, 62: 875 - 886.

Ge H, Walhout AJ, Vidal M . 2003. Integrating 'omic' information: a bridge between genomics and systems biology[J]. Trends in Genetics, 19: 551 - 560.

Girard JP, Baekkevold ES, Yamanaka T, et al. 1999. Heterogeneity of endothelial cells: the specialized phenotype of human high endothelial venules characterized by suppression subtractive hybridization[J]. Am J Pathol, 155 (6): 2043 – 2055.

Goodacre R. 2004. Metabolic profiling: pathways in discovery[J]. Drug Discovery Today, 9: 260 – 261.

Gris P, Murphy S, Jacob JE, et al. 2003. Differential gene expression profiles in embryonic. adult-injured and adult-injured rat spinal cords[J]. Mol Cell Neurosci, 24 (3): 555 – 567.

Guenzi. W. D. et al. 1966. Phytotoxic sudstance extraced from soil[J]. Soil Sci, Soc. Amer. Proc. 30: 214 – 216.

Gurskaya NG, Diatchenko L, Chenchik A, et al. 1996. Equalizing cDNA subtraction based on selective suppression of polymerase chain reaction: cloning of Jurkat cell transcripts induced by phytohemaglutinin and phorbol 12-mmstate 13-acetate[J]. Anal Biochem, 240(1): 90 – 97.

Hadjiargyrou M, Lombardo F, Zhao S, et al. 2002. Transcriptional profiling of bone regeneration. Insight into the molecular complexity of wound repair[J]. J Biol Chem, 277 (33): 30177 – 30182.

Hall R, Beale M, Fiehn O, Hardy N, Sumner L, Bino R. 2002. Plant metabolomics: the missing link in functional genomics strategies[J]. The Plant Cell, 14: 1437 – 1440.

Hart A. T. 2000. The unfolding of chromatin[J]. Nature, 405: 486 – 489.

Huhman DV, Sumner LW. 2002. Metabolic profiling of saponins in Medicago sativa and Medicago truncatula using HPLC coupled to an electrospray ion – trap mass spectrometer[J]. Phytochemistry, 59: 347 – 360.

Hyung-Kyoon C, Young HC, Verberne M, Alfons WML, Erkelens C, Verpoorte R. 2004. Metabolic fingerprinting of wild type and transgenic tobacco plants by 1H NMR and multivariate analysis technique[J]. Phytochemistry, 65: 857 – 864.

Justen HP, Grunewald E, Totzke G, et al. 2000. Differential gene expression in synovium of rheumatoid arthritis and osteoarthritis[J]. Mol Cell Biol Res Commun. 3 (3): 165 – 172.

Kuang ww, Thompson DA, Hoch RV, et al. 1998. Differential screening and suppression subtractive hybridization identified genes differentially expressed in an estrogen receptor-positive breast carcinoma cell line[J]. Nucleic Acids Res, 26 (4): 1116 – 1123.

Lerman D N, Michalak P, Helin A B. 2003. Modification of heat shock gene expression in drosophila melano gaster populations via transposable elements[J]. Molecular Biology and Evolution. (20): 135 – 144.

Lindon JC, Holmes E, Nicholson JK. 2001. Pattern recognition methods and applications in biomedical magnetic resonance[J]. Progress in Nuclear Magnetic Resonance Spectroscopy, 39: 1 – 40.

Lytovchenko A, Bieberich K, Willmitzer L, Fernie AR. 2002. Carbon assimilation and metabolism in potato leaves deficient in plastidial phosphoglucomutase[J]. Planta, 215: 802 – 811.

Maloney V. 2004. Plant metabolomics[J]. BioTeachJournal, 2: 92 – 99.

Nicholson LK, Lindon JC, Holmes E. 1999. 'Metabonomics': understanding the metabolic responses of living systems to patho physiological stimuli via multivariate statistical analysis of biological NMR spectroscopic data[J]. Xenobiotica, 29: 1181 – 1189.

Oliver DJ, Nikolau B, Wurtele ES. 2002. Functionalgenomics: high throughput mRNA, protein, and metabolite analyses[J]. Metabolic Engineering, 4: 98 – 108.

Patzwahl R, Meier V, Ramadori G, et al. 2001. Enhanced expression of interferon – regulated genes in the liver of patients with chronic hepatitis C virus infection: detection by suppression – subtrac tive hybridization[J]. J Virol, 75 (3): 1332 – 1338.

Pichersky E, Gang DR. 2000. Genetics and biochemistry of secondary metabolites: an evolutionary perspective. Trends in Plant Science, 5: 439 – 445.

Price M, Lang MG, Frank AT, et al. 2003. Seven cDNAs enriched following hippecampal lesion: possible roles in neuronal responses to injury[J]. Brain Res Mol Brain Res, 117 (1): 58 – 67.

Roessner U, Wagner C, Kopka J, Trethewey RN, Willmitzer L. 2000. Simultaneous analysis of metabolites in potato tuber by gas chromatographymass spectrometry[J]. The Plant Journal, 23: 131 – 142.

Rolleston FS. 1972. A theoretical background to the use of measured intermediates in the study of the control of intermediary metabolism[J]. Current Topicsin Cellular Regulation, 5: 47 – 75.

Shi S, Xia Z. 2001. Screening of abe ~ ant genes of immunocytes in severely scalded rats by inhibition of subtractive hybridization[J]. Zhonghua Shao Shang Za Zhi, 17 (5): 295 – 297.

Stitt M. 1999. Nitrate regulation of metabolism and growth[J]. Current Opinion in Plant Biology, 2: 178 – 186.

Stitt M, Fernie AR. 2003. From measurements of metabolites to metabolomics: an 'on the fly' perspective illustrated by recent studies of carbon-nit rogeninteractions[J]. Current Opinion in Biotechnology, 14: 136 – 144.

Stitt M, Sonnewald U. 1995. Regulation of metabolismin transgenic plants[J]. Annual Review of Plant Physiology and Plant Molecular Biology, 46: 341 – 368.

Sumnera LW, Mendesb P, Dixona AR. 2003. Plantmetabolomics: large – scale phytochemistry in the functional genomics era[J]. Phytochemistry, 62: 817 – 836.

Sun L, Lee J, Fine HA. 2004. Neuronally expressed stem cell factor induces neural stem cell migration to areas of brain injury[J]. J Clin Invest, 113(9): 1364 – 1374.

Suzanne L R. Susan L. Hsp90 as a capacitor for morphological evolution[J]. Nature, 1998, (396): 336 – 342.

Tang C S, Takenaka T. 1983. Quantitation of a bioactive metabolite in undisturbed rhizosphere – benzyl isothiocyanate from Carica Papayal[J]. Chem. Ecol., (9): 1247 – 1253.

Tang C S, Young C C. 1982. Collection and identification of allelo – pathic compounds from the undistured root system of bigaha limpograss[J]. Plant Physiol, (69): 155 – 160.

Taylor J, King RD, Altmann T, Fiehn O. 2002. Application of metabolomics to plant genotype discrimination using statistics and machine learning[J]. Bioinformatics, 18: 241 – 248.

Tiessen A, Hendriks JHM, Stitt M, Branscheid A, Gibon Y, Farre EM, Geigenberger P. 2002. Starch synthesis in potato tubers is regulated by post – translational redox modification of ADP-glucose pyrophosphorylase: a novel regulatory mechanism linking starch synthesis to the sucrose supply[J]. The Plant Cell, 14: 2191 – 2213.

Tolstikov VV, Lommen A, Nakanishi K, Tanaka N, Fiehn O. 2003. Monolithic silica-based capillary reversed-phase liquid chromatography/electrospray mass spectrometry for plant metabolomics[J]. Analytical Chemistry, 75: 6737 – 6740.

Tosukhowong P, Chotigasatit C, Tungsanga K, et al. 1996. Hypokalemia, high erythrocyte Na + and low erythrocyte Na, K-ATPase in relatives of patients dying from sudden unexplained death syndrome in northeast Thailand and in survivors from near-fatal attacks[J]. Am J Nephrol, 16(5): 369 – 374.

Wang AG, Chen CH, Yang CW, et al. 2002. Change of gene expression profiles in the retina following 43 optic nerve injury[J]. Brain Res Mol Brain Res, 101(1): 82-92.

Wang H, Zhan Y, Xu L, et al. 2001. Use of suppression subtractive hybridization for differential gene expression in stroke: discovery of CD44 gene expression and localization in permanent focal stroke in rats[J]. Stroke, 32 (4): 1020-1027.

Wang X, Feuerstein GZ. 2000. Suppression subtractive hybridization: application in the discovery of novel pharmacological targets[J]. Pharmacogenomics, 1(1): 101-108.

Ward JL, Harris C, Lewis J, Beale MH (2003) Assessment of 1H NMR spectroscopy and multivariate analysis as a technique for metabolite fingerprinting of Arabidopsis thaliana[J]. Phytochemistry, 62: 949-957.

Watson J D. 1990. Molecular biology of gene (Fourth Edition) [M]. Genes IV, Oxford University Press, 238-456.

Yamazaki M, Nakajima J, Yamanashi M, et al. 2003. Metabolomics and differential gene expressionin anthocyan in chemo-varietal forms of Perilla frutescens[J]. Phytochemistry, 62: 987-995.

Yon Stein OD, Thies WG, Hofmann M. 1997. A high through put screening for rarely transcribed differentially expressed genes[J]. Nucleic Acids Res, 25(13): 2598-2602.

Zande ED, Goulden MG, Kennedy TC, et al. 2000. Analysis of immune system gene expression in small rheumatoid arthritis biopsies using a combination of subtractive hybridization and high-density cDNA arrays[J]. J Immunol Methods, 233(1-2): 131-140.

Zhu Z, Zhao B, Wang X, et al. 2004. Differentially expressed genes in hypertensive rats developing cerebral ischemia[J]. Life Sci, 74(15): 1899-1909.